W0405278

Luca Filipponi

28 lezioni per capire l'Europa

Introduzione di G. Catapano
Prefazione di F. Petrillo
Prolusione di M. Bemporad
Intervento dell'on. Magdi Cristiano Allam

grauseditore

© 2014 grauseditore

sede di napoli:
9, piazza san domenico maggiore
palazzo sansevero
80134 napoli
tel +39.081.7901211
fax +39.081.4202927

sede di roma:
1055, via tuscolana
palazzina 59
cinecittà studios
00173 roma
tel. +39.06.72.29.37.55

www.grauseditore.it
info@grauseditore.it

progetto grafico
micol diodato

editing
maria marzocchi
rita pino

immagine di copertina
La Commissione Europea, particolare
M° Prof. Sandro Bini
tecnica mista su tela 80 x 60”
Presidente della Commisione Premio Internazionale. “SPOLETO FESTIVAL ART”.

foto dell’autore:
Jacopo Feliciani
reporter e fotografo

seguici su:

Questo volume è patrocinato e promosso dall’Unione Europea, Associazione Giovani Europei, Associazione Internazionale Spoleto International Art, Osservatorio Parlamentare Europeo e del Consiglio d’Europa.

Ideario Europeo
Prof. Luca Filipponi

Un'Europa declamata, sognata, contestata. Dall'Euro allo Spread

L'Europa a 28 è divenuta da ormai alcuni decenni una realtà obbligata ed ineluttabile, una realtà che giocoforza dovrà essere sempre di più valorizzata ed ampliata verso un'unità di tipo politico.

L'Europa con i suoi 500 milioni d'abitanti rappresenta una piccola minoranza nel contesto internazionale (meno del 10%) e quindi in ogni caso si dovranno rafforzare le politiche di coesione interna e le capacità di ampliamento politico, culturale, economico e di cooperazione internazionale.

L'Europa per far fronte al blocco orientale, Indiano e Cinese deve far riferimento ad una popolazione che deve andare dalla Russia fino alle sponde del Mediterraneo ed il Medio Oriente con l'obiettivo di lavorare, progettare e cooperare con un gruppo socio-economico pari ad 1.000.000.000 di persone. Quindi la sfida è veramente difficile ed è una sfida ambiziosa mirata a contenere, condizionare ed alla fine superare il cosiddetto fenomeno cinese.

Con questi scenari si capisce bene perché un'Europa forte è fondamentale per difendere i diritti e la ricchezza dei cittadini europei. Poi a seguire si innescano nell'ambito dell'Unione Europea delle sfide tra Stati con una competizione che si fa stretta e dura, spesso fatta a colpi di finanza, giochi politici e spread. In tal senso l'entrata in Europa di nuovi stati e le nuove politiche di cooperazione devono necessariamente andare in questo senso: analisi e confronto sui numeri, ampliamento dei cittadini europei, rafforzamento delle identità nazionali viste in un'ottica internazionale ed europeista. Quindi alla fine conoscere l'Europa significa essere più consapevoli del nostro futuro, futuro prossimo nel quale per tutti noi l'Europa e la sua gestione geo-politica sarà fondamentale per la nostra vita sociale, culturale ed economica, significa capire meglio quando si parla a sproposito dell'Europa come dello spread, intercettare quali sono le bugie che si celano dentro una finta Europa, vedere da vicino i burocrati europei e l'Europa che conta.

Questo libro vuole far cogliere a tutti voi e a tutti i lettori più o meno attenti, le opportunità dell'Europa partendo dalla pura e vera informazione che resta l'unico strumento utile e fondamentale per capire ed intercettare le dinamiche, il futuro dell'Europa e quindi giocoforza dell'Italia.

Il futuro dell'Europa
Prof. Giuseppe Catapano

Il Dibattito sul ruolo del sistema Europa nell'economia e nel processo di sviluppo è da tempo molto vivo, sia sullo stimolo di gravi vicende che in vario modo vedono coinvolti, sia in quanto siamo ancora ben lontani da un assestamento ed un equilibrio stabile e soddisfacente. Il processo delle istituzioni Europee è sì iniziato da tempo, ma certamente molto resta ancora da fare, a causa di una impostazione politico-strategica che molti giudicano miope e inadeguata, sia per le scelte fatte, sia per la peculiarità sistema-paese ereditato dal passato e comunque per l'oggettiva complessità de sistema.

L'Europa procede nella sua difficile strada verso l'unificazione. Tra un anno, e precisamente il primo marzo 2014, dovrebbe partire, salvo proroghe, il nuovo sistema continentale di vigilanza che attribuirà alla BCE poteri su tutte le grandi banche dell'eurozona omogeneizzando regole e controlli. Si tratta di un passo molto importante nel processo di integrazione europeo. I paesi Europei stanno attraversando una fase di profonda trasformazione che richiede molta flessibilità, apertura mentale e disponibilità all'innovazione.

Da oltre un decennio, i fattori di cambiamento più importanti sono stati il progressivo affermarsi del Mercato Unico Europeo (accelerato all'inizio del 1999 dall'avvio della politica monetaria comune e dall'introduzione dell'euro) e la spinta verso una crescente globalizzazione dell'economia, a partire dal mercato finanziario che agisce pienamente a livello mondiale come un tutt'uno.

Il volume dell'amico Luca Filipponi è certamente un contributo importante al dibattito in atto. Svolge non solo una accurata ricostruzione del processo evolutivo in corso da anni, ma altresì si sofferma su vari nodi e problemi spesso affrontati in altri contesti in modo superficiale e poco trasparente.

Questo scritto, si auspica, contribuirà positivamente ad una migliore focalizzazione del dibattito ed alla conoscenza delle istituzioni europee che possono contribuire positivamente alla ricerca di soluzioni e di linee di azione più adeguate; per chi ha delle idee e le tira fuori, per chi è pronto a tirare su le maniche, perché in una situazione come quella attuale è necessario che tutte le parti in gioco ci mettano la faccia e ragionare a misura delle tante categorie dei troppi svantaggiati o se vogliamo socialmente diversi brevemente definiti "*Piccoli*". **L'EUROPA c'è!**

Le politiche di liberalizzazione di mercato, le tenaglie agli evasori, le certezze di normative che regolano il mercato, questo è il Mercato Unico Europeo e questo cercano affannosamente di garantire le istituzioni europee.

Ho raccolto tante aspirazioni di giovani, di ragazze, di socialmente diversi, di ex detenuti, da non poter tradurre in operatività le loro attitudini. Parlano di Europa e non conoscono cosa è l'Europa per noi.

Non dobbiamo soffocare sul nascere l'intraprendenza creativa delle categorie fin oggi escluse, l'autore intende non ad imparare ma a scoprire, non vuole inculcare i sistemi ma concretizzare le conoscenze.

Non si veste di **eroe con il suo scritto per informare sulle** attività istituzionali europee, crede come credo che non abbiamo bisogno di un clima di tensione, ne tanto di volta faccia di turno, non si può sopportare un proseguire del clima di avversità tra vicini di casa. L'Europa siamo noi e dobbiamo conoscerla per insegnare a viverla.

Per INVENTARE bisogna conoscere ciò di cui si parla, significa avere coscienza della drammaticità del momento e di essere disposti al percorso di vita Europeista.

Il salvadanaio della nostra economia si chiama "EUROPA" è nella conservazione di vecchi valori – che in finanziaria sono antichi mestieri – allargare l'obiettivo delle liberazioni, sanificare la relazione tra pubblico e privato per consentire la nascita di un mercato misto anche della cosa pubblica, in corporazione con il privato che consente di utilizzare nel lavoro quelle braccia rimaste lì a meditare rancore e malessere in assenza di ragionevoli forme di recupero, il tutto in una crescente depauperazione di valore e di valuta.

Le opportunità in Europa sono, i candidati non mancano, la tempesta si può attraversare senza perdere la testa, ma tutti siamo chiamati a concorrere *alla salvezza della nave e non consentire di depredare la cambusa e scaricare la zavorra.*

In Tale ottica il lavoro del Prof. Filipponi, con specifico riferimento al viaggio nelle istituzioni europee, è particolarmente importante. Infatti, in un paese come il nostro, con così bassi livelli di cultura europea e di consapevole condivisione dei principi di una moderna società civile e di economia di mercato europeista, la riduzione di conoscenza, come viene ciclicamente proposto, dalle potenzialità di soggetti che (naturalmente assieme ad altri) concorrono allo sviluppo economico e sociale complessivo porterebbero solo vantaggi a interessi di parte, riducendo (il già basso) grado di pluralismo che caratterizza la nostra società.

Prefazione
Prof. Francesco Petrillo

È un volume ambizioso e utile quello di Luca Filipponi.

È ambizioso perché nel suo svolgersi come insieme di lezioni – ventotto, per l'esattezza – non abbandona mai l'idea di un ordito comune, dal quale sempre prende le mosse ogni volta che si apre alle trame degli argomenti singolarmente trattati.

È utile perché si propone come un approccio metodologico-didattico peculiare: da un lato, perché risulta evidente la trama della costruzione della lezione volta al discente del *Master* e cioè il tenere conto continuamente del rapporto costante tra la trattazione teorica dell'argomento e l'applicazione dello stesso alla vita pratica, tra ontologia e fenomenologia dell'analisi; dall'altro lato, perché, dal punto di vista contenutistico, ogni singola lezione si concentra su prospettive – storiche, storiografiche, di politica legislativa, di legislazione vigente – in grado di destare un forte interesse anche in chi non ha particolare cura di dovere conoscere la materia per proprie finalità professionali.

Date queste premesse il volume, nel suo insieme, si presenta agli occhi del lettore attento come un testo esplicativo e nato per la didattica, ma anche come una panoramica sulle questioni che hanno caratterizzato e caratterizzano le vicende – della storia, della sociologia, della politica, dell'economia, della ricerca scientifica, dell'agricoltura e della cooperazione internazionale – del Continente europeo.

E, sullo sfondo del fiume di questioni proposte, nemmeno tanto tenuemente, si staglia il nodo irrisolto dell'Europa politica, di fronte al quale l'Autore non si nasconde, tentando di negarlo, né abbraccia ideologiche falsificazioni, proponendolo come sciolto o reciso. La soluzione dell'Europa unita richiede uno sforzo ulteriore affinché possa considerarsi un processo compiuto. Appare ormai evidente che, secondo i criteri del centralismo o secondo quelli del federalismo, occorre avvolgere i contenuti – tanti e rilevanti – dell'esperienza di unificazione europea in una forma di statualità possibile, in grado di permettere a tali contenuti la più praticabile e piena realizzazione.

Europa: un gigante dai piedi di argilla

Prof. Marcello Bemporad

Davvero encomiabile l'opera divulgativa espletata dal mio amico Luca Filipponi per far conoscere l'Europa ai giovani.

Sono ormai molti anni che, con convegni, articoli, lezioni e volumi – e questo non sarà certo l'ultimo – egli si impegna a diffondere il credo europeo. Nobile causa. Questo volume raccoglie 28 lezioni sull'Europa. Trattasi di un esaustivo compendio di nozioni chiare e facilmente fruibili da giovani, e non solo, volenterosi di conoscere la realtà europea in cui vivono.

Encomiabile perché mai come in questo momento l'Ideale europeo si vede messo in discussione. Anche nel nostro paese, che fin dall'inizio dell'avventura europea ci ha visto entusiasti protagonisti (nel libro sono riportati i cenni storici fondamentali) cominciano ad emergere forti crepe sulla credibilità del progetto europeo.

Il primo capitolo del volume è giustamente dedicato al "perché l'Unione Europea". Rileggendone le originarie motivazioni da europeo e da europeista mi sento tradito.

Avviene che alla prima grande prova, la drammatica quanto prevedibile crisi attuale, l'Europa dimostra tutta la sua debolezza politica e tutte le sue provincialistiche divisioni.

Fino a pochi mesi addietro l'Europa veniva considerata: un Gigante Economico; un Nano Politico; una Nullità Militare (intesa come forza militare integrata).

Travolta dalla crisi rischia di diventare un nano Economico in quanto nullità politica.

Ora che due dei suoi primi principi fondatori sembrano fallire – garantire la pace, la prosperità e la stabilità dei suoi popoli; superare le divisioni del continente – quell'adagio non ha più valore.

Sulla pace vorrei ricordare che i prodromi della crisi del 1930, che sfociarono nella tragedia della seconda guerra mondiale nel 1938, furono economici.

Allora, come oggi, furono innescati dalla crisi depressiva americana del '29, così come oggi nascono dalla crisi bancaria americana del 2010, e, come allora, dal revanscismo tedesco.

Così come i primi due, a cascata, anche gli altri quattro principi fondanti vacillano.

In un momento storico nel quale una Europa unita e forte, con una reale moneta europea (l'Euro è una moneta debole perché non ha una linea di comando unitaria, come il dollaro, ma è soggetta ai vincoli imposti dagli stati membri ed il suo vertice è un gestore a sovranità limitata) che avrebbe potuto rivendicare la leadership economica occidentale, si mostra debole e addirittura paventa il disfacimento, incapace di difendere la sua unità e riversando il costo della crisi sui paesi più deboli, fra i quali il nostro.

Certo l'allargamento sconsiderato dell'Europa ha vanificato, in parte, l'originale spirito d'appartenenza, ma è soprattutto l'egoismo provinciale e miope di due dei paesi fondatori, in primo luogo la Germania e poi la Francia, che non hanno mai realmente permesso che si realizzasse quell'Idea con la I maiuscola d'Europa che animò i padri fondatori.

Due sono ora le sole vie che l'Europa ha di fronte nell'immediato futuro: la dissoluzione con il ritorno allo stato *quo ante* di statarelli insignificanti in un mondo globalizzato; il faticoso ma indispensabile ritrovamento di una reale unità.

La prima terrificante alternativa non porterebbe solo ad un impoverimento dei popoli europei ma alla loro certa colonizzazione da parte di popoli da noi lontanissimi per cultura e per il modo d'intendere la "Civiltà".

Concludendo esprimo tutto il mio plauso all'autore e al suo impegno perché, anche nel suo piccolo, risveglia nei giovani voglia d'Europa e ne sollecita l'impegno e il desiderio d'appartenenza e di rilancio di quell'Idea con la I maiuscola.

È necessario parlare di più di Europa
On. Magdi Cristiano Allam

Sono contento di scrivere una breve nota sul libro del prof. Luca Filipponi perché mi consente di parlare dell'Economia Europea.

La dimensione virtuale della moneta prevale su quella reale, quindi a subire questo processo è soprattutto l'economia reale. Le imprese chiudono, c'è meno lavoro, più disoccupazione e quindi più povertà, tanto che circa 12 milioni di italiani sono poveri o sulla soglia di povertà.

Tutti gli economisti sono d'accordo sul valore sbagliato del tasso di cambio lira-euro sul merito e sulle procedure attuative. Da qui bisogna ripartire, anche se io sono per il recupero della sovranità monetaria.

Intervento sull'Economia Europea
28-09-2013
Villa Pampuffetti Montefalco (Pg)

Luca Filipponi

“28 lezioni per capire l’Europa”

Introduzione

Le 28 lezioni sull'Europa curate dal Prof. Luca Filipponi fungono da strumenti didattici complementari alle lezioni in aula sviluppate all'interno dei "Corsi d'Europa", ambizioso progetto che si inserisce nella visione di una cultura europea con lo scopo di promuovere la conoscenza del fenomeno della "cittadinanza europea", come fattore-chiave del problema della governance, quale problema della riduzione delle distanze tra cittadini e istituzioni nel più ampio quadro della evoluzione e trasformazione in senso transnazionale degli attuali ordinamenti statuali.

Questa dimensione transnazionale si lega in particolare al mercato unico, alla libera circolazione delle persone, delle merci, dei servizi, e dei capitali, nonché in genere alla estensione crescente dei settori di intervento delle politiche comunitarie. Essa riguarda, inoltre, la cooperazione intergovernativa nei settori degli affari interni e della giustizia, nonché l'adeguamento delle prassi e la divergenza, a livello europeo, dei modelli di amministrazione, tenuto conto, da un lato, del ruolo delle pubbliche amministrazioni, in ambito comunitario, nazionale e locale, per quanto concerne l'offerta di servizi, e dall'altro, del corrispondente ruolo di cittadini e associazioni – la società civile – per una attiva rappresentanza di interessi e partecipazione ai processi decisionali.

A che cosa serve l'Unione Europea? Come è nata e perché? Come funziona? Che cosa ha fatto per i suoi cittadini e quali nuove sfide deve affrontare oggi? Come può riuscire a coinvolgere di più i suoi cittadini?

Nell'era della globalizzazione è in grado di competere con le altre grandi economie e di preservare i suoi valori sociali? Potrà continuare a svolgere un ruolo importante sulla scena mondiale e contribuire alla lotta contro il terrorismo?

Il piano di studi e le varie attività formative dei "Corsi d'Europa", sono stati concepiti con l'intento di trasmettere al discente quanto il globale cambiamento del sistema organizzativo, l'attività di ricerca e la diffusione tecnologica condizionino le politiche e le priorità promosse dall'esecutivo europeo.

L'attività in aula è stata integrata da 28 lezioni a distanza suddivise in 4 step diversi che ripropongono in maniera chiara e succinta gran parte delle tematiche affrontate in presenza al fine di coadiuvare i discenti all'apprendimento.

Il primo step concerne aspetti introduttivi volti a fornire al discente una visione di insieme sulle tematiche e problematiche Europeistiche, sia dal punta di vista storico-politico, che da quello del linguaggio usato negli ambienti della progettazione Europea.

Il secondo step riguarda i fondi comunitari, tema molto importante da evidenziare oggi, soprattutto alla luce della recente entrata dei nuovi Stati membri che necessitano di consistenti investimenti da parte dell'Unione Europea. Queste tematiche inoltre sono di estrema rilevanza per lo svolgimento dell'attività di progettazione.

Il terzo tratta in maniera più approfondita alcune questioni di attualità europea sotto diverse visioni, approcci e valutazioni di merito sulle attività politiche ed istituzionali, da approfondire per una maggiore conoscenza in ambito[1].

Il quarto invece riporta riferimenti giurico-legislativi in materia europeistica, utili per conoscere i principali provvedimenti legislativi ed amministrativi di carattere internazionale, nazionale e regionale.

Di seguito verranno riportate le prime 14 domande e le risposte che fungeranno da riepilogo e da momento di valutazione della conoscenza acquisita o consolidata dai partecipanti al corso, integrata con la cronologia dei momenti più significativi della storia dell'Unione Europea e delle sue politiche e strumenti.

A seguire alcuni approfondimenti tematici trattati in altri percorsi formativi inerenti all'Unione Europea e alla sue politiche, coordinati dal prof. Luca Filipponi:

1. Perché un'Unione Europea?
2. Dieci tappe storiche.
3. L'allargamento e la politica di prossimità.
4. Come funziona l'Unione Europea?
5. Di cosa si occupa l'Unione Europea?
6. Il mercato unico.
7. L'Unione Economica e Monetaria (UEM) e l'euro.
8. Verso una società basata sulla conoscenza.
9. L'Europa dei cittadini.
10. L'Europa della libertà, della sicurezza e della giustizia.
11. L'Unione Europea sulla scena mondiale.
12. Che futuro per l'Europa?
13. Come funzionano le sovvenzioni Europee? Quali sono?
14. Quali sono le parole chiave in ambito "Europa"?

Cronologia dell'integrazione europea

[1] Argomenti selezionati dal Prof. Luca Filipponi in collaborazione con gli allievi della IV e V edizione del master «Affari comunitari e politiche dell'innovazione».

Approfondimenti

15. Il programma Gioventù in azione e le politiche giovanili in Europa.
16. La politica di sviluppo rurale dell'UE 2007-2013.
17. La giovane Europa.
18. Cultura: elemento essenziale delle relazioni internazionali e nei processi di sviluppo.
19. Dalla proposta di Costituzione Europea al Trattato di Lisbona.
20. Quali sono le principali attività di cooperazione internazionale promosse dall'Unione Europea?
21. Il programma comunitario di cooperazione trasnazionale «Mediterraneo».
22. Cooperazione internazionale allo sviluppo: il caso italiano.
23. Che ruolo ha svolto il nostro Paese nel processo di integrazione Europea?
24. Quali sono i bandi a valere su Leggi Nazionali e Programmi Europei attualmente in corso?
25. La politica europea dell'energia: il problema delle reti.
26. Politica sociale dell'UE.
27. La Russia e l'Europa.
28. L'Europa in pillole: discorsi sull'Europa.

Infine, nella sezione finale si passa alla rassegna dei principali provvedimenti di carattere legislativo e/o amministrativo complementari alla comprensione dell'attività di progettazione europea.

1
Perché un'Unione Europea?

La missione dell'Europa nel XXI secolo è quella di:

- *garantire la pace, la prosperità e la stabilità dei suoi popoli;*
- *superare le divisioni del continente;*
- *garantire la sicurezza dei suoi cittadini;*
- *favorire uno sviluppo economico e sociale il più equilibrato possibile;*
- *rispondere alle sfide della globalizzazione e preservare la diversità dei popoli europei;*
- *sostenere i valori condivisi da tutti i cittadini europei, come lo sviluppo sostenibile, la difesa dell'ambiente, il rispetto dei diritti umani e l'economia sociale di mercato.*

I. Pace e stabilità

Prima di concretizzarsi in un vero e proprio progetto politico, l'idea di un'Europa unita è stata a lungo solo un sogno nelle menti di alcuni filosofi e visionari. Victor Hugo, ad esempio, vagheggiava gli «Stati Uniti d'Europa» ispirandosi ad ideali pacifisti ed umanisti. Ma questo sogno fu brutalmente smentito dalle terribili guerre che prostrarono l'Europa nella prima metà del XX secolo.

Bisogna aspettare la fine della seconda guerra mondiale per veder nascere una nuova speranza. Alcuni degli uomini che durante la guerra avevano combattuto contro i regimi dittatoriali sono ora decisi a superare gli odi e gli antagonismi nazionali e a porre le basi per una pace duratura. Fra il 1945 e il 1950 statisti coraggiosi come Robert Schuman, Konrad Adenauer, Alcide de Gasperi e Winston Churchill si impegnano a guidare i popoli dell'Europa occidentale verso una nuova era, un'era caratterizzata dalla creazione di nuove strutture, basate su interessi comuni e fondate su trattati destinati a garantire il rispetto delle leggi e l'uguaglianza fra le nazioni.

Il 9 maggio 1950, ispirandosi a un'idea di Jean Monnet, il ministro francese degli Affari esteri Robert Schuman propone di creare la Comunità Europea del Carbone e dell'Acciaio (CECA). La produzione del carbone e dell'acciaio di paesi un tempo in guerra fra loro passa sotto il controllo di un'autorità comune, l'Alta Autorità: le materie prime della guerra, con grande senso pratico e altissimo valore simbolico, diventano così strumenti di riconciliazione e di pace.

II. La riunificazione dell'Europa

Dopo la caduta del muro di Berlino, avvenuta nel 1989, l'Unione Europea favorisce la riunificazione della Germania. Quando poi l'impero sovietico crolla nel 1991, gli ex paesi comunisti dell'Europa centrale e orientale, sottoposti per decenni al giogo autoritario del Patto di Varsavia, decidono che il loro futuro è accanto alla famiglia delle nazioni democratiche europee.

Il processo di allargamento è tutt'ora in corso. Nell'ottobre 2005 sono cominciati i negoziati di adesione con la Turchia e la Croazia, mentre vari paesi hanno presentato la loro candidatura all'Unione Europea.

III. La sicurezza

L'Europa del XXI secolo continua a dover far fronte ai problemi della sicurezza. L'Unione Europea deve provvedere con efficacia alla sicurezza dei suoi Stati membri e deve collaborare in modo costruttivo con le regioni situate appena fuori dei suoi confini: Nord Africa, Balcani, Caucaso, Medio Oriente. Deve inoltre tutelare i suoi interessi militari e strategici collaborando con i suoi alleati, in particolar modo con la NATO, e definendo un'autentica Politica Europea in materia di Sicurezza e Difesa (PESD).

La sicurezza interna e la sicurezza esterna sono due facce della stessa medaglia. Per lottare contro il terrorismo e il crimine organizzato è necessario che le forze di polizia di tutti i paesi dell'Unione Europea operino in stretta collaborazione. Fra le nuove sfide dell'Europa, la creazione di uno spazio di libertà, di sicurezza e di giustizia in cui i cittadini abbiano pari accesso alla giustizia e siano uguali di fronte alla legge presuppone una cooperazione rafforzata fra i governi. Organi come l'Europol, l'Ufficio Europeo di Polizia, ed Eurojust, che promuove il coordinamento fra magistrati, giudici e ufficiali di polizia, devono inoltre assumere un ruolo più attivo ed efficace.

IV. La solidarietà economica e sociale

L'Unione Europea è stata creata per perseguire l'obiettivo politico della pace, ma il suo dinamismo e il suo successo dipendono dalle basi economiche su cui poggia.

Per garantire la crescita economica e far fronte alla concorrenza delle grandi economie mondiali, i paesi europei, il cui peso demografico è in costante diminuzione su scala globale, devono restare uniti. Nessuno Stato membro dell'Unione Europea è sufficientemente forte per lanciarsi da solo sul mercato globale. Il Mercato Unico Europeo rappresenta una piattaforma fondamentale grazie a cui le imprese europee possono competere efficacemente sui mercati mondiali.

L'Europa della libera concorrenza non può tuttavia prescindere dall'Europa della solidarietà, che si esprime concretamente a favore dei suoi cittadini: in caso di alluvioni o di altre catastrofi naturali il bilancio dell'Unione Europea fornisce assistenza alle vittime. I fondi strutturali, gestiti dalla Commissione Europea, favoriscono ed integrano gli interventi attuati dalle autorità nazionali e regionali per ridurre le disparità fra le diverse regioni d'Europa. Il bilancio dell'Unione Europea e i prestiti della Banca Europea per gli Investimenti (BEI) contribuiscono infine a sviluppare le infrastrutture di trasporto europee (autostrade, treni ad alta velocità), rompendo l'isolamento delle regioni periferiche e incentivando gli scambi transeuropei. Il Mercato Unico Europeo, che conta mezzo miliardo di consumatori, deve giovare al maggior numero possibile di operatori e imprese: da questo dipenderà in parte il successo economico dell'Unione Europea.

V. Identità e diversità in un mondo globalizzato

Le società post-industriali europee diventano sempre più complesse. Il tenore di vita continua a crescere, ma persiste il divario fra ricchi e poveri, acuito peraltro dall'allargamento, che ha visto l'adesione di paesi con un tenore di vita inferiore alla media europea. È importante che gli Stati membri dell'Unione collaborino per ridurre queste disparità.

Gli sforzi compiuti in tal senso non hanno tuttavia compromesso le differenze culturali e linguistiche dei paesi europei. Molte attività realizzate dall'Unione contribuiscono al contrario ad una nuova crescita economica fondata sulle specificità regionali e sulla ricchezza delle diverse tradizioni e culture.

Mezzo secolo di integrazione europea insegna che l'unione fa davvero la forza: realizzando azioni comuni ed esprimendosi con un'unica voce l'Unione Europea ha molto più peso economico, sociale, tecnologico, commerciale e politico della semplice somma dei suoi Stati membri.
Perché?

- Perché l'Unione Europea è la prima potenza commerciale del mondo e svolge quindi un ruolo decisivo nei negoziati internazionali, come quelli a livello dell'Organizzazione Mondiale del Commercio (OMC), che riunisce 149 paesi, o nell'applicazione del protocollo di Kyoto sull'inquinamento atmosferico e il cambiamento climatico;
- Perché prende chiaramente posizione su questioni sensibili per il cittadino, quali la tutela dell'ambiente, le fonti rinnovabili di energia, il principio di precauzione nella sicurezza alimentare, gli aspetti etici della biotecnologia, la protezione delle specie minacciate;
- Perché ha lanciato importanti iniziative a favore dello sviluppo sostenibile a livello mondiale nel quadro dell'*Earth Summit* tenutosi a Johannesburg nel 2002.

Il vecchio adagio «l'unione fa la forza» continua ad avere un senso per i cittadini europei, ma il processo di integrazione dell'Unione Europea non ha uniformato gli stili di vita, le tradizioni e le culture dei suoi popoli: l'Unione ha anzi fatto della diversità uno dei suoi valori fondamentali.

VI. I valori dell'Europa

L'Unione Europea intende promuovere valori umanitari e progressisti e far sì che l'umanità possa beneficiare dei grandi cambiamenti planetari attualmente in corso e non esserne la vittima. Le forze del mercato o l'azione unilaterale non bastano a colmare le esigenze dell'umanità.

L'Unione sostiene quindi una visione umanista e un modello sociale che la stragrande maggioranza dei suoi cittadini sente di condividere. I diritti dell'uomo, la solidarietà sociale, la libertà d'impresa, l'equa condivisione dei prodotti della crescita economica, il diritto a un ambiente tutelato, il rispetto delle diversità culturali, linguistiche e religiose, un'armoniosa combinazione di progresso e tradizioni costituiscono per gli Europei un ricco patrimonio di valori comuni.

La Carta dei diritti fondamentali dell'Unione Europea, proclamata a Nizza nel dicembre del 2000, sancisce tutti i diritti attualmente riconosciuti dagli Stati membri e dai loro cittadini. Questi valori contribuiscono ad accomunare gli Europei in un sentimento di fratellanza: per fare solo un esempio, tutti i paesi dell'Unione Europea hanno abolito la pena di morte.

2
Dieci tappe storiche

1951: Nascita della Comunità Europea del Carbone e dell'Acciaio (CECA) con sei paesi fondatori;
1957: Il Trattato di Roma istituisce il mercato comune;
1973: Le Comunità passano a nove Stati membri ed elaborano politiche comuni;
1979: Prima elezione diretta del Parlamento Europeo;
1981: Primo allargamento mediterraneo;
1993: Completamento del mercato unico;
1993: Con il Trattato di Maastricht nasce l'Unione Europea;
1995: L'Unione Europea passa a 15 Stati membri;
2000: Introduzione delle monete e banconote in euro;
2004: Altri dieci paesi aderiscono all'Unione.

1. Il 9 maggio 1950 la dichiarazione di Schuman propone la creazione di una **Comunità Europea del Carbone e dell'Acciaio (CECA)**, che si concretizza con il Trattato di Parigi del 18 aprile 1951. Creando un mercato comune del carbone e dell'acciaio, i sei paesi fondatori (Belgio, Repubblica federale di Germania, Francia, Italia, Lussemburgo e Paesi Bassi) intendono anzitutto garantire la pace fra i vincitori e i vinti della seconda guerra mondiale, associandoli e inducendoli a cooperare in un quadro istituzionale comune improntato al principio dell'uguaglianza.

2. Con il **Trattato di Roma** del 25 marzo 1957 i sei Stati membri decidono di dar vita a una **Comunità Economica Europea** (CEE) basata su un mercato comune più ampio, comprendente tutta una serie di beni e servizi. I dazi doganali tra i sei paesi sono definitivamente aboliti il 1° luglio 1968 e già negli anni Sessanta vengono istituite politiche comuni, prime fra tutte la politica agricola e quella commerciale.

3. Il successo è tale che Danimarca, Irlanda e Regno Unito decidono di aderire alle Comunità. Il primo allargamento, da sei a nove membri, avviene nel 1973. Ad esso si aggiungono l'attuazione di **nuove politiche in ambito sociale ed ambientale** e la creazione, nel 1975, del Fondo Europeo di Sviluppo Regionale (FESR).

4. Il giugno del 1979 segna una tappa fondamentale per le Comunità Europee, con la **prima elezione del Parlamento Europeo** a suffragio universale diretto. Queste elezioni si svolgono ogni cinque anni.

5. Nel 1981 entra a far parte delle Comunità la **Grecia,** seguita dalla **Spagna** e dal **Portogallo** nel 1986. In questo modo si rafforza la presenza della CEE nell'Europa meridionale e diventa necessario ampliare i programmi di aiuto alle regioni.

6. Agli inizi degli anni Ottanta la recessione mondiale alimenta una corrente di «europessimismo». Nel 1985 la Commissione Europea, allora presieduta da Jacques Delors, pubblica un libro bianco grazie al quale si riaccendono nuove speranze. La Comunità decide infatti di completare il **mercato interno** entro il 1° gennaio 1993. Sancisce tale ambizioso obiettivo l'Atto Unico Europeo, che è firmato nel febbraio 1986 ed entra in vigore il 1° luglio 1987.

7. L'assetto politico del continente subisce una radicale trasformazione con la **caduta del muro di Berlino** nel 1989, la riunificazione tedesca nell'ottobre 1990, la democratizzazione dei paesi dell'Europa centrale e orientale liberatisi dal controllo sovietico e l'implosione dell'Unione sovietica nel dicembre 1991.

Gli Stati membri aprono i negoziati per elaborare un nuovo **Trattato sull'Unione Europea** che il Consiglio Europeo, composto da capi di Stato e di governo, adotta a Maastricht nel dicembre 1991. Il trattato entra in vigore il 1° novembre 1993. Integrando nel sistema comunitario esistente un regime di cooperazione intergovernativa per alcuni settori, il nuovo trattato crea l'Unione Europea (UE).

8. Il nuovo dinamismo europeo e l'evoluzione geopolitica del continente portano altri tre paesi – **Austria, Finlandia e Svezia** – ad aderire all'Unione Europea il 1° gennaio 1995.

9. L'UE si avvia ormai verso la sua realizzazione più spettacolare: la creazione di una **moneta unica**. Nel 1999 l'euro è introdotto per le transazioni finanziarie (non in denaro), mentre le monete e le banconote sono emesse tre anni dopo nei dodici paesi della zona euro. La moneta unica assurge così allo status di valuta internazionale di riserva, alla stregua del dollaro.

I cittadini europei devono far fronte alla globalizzazione. Le nuove tecnologie e il ricorso sempre più diffuso a Internet trasformano l'economia, ma pongono anche delle sfide a livello sociale e culturale.

Nel marzo 2000 l'Unione Europea adotta la «**strategia di Lisbona**». L'obiettivo è quello di modernizzare l'economia europea affinché sia in grado di competere sul mercato globale con colossi come gli Stati Uniti o i paesi di recente industrializzazione. La strategia di Lisbona presuppone che sia dato ampio spazio all'innovazione e agli investimenti e che i sistemi d'istruzione europei siano resi atti a rispondere alle esigenze della società dell'informazione.

Parallelamente, la disoccupazione e l'aumento delle spese pensionistiche acuiscono la pressione sulle economie degli Stati membri, rendendo sempre più urgenti le riforme. L'opinione pubblica chiede ai governi, con insistenza crescente, di trovare una soluzione pratica a queste problematiche.

10. L'Unione Europea ha da poco raggiunto i 15 Stati membri, quando cominciano i preparativi per un nuovo **allargamento senza precedenti**. Alla metà degli anni Novanta presentano domanda di adesione gli ex paesi del blocco sovietico (Bulgaria, Polonia, Repubblica Ceca, Romania, Slovacchia e Ungheria), i tre Stati baltici dell'ex Unione Sovietica (Estonia, Lettonia e Lituania), una repubblica dell'ex Iugoslavia (Slovenia) e due paesi mediterranei (Cipro e Malta).

Spinta dal desiderio di stabilità sul continente e dall'impulso di estendere a tali giovani democrazie i benefici dell'unificazione europea, l'UE accoglie favorevolmente queste candidature. I negoziati per le future adesioni prendono avvio nel dicembre 1997. Il 1° maggio 2004 dieci dei dodici paesi candidati entrano a far parte dell'Unione Europea, che diventa così un'Unione a 25. Seguono la Bulgaria e la Romania il 1° gennaio 2007.

3
L'allargamento e la politica di prossimità

- *L'Unione Europea è aperta a tutti i paesi europei che soddisfano i criteri democratici, politici ed economici per l'adesione;*
- *Con una serie di allargamenti successivi l'UE è passata da 6 a 27 Stati membri. Sono candidati all'adesione numerosi altri paesi;*
- *Per ogni nuovo trattato di adesione è necessaria l'unanimità di tutti gli Stati membri. Prima di ogni allargamento, l'UE deve inoltre verificare la propria capacità di assorbimento e la capacità di funzionamento delle sue istituzioni.*
- *Gli allargamenti successivi hanno rafforzato la democrazia, garantito una maggiore sicurezza e ampliato il potenziale di crescita economica e commerciale.*

I. L'unificazione di un continente

a) L'Europa dei 25

Il Consiglio Europeo di Copenaghen del dicembre 2002 inaugura una delle principali fasi storiche dell'unificazione europea. Nel decidere l'adesione di altri dieci paesi a partire dal 1° maggio 2004, l'Unione Europea non solo si espande geograficamente e accresce la sua popolazione, ma pone fine alla divisione che dal 1945 separa il mondo libero dal blocco comunista.

Questo quinto allargamento ha una dimensione politica e morale. Esso ha permesso a paesi come la Repubblica Ceca, l'Estonia, Cipro, la Lettonia, la Lituania, l'Ungheria, Malta, la Polonia, la Slovenia e la Slovacchia, che sono fortemente europei, non solo dal punto di vista geografico, ma anche in termini di cultura, storia ed ideali, di entrare a far parte della famiglia democratica europea e di partecipare al grandioso progetto concepito dai padri fondatori dell'Unione Europea.

b) Un nuovo allargamento

La Bulgaria e la Romania si sono candidate all'adesione nel 1995. Per questi due paesi il processo è stato più lungo che per gli altri dieci, ma essi sono finalmente entrati a far parte dell'UE il 1° gennaio 2007, portando il numero di Stati membri a 27.

c) Nuovi candidati all'adesione

La Turchia, paese membro della NATO, da tempo legata all'Unione Europea da un accordo di associazione, ha presentato la propria domanda di adesione nel 1987. A causa della posizione geografica e della storia politica di tale paese, l'UE ha esitato a lungo prima di accettarne la candidatura. Nell'ottobre 2005 il Consiglio Europeo ha infine aperto i negoziati per la sua adesione, parallelamente a quelli per l'adesione di un altro paese candidato, la **Croazia**. Non è stata ancora fissata una data per l'entrata in vigore dei trattati di adesione di questi due paesi al termine dei negoziati.

d) I Balcani occidentali

Questi paesi, la maggior parte dei quali apparteneva un tempo alla Jugoslavia, guardano sempre più all'Unione Europea per accelerare il processo di ricostruzione economica, migliorare le relazioni reciproche, devastate dalle guerre etniche e religiose, e rafforzare le proprie istituzioni democratiche. Nel dicembre 2005 l'UE ha concesso lo status di «paese candidato» all'ex Repubblica iugoslava di Macedonia. Altri potenziali candidati sono l'Albania, la Bosnia-Erzegovina, il Montenegro e la Serbia.

II. Condizioni di adesione

a) Requisiti giuridici

Il processo politico ed economico che costituisce l'integrazione europea è aperto a tutti i paesi d'Europa disposti ad aderire ai trattati istitutivi e a recepire l'intero acquis comunitario. A norma dell'articolo 237 del Trattato di Roma, ogni Stato europeo può domandare di diventare membro della Comunità.

L'articolo F del Trattato di Maastricht aggiunge che i sistemi di governo degli Stati membri «si fondano sui principi democratici».

b) I criteri di Copenaghen

Nel 1993, in seguito alle richieste degli ex paesi comunisti di entrare a far parte dell'Unione, il Consiglio Europeo ha stabilito i tre criteri fondamentali per l'adesione. Al momento dell'adesione, i nuovi membri devono presentare:

- istituzioni stabili che garantiscano la democrazia, lo Stato di diritto, i diritti umani, il rispetto delle minoranze e la loro protezione;
- un'economia di mercato funzionante e la capacità di far fronte alle pressioni della concorrenza e alle forze di mercato all'interno dell'Unione;
- la capacità di soddisfare gli obblighi derivanti dall'adesione, contribuendo a perseguire gli obiettivi dell'Unione. I nuovi membri devono, inoltre, disporre di un'amministrazione pubblica in grado di applicare la legislazione comunitaria.

c) Il processo di adesione

I negoziati di adesione si svolgono tra ciascun paese candidato e la Commissione Europea, che rappresenta l'Unione Europea. Una volta terminati, la decisione di far entrare nell'UE un nuovo Stato va presa all'unanimità dagli Stati membri riuniti in sede di Consiglio. Il Parlamento Europeo deve esprimere il proprio consenso mediante la procedura del parere conforme espresso dalla maggioranza assoluta dei suoi membri. Tutti i trattati di adesione devono poi essere ratificati dagli Stati membri e dai paesi candidati conformemente alle procedure costituzionali di ciascun paese.

Negli anni dei negoziati l'UE concede ai paesi candidati aiuti intesi ad agevolarne il recupero economico. Per l'allargamento dei 10 paesi del 2004, ad esempio, 41 miliardi di euro sono stati destinati principalmente a finanziare progetti strutturali che hanno permesso ai nuovi paesi di far fronte agli obblighi dell'adesione.

III. Fin dove si dice Europa

a) Confini geografici

Le discussioni che nella maggior parte degli Stati membri hanno accompagnato la ratifica del trattato che adotta una Costituzione per l'Europa hanno mostrato i dubbi albergati dai cittadini europei sulla questione dei confini finali dell'Unione Europea e della sua identità. Non esistono risposte semplici a tali interrogativi, tanto più che ogni paese ha una visione diversa dei propri interessi geopolitici ed economici. I paesi baltici e la Polonia sono favorevoli all'adesione dell'Ucraina. Il possibile ingresso della Turchia solleverà la questione dello status di alcuni paesi caucasici come la Georgia e l'Armenia.

L'Islanda, il Liechtenstein, la Norvegia e la Svizzera, pur soddisfacendo le condizioni per l'adesione, non sono membri dell'Unione Europea in quanto l'opinione pubblica di tali paesi non è attualmente a favore dell'adesione.

Permane poi il problema della situazione politica della Bielorussia e della posizione strategica della Moldavia ed è evidente che l'eventuale adesione della Russia comporterebbe squilibri politici e geografici inaccettabili in seno all'Unione Europea.

b) Vincoli amministrativi

Le attuali istituzioni dell'Unione Europea, a partire dal Trattato di Nizza del 2003, sono inoltre concepite per un massimo di 27 Stati membri. Per superare tale numero sarà necessario un nuovo accordo intergovernativo che definirà le relazioni tra gli Stati membri nell'ambito delle diverse istituzioni.

Con più di 30 Stati membri la capacità dell'Unione di funzionare secondo i principi fondamentali dei trattati (cfr. il capitolo 4: «Come funziona l'Unione

Europea?») sarà messa a dura prova. Le procedure decisionali dovranno essere interamente riviste per evitare la paralisi e permettere all'Unione di mantenere la propria capacità di azione.

Dovranno inoltre essere risolte questioni delicate come quella delle lingue ufficiali. Con l'adesione della Bulgaria e della Romania il numero delle lingue ufficiali è passato a 23. I cittadini europei non devono avere l'impressione che la loro identità nazionale o regionale si perda all'interno di un'Europa standardizzata.

IV. Paesi candidati e non candidati

Per gestire le relazioni con i paesi vicini, candidati all'adesione o non candidati, l'Unione Europea si avvale di due politiche parallele.

Nel quadro della **politica di prossimità** l'UE conclude accordi commerciali e di cooperazione con i paesi del Mediterraneo meridionale, del Caucaso meridionale e dell'Europa dell'Est che per il momento non sono giudicati ammissibili a candidarsi all'adesione.

4
Come funziona l'Unione Europea?

- *Il Consiglio dei ministri dell'Unione Europea, che rappresenta gli Stati membri, è il principale organo decisionale dell'Unione. Quando si riunisce a livello di capi di Stato e di governo diventa il Consiglio Europeo, il cui ruolo è quello di fornire all'*UE *l'impulso politico per le questioni fondamentali.*
- *Il Parlamento Europeo, che rappresenta i popoli d'Europa, condivide il potere legislativo e di bilancio con il Consiglio dell'Unione Europea.*
- *La Commissione Europea, che rappresenta l'interesse comune dell'*UE*, è il principale organo esecutivo dell'Unione. Dispone del diritto di iniziativa e garantisce la corretta attuazione delle politiche europee.*

I. Il triangolo decisionale

L'Unione Europea, pur non essendo uno Stato federale, è qualcosa di più di una semplice confederazione di paesi. Si tratta, infatti, di un nuovo tipo di entità che non rientra in nessuna categoria giuridica classica. Essa si fonda su un sistema politico unico in costante evoluzione da oltre cinquant'anni a questa parte.

I trattati (che costituiscono il «diritto primario») sono la base di un vasto corpo di atti normativi (il cosiddetto «diritto derivato») che incide direttamente sulla vita quotidiana dei cittadini europei. Il diritto derivato comprende principalmente regolamenti, direttive e raccomandazioni adottate dalle istituzioni europee.

Questi atti legislativi e, in maniera più generale, le politiche dell'Unione sono il risultato delle decisioni prese dal triangolo istituzionale costituito dal Consiglio (che rappresenta i governi nazionali), dal Parlamento Europeo (che rappresenta i popoli d'Europa) e dalla Commissione Europea (organo indipendente dai governi e garante dell'interesse comune degli europei).

a) Il Consiglio dell'Unione Europea e il Consiglio Europeo

Il **Consiglio dell'Unione Europea** (Consiglio dei ministri) è il principale organo decisionale dell'UE. Ogni Stato membro ne assume a turno la presidenza per un periodo di sei mesi. Ad ogni riunione del Consiglio partecipa un ministro per Stato membro in funzione dei temi all'ordine del giorno: affari esteri, agricoltura, industria, trasporti, ambiente, ecc.

Il Consiglio esercita il potere legislativo, condiviso con il Parlamento Europeo in base alla «procedura di codecisione». Il Consiglio è inoltre responsabile con il Parlamento Europeo dell'adozione del bilancio dell'UE. Esso conclude gli accordi internazionali preventivamente negoziati dalla Commissione.

I trattati stabiliscono che il Consiglio deliberi a maggioranza semplice, a maggioranza qualificata o all'unanimità secondo la materia in discussione.

Per questioni di fondamentale importanza, come la modifica dei trattati, l'avvio di una nuova politica comune o l'adesione di un nuovo Stato, il Consiglio delibera all'unanimità.

Nella maggior parte degli altri casi si usa il voto a maggioranza qualificata, il che significa che una decisione del Consiglio viene adottata solo se ottiene un determinato numero di voti a favore. Il numero di voti di cui dispone ogni Stato membro è ponderato sulla base della rispettiva popolazione.

Numero di voti assegnati ad ogni Stato membro nel Consiglio

Germania, Francia, Italia, Regno Unito	29
Spagna, Polonia	27
Romania	14
Paesi Bassi	3
Belgio, Repubblica Ceca, Grecia, Portogallo, Ungheria	12
Austria, Bulgaria, Svezia	10
Danimarca, Irlanda, Lituania, Slovacchia, Finlandia	7
Estonia, Cipro, Lettonia, Lussemburgo, Slovenia	4
Malta	6
Totale	345

Sono necessari 255 voti su 354 (pari al 73,9%) per raggiungere la maggioranza qualificata. Inoltre:

- la decisione deve essere approvata dalla maggioranza degli Stati membri (in alcuni casi, dai due terzi);
- ciascuno Stato membro può esigere la conferma che i voti a favore rappresentino almeno il 62% della popolazione totale dell'UE.

Il Consiglio Europeo si riunisce generalmente quattro volte all'anno. Esso è presieduto dal capo di Stato o di governo del paese che esercita la presidenza del Consiglio dell'Unione Europea e annovera, come membro di diritto, il presidente della Commissione.

Con il Trattato di Maastricht il Consiglio Europeo è diventato ufficialmente l'organo incaricato di fornire all'Unione l'impulso necessario alle principali politiche e di risolvere questioni particolarmente delicate su cui i ministri non sono riusciti a raggiungere un accordo in sede di Consiglio dell'Unione Europea.

Il Consiglio Europeo affronta inoltre pressanti questioni di politica internazionale grazie alla Politica Estera e di Sicurezza Comune (PESC), uno strumento che consente all'UE di esprimere una diplomazia comune.

b) Il Parlamento Europeo

Il Parlamento Europeo è l'organo eletto che rappresenta tutti i cittadini dei paesi membri dell'Unione. Esso esercita il controllo politico sulle attività dell'Unione e partecipa al processo legislativo. Dal 1979 i deputati europei sono eletti a suffragio universale diretto ogni cinque anni.

Numero di rappresentanti degli Stati membri al Parlamento Europeo 2007-2009

Belgio	24
Bulgaria	18
Repubblica Ceca	24
Danimarca	14
Germania	99
Estonia	6
Grecia	24
Spagna	54
Francia	78
Irlanda	13
Italia	78
Cipro	6
Lettonia	9
Lituania	13
Lussemburgo	6
Ungheria	24
Malta	5
Paesi Bassi	27
Austria	18
Polonia	54
Portogallo	24
Romania	35
Slovenia	7
Slovacchia	14
Finlandia	14
Svezia	19
Regno Unito	78
Totale	785

Gruppi politici nel Parlamento Europeo

Partito Popolare Europeo (Democratici-cristiani) e Democratici Europei	278
Gruppo socialista	219
Alleanza dei Democratici e dei Liberali per l'Europa	103
Gruppo Verde/Alleanza Libera Europea	42
Sinistra Unitaria Europea – Sinistra Verde Nordica	41
Unione per l'Europa delle Nazioni	30
Gruppo Indipendenza/Democrazia	28
Deputati non iscritti e seggi temporaneamente vacanti	44
Totale	785

Situazione all'ottobre 2006

I deputati europei si riuniscono in seduta plenaria a Strasburgo, mentre alcune sessioni supplementari si svolgono a Bruxelles. Venti commissioni parlamentari preparano i lavori delle sedute plenarie prevalentemente a Bruxelles, dove si riuniscono anche i gruppi politici. Il segretariato generale ha sede a Lussemburgo e a Bruxelles.

Il Parlamento Europeo esercita la funzione legislativa in base a tre procedure:

- nel quadro della procedura di **cooperazione,** istituita dall'Atto Unico Europeo nel 1987, il Parlamento Europeo esprime un parere sui progetti di direttive e regolamenti proposti dalla Commissione Europea, alla quale viene chiesto di modificare le proposte presentate per tenere conto della posizione del Parlamento;
- dal 1987, con la procedura del **parere conforme,** occorre che il Parlamento Europeo esprima un parere favorevole agli accordi internazionali negoziati dalla Commissione e alle proposte di allargamento dell'Unione Europea;
- nel 1992 il Trattato di Maastricht ha introdotto la procedura di **codecisione,** la quale ha posto il Parlamento in condizioni di parità con il Consiglio per quanto riguarda l'esercizio del potere legislativo in settori importanti quali la libera circolazione dei lavoratori, il mercato interno, l'istruzione, la ricerca, l'ambiente, le reti transeuropee, la cultura, la salute, la tutela dei consumatori. In questi settori il Parlamento Europeo può respingere (solo a maggioranza assoluta dei suoi membri) la posizione comune del Consiglio e porre fine alla procedura. Il trattato prevede tuttavia una procedura di conciliazione.

Il Parlamento Europeo condivide inoltre con il Consiglio il potere di bilancio, in quanto adotta il bilancio dell'Unione Europea. Esso ha la facoltà di respingere il bilancio proposto, come ha già fatto più volte in passato. In questo caso l'intera procedura deve ricominciare dal principio. La Commissione Europea propone il progetto di bilancio, che viene discusso dal Consiglio e dal Parlamento Europeo. Quest'ultimo ha pienamente utilizzato i suoi poteri in materia di bilancio per influire sulle politiche dell'Unione Europea.

Il Parlamento svolge infine un ruolo di controllo democratico sull'Unione. Esso può destituire la Commissione mediante una mozione di censura che deve essere approvata a maggioranza dei due terzi dei voti espressi. Il Parlamento esercita inoltre un controllo sulla gestione quotidiana delle politiche europee mediante interrogazioni orali e scritte alla Commissione e al Consiglio. Il presidente del Consiglio Europeo riferisce infine al Parlamento sulle decisioni adottate dal Consiglio.

c) La Commissione Europea

La Commissione costituisce il terzo polo del triangolo istituzionale dell'Unione Europea. I suoi membri restano in carica per cinque anni, sono nominati di comune accordo dagli Stati membri e devono ottenere l'approvazione del Parlamento Europeo. La Commissione risponde del suo operato dinanzi al Parlamento Europeo ed è costretta alle dimissioni collettive qualora quest'ultimo adotti una mozione di censura nei suoi confronti.

Dal 2004 la Commissione comprende un commissario per ogni Stato membro.

La Commissione gode di notevole indipendenza nell'esercizio delle sue funzioni. Essa agisce nel solo interesse generale dell'Unione e non riceve quindi istruzioni dai governi degli Stati membri. In qualità di custode dei trattati, vigila sull'attuazione dei regolamenti e delle direttive adottate dal Consiglio e dal Parlamento e può adire la Corte di Giustizia per esigere il rispetto del diritto comunitario da parte degli Stati membri.

Organo esecutivo dell'UE, la Commissione garantisce l'attuazione delle decisioni del Consiglio in relazione, ad esempio, alla politica agricola comune. Essa dispone di ampi poteri nella gestione delle politiche comuni dell'UE (ricerca e tecnologia, aiuti internazionali, sviluppo regionale, ecc.) e ne amministra il bilancio.

La Commissione si avvale di una struttura amministrativa composta da 36 Direzioni Generali (DG) e servizi con sede principalmente a Bruxelles e Lussemburgo.

II. Altre istituzioni e organi

a) La Corte di Giustizia

La Corte di Giustizia delle Comunità Europee, con sede a Lussemburgo, è composta da un giudice per Stato membro e da otto avvocati generali, che sono nominati di comune accordo dai governi degli Stati membri per un mandato di sei anni rinnovabile. La loro indipendenza è garantita. La Corte ha il compito di garantire il rispetto del diritto comunitario e la corretta interpretazione e applicazione dei trattati.

b) La Corte dei Conti

La Corte dei Conti, istituita nel 1975 e avente sede a Lussemburgo, è composta da un membro per ogni paese dell'Unione, nominato dagli Stati membri per un mandato di sei anni previa consultazione del Parlamento Europeo. La Corte dei conti esamina la legittimità e la regolarità delle entrate e delle spese dell'Unione e accerta la corretta gestione finanziaria del bilancio dell'UE.

c) Il Comitato Economico e Sociale Europeo

Quando devono adottare decisioni in determinati campi, il Consiglio e la Commissione consultano il Comitato Economico e Sociale Europeo (CESE). I membri di quest'ultimo sono rappresentanti delle varie componenti sociali ed economiche della società civile organizzata e sono nominati dal Consiglio per quattro anni.

d) Il Comitato Delle Regioni

Il Comitato Delle Regioni (CDR) è stato istituito dal Trattato sull'Unione Europea ed è composto da rappresentanti degli enti regionali e locali, che vengono proposti dagli Stati membri e nominati dal Consiglio per quattro anni. In base al trattato, il Comitato delle regioni è consultato dal Consiglio e dalla Commissione per questioni di pertinenza regionale, ma può anche formulare pareri di propria iniziativa.

e) La Banca Europea per gli Investimenti

La Banca Europea per gli Investimenti (BEI), con sede a Lussemburgo, accorda prestiti e garanzie destinati a valorizzare le regioni più arretrate dell'UE e a rafforzare la competitività delle imprese.

f) La Banca Centrale Europea

La Banca Centrale Europea (BCE), con sede a Francoforte, gestisce l'euro e la politica monetaria dell'Unione [cfr. capitolo 7: «L'Unione Economica e Monetaria (UEM) e l'euro»].

Il ruolo delle Regioni nella costruzione dello spazio Europeo della ricerca

Commissario europeo della ricerca Philippe Bousquin

Il problema principale della ricerca europea è la sua frammentarietà.

Ben l'85% delle risorse destinate alla ricerca sono impiegate a livello locale; è necessario, invece, che le attività di ricerca vengano gestite sulla base delle politiche concentrate tra i vari stati membri.

Le regioni in Europa sono in tutto 200, e il 25% del volume totale dell'attività di ricerca è realizzato da un gruppo di sole 7 regioni.

Bisogna concentrarci su quegli aspetti regionali in cui la Regione può esprimere la propria eccellenza. Tutti i progetti contenuti nel VI PQ sono, infatti, fondati sull'eccellenza.

La regione deve sforzarsi di acquistare una dimensione europea creando partenariati con altre regioni.

Le tre forze dell'Europa sono eccellenza, qualità tecnologica e diversità.

La attività di ricerca in Europa ha avuto un grande incremento se si pensa che il 34% delle pubblicazioni medico-scientifiche mondiali ha origine europea, contro il 30% delle pubblicazioni degli USA: tale rapporto era invertito solo quindici anni fa.

Ma molto deve ancora essere fatto.

Ormai il livello dei progetti ha superato la dimensione nazionale e la Regione deve imparare a convivere con questa nuova realtà.

L'obiettivo del VI PQ è quello di arrivare, nel 2010, a destinare il 3% delle risorse comunitarie alla ricerca.

L'Italia deve compiere un grande sforzo, soprattutto perché la struttura delle sue imprese è diversa da quelle europee.

Una buona chiave per raggiungere tale obiettivo sarebbe instaurare una cooperazione tra le imprese ed il mondo accademico.

A questo proposito vale la pena ricordare che l'Università di Perugia ha una lunga ed importante tradizione, era infatti già famosa nel XV secolo per le facoltà di medicina e matematica.

Al termine del proprio intervento, il Commissario europeo invita i soggetti interessati a rispondere agli inviti a manifestare interesse previsti dal VI PQ, in quanto sarà proprio in base all'emerger dei diversi interessi che verranno strutturati gli inviti a proporre.

Presidente della Conferenza dei Presidenti delle Regioni
Enzo Ghigo

Il presidente ha sottolineato soprattutto il ruolo di fanalino di coda svolto dall'Italia nell'ambito delle attività comunitarie e crede che il punto di forza dell'Italia potrebbe essere l'utilizzo delle risorse agroalimentari.

In questo settore, infatti, l'Italia occupa i primi posti della graduatoria europea con una percentuale di prodotti nazionali esportati nell'Unione pari al 13%, contro una media europea del 6%.

I relatori, Yuan T. Lee, Pistoni, Falaschi, Tampieri, hanno incentrato i loro interventi su aspetti molto tecnici relativi alle biotecnologie.

Direttore dell'Unità Ricerca Innovazione della Confindustria
Paolo Annunziato

Il direttore lamenta la mancanza di collaborazione tra il settore pubblico e quello privato.

Mentre il V PQ aveva incentrato quasi tutto sul trasferimento tecnologico (nell'ambito del quale l'Italia – in alcuni settori – si è posta al secondo posto, dopo il Regno Unito), il VI PQ punta tutto sulle reti di eccellenza e cambia, quindi, completamente direzione.

Collaboratore Ministero ricerca e Sviluppo
Rossi Bernardi

L'intervento europeo previsto per l'Italia dalla Comunità Europea è pari al 3% delle risorse messe a disposizione dallo Stato.

Non bisogna credere, dunque, che i finanziamenti europei costituiscano una panacea di tutti i mali.

Essi rappresentano solo una grossa opportunità di crescita che vale la pena cogliere.

Il VI PQ prevede tre punti principali:

- progetti a geometria variabile (di difficile realizzazione);
- centri di eccellenza;
- progetti integrati (tali progetti sono stati definiti integrati non solo perché vi partecipano 4 o 5 stati membri contemporaneamente, ma perché interessano tutte le fasi della progettazione: dall'idea fino alla dimostrazione del progetto); sono progetti di enorme levatura, e l'Italia potrà promuoverne solo 2 o 3. Potrà, tuttavia, partecipare in larga parte a progetti proposti da altri stati membri (ai quali andrà, ovviamente, la maggior parte dei risultati economici ottenuti).

In Italia è necessario compiere una grande svolta mentale soprattutto a livello di istituzioni.

Negli ultimi 7 anni lo Stato ha progressivamente tagliato le risorse prima assegnate al Ministero della ricerca, e, soprattutto, ha attribuito al settore della ricerca un basso grado di priorità.

L'obiettivo che Rossi Bernardi si pone è quello di lavorare affinché lo Stato aumenti i propri investimenti nella ricerca portandoli nell'attuale 0,6% fino all'1%, senza dimenticare che la Commissione Europea ha auspicato, per il 2010, il raggiungimento della soglia del 3%.

5
Di cosa si occupa l'Unione Europea?

- *L'Unione Europea interviene in numerosi settori (economico, sociale, normativo e finanziario) in cui la sua azione va a beneficio degli Stati membri:*
  – politiche di solidarietà (le cosiddette politiche di coesione) in ambito regionale, agricolo e sociale;
  – politiche di innovazione, che favoriscono il ricorso a tecnologie di punta in settori quali la protezione dell'ambiente, la ricerca e lo sviluppo (R&S) e l'energia.
- *L'Unione finanzia tali politiche grazie a un bilancio annuale di oltre 120 miliardi di euro, cui contribuiscono principalmente gli Stati membri. Si tratta di un bilancio modesto rispetto alla ricchezza complessiva dell'*UE*, in quanto rappresenta al massimo l'1,24% del reddito nazionale lordo della totalità degli Stati membri.*

I. Politiche di solidarietà

Le politiche di solidarietà hanno principalmente lo scopo di accompagnare il completamento del mercato unico (cfr. capitolo 6: «Il mercato unico»), oltre a quello di correggere gli eventuali squilibri mediante misure strutturali a sostegno delle regioni arretrate o dei settori industriali in difficoltà. L'esigenza di una solidarietà fra gli Stati membri e le regioni è diventata ancora più pressante dopo il recente ingresso nell'UE di 12 nuovi paesi con un reddito notevolmente inferiore alla media dell'Unione. L'UE deve inoltre contribuire al recupero di settori economici gravemente colpiti da una concorrenza internazionale in rapida crescita.

a) Aiuti a finalità regionale

La politica regionale dell'UE si basa su trasferimenti di fondi dai paesi ricchi a quelli più poveri. Le somme stanziate sono destinate allo sviluppo delle regioni arretrate, alla riconversione di zone industriali in declino, all'inserimento professionale dei disoccupati di lunga durata e dei giovani, alla modernizzazione delle strutture agricole e allo sviluppo delle regioni rurali sfavorite.

Gli stanziamenti assegnati alle attività regionali nel bilancio 2007-2013 sono finalizzati ai seguenti tre obiettivi:

- **Convergenza**. L'obiettivo è quello di aiutare i paesi e le regioni più arretrate a recuperare rapidamente il ritardo rispetto alla media dell'UE grazie al miglioramento delle condizioni di crescita e di occupazione. Gli investimenti riguardano il capitale fisico e umano, l'innovazione, la società della conoscenza, l'adeguamento ai cambiamenti, l'ambiente e l'efficenza amministrativa.

- **Competitività regionale e occupazione**. L'obiettivo è quello di accrescere la competitività, l'occupazione e l'attrattiva delle regioni, al di fuori di quelle più arretrate, anticipando i cambiamenti economici e sociali e promuovendo l'innovazione, l'imprenditorialità, la protezione dell'ambiente, l'accessibilità, l'adattabilità e lo sviluppo di mercati del lavoro inclusivi.
- **Cooperazione territoriale europea**. Questo nuovo obiettivo mira a rafforzare la cooperazione transfrontaliera, transnazionale e interregionale e a trovare soluzioni comuni ai problemi condivisi da enti limitrofi in ambiti quali lo sviluppo urbano, rurale e costiero, lo sviluppo di relazioni economiche e la creazione di reti di piccole e medie imprese (PMI).

Tali obiettivi saranno finanziati da fondi specifici dell'UE, che completano o stimolano gli investimenti del settore privato, dei governi nazionali e delle regioni: i fondi strutturali e il Fondo di coesione.

- Il **Fondo Europeo di Sviluppo Regionale (FESR)** è il primo fondo strutturale ed è destinato a rafforzare la coesione economica, sociale e territoriale riducendo le disparità fra le regioni e sostenendo lo sviluppo e l'adeguamento strutturale delle economie regionali, anche attraverso la riconversione delle regioni industriali in declino.
- Il **Fondo Sociale Europeo (FSE)**, che è il secondo fondo strutturale, finanzia iniziative di formazione professionale e la creazione di posti di lavoro.
- Ai fondi strutturali si **aggiunge** il **Fondo di coesione,** che finanzia infrastrutture nel settore dei trasporti e progetti ambientali nei paesi dell'UE in cui il prodotto interno lordo pro capite è inferiore al 90% della media europea.

b) La Politica Agricola Comune (PAC)

Gli obiettivi della PAC, fissati dal Trattato di Roma del 1957, sono stati ampiamente realizzati: garantire un tenore di vita equo alla popolazione agricola, stabilizzare i mercati, assicurare prezzi ragionevoli nelle consegne ai consumatori, modernizzare le infrastrutture agricole. Altri principi attuati nel corso del tempo hanno dato ottimi risultati. I consumatori possono contare su approvvigionamenti sicuri e su prezzi stabili, al riparo dalle fluttuazioni che investono il mercato mondiale. La PAC è finanziata grazie al **Fondo Europeo Agricolo di Orientamento e di Garanzia (FEAOG).**

La PAC è stata però vittima del suo stesso successo: la produzione è aumentata assai più velocemente dei consumi, il che ha generato notevoli costi a carico del bilancio dell'Unione. È stato quindi necessario ridefinire la politica agricola e la riforma della PAC sta cominciando a dare i suoi frutti: la produzione è stata contenuta e gli agricoltori vengono incoraggiati ad utilizzare pratiche agricole sostenibili che proteggano l'ambiente e il paesaggio e contribuiscano a migliorare la qualità e la sicurezza dei prodotti alimentari.

Il mondo agricolo ha ora il compito di garantire un certo livello di attività economica in ogni territorio rurale e di mantenere la diversità dei paesaggi europei. Tale diversità e il riconoscimento di uno «stile di vita rurale», in cui gli uomini vivono in armonia con il territorio, costituiscono una parte importante dell'identità europea.

L'Unione Europea chiede che l'Organizzazione mondiale del commercio (OMC) attribuisca maggiore rilevanza alla qualità dell'alimentazione, al principio di precauzione e al benessere degli animali. L'Unione ha inoltre avviato una riforma della politica della pesca intesa a ridurre le sovraccapacità della flotta peschereccia, proteggere le risorse ittiche e fornire un sostegno finanziario a quanti abbandonano il settore per riciclarsi in altre attività.

c) La dimensione sociale

La politica sociale dell'Unione intende correggere gli squilibri più manifesti presenti nella società europea. Il Fondo Sociale Europeo (FSE) viene implementato nel 1961 per favorire la creazione di posti di lavoro e migliorare le possibilità di occupazione dei lavoratori, promuovendone la mobilità professionale e geografica.

Il sostegno finanziario non è tuttavia l'unico strumento di cui dispone l'Unione Europea per migliorare le condizioni sociali. Da solo non basterebbe a risolvere tutti i problemi legati alla recessione e al ritardo di alcune regioni. Gli effetti dinamici della crescita devono innanzitutto incoraggiare il progresso sociale, che deve andare di pari passo con una legislazione intesa a garantire una base minima di diritti. Alcuni di questi diritti, come il diritto alla parità di retribuzione fra uomini e donne per lo stesso lavoro, sono sanciti dai trattati, mentre altri sono stabiliti dalle direttive sulla protezione dei lavoratori (salute e sicurezza sul luogo di lavoro) e sulle norme essenziali di sicurezza.

Nel 1991 il Consiglio Europeo di Maastricht ha adottato la **Carta Comunitaria dei Diritti Sociali Fondamentali,** che definisce i diritti di cui devono beneficiare tutti i lavoratori dell'UE: libera circolazione, equa retribuzione, miglioramento delle condizioni di lavoro, protezione sociale, diritto di associarsi e di negoziare collettivamente, diritto alla formazione professionale, parità di trattamento tra uomini e donne, informazione, consultazione e partecipazione, sicurezza e igiene sul lavoro, tutela dei bambini, degli anziani e delle persone portatrici di handicap. Nel giugno 1997 ad Amsterdam, la Carta è stata integrata al trattato ed è ora applicabile in tutti gli Stati membri.

II. Politiche di innovazione

Le attività dell'Unione incidono sulla vita quotidiana dei cittadini europei affrontando le sfide poste dalla società moderna: protezione dell'ambiente, salute, innovazione tecnologica, energia, ecc.

a) Ambiente e sviluppo sostenibile

La pietra angolare dell'azione dell'UE in campo ambientale è il programma d'azione «Ambiente 2010: il nostro futuro, la nostra scelta», che copre il periodo dal 2001 al 2010 e sottolinea la necessità di:

- prevenire e rallentare i cambiamenti climatici e il riscaldamento planetario;
- proteggere gli habitat naturali, la fauna e la flora selvatiche;
- affrontare i problemi legati all'ambiente e alla salute;
- preservare le risorse naturali e gestire efficacemente i rifiuti.

Nel periodo oggetto di questo programma e dei cinque programmi che lo hanno preceduto, e in più di trent'anni di attività di normazione, l'UE ha elaborato un sistema generale di protezione dell'ambiente.

I problemi affrontati sono estremamente vari: inquinamento acustico, rifiuti, protezione degli habitat naturali, gas di scarico, prodotti chimici, incidenti industriali, qualità delle acque di balneazione e creazione di una rete europea di informazione e assistenza per le situazioni di emergenza, che interviene in caso di catastrofi ecologiche come le maree nere o gli incendi forestali.

Più di recente un piano d'azione per l'ambiente e la salute, adottato per il periodo 2004-2010, affronta le preoccupazioni per gli effetti dell'inquinamento sulla salute e stabilisce un legame fra salute, ambiente e politica di ricerca.

La normativa europea garantisce lo stesso livello di protezione in tutta l'Unione, ma è sufficientemente flessibile da tenere conto delle circostanze locali. Essa è inoltre regolarmente aggiornata: è stato deciso, ad esempio, di rielaborare la legislazione relativa ai prodotti chimici e di sostituire le vecchie norme, elaborate in maniera frammentaria, con un unico sistema di registrazione, valutazione e autorizzazione dei prodotti chimici (REACH).

Questo sistema si fonda su una base dati centrale che sarà gestita dalla nuova Agenzia Europea delle sostanze chimiche, con sede a Helsinki. L'obiettivo è quello di evitare la contaminazione dell'aria, delle acque, del suolo e degli edifici, preservare la biodiversità e migliorare la salute e la sicurezza dei cittadini europei senza incidere sulla concorrenzialità dell'industria europea.

b) L'innovazione tecnologica

I fondatori dell'Unione Europea avevano intuito che l'Europa, per garantire la prosperità del proprio futuro, doveva conseguire e mantenere una posizione di leader mondiale nel settore tecnologico. Consapevoli degli enormi vantaggi derivanti da una ricerca comune europea, nel 1958 affiancarono alla CEE la Comunità Europea per l'Energia Atomica (**EURATOM**) destinata alla gestione comune dell'energia atomica ad uso civile e dotata di un proprio centro di ricerca. Il Centro Comune di Ricerca (CCR) comprende sette istituti in cinque diversi siti: Ispra (Italia), Karlsruhe (Germania), Petten (Paesi Bassi), Geel (Belgio) e Siviglia (Spagna).

Con l'accelerarsi della corsa all'innovazione, la ricerca europea ha dovuto diversificarsi e avvalersi del lavoro di una grande varietà di scienziati e ricercatori, trovando nuovi strumenti per finanziare le loro attività di ricerca e moltiplicando le applicazioni industriali.

La ricerca comune a livello dell'Unione Europea è destinata a completare i programmi di ricerca nazionali e favorisce i progetti che riuniscono più laboratori in vari Stati membri. Essa sostiene inoltre attività di ricerca fondamentale in settori quali la fusione termonucleare controllata (una fonte di energia potenzialmente inesauribile per il XXI secolo) e promuove la ricerca e lo sviluppo tecnologico in settori industriali chiave come l'elettronica e l'informatica, sottoposti alla pressione di una forte concorrenza internazionale.

I programmi quadro sono il principale strumento di finanziamento della ricerca europea. Il **settimo programma quadro di ricerca e sviluppo tecnologico** copre il periodo compreso fra il 2007 e il 2013. Gli oltre 50 miliardi di euro del suo bilancio saranno in gran parte destinati a settori quali la salute, l'alimentazione e l'agricoltura, le tecnologie dell'informazione e delle comunicazioni, le nanoscienze, l'energia, l'ambiente, i trasporti, la sicurezza, lo spazio e le scienze socioeconomiche. Altri programmi valorizzeranno le idee, il personale e le competenze, grazie ad attività di ricerca alle frontiere della conoscenza, al sostegno offerto ai ricercatori e allo sviluppo delle loro carriere nonché alla cooperazione internazionale.

c) Energia

I combustibili fossili (petrolio, gas naturale e carbone) rappresentano l'80% del consumo energetico dell'UE. Una parte importante e in crescita di tali combustibili fossili proviene dai paesi extracomunitari. La dipendenza dalle importazioni di gas e petrolio, attualmente pari al 50%, potrebbe raggiungere il 70% entro il 2030. L'Unione diventerà quindi più vulnerabile di fronte a eventuali problemi di approvvigionamento o aumenti di prezzi provocati dalle crisi internazionali. Ma l'Unione deve ridurre il suo consumo di combustibili fossili anche per invertire la tendenza al riscaldamento globale.

In futuro sarà necessario combinare vari elementi: risparmiare energia utilizzandola in maniera più intelligente, sviluppare fonti energetiche alternative (soprattutto le energie rinnovabili in Europa) e rafforzare la cooperazione internazionale. Il consumo energetico potrebbe diminuire di un quinto entro il 2020 modificando il comportamento dei consumatori e utilizzando tecnologie in grado di migliorare l'efficienza energetica.

III. Il bilancio dell'Europa

Per finanziare le sue politiche l'Unione Europea dispone di un bilancio annuale che ammonta a oltre 120 miliardi di euro. Questo bilancio è finanziato dalle risorse proprie dell'UE, le quali non possono superare la percentuale dell'1,24% del reddito nazionale lordo della totalità degli Stati membri.

Tali risorse provengono principalmente:

- dai dazi doganali sui prodotti importati dall'esterno, compresi i prelievi agricoli;
- da una parte dell'imposta sul valore aggiunto applicata ai beni e ai servizi in tutta l'UE;
- dai contributi versati dagli Stati membri in funzione dei rispettivi redditi.

Ogni bilancio annuale rientra nel quadro di prospettive finanziarie programmate per un periodo di sette anni. Le prospettive finanziarie vengono elaborate dalla Commissione Europea e devono essere approvate all'unanimità dagli Stati membri, dopo negoziazione e accordo del Parlamento Europeo. Per il periodo 2007-2013 le prospettive finanziarie ammontano a 864,4 miliardi di euro.

6
Il mercato unico

- *Il mercato unico è una delle principali realizzazioni dell'Unione Europea. Le restrizioni agli scambi e alla libera concorrenza sono state gradualmente eliminate fra gli Stati membri, il che ha contribuito all'innalzamento del tenore di vita.*
- *Il mercato unico non è ancora diventato uno spazio economico unico: alcuni settori dell'economia, come i servizi pubblici, restano soggetti alle legislazioni nazionali.*
- *I singoli Stati membri dell'*UE *mantengono un'ampia sovranità in materia fiscale e di protezione sociale.*
- *Al mercato unico contribuisce una serie di politiche correlate che l'Unione ha attuato nel corso degli anni allo scopo di garantire che il maggior numero possibile di consumatori e imprese potesse godere dei vantaggi offerti dalla liberalizzazione dei mercati.*

I. La realizzazione dell'obiettivo del 1993

a) Limiti del mercato comune

Il Trattato del 1957 che istituisce la Comunità Economica Europea ha permesso di abolire le barriere doganali all'interno della Comunità e di stabilire una tariffa doganale comune da applicare alle merci provenienti dai paesi extracomunitari. Questo obiettivo è stato realizzato il 1° luglio 1968.

I dazi doganali sono tuttavia solo un aspetto del protezionismo. Negli anni Settanta altri ostacoli agli scambi impediscono la completa realizzazione del mercato comune di natura tecnica, prescrizioni in materia di salute e sicurezza, normative nazionali riguardanti il diritto di esercitare determinate professioni e i controlli sui cambi continuano a limitare la libera circolazione delle persone, dei beni e dei capitali.

b) L'obiettivo del 1993

Nel giugno 1985 la Commissione, allora presieduta da Jacques Delors, pubblica un libro bianco che prevede l'abolizione, entro sette anni, di tutti gli ostacoli fisici, tecnici e fiscali alla libera circolazione in seno alla Comunità. L'obiettivo è quello di stimolare l'espansione industriale e commerciale all'interno di un ampio spazio economico unificato, all'altezza del mercato americano.

Lo strumento che ha consentito la creazione del mercato unico è l'Atto Unico Europeo, entrato in vigore nel luglio del 1987. Esso prevedeva:

- l'ampliamento dei poteri della Comunità in alcuni ambiti (politica sociale, ricerca, ambiente);
- la graduale istituzione del mercato unico entro la fine del 1992 grazie ad un ampio programma legislativo basato sull'adozione di centinaia di direttive e regolamenti;
- l'uso più frequente della votazione a maggioranza in seno al Consiglio dei ministri.

II. Il mercato unico oggi

a) Ostacoli fisici

All'interno dell'Unione Europea sono stati aboliti tutti i controlli alle frontiere sulle merci e i controlli doganali sulle persone. All'occorrenza vengono ancora effettuati controlli puntuali di polizia nel quadro della lotta alla droga e alla criminalità.

L'accordo di Schengen, sottoscritto da un primo gruppo di Stati membri dell'UE nel 1985 e successivamente esteso ad altri (ma il Regno Unito e l'Irlanda non vi partecipano), regola la cooperazione di polizia e una politica comune d'asilo e di immigrazione al fine di rendere possibile la totale abolizione dei controlli sulle persone alle frontiere interne dell'Unione Europea (cfr. capitolo 10: «L'Europa della libertà, della sicurezza e della giustizia»). I paesi che hanno aderito all'Unione dal 2004 si stanno progressivamente allineando alle norme dello spazio Schengen.

b) Ostacoli tecnici

Per la maggior parte dei prodotti i paesi dell'UE hanno adottato il principio del riconoscimento reciproco delle norme nazionali. Qualsiasi prodotto fabbricato e commercializzato legittimamente in uno Stato membro deve poter essere immesso sul mercato di tutti gli altri Stati membri.

Il riconoscimento reciproco e il coordinamento delle norme nazionali relative all'accesso e all'esercizio di alcune professioni (diritto, medicina, turismo, banche, assicurazioni, ecc.) hanno reso possibile la liberalizzazione del settore dei servizi. La libera circolazione delle persone non è tuttavia ancora completa. Vari ostacoli continuano infatti a frapporsi al desiderio di risiedere in un altro Stato membro dell'UE o di esercitarvi determinate attività.

Sono stati adottati provvedimenti per favorire la mobilità dei lavoratori e soprattutto per garantire che i titoli di studio e le qualifiche (idraulici, falegnami, ecc.) di uno Stato membro fossero riconosciuti in tutti gli altri.

L'apertura dei mercati nazionali dei servizi ha consentito di ridurre le tariffe delle telefonate nazionali a una frazione del prezzo di dieci anni fa. Con l'ausilio delle nuove tecnologie l'utilizzo di Internet per la telefonia è in crescita. Le tariffe dei voli a basso costo in Europa sono diminuite in maniera significativa sotto la spinta della concorrenza.

c) Ostacoli fiscali

Gli ostacoli fiscali sono stati ridotti grazie alla parziale armonizzazione dei tassi dell'IVA. La tassazione dei redditi da capitale è stata oggetto di un accordo tra gli Stati membri e alcuni paesi, fra cui la Svizzera, entrato in vigore nel luglio 2005.

d) Appalti pubblici

Alle gare per appalti pubblici aggiudicati a livello nazionale, regionale o locale possono partecipare offerenti di qualsiasi paese dell'Unione grazie alle direttive sugli appalti pubblici di servizi, forniture e lavori in settori quali l'acqua, l'energie e le telecomunicazioni.

III. Attività in corso

a) Servizi finanziari

Il piano d'azione dell'UE destinato a creare un mercato integrato per i servizi finanziari entro il 2005 è ormai concluso. Esso consentirà di ridurre il costo dei prestiti per le imprese e per i consumatori e di offrire ai risparmiatori una gamma più ampia di prodotti d'investimento, come piani di risparmio e programmi pensionistici, con possibilità di scegliere tra diversi fornitori europei. Sono state inoltre ridotte le spese bancarie per i pagamenti transfrontalieri.

b) Ostacoli tecnici ed amministrativi alla libera circolazione

Gli Stati membri dell'UE spesso dimostrano ancora una certa riluttanza ad accettare gli standard e le norme degli altri paesi membri o, talvolta, a riconoscere l'equivalenza delle qualifiche professionali. Anche la frammentazione dei sistemi fiscali nazionali frena l'integrazione e l'efficienza del mercato.

c) Pirateria e contraffazione

Una protezione è inoltre necessaria per prevenire la pirateria e la contraffazione dei prodotti dell'UE. La Commissione Europea ritiene che ogni anno nell'UE tali pratiche comportino una perdita di migliaia di posti di lavoro ed è per questo che, in collaborazione con gli Stati membri, si adopera per rafforzare la tutela dei diritti d'autore e dei brevetti.

IV. Politiche a sostegno del mercato unico

a) Trasporti

Le attività dell'Unione Europea si sono concentrate principalmente sulla libera prestazione di servizi di trasporto terrestre e in particolare sul libero accesso al mercato dei trasporti internazionali e sull'ammissione dei trasportatori non residenti nel mercato dei trasporti nazionali degli Stati membri. Sono state prese decisioni volte ad armonizzare le condizioni della concorrenza nel settore dei trasporti su strada, soprattutto per quanto riguarda le qualifiche per l'esercizio della professione e l'accesso al mercato, la libertà di stabilimento e di prestazione di servizi, i periodi di guida e la sicurezza stradale.

La politica comune dei trasporti aerei deve far fronte agli effetti della concorrenza internazionale. I cieli europei vengono liberalizzati a tappe, il che lascia ampio spazio a una ripartizione delle capacità fra le principali compagnie aeree, al reciproco accesso ai mercati e alla libera fissazione delle tariffe. A tutto questo si accompagnano clausole di salvaguardia che tengono conto delle responsabilità del servizio pubblico e delle esigenze della suddivisione in zone.

I trasporti marittimi sono soggetti alle norme europee della concorrenza, che si applicano sia alle società europee sia a quanti navigano sotto la bandiera di un paese extracomunitario. Tali norme intendono combattere le pratiche tariffarie sleali (bandiere di comodo) e affrontare le gravi difficoltà che attualmente conosce l'industria cantieristica in Europa.

b) Concorrenza

La politica della concorrenza dell'Unione Europea, già presente nel Trattato di Roma, costituisce il corollario indispensabile alle norme sul libero scambio all'interno del Mercato Unico Europeo. Essa è attuata dalla Commissione Europea che, insieme alla Corte di Giustizia, ha il compito di garantirne il rispetto.

Il principio alla base di questa politica è quello di evitare che eventuali accordi fra società, aiuti pubblici o monopoli abusivi falsino la libera concorrenza all'interno del mercato unico.

Qualsiasi accordo nel quadro delle norme del trattato deve essere notificato alla Commissione Europea dalle imprese interessate. In caso di violazione delle norme della concorrenza o di mancata notifica la Commissione può decidere di imporre direttamente un'ammenda.

In caso di aiuti pubblici illegittimi o di mancata notifica degli stessi, la Commissione può esigerne il rimborso. Qualsiasi fusione o acquisizione che comporti la posizione dominante di una società in un determinato settore deve essere notificata alla Commissione.

c) Politica dei consumatori

La politica dei consumatori dell'Unione Europea permette ai suoi cittadini di acquistare in tutta tranquillità in qualsiasi Stato membro. Tutti i consumatori godono dello stesso elevato livello di protezione. I prodotti e gli alimenti sono sottoposti a controlli e verifiche per garantirne la totale sicurezza. L'UE si adopera per evitare che i suoi cittadini siano vittime delle truffe di operatori commerciali disonesti o di pubblicità false ed ingannevoli. I diritti dei cittadini sono tutelati ed esistono vari strumenti di ricorso dovunque ci si trovi all'interno dell'Unione, che si tratti di acquisti effettuati in negozio, per corrispondenza, per telefono o su Internet.

7
L'Unione Economica e Monetaria (UEM) e l'euro

- *L'euro è la moneta unica dell'Unione Europea. Dodici degli allora quindici Stati membri dell'Unione lo hanno adottato per le operazioni non in contanti dal 1999 e per tutti i pagamenti dal 2002, quando sono entrati in circolazione le monete e i biglietti in euro.*
- *Tre paesi (Danimarca, Svezia e Regno Unito) non hanno preso parte a questa unione monetaria.*
- *I nuovi Stati membri si stanno preparando ad entrare nella zona euro non appena saranno in grado di soddisfare i criteri necessari.*
- *Parallelamente all'obiettivo della stabilità monetaria, di competenza della Banca Centrale Europea, gli Stati membri perseguono gli obiettivi di una crescita più sostenuta e della convergenza economica.*

I. Le fasi storiche della cooperazione monetaria

a) Il Sistema Monetario Europeo (SME)

In seguito alla decisione degli Stati Uniti nel 1971 di abolire il rapporto fisso fra il dollaro e il prezzo ufficiale dell'oro, che aveva consentito di mantenere la stabilità monetaria dalla seconda guerra mondiale, termina il sistema dei tassi di cambio fissi. Nella prospettiva della creazione di un'unione monetaria, gli Stati membri dell'UE decidono di ridurre al 2,25% i margini di oscillazione fra le valute europee grazie ad un intervento concertato sui mercati valutari.

Questo porta alla creazione del Sistema Monetario Europeo (SME), entrato in vigore nel marzo 1979, le cui principali caratteristiche sono:

- una moneta di riferimento, l'ecu, che è un «paniere» costituito da tutte le valute degli Stati membri;
- un meccanismo di cambio: il tasso di cambio di ogni valuta è legato all'ecu e nei tassi di cambio bilaterali sono consentiti margini di oscillazione del 2,25%;
- un meccanismo di credito: ogni Stato membro trasferisce a un fondo comune il 20% delle sue riserve in valuta e in oro.

b) Dallo SME all'UEM

Il Sistema Monetario Europeo ha avuto una storia contrastata. Nel 1992, in seguito alla riunificazione della Germania e all'intensificarsi delle pressioni valutarie in Europa, la lira italiana e la sterlina britannica escono dallo SME. Nell'agosto 1993 i paesi dello SME decidono di estendere provvisoriamente i margini di oscillazione al 15%. Nel frattempo, allo scopo di evitare forti fluttuazioni dei tassi di cambio fra le monete europee e di eliminare le svalutazioni competitive, i governi dell'UE decidono di rilanciare il progetto di una vera e propria unione monetaria e di introdurre una moneta unica.

Al Consiglio Europeo di Madrid del giugno 1989 i dirigenti dell'Unione adottano un piano in tre fasi per un'unione economica e monetaria. Tale piano viene integrato nel Trattato di Maastricht sull'Unione Europea adottato dal Consiglio Europeo nel dicembre 1991.

II. L'Unione Economica e Monetaria (UEM)

a) Le tre fasi

La prima fase, che ha avuto inizio il 1° luglio 1990, prevede:

- la libertà totale di circolazione dei capitali all'interno dell'Unione (abolizione del controllo sui cambi);
- l'aumento delle risorse destinate a correggere gli squilibri fra le regioni europee (fondi strutturali);
- la convergenza economica, grazie al controllo multilaterale delle politiche economiche degli Stati membri.

La seconda fase, che ha avuto inizio il 1° gennaio 1994, prevede:

- la creazione dell'Istituto Monetario Europeo (IME), con sede a Francoforte, composto dai governatori delle banche centrali dei paesi dell'UE;
- l'indipendenza delle banche centrali nazionali;
- l'introduzione di norme per ridurre i deficit di bilancio.

La terza fase è rappresentata dalla nascita dell'euro. **Il 1° gennaio 1999 undici paesi adottano l'euro che diventa la moneta comune di** Austria, Belgio, Finlandia, Francia, Germania, Irlanda, Italia, Lussemburgo, Paesi Bassi, Portogallo e Spagna (seguiti dalla Grecia il 1° gennaio 2001). La Banca Centrale Europea (BCE) sostituisce l'IME e diventa responsabile della politica monetaria dell'Unione, che è definita e attuata in euro.

Il 1° gennaio 2002 vengono messi in circolazione i biglietti e le monete in euro nei 12 paesi della zona euro. Le monete nazionali vengono ritirate due mesi più tardi. Da allora, per tutte le operazioni in contanti e non, solo l'euro può essere utilizzato nei paesi di «Eurolandia», che rappresentano più dei due terzi della popolazione dell'Unione Europea.

b) I criteri di convergenza

Per passare alla terza fase ogni paese dell'UE deve soddisfare i cinque criteri di convergenza, che sono:

- **stabilità dei prezzi**: il tasso di inflazione non può superare di più dell'1,5% la media dei tre Stati membri con l'inflazione più bassa;
- **tassi di interesse**: i tassi di interesse a lungo termine non possono variare di più del 2% rispetto alla media dei tre Stati membri con i tassi di interesse più bassi;
- **deficit**: il deficit di bilancio deve essere inferiore al 3% del PIL;
- **debito pubblico:** non può superare il 60% del PIL;
- **stabilità dei cambi**: i tassi di cambio devono aver rispettato i limiti di fluttuazione per almeno due anni.

c) Il Patto di stabilità e di crescita

Nel giugno 1997 il Consiglio Europeo adotta il Patto di stabilità e di crescita, che è un impegno permanente di stabilità di bilancio e permette di imporre penali ai paesi della zona euro il cui deficit supera il 3%. Il Patto, giudicato troppo severo, è stato riformato nel marzo 2005.

d) L'Eurogruppo

L'Eurogruppo è la riunione informale dei ministri dell'Economia e delle Finanze degli Stati membri della zona euro. Tali riunioni hanno lo scopo di garantire un migliore coordinamento delle politiche economiche e il controllo delle politiche finanziarie e di bilancio degli Stati membri della zona euro, oltre a quello di rappresentare l'euro nelle istanze monetarie internazionali.

e) I nuovi Stati membri e l'UEM

Tutti i nuovi Stati membri dell'UE adotteranno l'euro appena saranno in grado di soddisfare i criteri stabiliti. Tra i paesi dell'allargamento del 2004 la Slovenia è stato il primo a soddisfarli, entrando così a far parte della zona euro il 1° gennaio del 2007.

8
Verso una società basata sulla conoscenza

Priorità alla crescita e all'occupazione

- *L'Unione intende far fronte alle sfide poste dalla globalizzazione rafforzando la competitività dell'economia europea (liberalizzazione delle telecomunicazioni, dei servizi e dell'energia).*
- *L'Unione sostiene i programmi di riforma degli Stati membri agevolando lo scambio delle «buone pratiche».*
- *L'Unione si adopera per conciliare le esigenze di crescita e competitività con gli obiettivi della coesione sociale e dello sviluppo sostenibile che sono alla base del modello europeo.*
- *Nell'esercizio finanziario 2007-2013 i fondi strutturali dell'*UE *investiranno maggiormente nella formazione, nell'innovazione e nella ricerca.*

All'inizio degli anni Novanta due fenomeni di vasta portata hanno cominciato a rivoluzionare l'economia e la vita quotidiana del mondo intero, compresa l'Europa: da un lato, l'emergere della globalizzazione, con la sempre maggiore interdipendenza delle economie del mondo e, dall'altro, la rivoluzione tecnologica, con l'arrivo di Internet e delle nuove tecnologie dell'informazione e della comunicazione.

I. Il processo di Lisbona

a) Obiettivi

I leader dell'Unione Europea si sono presto resi conto della necessità di una profonda modernizzazione dell'economia europea per essere in grado di competere con gli Stati Uniti e con le altre grandi nazioni del mondo. Riunitosi a Lisbona nel marzo 2000, il Consiglio Europeo ha conferito all'Unione un nuovo ambizioso obiettivo: diventare entro il 2010 «l'economia basata sulla conoscenza più competitiva e dinamica del mondo, in grado di realizzare una crescita economica sostenibile con nuovi e migliori posti di lavoro e una maggiore coesione sociale».

b) La strategia

Il Consiglio Europeo ha adottato una strategia dettagliata per conseguire tale obiettivo. La «strategia di Lisbona» prevede interventi in numerosi settori, quali la ricerca scientifica, l'istruzione, la formazione professionale, l'accesso a Internet e il commercio online. Essa prevede inoltre una riforma dei sistemi di sicurezza sociale europei: tali sistemi sono uno dei punti forti dell'Europa, in quanto consentono di far fronte senza eccessive scosse ai necessari cambiamenti strutturali e sociali, ma devono essere modernizzati per poter diventare sostenibili affinché anche le generazioni future possano beneficiarne.

Ogni anno, in primavera, il Consiglio Europeo si riunisce per accertarsi dei progressi compiuti nell'attuazione della strategia di Lisbona.

II. Maggiore rilievo alla crescita e all'occupazione

Il Consiglio Europeo della primavera 2006 ha riconosciuto che il bilancio del processo lanciato a Lisbona sei anni prima non è entusiasmante. Esso ha quindi deciso di affrontare il problema del tasso elevato di disoccupazione che caratterizza ancora molti Stati membri e di ricentrare le priorità dell'UE sulla crescita e sull'occupazione. Per accrescere la produttività delle sue economie e rafforzare la coesione sociale, l'Europa deve continuare a puntare principalmente sul miglioramento dei risultati economici, sull'innovazione e sulla valorizzazione delle competenze del suo capitale umano.

Su iniziativa del presidente della Commissione Europea, José Manuel Barroso, gli Stati membri dell'UE hanno pertanto deciso di:

- potenziare gli investimenti destinati alla ricerca e all'innovazione;
- accrescere il ruolo di coordinamento della Commissione Europea presso gli Stati membri, grazie soprattutto alla diffusione delle buone pratiche in Europa;
- accelerare le riforme dei mercati finanziari e dei sistemi di sicurezza sociale e la liberalizzazione delle telecomunicazioni e del settore energetico.

9
L'Europa dei cittadini

- *Grazie all'Unione Europea i cittadini degli Stati membri possono viaggiare, vivere e lavorare ovunque in Europa.*
- *Nella vita quotidiana l'Unione promuove e finanzia programmi che avvicinano i suoi cittadini, soprattutto nel campo dell'istruzione e della cultura.*
- *Il sentimento di appartenenza all'Unione Europea si svilupperà gradualmente, grazie ai suoi risultati concreti e ai suoi successi.*
- *Esistono già alcuni simboli di un'identità europea comune: il più importante è la moneta unica, l'euro, ma non bisogna dimenticare la bandiera dell'*UE *e l'inno europeo.*

I. Viaggiare, vivere e lavorare in Europa

Il primo diritto del cittadino europeo è quello di circolare liberamente, lavorare e risiedere ovunque nell'Unione, diritto che il Trattato di Maastricht sancisce nel capitolo sulla cittadinanza.

L'UE ha adottato una direttiva che stabilisce un sistema di riconoscimento reciproco dei diplomi di istruzione superiore. Essa si applica a tutti i corsi universitari di una durata minima di tre anni e si basa sul principio della fiducia reciproca nella validità dei sistemi nazionali di istruzione e formazione.

Ad esclusione dei settori che implicano l'esercizio di prerogative dei poteri pubblici (polizia, esercito, affari esteri, ecc.), i servizi sanitari, l'istruzione e altri servizi pubblici sono aperti ai cittadini di qualsiasi paese dell'Unione. Cosa c'è di più naturale che assumere un *teacher* britannico per insegnare l'inglese a studenti di Roma o per un giovane laureato belga tentare un concorso per entrare nell'amministrazione francese?

Dal 2004 i cittadini europei che viaggiano nell'UE possono ottenere dalle autorità nazionali una **tessera sanitaria europea,** che contribuisce a coprire i costi dell'assistenza medica in caso di malattia in un altro paese.

II. Come esercitare i propri diritti di cittadino

Gli Europei non sono solo dei consumatori o degli attori della vita economica e sociale, ma sono anche cittadini dell'Unione Europea e come tali godono di diritti politici specifici. Grazie al Trattato di Maastricht ogni cittadino dell'Unione, indipendentemente dalla sua nazionalità, ha il **diritto di voto** e il **diritto di candidarsi alle elezioni comunali dello Stato membro in cui risiede e alle elezioni del Parlamento Europeo**.

In questo modo l'UE si avvicina maggiormente ai suoi cittadini. Il principio della cittadinanza dell'Unione è sancito dal trattato che stabilisce: «È cittadino dell'Unione chiunque abbia la cittadinanza di uno Stato membro. La cittadinanza dell'Unione costituisce un complemento della cittadinanza nazionale e non sostituisce quest'ultima».

III. Diritti fondamentali

Il Trattato di Amsterdam, entrato in vigore nel 1999, ha rafforzato i diritti fondamentali. Esso instaura un meccanismo per la sospensione dei diritti dello Stato membro che viola i diritti fondamentali dei suoi cittadini. Sempre ad Amsterdam si è voluto estendere il principio della non discriminazione applicandolo, oltre alla nazionalità, al sesso, alla razza, alla religione, all'età e alle tendenze sessuali.

In ultimo, il Trattato di Amsterdam ha migliorato la politica di trasparenza dell'Unione e le condizioni di accesso ai documenti ufficiali delle istituzioni europee.

L'impegno dell'Unione Europea a favore dei diritti dei suoi cittadini trova conferma a Nizza, nel dicembre 2000, con la proclamazione solenne della **Carta dei diritti fondamentali dell'Unione Europea**. Ha elaborato la carta una convenzione composta da parlamentari europei e nazionali, rappresentanti dei governi nazionali e da un membro della Commissione Europea. Sotto sei rubriche (Dignità, Libertà, Uguaglianza, Solidarietà, Cittadinanza, Giustizia), i 54 articoli della carta definiscono i valori fondamentali dell'Unione Europea e i diritti civili, politici, economici e sociali dei suoi cittadini.

I primi articoli riguardano la dignità umana, il diritto alla vita e all'integrità della persona, la libertà di espressione e di coscienza. Il capitolo sulla solidarietà costituisce un'innovazione in quanto incorpora diritti economici e sociali come:

- il diritto di sciopero;
- il diritto dei lavoratori all'informazione e alla consultazione;
- il diritto di conciliare vita familiare e vita professionale;
- il diritto all'assistenza sanitaria, alle prestazioni di sicurezza sociale e all'assistenza sociale in tutta l'Unione.

La Carta promuove l'uguaglianza fra uomini e donne e introduce diritti come la protezione dei dati, il divieto delle pratiche eugenetiche e della clonazione riproduttiva degli esseri umani, la tutela dell'ambiente, i diritti del bambino e degli anziani, il diritto a una buona amministrazione.

IV. L'Europa dell'istruzione e della cultura

Il senso di appartenere ad una collettività e di condividere lo stesso destino non può essere creato artificialmente, ma può derivare solo da una coscienza culturale comune che l'Europa ha ormai il dovere di coltivare alla stessa stregua della dimensione economica.

I programmi di istruzione e formazione dell'Unione Europea concorrono a tale obiettivo. Essi promuovono scambi che permettono agli studenti di andare all'estero, di partecipare ad attività scolastiche transnazionali, di imparare nuove lingue, ecc. L'organizzazione delle scuole e dell'insegnamento, come pure l'esatto contenuto dei programmi di studio, sono ancora decisi a livello locale o nazionale.

In ambito culturale i programmi «Cultura» e «Media» incoraggiano la cooperazione fra autori, promotori, emittenti e artisti di diversi paesi. Essi contribuiscono alla produzione di un maggior numero di programmi televisivi e di film europei, ristabilendo quindi un equilibrio fra prodotti europei e statunitensi.

V. Il mediatore europeo e il diritto di petizione

Affinché l'Unione Europea sia più vicina ai suoi cittadini, il trattato sull'Unione Europea ha creato una nuova figura: il mediatore europeo. Eletto dal Parlamento Europeo per la durata della legislatura, il mediatore europeo riceve le denunce contro gli organi e le istituzioni dell'UE. Può ricorrere al mediatore qualsiasi cittadino dell'Unione o qualsiasi persona fisica o giuridica che risieda o abbia la sede sociale in uno Stato membro. Il mediatore si adopera per giungere a una soluzione amichevole.

Anche il diritto di ogni persona che risiede in uno Stato membro dell'UE di presentare una petizione al Parlamento Europeo avvicina le istituzioni europee ai cittadini.

Programmi dell'UE per l'apprendimento permanente: stime per il periodo di programmazione 2007-2013

Settore	Titolo del programma UE	Obiettivi
Istruzione scolastica	**Comenius**	Partecipazione del 5% di allievi di istituti scolastici dell'Unione europea ad attività educative comuni.
Istruzione superiore	**Erasmus**	A tre milioni di studenti è offerta la possibilità di studiare in università straniere.
Formazione professionale	**Leonardo da Vinci**	Ogni anno 80000 persone partecipano a tirocini in imprese o centri di formazione di un altro paese europeo.
Istruzione degli adulti	**Grundtvig**	Ogni anno 7persone hanno la possibilità di partecipare ad attività educative all'estero.
Studi sull'integrazione europea	**Azione Jean Monnet**	Sostegno alla ricerca e all'insegnamento universitario sull'integrazione europea.

VI. La partecipazione dei cittadini

L'idea di un'Europa dei cittadini è alquanto nuova. Ad essa contribuisce una serie di simboli di una comune identità europea quali il passaporto europeo (introdotto nel 1985), l'inno europeo (*L'inno alla gioia* di Ludwig van Beethoven) e la bandiera europea (un cerchio di 12 stelle dorate su sfondo blu). La patente europea viene rilasciata in tutti gli Stati membri dal 1996. L'UE ha adottato il motto «Unità nella diversità» e il 9 maggio si celebra la giornata dell'Europa.

Dal 1979 l'elezione del Parlamento Europeo a suffragio universale diretto ha conferito una maggiore legittimità democratica al processo di integrazione europea, collegandolo direttamente alla volontà popolare. La dimensione democratica dell'Europa potrebbe ulteriormente rafforzarsi con l'ampliamento del ruolo del Parlamento, la creazione di veri e propri partiti politici europei e un maggiore coinvolgimento dei cittadini al processo decisionale dell'UE attraverso le organizzazioni non governative e altre associazioni.

La messa in circolazione, nel 2002, delle monete e dei biglietti in euro ha avuto un impatto psicologico decisivo. Il fatto che i prezzi dei beni e dei servizi siano fissati in euro, utilizzato ora da più dei due terzi della popolazione dell'UE, significa che i consumatori sono in grado di confrontare direttamente i prezzi da un paese all'altro. L'abolizione dei controlli alle frontiere fra i paesi che hanno sottoscritto l'accordo di Schengen (cui dovrebbero aderire progressivamente tutti gli Stati membri) contribuisce a far crescere nei cittadini europei il sentimento di appartenere ad uno spazio geografico unificato.

«Noi non coalizziamo Stati, ma uniamo uomini», scriveva Jean Monnet nel 1952. L'adesione dell'opinione pubblica all'idea dell'Europa e la partecipazione dei cittadini alle sue attività restano fra le maggiori sfide che devono affrontare le istituzioni europee.

10
L'Europa della libertà, della sicurezza e della giustizia

- *L'apertura delle frontiere interne tra i paesi europei costituisce un evidente vantaggio per i cittadini, che possono circolare liberamente senza essere sottoposti a controlli.*
- *Questa libertà deve tuttavia essere accompagnata da un rafforzamento dei controlli alle frontiere esterne dell'Unione per lottare efficacemente contro il traffico degli esseri umani, la droga, la criminalità organizzata, l'immigrazione clandestina e il terrorismo.*
- *Gli Stati membri dell'*UE *cooperano nei settori della polizia e della giustizia per garantire una maggiore sicurezza.*

I cittadini europei hanno il diritto di vivere liberamente ovunque nell'Unione, senza temere persecuzioni o violenze. Eppure, la criminalità internazionale e il terrorismo sono attualmente fra i principali motivi di preoccupazione per gli Europei.

Il Trattato sulla Comunità Europea non prevedeva l'integrazione nei settori della giustizia e degli affari interni. Col passare del tempo, ci si è però resi conto che la libera circolazione è tale solo se ciascuno gode, ovunque nell'Unione, della stessa tutela e dello stesso accesso alla giustizia. Nel corso degli anni è stato quindi progressivamente creato uno spazio di libertà, sicurezza e giustizia mediante modifiche successive ai trattati originali introdotte dall'Atto Unico Europeo, dal Trattato sull'Unione Europea (Trattato di Maastricht) e dal Trattato di Amsterdam.

I. Libera circolazione

La libera circolazione delle persone all'interno dell'UE comporta per gli Stati membri una serie di problemi di sicurezza legati al fatto che le frontiere interne non sono più sottoposte a controlli. Per compensare tale situazione occorre introdurre misure di sicurezza supplementari alle frontiere esterne dell'Unione. È inoltre necessario rafforzare la cooperazione fra forze di polizia nazionali e autorità giudiziarie nella lotta alla criminalità, che può avvantaggiarsi della libertà di circolazione su tutto il territorio dell'Unione.

Una delle iniziative più importanti nell'ottica di agevolare gli spostamenti all'interno dell'Unione è l'accordo intergovernativo che il Belgio, la Germania, la

Francia, il Lussemburgo e i Paesi Bassi concludono nel 1985 a Schengen, una piccola cittadina lussemburghese di frontiera. L'accordo abolisce i controlli sulle persone, indipendentemente dalla nazionalità, alle frontiere fra questi Stati membri, armonizza i controlli alle frontiere esterne e introduce una politica comune in materia di visti. Nasce così uno spazio senza frontiere interne, denominato «spazio Schengen».

Oggi le disposizioni dell'accordo di Schengen e il diritto che ne è derivato sono interamente integrati nei trattati dell'UE. Lo spazio Schengen si è gradualmente ampliato: nel 2006 sono tredici i paesi dell'Unione (Belgio, Danimarca, Germania, Grecia, Spagna, Francia, Italia, Lussemburgo, Paesi Bassi, Austria, Portogallo, Finlandia e Svezia) che applicano integralmente le disposizioni dell'accordo, come pure l'Islanda e la Norvegia.

Ai dieci paesi che hanno aderito all'Unione nel 2004 sono stati lasciati sette anni per soddisfare i criteri di appartenenza allo spazio Schengen.

II. Politica di asilo e di immigrazione

L'Europa è fiera della sua lunga tradizione di accoglienza degli stranieri e di asilo offerto ai rifugiati in fuga da pericoli e persecuzioni. I governi dell'Unione affrontano oggi il problema impellente di come gestire, in uno spazio senza frontiere interne, l'afflusso crescente di immigrati legali e clandestini.

I governi dell'UE hanno deciso di armonizzare le proprie norme affinché le domande di asilo vengano esaminate in base a un corpus di principi fondamentali, uniformemente riconosciuto in tutta l'Unione. Nel 1999 si sono prefissati di adottare una procedura comune in materia di asilo e di garantire uno status uniforme, valido in tutta l'Unione, a quanti hanno ottenuto asilo. Sono state adottate alcune misure tecniche, come norme minime per ammettere i richiedenti asilo e per concedere lo status di rifugiato.

È stato istituito un Fondo Europeo per i Rifugiati con un bilancio annuale di 114 milioni di euro. Malgrado l'elevato livello di cooperazione fra Stati membri, una vera e propria politica dell'Unione in materia di asilo e di immigrazione resta ancora da costruire.

III. Lotta contro la criminalità internazionale e il terrorismo

Per rendere possibile una politica in materia di asilo e di immigrazione, l'UE deve disporre di un sistema efficace di gestione dei flussi migratori, di controlli alle frontiere esterne e di lotta all'immigrazione clandestina. È inoltre necessario uno sforzo di coordinamento per combattere le organizzazioni criminali cui fanno capo le reti di immigrazione clandestina e di traffico e sfruttamento di esseri umani, in primo luogo donne e bambini.

La criminalità organizzata è sempre più sofisticata e si avvale regolarmente delle reti europee o internazionali per le sue attività. Il terrorismo ha già dimostrato di poter colpire con estrema brutalità ovunque nel mondo.

In tale contesto è stato creato il Sistema d'Informazione Schengen (SIS), una base di dati complessa che consente alle forze dell'ordine e alle autorità giudiziarie di scambiare informazioni per indagini su persone e beni, ad esempio in caso di mandato d'arresto o di estradizione o di furto di veicoli o di opere d'arte.

Uno dei metodi migliori per risalire ai criminali è quello di seguire le tracce dei fondi illegali. Per questo motivo, oltre che per tagliare i fondi alle organizzazioni criminali, l'Unione sta elaborando una legislazione sulla prevenzione del riciclaggio di denaro sporco.

Il progresso più spettacolare sul fronte della cooperazione fra le forze dell'ordine è l'istituzione di **Europol,** organo dell'UE con sede all'Aia, composto da funzionari di polizia e delle dogane. Le sue competenze abbracciano vari settori dell'attività criminale: narcotraffico, commercio di veicoli rubati, tratta delle persone, reti di immigrazione clandestina, sfruttamento sessuale di donne e bambini, pornografia, contraffazione, traffico di scorie radioattive e nucleari, riciclaggio di denaro sporco, terrorismo e falsificazione dell'euro.

IV. Verso uno spazio giudiziario europeo

Attualmente coesistono nell'Unione vari sistemi giudiziari, ciascuno all'interno delle rispettive frontiere nazionali. Perché i cittadini europei condividano lo stesso sentimento di giustizia, il sistema giudiziario deve semplificare, di certo non rendere ancora più complicata, la loro vita quotidiana.

L'esempio più significativo di cooperazione operativa in questo settore viene dalle attività di **Eurojust**, una struttura centrale di coordinamento istituita all'Aia nel 2003, che consente alle autorità nazionali competenti di collaborare nelle indagini e nelle azioni penali che investono più di uno Stato membro.

Il **mandato di arresto europeo**, applicabile fra alcuni paesi europei dal gennaio 2004, intende sostituire le lunghe procedure di estradizione.

La cooperazione fra i giudici di paesi diversi può però arenarsi sulla definizione divergente di una certa figura di reato. Siccome né la criminalità internazionale né il terrorismo conoscono frontiere, l'Unione ha deciso di attuare progressivamente una politica penale comune. Urge infatti istituire un quadro comune di lotta contro il terrorismo, che offra ai cittadini un elevato livello di protezione e rafforzi la cooperazione internazionale in questo settore.

In materia di diritto civile l'Unione Europea ha adottato una legislazione che agevola l'applicazione delle sentenze nei casi transnazionali di divorzio, separazione, affidamento di minori e prestazioni alimentari, in modo che le sentenze pronunciate in un paese siano applicabili anche in un altro. L'Unione Europea ha stabilito procedure comuni per semplificare ed accelerare la risoluzione delle controversie transnazionali in azioni civili di minore importanza il cui esito non è contestato, come recuperi di crediti e fallimenti.

11
L'Unione Europea sulla scena mondiale

- *L'Unione ha più influenza sulla scena mondiale quando si esprime con un'unica voce negli affari internazionali, come nel caso dei negoziati commerciali.*
- *Nel settore della difesa ogni Stato mantiene la propria sovranità, che sia membro della* NATO *o neutrale. Gli Stati membri dell'*UE *sviluppano tuttavia cooperazioni militari in alcune missioni di pace.*
- *Per ragioni storiche e di prossimità geografica, il Mediterraneo meridionale e l'Africa ricevono un'attenzione particolare da parte dell'Unione Europea (politiche d'aiuto allo sviluppo, preferenze commerciali, aiuti alimentari, cooperazione, diritti umani).*

Sullo scacchiere mondiale l'Unione Europea è una delle massime potenze economiche, commerciali e monetarie. Questo gigante economico resta però, secondo alcuni, un «nano della politica». Come sempre la verità sta nel mezzo. L'Unione Europea svolge un ruolo di primo piano nei vari consessi internazionali come l'Organizzazione Mondiale del Commercio (OMC), gli organismi specializzati dell'ONU, i summit mondiali sull'ambiente e lo sviluppo.

È vero tuttavia che gli Stati membri sono ancora lungi dal costituire un fronte unico, sul piano diplomatico e politico, rispetto a tematiche decisive per il pianeta come la pace e la stabilità, il terrorismo, il Medio Oriente, le relazioni con gli Stati Uniti, il ruolo del Consiglio di sicurezza dell'ONU. Per di più, nei paesi europei i sistemi di difesa, che continuano a impersonificare il concetto di sovranità nazionale, restano nelle mani dei governi nazionali e interagiscono unicamente nell'ambito di alleanze come il Patto Atlantico (NATO).

I. Una politica di difesa comune in nuce

La Politica Estera e di Sicurezza Comune (PESC) e la Politica Europea di Sicurezza e di Difesa (PESD), introdotte dai Trattati di Maastricht (1992), Amsterdam (1997) e Nizza (2001), definiscono i principali obiettivi dell'Unione nel settore della difesa. Su queste premesse l'Unione ha edificato il suo «secondo pilastro», in cui predomina la concertazione intergovernativa con un ruolo marginale della Commissione e del Parlamento. Le decisioni in questo campo sono prese per consenso e gli Stati membri possono astenersi.

a) Il paesaggio politico e strategico nel 2006

L'adesione pressoché simultanea alla NATO e all'UE degli ex paesi comunisti europei e una politica russa sempre più orientata alla pace segnano la fine di oltre mezzo secolo di guerra fredda. Il continente europeo si riunifica nella pace e si moltiplicano le forme di cooperazione fra paesi per la lotta alla criminalità internazionale, alla tratta degli esseri umani, all'immigrazione clandestina e al riciclaggio di denaro sporco.

L'Unione Europea allargata ha concluso accordi di partenariato con i paesi vicini, alcuni dei quali prevedono a medio termine di aderire all'UE.

Gli Stati Uniti hanno accettato che l'Europa, per le azioni militari cui essi stessi non partecipano, possa servirsi di alcuni mezzi logistici della NATO (comando, intelligence, comunicazioni e trasporti).

La violenza terroristica che ha seminato morte e panico nel mondo intero con gli attentati di Washington e New York dell'11 settembre 2001, di Madrid del 2004 e di Londra del 2005, ha modificato profondamente l'assetto strategico. I paesi europei devono collaborare maggiormente nella ricerca di informazioni che permettano di prevenire attentati di questo tipo. La cooperazione con gli Stati Uniti e con tutti i paesi che sostengono la democrazia e i diritti dell'uomo supera oggi i limiti delle alleanze difensive tradizionali.

b) Risultati concreti nei settori della sicurezza e della difesa

Nel 1999, in applicazione del Trattato di Amsterdam, Javier Solana è stato nominato primo Alto Rappresentante per la Politica Estera e di Sicurezza Comune (PESC). Gli Stati membri dell'UE, nella prospettiva di stabilire una politica europea di sicurezza e di difesa, si sono fissati un obiettivo concreto: essere in grado di schierare una forza di reazione rapida, con supporto aereo e navale, e di mantenerla in campo per almeno un anno. Questa forza di reazione rapida, lungi dal costituire un vero e proprio esercito europeo, sarà composta da contingenti delle forze armate nazionali.

Tuttavia, grazie all'istituzione del Comitato Politico e di Sicurezza (CPS), del Comitato Militare dell'Unione Europea (EUMC) e dello Stato Maggiore dell'Unione Europea (EUMS), sotto l'autorità del Consiglio e con sede a Bruxelles, l'Unione dispone fin da ora di uno strumento politico-militare per effettuare le missioni che si è prefissata: missioni umanitarie fuori Europa, missioni di pace e altre operazioni di gestione di crisi.

Mano a mano che le tecnologie militari diventano più sofisticate e costose, aumenta la necessità di una cooperazione fra i governi dell'UE nella fabbricazione degli armamenti. Affinché le forze armate europee possano effettuare missioni congiunte, occorrerà inoltre provvedere alla standardizzazione e all'interoperabilità dei sistemi e degli equipaggiamenti. Nel 2003 il Consiglio Europeo di Salonicco ha deciso di istituire un'Agenzia Europea per la Difesa.

Dal 2003 l'Unione Europea ha compiuto una serie di missioni di mantenimento di pace e di gestione di crisi, fra cui la più importante è stata quella effettuata in Bosnia-Erzegovina, dove una forza militare dell'UE (EUFOR) di 7 uomini ha sostituito le truppe di pace della NATO nel dicembre 2004.

II. Una politica commerciale aperta sul mondo

L'Unione Europea appoggia il sistema dell'Organizzazione Mondiale del Commercio (OMC), fondato su un insieme di norme che garantiscono una relativa sicurezza giuridica e trasparenza nel commercio internazionale. L'OMC stabilisce le condizioni in base alle quali i suoi membri possono difendersi contro pratiche sleali come il dumping (vendite sottocosto), utilizzate dagli esportatori per competere con i loro rivali. Essa prevede inoltre una procedura per la soluzione delle divergenze fra due o più partner commerciali.

La politica commerciale dell'UE è strettamente collegata alla sua politica di sviluppo. Nell'ambito del suo Sistema delle Preferenze Tariffarie Generalizzate (SPG) l'UE accorda un accesso preferenziale ai suoi mercati, esente da dazi o a tariffa ridotta, alla maggior parte delle importazioni provenienti dai paesi in via di sviluppo e da economie in transizione. Essa si spinge oltre per i 49 paesi più poveri del mondo: tutte le loro esportazioni, ad eccezione di quelle di armi, possono accedere al mercato dell'UE in esenzione da dazi doganali nel quadro di un programma lanciato nel 2001.

L'UE non ha in compenso concluso accordi commerciali specifici con nessuno dei paesi sviluppati che figurano tra i suoi maggiori partner commerciali, come gli Stati Uniti e il Giappone. Le relazioni commerciali con tali paesi sono gestite grazie ai meccanismi dell'OMC. Gli Stati Uniti e l'Unione Europea si adoperano per sviluppare relazioni fondate sulla parità e il partenariato anche se va detto che gli Stati membri dell'UE non sempre sono d'accordo sul tipo di rapporti diplomatici, politici e militari da stabilire con gli Stati Uniti.

L'Unione Europea sta intensificando gli scambi commerciali con le nuove potenze emergenti in altre parti del mondo, come la Cina, l'India e l'America latina. Gli accordi commerciali conclusi con tali paesi prevedono anche cooperazioni in ambito tecnico e culturale.

III. Le relazioni tra l'UE e i paesi mediterranei

Data la loro vicinanza geografica, i legami storici e culturali e i flussi migratori attuali e futuri, i paesi sulla sponda meridionale del Mediterraneo sono partner importantissimi per l'Unione, che ha quindi tradizionalmente scelto di condurre una politica di integrazione regionale.

Nel novembre 1995 alla conferenza di Barcellona, cui partecipano tutti gli Stati membri dell'UE e i paesi del Mediterraneo (eccetto la Libia, l'Albania e i paesi dell'ex Iugoslavia), vengono gettate le basi del nuovo partenariato euro-mediterraneo, che prevede:

- un dialogo politico e un partenariato di sicurezza fra i paesi partecipanti, sulla base in particolare di meccanismi per il controllo degli armamenti e la soluzione pacifica dei conflitti;
- l'intensificazione delle relazioni economiche e commerciali fra le due regioni: lo strumento principale per la realizzazione di tale obiettivo è la creazione entro il 2010 di un'area euro-mediterranea di libero scambio;
- un partenariato nei settori culturale e sociale.

Nel periodo 2000-2006 l'Unione Europea ha concesso ai paesi del Mediterraneo finanziamenti per un totale di 5,3 miliardi di euro. Nell'esercizio finanziario 2007-2013 lo strumento europeo di vicinato e partenariato (ENPI) succederà ai precedenti programmi MEDA II (relativo ai paesi mediterranei) e Tacis (relativo ai paesi dell'ex Unione Sovietica) e li riunirà in un unico strumento.

IV. Africa

Le relazioni fra l'Europa e l'Africa subsahariana sono fra le più antiche: già con il Trattato di Roma del 1957 le colonie e i territori d'oltremare di alcuni Stati membri erano diventati paesi associati della Comunità. Il processo di decolonizzazione avviato negli anni Sessanta ha trasformato questo legame in un'associazione di tipo diverso, fra paesi sovrani.

L'accordo di Cotonou, che prende il nome dalla capitale del Benin dove fu concluso nel 2000, segna l'inizio di una nuova fase della politica di sviluppo dell'Unione Europea. Tale accordo, che lega l'Unione Europea ai Paesi dell'Africa, dei Caraibi e del Pacifico (ACP), è l'accordo commerciale e di cooperazione più ambizioso e vasto mai concluso fra paesi sviluppati e paesi in via di sviluppo. Esso subentra alla convenzione di Lomé, firmata nella capitale del Togo nel 1975 e successivamente aggiornata a intervalli regolari.

L'obiettivo fondamentale di questo ampio accordo commerciale e di cooperazione resta lo stesso della convenzione di Lomé: «promuovere e accelerare lo sviluppo economico, culturale e sociale degli Stati ACP e approfondire e diversificare le loro relazioni [con l'Unione Europea e gli Stati membri] in uno spirito d'intesa reciproca e di solidarietà».

Il nuovo accordo si spinge molto più avanti degli accordi precedenti, spostando l'accento dalle relazioni commerciali fondate sull'accesso al mercato alle relazioni commerciali intese in senso più ampio. Esso introduce inoltre nuove procedure per combattere la violazione dei diritti umani.

L'Unione Europea ha concesso condizioni commerciali particolari ai paesi meno sviluppati, 39 dei quali hanno firmato l'accordo di Cotonou. Dal 2005 essi possono esportare sul mercato dell'Unione praticamente ogni tipo di prodotto in esenzione da dazi doganali. Il Fondo Europeo di Sviluppo finanzia i programmi ACP con un bilancio annuale compreso fra due e tre miliardi di euro.

12
Che futuro per l'Europa?

- *L'integrazione europea proseguirà nei settori in cui gli Stati membri riterranno sia nel loro interesse lavorare insieme nell'ambito del tradizionale quadro comunitario (commercio, globalizzazione, mercato unico, sviluppo sociale e regionale, ricerca e sviluppo, misure per promuovere la crescita e l'occupazione, ecc.).*
- *Il processo istituzionale di aggiornamento delle norme che regolano i rapporti tra gli Stati membri e l'Unione e tra quest'ultima e i cittadini resta aperto. Il trattato che adotta una Costituzione per l'Europa sarà al centro delle discussioni che si svolgeranno nei prossimi anni, qualunque siano la forma e il contenuto del testo che sarà infine adottato.*

«*Giorno verrà in cui* [...] *voi tutte, nazioni del continente, senza perdere le vostre qualità peculiari e la vostra gloriosa individualità, vi fonderete strettamente in una unità superiore e costituirete la fraternità europea* [...]. *Giorno verrà in cui non vi saranno altri campi di battaglia all'infuori dei mercati aperti al commercio e degli spiriti aperti alle idee. Giorno verrà in cui i proiettili e le bombe saranno sostituiti dai voti* [...]».

Doveva trascorrere oltre un secolo prima che le parole profetiche pronunciate da Victor Hugo nel 1849 da utopia diventassero realtà. Due guerre mondiali e innumerevoli altri conflitti sul suolo europeo dovevano ancora falciare milioni di vite e più volte sembrò persa ogni speranza. Oggi, nel primo decennio del XXI secolo, le prospettive sono più rosee, ma nuove difficoltà e nuove sfide si presentano all'Europa.

L'Unione Europea ha realizzato il maggiore allargamento della sua storia e come ha affermato una personalità politica di uno dei nuovi Stati membri: «l'Europa è finalmente riuscita a conciliare la sua storia con la sua geografia». In futuro l'Unione Europea continuerà ad accogliere nuovi paesi. Nel frattempo dovrà decidere, ascoltando attentamente l'opinione pubblica, dove fissare le proprie frontiere geografiche, politiche e culturali.

L'Unione Europea si fonda su un patto fra nazioni sovrane, determinate a condividere uno stesso destino e a esercitare insieme una parte sempre più ampia della loro sovranità per dare ai popoli d'Europa ciò a cui più aspirano: la pace, il benessere economico e fisico, la sicurezza, la democrazia partecipativa, la giustizia e la solidarietà. Questo patto si rafforza e si rinnova su tutto il continente: mezzo miliardo di uomini e donne hanno scelto di vivere nel rispetto della legge e in armonia con valori secolari fondati sull'uomo e sulla sua dignità.

La rivoluzione tecnologica in corso sta radicalmente trasformando il mondo industrializzato, compresa l'Europa. Nascono nuove sfide le cui dimensioni oltrepassano le frontiere tradizionali. Non esiste nazione che possa affrontare da sola, in maniera efficace, tematiche come lo sviluppo sostenibile, le tendenze demografiche, la crescita economica, la solidarietà sociale, le risposte dell'etica al progresso delle scienze della vita. Occorre inoltre pensare alle generazioni future.

Il processo di integrazione europea tocca ormai l'intero continente, che a sua volta è parte di un **mondo in rapida e radicale evoluzione**, tuttora in cerca di nuovi equilibri. Nessuno degli eventi che toccano gli altri continenti è estraneo all'Europa, che si tratti delle relazioni con il mondo islamico, delle epidemie e della fame in Africa, delle tendenze unilateraliste degli Stati Uniti, della crescita economica in Asia, della delocalizzazione globale delle industrie e dei posti di lavoro. L'Europa non può concentrarsi solo sul suo sviluppo, ma deve partecipare al processo di globalizzazione ed è ancora lungi dall'esprimersi coralmente e dall'assolvere un ruolo credibile sulla scena politica e diplomatica internazionale.

Le **istituzioni dell'UE** hanno dato ottime prove, ma devono adeguarsi per far fronte all'allargamento dell'Unione e ai compiti sempre più numerosi di cui quest'ultima sarà responsabile. Con l'aumentare degli Stati membri, aumenta anche la minaccia delle forze centrifughe e di implosione del sistema. Gli interessi a breve termine rischiano facilmente di compromettere le priorità a lungo termine. I protagonisti di questa avventura senza precedenti hanno pertanto l'enorme responsabilità di agire in modo che il meccanismo istituzionale dell'UE continui a funzionare efficacemente. Qualsiasi riforma dell'attuale sistema deve garantire la pluralità e il rispetto delle differenze, che costituiscono la maggiore ricchezza delle nazioni europee. Le riforme devono inoltre investire il processo decisionale. La ricerca sistematica dell'unanimità porterebbe inevitabilmente alla paralisi: potrà funzionare solo un sistema politico e giuridico basato sul voto di maggioranza e su controlli ed equilibri (*checks and balances*).

La Costituzione, adottata a Roma nell'ottobre 2004 dai 25 capi di Stato e di governo e soggetta a ratifica, tentava di rispondere all'esigenza di semplificazione dei trattati e di maggiore trasparenza del sistema decisionale dell'Unione. I cittadini europei devono sapere chi fa cosa in Europa: solo allora sentiranno che questo è importante per la loro vita quotidiana, parteciperanno alle elezioni europee e sosterranno l'integrazione europea. Il testo della Costituzione chiarisce i poteri e le competenze dell'Unione, degli Stati membri e delle autorità regionali e sancisce che l'integrazione europea si fonda su una doppia legittimità: quella della volontà direttamente espressa dai cittadini e quella degli Stati d'Europa, che continuano a costituire il quadro in cui operano le società europee.

Qualunque sia il sistema costituzionale che gli Stati membri dell'Unione finiranno per scegliere sulla base di nuove discussioni, esso dovrà essere ratificato da ciascun paese, per voto parlamentare o con un referendum nazionale. Allo scopo di agevolare il dibattito, la Commissione Europea ha lanciato l'iniziativa «Piano D per la democrazia, il dialogo e il dibattito» con cui intende avvicinarsi maggiormente ai suoi cittadini.

La Costituzione Europea

Contesto

Nel dicembre 2001, per rispondere alle sfide che l'allargamento ai paesi dell'Europa centrale e orientale avrebbe comportato per l'UE, il Consiglio Europeo convoca una convenzione che è incaricata di elaborare un progetto di trattato costituzionale.

La Convenzione, che svolge i suoi lavori nel 2002 e nel 2003 sotto la presidenza di Valéry Giscard d'Estaing, è composta da 105 membri fra cui rappresentanti dei governi degli Stati membri e dei paesi candidati, dei parlamenti nazionali, del Parlamento Europeo e della Commissione Europea.

Nel giugno 2003 la Convenzione adotta per consenso il suo progetto di trattato.

Il 29 ottobre 2004 il trattato è formalmente sottoscritto a Roma e trasmesso agli Stati membri per la ratifica.

Pur ratificato dalla maggioranza degli Stati membri, il trattato viene respinto con un referendum da Francia e Paesi Bassi nel maggio e nel giugno 2005. In seguito a questi risultati negativi, il Consiglio Europeo del 16 e 17 giugno 2005 ha avviato un periodo di riflessione sul futuro del trattato che adotta una Costituzione per l'Europa.

Principali disposizioni della Costituzione

- Elezione a maggioranza qualificata del presidente del Consiglio Europeo per un mandato di due anni e mezzo, rinnovabile una volta.
- Elezione del presidente della Commissione a maggioranza semplice dei membri del Parlamento Europeo, su proposta del Consiglio Europeo e «tenuto conto delle elezioni del Parlamento Europeo».
- Creazione del posto di ministro UE degli Affari esteri.
- Integrazione della Carta dei diritti fondamentali nel trattato.
- Ampliamento del voto a maggioranza qualificata in seno al Consiglio.
- Rafforzamento dei poteri legislativi e di bilancio del Parlamento Europeo.
- Presentazione più chiara della ripartizione dei poteri e delle responsabilità fra l'Unione e gli Stati membri.

- Attribuzione ai parlamenti nazionali di competenze per garantire il rispetto del principio di sussidiarietà.

L'Unione Economica e Monetaria e il "free banking"

Nathalie Janson

Lo scopo di questo intervento è di determinare se il progetto dell'Unione Economica e Monetaria (UEM) Europea costituisce un passo avanti verso il sistema del "free banking".

Prima di tutto, dobbiamo spiegare e dimostrare perché un sistema di "free banking" sarebbe auspicabile. Un sistema bancario si definisce "libero" se rispetta le seguenti caratteristiche:

1. *libera entrata sul mercato bancario (niente autorizzazioni o licenze);*
2. *responsabilità degli azionisti e dei gestori delle banche nei confronti della loro clientela (ciò significa perdita finanziaria e perdita di reputazione in caso di fallimento, cioè lo stesso diritto penale applicato agli altri settori economici);*
3. *emissione di monete private o di forme monetarie private diverse;*
4. *assenza di banca centrale e quindi di moneta nazionale a corso legale e di politica monetaria.*

La virtù di un sistema bancario libero è di permettere alle banche di rispondere più adeguatamente alla domanda del pubblico e quindi di avvicinarsi all'equilibrio monetario in un modo più efficace del sistema centralizzato, grazie al processo della concorrenza. Al contrario di una banca centrale, le banche private non cercano di raggiungere un obiettivo di politica monetaria come quello della stabilità dei prezzi, in altri termini l'equilibrio monetario. L'unico obiettivo di queste banche private è la massimizzazione dei profitti e inoltre, cercando di soddisfarlo, esse permettono di pareggiare l'equilibrio monetario. Per massimizzare i profitti, le banche devono al meglio soddisfare la domanda, anche anticipandola, attraverso la proposta di nuovi prodotti.

Nel caso della moneta, questo significa che le banche devono proporre delle forme monetarie che rispettino le qualità richieste ai mezzi di pagamento. La moneta rappresenta un potere d'acquisto generalizzato, quindi deve essere accettabile negli scambi il più possibile a un costo minimo e mantenere il potere d'acquisito nel tempo. Le monete proposte dalle banche private sono giudicate secondo questi criteri.

In queste condizioni, come una banca privata si rende conto della sua sovraemissione monetaria? O in un scenario più estremo, come una banca può essere fermata nel suo obiettivo di aumentare la propria fetta di mercato, emettendo una quantità di moneta superiore?

Il principale meccanismo di regolazione, in un sistema libero, è la compensazione interbancaria. Infatti, quando una banca aumenta la quantità di moneta emessa attraverso, ad esempio, un volume di prestiti più elevato, anche le transazioni effet-

tuate dalla sua clientela aumentano. Durante le sedute di compensazione interbancaria, il saldo di questa banca nei confronti delle altre sarà in debito, supponendo che il comportamento delle altre banche non è cambiato. Il mezzo di pagamento utilizzato nella compensazione interbancaria è una moneta "superiore", cioè riconosciuta come accettabile da tutte le altre banche.

La banca se rende conto della sovraemissione attraverso il suo debito in moneta "superiore" che chiameremo "moneta di riserva", e correggerà questo andamento perché, altrimenti, rischia di fallire. Una sovraemissione "di concerto" fra tutte le banche è poco concepibile in quanto esse non ci guadagnerebbero niente in termini di profitti supplementari, anzi alcune di esse potrebbero decidere di non seguire le altre, e questa sarebbe una strategia vincente. Da questo punto di vista, anche il rischio di inflazione è basso, dato che le banche non hanno interesse a partecipare a una sovraemissione generalizzata.

La conquista di fette di mercato si effettuerà piuttosto con delle strategie innovative in grado di attirare una nuova clientela. In questo modo, l'equilibrio monetario potrà essere rispettato, in quanto, per il massimizzare i propri profitti, le banche si adeguano alla domanda. Inoltre se esistesse una situazione di squilibrio, date le regole di funzionamento, questa non potrebbe essere altro che transitoria.

Per quanto riguarda il costo economico legato alla diversità delle monete, supponendo che in un sistema libero emergano numerose monete, le banche hanno un incentivo ad accettare alla pari le monete delle loro concorrenti. Una banca ha interesse ad aderire a un accordo di reciproca accettabilità alla pari perché un tale accordo allarga la zona potenziale di circolazione della sua moneta (principio dell'economia di rete).

C'è da domandarsi perché un tale sistema non esista. In verità è già esistito in versione più o meno vicina al modello (da questo punto di vista, la Scozia è il paese dove il sistema del free banking si è realizzato nella sua versione più pura. Ma anche in Canada, Stati Uniti, Francia e Italia ci sono stati brevi episodi di libertà bancaria). La ragione per cui tutti i tentativi storici sono falliti è legata ai bisogni finanziari dello Stato e al suo potere di coercizione. La storia della banca centrale può essere spiegata dal bisogno dello Stato di finanziarsi, praticamente "senza limite" e al costo minimo.

*Adesso che abbiamo messo in evidenza i principi del free banking, vediamo in quale modo l'*UEM *ha partecipato alla "liberalizzazione" del settore bancario. Per evitare tutti i malintesi, non giudichiamo qui il progetto della moneta unica, ma l'impatto delle riforme conseguenti a questo progetto sul settore bancario. Da questo punto di vista, l'*UEM *ha permesso, anzitutto, di promuovere la concorrenza non soltanto fra le banche ma anche fra le banche e il settore finanziario. Possiamo evidenziare quattro riforme:*

5. *le politiche contro l'inflazione sono state messe al primo posto tra priorità della politica economica dei governi europei;*

6. *la riforma dei mercati monetari e finanziari per aprire nuovi compartimenti;*
7. *l'apertura alla concorrenza tra le banche e le non banche, e la privatizzazione delle banche ancora statali (progetto non ancora terminato, in particolare in Italia e in Francia);*
8. *la fine del controllo sui movimenti di capitali e sulle valute.*

Questi cambiamenti hanno favorito lo sviluppo del processo di razionalizzazione dell'attività bancaria. Sotto la pressione della concorrenza, lo sviluppo dell'innovazione si è accelerato, grazie anche ai nuovi mezzi di telecomunicazione. I nuovi strumenti creati sono degli strumenti bancari privati, come ad esempio le carte di credito oppure la moneta elettronica (la e-money, anche se i problemi di sicurezza ne frenano lo sviluppo), o ancora una moneta interbancaria come l'euro-dollaro. In queste condizioni, grazie all'innovazione, le banche private sono più in grado di rispondere alla domanda del pubblico.

Quindi, la moneta emessa è controllata dalla banca centrale e rappresenta una frazione sempre più ridotta della domanda di moneta totale, dato il tipo di moneta richiesto dal pubblico e lo sviluppo del mercato interbancario. Se prendiamo in considerazione anche la forte internazionalizzazione dell'attività bancaria, possiamo quindi affermare che l'equilibrio monetario è in pratica già in grande parte controllato dalle banche private. Tuttavia, la banca centrale ha ancora un influenza determinante sul mercato monetario, nel senso che controlla la base monetaria e determina i tassi a breve termine attraverso la politica monetaria dell'"open market".

Ma quale sarà l'impatto della Banca Centrale Europea? Permetterà alle banche private europee di dominare la loro offerta o invece sarà più potente? Da quello che sappiamo oggi sui suoi compiti (non ancora perfettamente definiti), la Banca Centrale Europea emetterà la moneta europea: l'Euro, e quindi deterrà il monopolio della produzione della base monetaria, e deciderà la politica monetaria, che sarà ovviamente una politica monetaria di "open market". Siccome l'Euro è una moneta costruita dai tecnocrati europei e quindi non deriva veramente da una domanda del pubblico, crediamo che la sua domanda sarà inferiore a quella totale odierna di tutte le monete europee. Inoltre il mercato interbancario europeo sarà più integrato, vista la soppressione di tutte le barriere amministrative.

Stante questa situazione, le banche private europee avranno uno spazio di libertà per gestire la domanda di moneta privata, soddisfarla e aumentare la loro influenza sulla realizzazione dell'equilibrio monetario. Tuttavia, la Banca Centrale Europea conserverà delle prerogative essenziali che rischieranno di limitare gli effetti positivi della maggiore libertà. Infatti, alla banca centrale, aiutata dalle banche centrali nazionali (il cui ruolo non è ancora precisamente definito), saranno affidate le seguenti prerogative:

9. *la produzione dell'Euro, moneta utilizzata soprattutto nelle compensazioni interbancarie (processo controllato dalla Banca Centrale Europea);*

10. il prestito in "ultima istanza", con le sue regole discrezionali;
11. la sorveglianza sugli istituti bancari e la definizione delle regole che riguardano la tutela del pubblico.

In presenza di una intensa concorrenza e di una forte innovazione, il maggiore difetto del ruolo della Banca Centrale Europea potrebbe essere di svolgere la sorveglianza sul settore bancario in un modo tale da deresponsabilizzare le banche. Infatti, se le banche private danno per scontato l'aiuto della banca centrale per ridurre o cancellare il costo di un fallimento, malgrado l'esistenza di una norma sulla percentuale di capitale, si creerà un incentivo ad adottare delle strategie rischiose. In un mondo in piena innovazione, il costo di un tale comportamento potrebbe essere altissimo.

Non esiste un altro modo per ottenere i vantaggi della concorrenza e della liberalizzazione senza i difetti derivanti dall'esistenza di un'autorità a volte troppo protettrice?

Penso di sì, ma in questo caso, il progetto dell'Unione Economica Monetaria avrebbe dovuto essere solo un progetto di deregulation senza una moneta predefinita, emessa da una Banca Centrale Europea unica. Possiamo anche immaginare che la liberalizzazione sarebbe creata "spontaneamente" grazie alle innovazioni nel settore delle telecomunicazioni che hanno un maggiore impatto sul settore bancario e finanziario. In un mondo senza frontiere, con degli spazi di libertà in sviluppo grazie a mezzi come Internet, la sfera di potere dello Stato è messa in pericolo.

In realtà, il progetto dell'UEM costituisce per gli Stati europei un modo per sfruttare questa innovazione a proprio vantaggio, creando l'illusione che l'Europa possa controllare lo sviluppo del mercato per ricavarne solo vantaggi, grazie al proprio intervento. Inoltre, questo tipo di discorso ha un certo successo presso gli elettori europei, terrorizzati dal cambiamento e dalla "globalizzazione" dell'economia, perché hanno troppo da perdere, soprattutto coloro i quali sfruttano una rendita di posizione.

Per concludere, non possiamo giudicare ovviamente il progetto dell'UEM come un passo avanti verso l'auspicabile "free banking". L'UEM ha, senza dubbio, permesso la liberalizzazione del mercato monetario e finanziario e quindi la globalizzazione del settore e la diffusione dell'innovazione. O, più esattamente questo progetto ha accelerato questi cambiamenti – che si sarebbero comunque verificati – grazie al consenso elettorale che esso ha raccolto.

Per il prossimo futuro, speriamo che il desiderio di potere, manifestato dai politici, faccia cadere il progetto costruttivista dell'Europa, a causa di un'assenza di intesa fra i Paesi membri. In tale modo, le forze di mercato potrebbero proseguire verso una più ampia libertà bancaria.

13
Come funzionano le sovvenzioni Europee? Quali sono?

- *Quello dei fondi europei è un tema molto importante da evidenziare oggi, soprattutto alla luce dell'entrata dei nuovi dieci Stati membri che necessitano di consistenti investimenti da parte dell'Unione Europea. Naturalmente il rischio per l'Italia è di veder diminuire la quota dei Fondi a lei destinati. Purtroppo in Italia c'è ancora oggi confusione su ciò che riguarda la presenza e l'utilizzo di questi Fondi comunitari, una confusione che ha impedito fin'ora di utilizzare al meglio le sovvenzioni europee e che in futuro si potrebbe rivelare ancora più difficile da portare avanti. Proprio per questo vale la pena di soffermarci sulla spiegazione dei Fondi comunitari, su come possano essere richiesti e utilizzati.*

Fondi Strutturali: L'Unione Europea presenta una struttura finanziaria preposta a sostenere il rafforzamento della coesione economica e sociale dei Paesi dell'UE. Lo strumento comunitario principale per ridurre gli squilibri di natura strutturale, non contingente, tra le diverse aree dell'UE è costituito dai Fondi Strutturali.

I Fondi strutturali dal 1994 al 2013: Nel parlare dei fondi è opportuno distinguere in periodi. Il primo periodo, denominato quadro comunitario di sostegno, è andato dal 1994 al 1999 e i suoi effetti si sono trascinati fino alla fine del 2002, a cui l'Italia ha partecipato con ritardo nell'impiego dei finanziamenti concessi; successivamente è partito il secondo periodo del quadro comunitario di sostegno, denominato Agenda 2000, riguardante gli anni 2000-2006. Infine, si è arrivati all'ultimo piano di programmazione della politica di coesione economica e sociale per il periodo 2007-2013.

Essa si basa principalmente sulla semplificazione dell'architettura e della programmazione attraverso maggiore trasparenza, coerenza e complementarietà tra le diverse componenti. La futura programmazione dell'Europa allargata si baserà su un'applicazione più sistematica del principio di sussidiarietà e di proporzionalità e sul rafforzamento della dimensione strategica della politica di coesione.

Fondi Strutturali: **FESR**. Il Fondo Europeo di Sviluppo Regionale è uno dei più importanti ed ha come obiettivo principale quello di ridurre gli squilibri di sviluppo economico e sociale. I campi di ammissibilità delle misure coofinanziabili dal FESR vanno dai finanziamenti per il trasferimento di tecnologie agli aiuti riguardanti le aziende attraverso aiuti rimborsabili o abbuoni di interessi.

Fondi Strutturali: FSE. Il Fondo Sociale Europeo è il principale strumento della politica sociale comunitaria e finanzia azioni a favore della formazione, della riconversione professionale e della creazione di nuovi posti di lavoro. Pertanto gli interventi di tale fondo sono diretti a promuovere la parità tra uomini e donne, l'istruzione e la formazione professionale fino a sviluppare nuove forme di occupazione anche nel settore no-profit.

Fondi Strutturali: FEOGA. Il Fondo Europeo Orientamento e Garanzia per l'Agricoltura agevola gli interventi in materia rurale ed è costituito da due sezioni. La sezione "garanzia" che riguarda gli interventi diretti a regolarizzare i mercati agricoli, le misure di sviluppo rurale, la restituzione all'esportazione verso i paesi terzi e a finanziare le azioni di informazioni relative alla politica agricola comune. La sezione "orientamento" agevola gli interventi in materia rurale che non rientrano nell'altra sezione.

Fondi Strutturali: SFOP. Lo Strumento Finanziario di Orientamento della Pesca creato nel 1994 contribuisce al rilancio delle zone legate alla pesca e all'acquicoltura. Interviene a sostegno di diversi rami del settore: flotta, acquicoltura, trasformazione e commercializzazione dei prodotti, promozione, attrezzature portuali e misure socioeconomiche. In particolare, lo SFOP offre concrete opportunità di finanziamento per la realizzazione di opere compatibili con uno sviluppo sostenibile e che rivolgono maggiore attenzione agli aspetti ambientali.

Come sono distribuiti i finanziamenti dei Fondi?
La maggior parte della quota dei Fondi comunitari cofinanzia iniziative di emanazione regionale; una parte cofinanzia iniziative di carattere nazionale; infine altre iniziative sono direttamente finanziate dall'Unione Europea attraverso Bandi ad hoc. Questi ultimi sono sostanziosi ma l'iter procedurale è abbastanza complesso, proprio per promuovere l'obbiettivo dell'integrazione, viene prevista la partecipazione di almeno tre Stati membri che come partner partecipano al Bando, naturalmente ciò comporta uno scambio di informazioni tra gli Stati e il seguire regole molto più rigide rispetto a quelle nazionali.

Iter procedurale per l'ottenimento dei finanziamenti: l'iter si articola in sei fasi operative: la **Pianificazione** che individua i bisogni da soddisfare e delle risorse necessarie, la **Programmazione** per determinare le priorità d'azione mediante i Quadri Comunitari di sostegno, **l'Attuazione** che identifica le tecniche di intervento tramite i Piani operativi e i Documenti Unici Programmatici, seguono la **Sorveglianza**, la **Valutazione** e il **Controllo**.

I documenti della Programmazione: Sono le amministrazioni nazionali o regionali competenti, per ciascun obbiettivo, a definire in autonomia i rispettivi piani e i soggetti attuatori pubblici e/o privati. L'ente di coordinamento nazionale, insieme alle amministrazioni interessate, elabora la proposta da sottoporre all'approvazione della Commissione (il c.d. Piano di sviluppo). Successivamente, la Commissione elaborerà il Quadro Comunitario di Sostegno (QCS) che permette allo Stato membro di presentare le richieste di contributo finanziario alla UE.

Tuttavia per semplificare la procedura, vi è la possibilità per gli Stati membri di presentare un Documento Unico di Programmazione (**DOCUP**) contenente sia il Piano di Sviluppo che la relativa domanda di contributo.

Principio dell'addizionalità: In base a questo principio i Fondi Strutturali non sostituiscono gli interventi nazionali a livello strutturale ma li integrano. Per ogni misura prevista dai documenti di jhyuprogrammazione finanziaria corrisponde un coofinanziamento comunitario, statale e regionale (ossia i fondi rotativi). Questo principio è fondamentale poiché determina un effetto leverage.

A chi si rivolgono i fondi strutturali:

Per il periodo 2000-2006 la programmazione ha fissato gli stanziamenti per Stato membro e per ciascuno dei tre obiettivi prioritari:

Ob. 1 riguarda le Regioni in ritardo di sviluppo;

Ob. 2 per le aree in fase di riconversione socio-economica;

Ob. 3 riguarda l'istruzione, formazione e occupazione.

Scopo dell'**obiettivo 1** è di promuovere lo sviluppo e l'adattamento strutturale delle regioni a sviluppo arretrato. Le regioni ammissibili all'obiettivo 1 sono le regioni il cui PIL pro capite è inferiore al 75% della media comunitaria.

L'obiettivo 2 mira a sostenere la riconversione economica e sociale delle zone caratterizzate da difficoltà strutturali. Per il periodo 2000-2006, tali zone sono suddivise in quattro tipi: industriali, rurali, urbane e dipendenti dalla pesca. In Italia, il tetto massimo della popolazione ammissibile stabilito dalla Commissione Europea è stato pari a 7,402 milioni di euro.

L'obiettivo 3 mira a sostenere l'adattamento e l'ammodernamento delle politiche di istruzione, formazione e occupazione. Non è prevista la ripartizione in zone per l'obiettivo 3, che può intervenire su tutto il territorio dell'Unione Europea, tranne che nelle regione ammesse all'obiettivo 1.

Per il periodo 2007-2013, il nuovo piano di programmazione della politica di coesione economica e sociale si basa principalmente sulla semplificazione dell'architettura e della programmazione attraverso maggiore trasparenza, coerenza e complementarietà tra le diverse componenti

Le priorità politiche verteranno su nuovi obiettivi, quali:

CONVERGENZA: supporto alla crescita economica e alla creazione di lavoro agli Stati membri e nelle regioni meno sviluppate.

COMPETITIVITÀ REGIONALE ED OCCUPAZIONE: aiutare le regioni e le persone a prepararsi e ad adattarsi al cambiamento economico.

COOPERAZIONE TERRITORIALE: promuovere un'integrazione territoriale bilanciata.

L'architettura della nuova programmazione sarà perciò caratterizzata da tre nuovi obiettivi e sarà finanziata da tre fondi: il Fondo Sociale Europeo, il Fondo Europeo di Sviluppo Regionale e il Fondo di Coesione.

Il Fondo di Coesione. La creazione del fondo è stata prevista la prima volta dal Trattato di Maastricht. Il trattato prevede che il Fondo sia istituito "per l'erogazione di contributi finanziari a progetti" in materia di ambiente e di reti transeuropee nel settore delle infrastrutture dei trasporti. Il Fondo è riservato agli Stati membri il cui PNL per abitante è inferiore al 90% rispetto alla media comunitaria. Quattro Stati soddisfano tali condizioni: la Spagna, la Grecia, l'Irlanda e il Portogallo.

Il Fondo di coesione dovrebbe contribuire al rafforzamento della coesione economica e sociale della Comunità, attraverso il finanziamento equilibrato di progetti, di fasi di progetti tecnicamente e finanziariamente indipendenti e di gruppi di progetti che formano un insieme coerente. Inoltre, finanzia studi preparatori riguardanti i progetti ammissibili e la loro realizzazione, misure di assistenza tecnica come studi comparativi, valutazioni di impatto e azioni di sorveglianza ed azioni di informazione e di pubblicità.

Cosa sono le Iniziative Comunitarie?

L'Unione Europea ha elaborato quattro Iniziative Comunitarie (IC) per individuare soluzioni comuni a problemi riscontrati su ampie aree del territorio comunitario; le quattro iniziative sono finanziate con uno stanziamento complessivo del 5,35% del bilancio dei Fondi Strutturali, esse sono:

INTERREG III
URBAN II
LEADER +
EQUAL

INTERREG III è intesa a stimolare uno sviluppo e un assetto del territorio europeo armonioso ed equilibrato attraverso la cooperazione transfrontaliera. La cooperazione transfrontaliera consiste nella promozione di uno sviluppo regionale integrato tra regioni frontaliere di Stati membri diversi, o tra regioni frontaliere di uno Stato membro e di un paese terzo (è finanziato dal FESR).

URBAN II si propone due obiettivi principali: promuovere l'elaborazione e l'attuazione di strategie particolarmente innovative a favore di una rivitalizzazione economico-sociale e lo sviluppo sostenibile delle città di piccole e medie dimensioni o dei quartieri in crisi nei grandi agglomerati urbani delle città nell'Unione Europea (è finanziato dal FESR).

LEADER+ mira a far emergere, sulla base di partenariati locali, impostazioni di sviluppo rurale integrato che possono fungere da modello per altre zone rurali. L'iniziativa favorisce una cooperazione attiva, interterritoriale e sopranazionale, tra le zone rurali che partecipano a queste strategie di sviluppo e la costituzione di reti tra zone rurali ai fini dello scambio di esperienze (è finanziato dal FEAOGA-orientamento).

EQUAL ha per obiettivo la cooperazione transnazionale per la promozione di nuove pratiche di lotta contro le discriminazioni e le ineguaglianze di qualsivoglia natura in relazione con il mercato del lavoro (è finanziato dal FSE).

L'ultima novità è invece costituita dalla scomparsa delle Iniziative comunitarie Urban, Equal e Interreg, le cui finalità sono state assorbite nella programmazione generale dei Fondi strutturali. Urban era il programma che si occupava del recupero e dello sviluppo delle aree urbane in crisi; Equal aveva lo scopo di promuovere le pari opportunità e la lotta alle discriminazioni sociali; Interreg era un programma incentrato sulla cooperazione transfrontaliera.

In particolare, l'Iniziativa comunitaria Interreg, come abbiamo visto, è stata "promossa" a vero e proprio Obiettivo dei Fondi Strutturali, mentre Urban ed Equal si sono "fusi" con il nuovo Obiettivo Competitività regionale e occupazione.

L'Italia e l'utilizzo dei Fondi Strutturali: Ma come se l'è cavata il nostro paese nell'utilizzare i fondi strutturali messi a disposizioni dall'Unione Europea? Bisogna dire che il grosso dei fondi europei cofinanzia iniziative di emanazione regionale, sono quindi le Regioni che gestiscono le risorse attuando e stabilendo delle linee guida attraverso dei piani denominati POR (Programmi Operativi Regionali), che se approvati dall'UE, costituiscono le basi su cui le Regioni possono preparare i bandi da pubblicare.

Qual è il livello di conoscenza dei bandi da parte delle imprese?
Oggi la situazione è migliorata rispetto al passato, le imprese sono più consapevoli della presenza e della possibilità di utilizzo dei fondi comunitari grazie anche al finanziamento da parte della stessa Unione Europea per finanziare azioni di formazione professionale. Rimane tuttavia il problema in alcune Regioni dovuto principalmente alla inadeguatezza professionale e alla mancanza di informazioni da parte delle amministrazioni locali, di conseguenza le consulenze possono raggiungere costi elevati.

Ma qual è l'iter procedurale per un'azienda in cerca di finanziamenti?

In pratica l'azienda legge il bando, presenta la documentazione necessaria tra la quale è compreso il Business Plan, sottopone la domanda all'Istituzione competente, parte l'istruttoria e si seguono gli adempimenti fissati dal Bando fissando gli impegni di spesa. L'Ente competente pubblicherà una graduatoria in cui saranno comprese tutte le aziende la cui domanda è stata considerata ammissibile ma soltanto le imprese più in alto in graduatoria possono usufruire dei finanziamenti se le misure hanno stanziato risorse inferiori alle reali necessità.

Cosa è cambiato per i fondi comunitari con l'entrata di nuovi Stati membri?

L'Entrata dei nuovi Stati membri ha comportato delle ristrutturazioni nel campo finanziario per il periodo 2007-2013. La trasformazione è necessaria per il fatto che questi nuovi paesi membri presentano per la maggior parte zone con livelli di sviluppo molto basso e quindi sono preferite nell'obbiettivo di sviluppo rispetto ad altri territori o Regioni che se pur poco sviluppati si trovano comunque in una posizione migliore.

Sul piano della programmazione, la Commissione ha voluto una semplificazione del procedimento. Sulla base del documento strategico del Consiglio, ogni Stato membro dovrà negoziare con la Commissione l'approvazione di un documento quadro che contenga la strategia di sviluppo e costituisca la base dei programmi tematici nazionali e dei programmi regionali. Nella visione della Commissione, tale documento quadro si differenzia dal Quadro Comunitario di Sostegno, precedentemente previsto per le regioni Obiettivo 1, in quanto non costituisce uno strumento di gestione dei Fondi. Sul piano operativo, la Commissione approva per ciascuno Stato membro i programmi nazionali e regionali che contengono una programmazione di massima e per priorità, evidenziando solo le operazioni di dimensioni più significative.

Un'ulteriore semplificazione ha riguardato i Fondi il cui numero verrà ridotto da sei a tre: Fondo Europeo di Sviluppo Regionale (FESR), Fondo Sociale Europeo (FSE) e Fondo di Coesione.

Per il finanziamento delle infrastrutture per trasporti e per l'ambiente, FESR e Fondo di coesione seguono un unico e separato meccanismo di programmazione attraverso l'approvazione di grandi progetti.

Un'altra importante novità riguarda il "vecchio" Obiettivo Competitività, per il quale viene abbandonata la ripartizione delle risorse per microzone (ex ob. 2), per favorire invece l'elaborazione di una strategia coerente applicabile all'insieme di una regione, al fine di soddisfare i bisogni delle zone più sfavorite di tale regione. Pertanto, il quadro di riferimento strategico nazionale deve contenere, relativamente all'obiettivo competitività, la lista delle regioni che lo Stato membro ritiene possano rientrare nei requisiti per accedere alle risorse di tale obiettivo.

14
Quali sono le parole chiave in ambito "Europa"?

- *La conoscenza del linguaggio e degli strumenti dell'Unione Europea rappresentano uno dei punti fondamentali sui quali si basano le approvazioni e la positività di ogni progetto dell'Unione.*

Addizionalità: la riforma dei Fondi strutturali del 1998 ha istituito il principio dell'addizionalità per evitare che le risorse dei Fondi vengano semplicemente a sostituirsi agli aiuti nazionali. Il principio è stabilito dall'art. 9 del regolamento di coordinamento CEE n° 2082/93 in base al quale l'azione del FSE viene definita in termini di contribuzioni aggiuntive, spesso consistenti, per favorire l'impegno degli Stati membri ad affrontare i problemi delle risorse e del mercato del lavoro.

Aiuti all'impiego: rientrano in essi gli Aiuti all'assunzione da parte delle imprese. Questa tipologia di aiuti è diretta a incentivare le imprese alla assunzione di lavoratori dipendenti.

Agenzia per l'impiego: organo tecnico progettuale del Ministero del Lavoro chiamato ad attuare gli indirizzi della Commissione regionale per l'impiego al fine di svolgere, insieme agli altri enti deputati, attività volte ad incentivare l'incontro tra domanda ed offerta di lavoro, a promuovere iniziative per incrementare l'occupazione, elaborare proposte e programmi di politica attiva del lavoro.

Anticipazione: principio stabilito dall'art.1 del regolamento CEE n° 2084/93 in base al quale la programmazione relativa all'Obiettivo 4 del FSE deve tener conto dell'evoluzione economica, tecnologica e organizzativa dei sistemi produttivi e delle tendenze del mercato del lavoro per anticipare i fabbisogni di riqualificazione professionale.

Asse: suddivisione degli Obiettivi di FSE in base alle tipologie di azioni sostenibili e alle diverse categorie di utenti ai quali tali azioni sono rivolte. Gli assi prioritari costituiscono l'articolazione del Quadro Comunitario di Sostegno e vengono definiti in funzione delle finalità perseguite dal FSE. L'asse può essere suddiviso in subassi, i quali a loro volta possono essere articolati in misure che indicano le tipologie di azioni ammissibili. L'asse rappresenta, inoltre, il livello a cui vengono assegnate le risorse finanziarie.

Assistenza tecnica: rappresenta un insieme di azioni finanziate dal FSE su due livelli d'intervento: le azioni inserite nei Programmi Operativi regionali, direttamente finalizzate al rafforzamento dei sistemi formativi territoriali e all'ottimizzazione dell'offerta formativa; le azioni previste nei Programmi Operativi Monofondo a titolarità ministeriale per la definizione, pianificazione e attuazione di una politica organica di assistenza tecnica estesa a tutte le fasi cruciali del processo di gestione del sistema.

Azioni innovative: azioni intese a ricercare e sperimentare nuove ipotesi per quanto riguarda i contenuti, la metodologie e l'organizzazione della formazione professionale.

Beneficiari finali: enti o imprese, pubbliche private, che commissionano i lavori (ovvero i committenti) o, nel caso degli aiuti concessi da enti designati dallo Stato membro, gli enti che erogano gli aiuti.

Circolare: atto amministrativo volto a fornire chiarimenti o ad impartire istruzioni. Emanato di norma dall'autorità centrale nei confronti dei propri uffici periferici. È l'atto attuativo di una norma superiore.

Cofinanziamento: principio generale secondo il quale i finanziamenti derivanti dai Fondi strutturali comunitari devono essere assistiti in percentuali diverse a seconda degli Obiettivi, da quote nazionali di finanziamento.

Comitato di sorveglianza: è la struttura che vigila tanto sull'attuazione dei Programmi Quadro Comunitari di Sostegno (QCS) e dei DOCUP (Documento Unico di Programmazione), quanto sulle singole forme di intervento. È composta da rappresentanti della Commissione Europea, dello Stato membro e delle autorità e degli organismi competenti, comprese le parti sociali. Compiti del Comitato sono: il coordinamento degli interventi strutturali promossi dalle autorità centrali o regionali per il conseguimento degli obiettivi strategici dei QCS nonché la sorveglianza e il controllo delle azioni intraprese sulla base degli indicatori finanziari e di realizzazione definiti nei QCS a livello di Assi prioritari e subassi.

Compartecipazione: introdotto dalla riforma dei Fondi del 1998, questo principio stabilisce la stretta concertazione tra la Commissione Europea, le competenti autorità nazionali, regionali e locali e le parti sociali designate dallo Stato membro, nelle fasi di programmazione, finanziamento e valutazione delle politiche strutturali.

Concentrazione: è il principio in base al quale i finanziamenti dei Fondi Strutturali devono essere concentrati sui cinque obiettivi prioritari fissati dalla riforma dei Fondi.

Decisione: è un atto giuridico della Comunità Europea vincolante nei confronti dei soggetti cui è indirizzato.

Destinatari: i destinatari definiscono gruppi di utenza potenziali delle azioni previste nelle diverse forme di intervento cofinanziati dal FSE.

Direttiva: definisce gli obiettivi di carattere generale che lo Stato membro deve tradurre in legislazione nazionale. Gli obiettivi sono vincolanti; viene invece lasciata autonomia nella scelta delle forme e dei mezzi atti e conseguirli.

Documento Unico di Programmazione (DOCUP): contiene gli Assi prioritari di sviluppo e le domande di contributo definiti dallo Stato membro relativamente agli Obiettivi. Riassume in un solo documento sia le caratteristiche del QCS che dei Programmi Operativi.

Fondo di rotazione: istituito con l'articolo 5 della legge n° 183/87 per favorire l'accesso ai Fondi strutturali. Le Amministrazioni competenti possono pertanto autorizzare la presentazione di progetti di formazione, nell'ambito della programmazione dei piani di attuazione delle attività di formazione, utilizzando le disponibilità del Fondo nei limiti delle quote individuate annualmente dal Comitato Interministeriale per la Programmazione Economica (CIPE).

Fondi Strutturali: rappresentano gli strumenti finanziari utilizzati dall'Unione Europea per favorire la politica di coesione economica e sociale degli Stati membri. Sono stati riformati con la individuazione di cinque obiettivi prioritari sui quali concentrare l'azione dei Fondi stessi. I Fondi strutturali sono tre: il Fondo Sociale Europeo (FSE), per il miglioramento delle possibilità occupazionali nella Comunità; il Fondo Europeo di Sviluppo Regionale (FESR), per la riduzione delle disparità di sviluppo tra le regioni della Comunità; il Fondo di Coesione, per rafforzare la coesione economica e sociale e per promuovere lo sviluppo sostenibile.

Formazione: insieme strutturato di azioni (progettazione, insegnamento, apprendimento, valutazione) il cui obiettivo è lo sviluppo di conoscenze e competenze del soggetto per svolgere efficacemente prestazioni lavorative con processo di apprendimento.

Monitoraggio: consiste nell'acquisizione e organizzazione dei dati relativi a indicatori che misurano il livello di avanzamento finanziario, di realizzazione fisica e d'impatto e che permettono di valutare gli aspetti qualificativi degli interventi e, in particolare, gli aspetti socio-economici, operativi, giuridici e di procedura.
Obiettivi prioritari: individuati dalla riforma dei Fondi strutturali per consentire la concentrazione delle risorse e degli strumenti comunitari, al fine di promuovere lo sviluppo delle regioni in ritardo e di quelle prevalentemente rurali, nonché per potenziare le azioni e favore dei non occupati e degli occupati e per accelerare l'adeguamento delle strutture agrarie.
Organismo attuatore: organo responsabile della forma d'intervento per la realizzazione di sottoprogrammi e/o misure previste dai documenti di programmazione: l'amministrazione nazionale, regionale o provinciale o l'ente designato dall'autorità nazionale responsabile della forma di intervento alla realizzazione di specifici sottoprogrammi e/o misure previste.

Programma Operativo: è il documento di programmazione che specifica le proposte di intervento e le modalità di attuazione indicate nel QCS e nel DOCUP. È definito come un insieme organico di azioni pluriennali e rappresenta la forma d'intervento prevalente nell'ambito della programmazione del FSE. Dal punto di vista geografico un Programma Operativo può essere regionale, quando interessa una specifica regione o alcune aree all'interno di una regione o alcune aree all'interno di una regione, o multiregionale, quando è rivolto a tutte le aree considerate ammissibili da ciascun Obiettivo. Dal punto di vista dei Fondi interessati il PO può essere monofondo, quando il Fondo interessato è uno solo, o plurifondo quando è prevista la partecipazione di due o più Fondi.

Quadro Comunitario di Sostegno (QCS): il processo di programmazione dei PO si compone di tre fasi: Piano di sviluppo, QCS e PO. Dopo la presentazione del piano di sviluppo da parte dello Stato membro si apre un processo negoziale tra lo Stato e la Commissione Europea che si conclude con l'approvazione, con decisione formale della Commissione, del QCS, il quale individua l'azione congiunta dell'Unione Europea e dello stato. Ogni QCS è articolato in assi prioritari e contiene: l'analisi della situazione socioeconomica dell'area su cui si intende intervenire, la strategia e le priorità di sviluppo, i piani di finanziamento e le disposizioni relative all'attuazione del QCS.

Rafforzamento dei sistemi: rappresenta l'insieme delle attività di assistenza tecnica alla programmazione, attuazione e valutazione, quali studi e ricerche, banche dati e, in genere, azioni dirette a qualificare il sistema formativo.

Regolamento: norma obbligatoria destinata a tutti gli Stati membri dell'Unione Europea e persone fisiche e giuridiche determinate per categoria. È direttamente applicabile negli Stati.

Rendicontazione: è l'attività di presentazione del rendiconto con il quale l'ente attuatore del progetto chiede il riconoscimento delle spese sostenute per attività formative realizzate nell'ambito di un PO.

Riconversione: attività di formazione legata ai processi di ristrutturazione aziendale e settoriale finalizzata a dotare un lavoratore di competenze professionali adeguate, anche in presenza di percorsi di mobilità esterna.

Riqualificazione: formazione finalizzata al miglioramento e aggiornamento delle competenze dei lavoratori. Permette la mobilità individuale durante la carriera.

Sorveglianza: attività di controllo dell'azione comunitaria per il rispetto degli impegni presi nel quadro degli obiettivi definiti dal Trattato di Roma. Per ciò che concerne il contributo dei Fondi, la sorveglianza è attuata attraverso il Comitato di sorveglianza.

Sovvenzionabilità: condizione per cui le spese sostenute per azioni svolte nell'ambito degli Obiettivi siano sovvenzionate con il contributo finanziario dei Fondi strutturali, e che quelle azioni siano integrate nel QCS di riferimento.

Spese ammissibili: le spese ammissibili per le azioni cofinanziate dal FSE riguardano tre tipologie di attività previste nella programmazione: attività formativa e di orientamento, rafforzamento dei sistemi, aiuti all'impiego e attività di accompagnamento.

Valutazione: l'attività di valutazione è prevista e comprende la valutazione ex ante, ex post e in itinere. Le prime due competono sia allo Stato che alla Commissione e sono finalizzate: a quantificare i vantaggi attesi o conseguiti in base alle risorse messe a disposizione; a verificare l'esistenza di strutture adeguate di attuazione degli interventi previsti. La valutazione in itinere, affidata al Comitato di Sorveglianza, è finalizzata soprattutto a valutare l'attuazione degli interventi in vista di eventuali cambiamenti da apportare al QCS/DOCUP e ai singoli PO.

Cronologia dell'integrazione europea

1950
9 maggio
In un importante discorso ispirato alle idee di Jean Monnet, Robert Schumann, ministro francese degli Affari esteri, propone di mettere insieme la produzione di carbone e di acciaio della Francia e della Repubblica federale tedesca in una nuova organizzazione aperta agli altri paesi europei.
Poiché questa data segna la nascita dell'Europa unita, il 9 maggio si celebra ogni anno la «Giornata dell'Europa».

1951
18 aprile
Sei paesi (Belgio, Francia, Germania, Italia, Lussemburgo e Paesi Bassi) firmano a Parigi il Trattato che istituisce la Comunità Europea del Carbone e dell'Acciaio (CECA), che entra in vigore il 23 luglio 1952 per un periodo di cinquant'anni.

1955
1–2 giugno
Riuniti a Messina, i ministri degli Affari esteri dei sei paesi decidono di estendere l'integrazione europea a tutta l'economia.

1957
25 marzo
Firma a Roma del Trattato che istituisce la Comunità Economica Europea (CEE) e del Trattato che istituisce la Comunità Europea dell'Energia Atomica (EURATOM). Entrano in vigore il 1° gennaio 1958.

1960
4 gennaio
Per iniziativa del Regno Unito, viene firmata la convenzione di Stoccolma che istituisce l'Accordo Europeo di Libero Scambio (EFTA), cui aderiscono diversi paesi europei che non sono membri della CEE.

1963
20 luglio
A Yaoundé viene firmato un accordo d'associazione tra la CEE e 18 Stati africani.

1965
8 aprile
Firma del trattato di fusione degli esecutivi delle tre Comunità (CECA, CEE e EURATOM), che istituisce un unico Consiglio e un'unica Commissione. Il trattato entra in vigore il 1° luglio 1967.

1966
29 gennaio
Compromesso di Lussemburgo. Dopo una lunga crisi politica la Francia torna ad occupare il suo posto al Consiglio in contropartita del mantenimento del voto all'unanimità ogniqualvolta sia in gioco l'interesse vitale di uno Stato membro.

1968
1° luglio
Con 18 mesi di anticipo vengono aboliti gli ultimi dazi doganali sul commercio intracomunitario dei prodotti industriali e viene introdotta la tariffa doganale comune.

1969
1-2 dicembre
Al vertice dell'Aja i capi di Stato o di governo decidono di spingere oltre il processo di integrazione europea, aprendo la strada al primo allargamento.

1970
22 aprile
Firma a Lussemburgo del trattato che permette il finanziamento progressivo delle Comunità Europee mediante un sistema di «risorse proprie» ed estende i poteri di controllo del Parlamento Europeo.

1972
22 gennaio
La Danimarca, l'Irlanda, la Norvegia e il Regno Unito firmano a Bruxelles i trattati di adesione alle Comunità Europee.

1973
1° gennaio
Entrano a far parte delle Comunità Europee la Danimarca, l'Irlanda e il Regno Unito (la Norvegia respinge l'adesione con un referendum negativo). Gli Stati membri diventano nove.

1974
9-10 dicembre
Al vertice di Parigi, i capi di Stato e di Governo dei nove Stati membri decidono di riunirsi tre volte l'anno nel Consiglio Europeo, approvano le elezioni del Parlamento Europeo a suffragio universale diretto e concordano l'istituzione del Fondo Europeo di Sviluppo Regionale.

1975
28 febbraio
Firma a Lomé di una convenzione (Lomé I) tra la CEE e 46 Stati dell'Africa, dei Caraibi e del Pacifico (ACP).

22 luglio
Firma di un trattato che estende i poteri del Parlamento Europeo in materia di bilancio e istituisce una Corte dei Conti Europea. Il trattato entra in vigore il 1° giugno 1977.

1979
7-10 giugno
Prime elezioni a suffragio universale diretto dei 410 membri del Parlamento Europeo.

1981
1° gennaio
La Grecia diventa il decimo Stato membro delle Comunità europee.

1984
14-17 giugno
Seconda elezione del Parlamento Europeo a suffragio universale diretto.

1985
7 gennaio
Jacques Delors diventa il nuovo presidente della Commissione (1985-1995).

14 giugno
Firma dell'accordo di Schengen per l'eliminazione dei controlli alle frontiere fra i paesi membri delle Comunità europee.

1986
1° gennaio
La Spagna e il Portogallo aderiscono alle Comunità europee: nasce l'Europa a dodici.

17 e 28 febbraio
Firma a Lussemburgo e all'Aja dell'Atto Unico Europeo, che entra in vigore il 1° luglio 1987.

1989
15 e 18 giugno
Terza elezione del Parlamento Europeo a suffragio universale diretto.

9 novembre
Caduta del muro di Berlino.

1990
3 ottobre
Riunificazione della Germania.

1991
9-10 dicembre
Il Consiglio Europeo di Maastricht adotta un Trattato sull'Unione Europea che pone le premesse per una politica estera e di sicurezza comune, una maggiore cooperazione nei settori della giustizia e degli affari interni e la creazione di un'Unione economica e monetaria comprendente una moneta unica.

1992
7 febbraio
Firma a Maastricht del Trattato sull'Unione Europea, che entra in vigore il 1° novembre 1993.

1993
1° gennaio
Creazione del mercato unico.

1994
9 e 12 giugno
Quarta elezione del Parlamento Europeo a suffragio universale diretto.

1995
1° gennaio
L'Austria, la Finlandia e la Svezia diventano Stati membri dell'Unione Europea (referendum negativo della Norvegia). L'UE conta 15 membri.

23 gennaio
Assume le funzioni la Commissione presieduta da Jacques Santer (1995-1999).

27-28 novembre
Si svolge a Barcellona la conferenza euromediterranea che avvia il partenariato fra l'UE e i paesi della sponda sud del Mediterraneo.

1997
2 ottobre
Firma del Trattato di Amsterdam, che entra in vigore il 1° maggio 1999.

1998
30 marzo
Si inaugura il processo di adesione all'Unione Europea dei nuovi paesi candidati. Sono interessati Malta, Cipro e dieci paesi dell'Europa centrale ed orientale.

1999
1° gennaio
Inizia la terza fase dell'UEM: l'euro diventa la moneta ufficiale di 11 Stati membri e viene introdotto sui mercati finanziari. La Banca Centrale Europea (BCE) è oramai responsabile della politica monetaria dell'Unione. A questi 11 Stati si aggiunge la Grecia nel 2001.

10 e 13 giugno
Quinta elezione del Parlamento Europeo a suffragio universale diretto.

15 settembre
Assume le funzioni una nuova Commissione sotto la presidenza di Romano Prodi (1999-2004).

15-16 ottobre
Il Consiglio Europeo di Tampere decide la costituzione nell'UE di uno spazio di libertà, di sicurezza e di giustizia.

2000
23-24 marzo
Il Consiglio Europeo di Lisbona elabora una nuova strategia dell'Unione per promuovere l'occupazione, modernizzare l'economia e rafforzare la coesione sociale in un'Europa fondata sulla conoscenza.

7-8 dicembre
A Nizza il Consiglio Europeo concorda sul testo di un nuovo trattato che riforma il sistema decisionale dell'UE nella prospettiva dell'allargamento. I presidenti del Parlamento Europeo, del Consiglio Europeo e della Commissione proclamano la Carta dei diritti fondamentali dell'Unione Europea.

2001
26 febbraio
Firma del Trattato di Nizza, che entra in vigore il 1° febbraio 2003.

14-15 dicembre
Consiglio Europeo di Laeken. Adozione di una dichiarazione sul futuro dell'Unione, che apre la strada alla grande riforma dell'UE e alla convocazione di una convenzione, presieduta da Valéry Giscard d'Estaing, per elaborare la Costituzione Europea.

2002
1° gennaio
Immissione in circolazione dei biglietti e delle monete in euro nei 12 paesi della zona euro.

13 dicembre
Il Consiglio Europeo di Copenaghen decide che 10 paesi candidati (Cipro, Estonia, Lettonia, Lituania, Malta, Polonia, Repubblica Ceca, Slovacchia, Slovenia e Ungheria) possono aderire all'Unione il 1° maggio 2004.

2003
10 luglio
La convenzione sul futuro dell'Europa si conclude con l'adozione di un progetto di Costituzione.

4 ottobre
Si apre la Conferenza Intergovernativa (CIG) incaricata di redigere il trattato costituzionale.

2004
1° maggio
La Repubblica Ceca, l'Estonia, Cipro, la Lettonia, la Lituania, l'Ungheria, Malta, la Polonia, la Slovenia e la Slovacchia entrano a far parte dell'Unione Europea.

10 e 13 giugno
Sesta elezione del Parlamento Europeo a suffragio universale diretto.

29 ottobre
Adozione a Roma della Costituzione Europea (soggetta a ratifica da parte degli Stati membri).

22 novembre
Assume le funzioni una nuova Commissione sotto la presidenza di José Manuel Barroso.

2005
29 maggio e 1° giugno.
La Costituzione viene respinta con un referendum prima in Francia e poi nei Paesi Bassi.

3 ottobre
Avvio dei negoziati di adesione con la Turchia e la Croazia.

2007
1° gennaio
La Bulgaria e la Romania aderiscono all'Unione Europea.
La Slovenia adotta l'euro.

2009
Approvazione ed approfondimento delle misure contro la crisi economica.

2011
Misure anticrisi ed esplosione del caso Grecia

2013
Entra la Croazia nell'Unione Europea e l'Europa diventa a 28 Stati, nomina del 28° Commissario.

15
Il programma gioventù in azione e le politiche giovanili in Europa

Introduzione alle politiche giovanili in Europa

A partire dagli anni '70, in Italia e in alcuni altri Paesi europei, i giovani diventano destinatari di specifici interventi ed iniziative volte a promuovere e valorizzare il loro apporto nella società. Caratteristica comune di queste azioni era quella di rivolgersi alla categoria giovani in forma ampia, definita unicamente da un intervallo di età (variabile a seconda dei diversi contesti nazionali) e non da un ruolo sociale: in altre parole, l'essere giovane nella società non era più veicolato unicamente dal particolare ruolo (studente, disoccupato, lavoratore, ecc.) ricoperto in un dato periodo della propria vita. La promozione dell'essere giovane nella società avviene inoltre attraverso la valorizzazione della auto-rappresentanza delle forme di associazionismo giovanile e della consultazione dei giovani per tutte quelle decisioni che li riguardano direttamente.

Sulla base di queste prime esperienze, maturate e sviluppate in ambito locale, sono stati successivamente sviluppati in diversi Paesi europei quadri normativi più complessi: verso la fine degli anni '70 vengono promossi i primi esempi di politiche giovanili nazionali.

Il 1985 viene dichiarato, dall'Organizzazione delle Nazioni Unite, Anno Internazionale della Gioventù. L'atto dell'ONU rilancia e risveglia l'interesse locale e nazionale nel settore delle politiche giovanili. I lavori, le attività delle commissioni istituite durante il 1985 sottolineano, tra l'altro, il particolare rilievo che assume il ruolo dell'associazionismo giovanile, quale forma privilegiata del protagonismo sociale dei giovani, e auspicano che le politiche giovanili siano parte integrante delle più ampie politiche sociali dei vari Stati membri dell'ONU.

Le iniziative promosse in favore dei giovani durante gli anni '70 a livello locale, prima, e a livello nazionale, poi, avevano comunque trovato un luogo dove confrontarsi a livello internazionale ben prima della dichiarazione dell'ONU del 1985.

In particolare, il Consiglio d'Europa aveva istituito già nel 1972 la Fondazione ed il Centro Europeo della Gioventù, situato a Strasburgo (sede anche della Fondazione). Nel 1995, in risposta all'incremento delle attività in favore dei giovani, è stato creato a Budapest un secondo Centro Europeo della Gioventù. Le iniziative promosse dal Consiglio d'Europa nell'ambito della gioventù fanno riferimento alla Convenzione Europea sulla Cultura. Le attività ed i progetti realizzati presso i Centri Europei della Gioventù o co-finanziati dalla Fondazione Europea della Gioventù sono il risultato di un processo di co-gestione che vede i rappresentanti delle organizzazioni dei giovani protagonisti insieme ai rappresentanti degli Stati membri. Quest'ultimi sovrintendono le politiche giovanili del Consiglio d'Europa attraverso il Comitato Direttivo Europeo per la Gioventù, organo di cooperazione intergovernativa che riunisce i 47 rappresentanti dei ministeri e delle strutture responsabili per la gioventù di tutti i Paesi che aderiscono alla Convezione Europea sulla Cultura.

Sempre nel 1985, il Consiglio d'Europa organizza la 1ª Conferenza Europea dei Ministri responsabili per la gioventù. Il documento approvato dai partecipanti alla conferenza impegna, tra l'altro, gli Stati membri all'istituzione di un Consiglio Nazionale della Gioventù, autonomo ed indipendente. Tale impegno risulta essere assolutamente in linea con la promozione del protagonismo sociale dei giovani auspicato dalle conclusioni dell'Anno Internazionale della Gioventù proclamato dall'ONU. Il ruolo dell'Unione Europea nel contesto giovanile risulta poco visibile sino alla fine degli anni '80.

D'altra parte, il Trattato di Roma non contemplava la gioventù tra i settori di competenza della Commissione Europea. Solo con l'entrata in vigore del Trattato di Maastricht nel 1993, infatti, la cooperazione transnazionale in ambito giovanile europeo viene inserita come una delle aree d'intervento dell'Unione Europea; in particolare gli articoli 149 e 150 del Trattato sull'Unione Europea prevedono competenze comunitarie nei settori della istruzione, della formazione e della educazione non-formale.

Ciò nonostante, nel 1989 la Commissione Europea lancia il suo primo programma d'azione comunitaria in favore della gioventù.

Il programma in questione, denominato Gioventù per l'Europa, promuove e co-finanzia attività di scambio giovanile interculturale tra i 12 Paesi dell'allora Comunità Europea. Scopo del programma è quello di far dialogare i giovani sui temi di loro interesse, per mezzo di un progetto ideato, realizzato e valutato da loro stessi e che coinvolge direttamente gruppi di giovani di diversi Paesi comunitari.

Pur non rappresentando una novità in termini di proposta (gli scambi giovanili internazionali esistevano già da molti anni nell'ambito degli accordi culturali bilaterali tra Stati e nell'ambito delle attività promosse da organizzazioni giovanili paneuropee), Gioventù per l'Europa ha creato un nuovo modello di riferimento per ciò che concerne le modalità di accesso ai co-finanziamenti comunitari da parte dei giovani, che li ha visti fin da allora diretti gestori delle attività da loro ideate. È stato precedentemente ricordato come lo sviluppo delle politiche giovanili è iniziato a partire da esperimenti realizzati in ambito locale.

Seppur sempre più inseriti in contesti normativi nazionali, gli interventi locali hanno continuato a svolgere un importante ruolo, in virtù anche della maggior vicinanza di tali azioni ai destinatari finali delle stesse.

Nel 1990, sotto gli auspici del Consiglio d'Europa, viene adottata la Carta di partecipazione dei giovani alla vita municipale e regionale: un quadro di riferimento per lo sviluppo di politiche giovanili locali incentrate, tra l'altro, sulla concertazione degli interventi anziché su approcci settorializzati.

Nel 1992 e sempre nel contesto del Consiglio d'Europa, vengono definiti una serie di criteri relativi all'esistenza di un quadro normativo nazionale di riferimento per le politiche giovanili. Tra gli altri, vale la pena ricordare quelli relativi al consiglio nazionale della gioventù, ad una rete nazionale di informazione dedicata ai giovani, a finanziamenti tesi a promuovere la partecipazione giovanile.

Nel frattempo, il programma comunitario Gioventù per l'Europa, lanciato nel 1989 con durata triennale, era stato ri-finanziato per un secondo triennio, a riprova dell'entusiasmo suscitato e della ricaduta educativa dei progetti realizzati direttamente dai giovani.

Con la già citata ratifica del Trattato sull'Unione Europea, l'esperienza acquisita con la gestione di Gioventù per l'Europa e delle altre iniziative nel frattempo promosse a livello europeo nel settore della gioventù, ha permesso alla Commissione Europea di lanciare due nuovi programmi per i giovani (e per i relativi operatori) nell'ambito dell'istruzione e della formazione.

Nel 1995, i programmi comunitari Socrates e Leonardo da Vinci diventano operativi con durata quinquennale; il programma Gioventù per l'Europa avvia la sua terza fase, anch'essa di durata quinquennale, con un accresciuto numero di Paesi che hanno accesso al programma e con un incremento di competenze e di finanziamenti.

Nel 1996, la Commissione Europea lancia infine un programma che ha lo scopo di valorizzare le esperienze di apprendimento interculturale dei giovani attraverso attività di volontariato di medio-lungo periodo a beneficio delle comunità locali: il Servizio Volontario Europeo per i Giovani.

Con il 31 dicembre 1999, la durata quinquennale prevista per questi quattro programmi arriva a scadenza. Nel 2000 prendono avvio i nuovi programmi strutturali sulla gioventù. In gran parte vengono accorpate, sotto un unico programma, molte delle iniziative che avevano caratterizzato l'impegno comunitario nel settore degli anni precedenti.

Queste nuove iniziative si chiamavano, a seconda che si tratti di educazione non formale, educazione formale e istruzione professionale, rispettivamente: Gioventù, Socrates e Leonardo da Vinci.

Con il 2007 prende avvio una nuova generazione di programmi: Gioventù in

Azione (che sostituisce il programma Gioventù) e il programma sull'Apprendimento Permanente che sostituisce (accorpandoli) i programmi Socrate e Leonardo da Vinci.

Una "maggiore comprensione e conoscenza dei giovani" è di fondamentale importanza per la creazione di politiche legate al settore giovanile: per poter elaborare delle politiche efficaci non si può prescindere da una conoscenza approfondita delle esigenze e delle aspettative dei giovani. Un approccio alla politica basato sulla conoscenza è di particolare rilievo e utilità quando si tratta con realtà in continuo cambiamento, quale quella delle giovani generazioni europee. In tal senso, la ricerca e l'approfondimento dell'universo giovanile svolge un ruolo fondamentale nella promozione di nuove strategie nelle politiche giovanili europee.

L'esigenza di ulteriori studi sulle tematiche legate ai giovani porta ad una vasta gamma di attività nell'ambito del Consiglio d'Europa, basate su una Raccomandazione del Consiglio dei Ministri. Le attività si basano su tre obiettivi principali:

- Incoraggiare la cooperazione nel settore della ricerca sui giovani.
- Promuovere il dialogo tra ricercatori, responsabili delle politiche e professionisti.
- Promuovere e disseminare i risultati delle attività di ricerca.

Il Libro Bianco della Commissione "un nuovo slancio per la gioventù europea" indica come prioritaria la maggiore conoscenza e comprensione del mondo giovanile. Una Risoluzione del Consiglio ha confermato le proposte della Commissione per obiettivi comuni finalizzati ad una maggiore conoscenza dei giovani e fissato i seguenti punti:

Per una politica tempestiva, efficiente e sostenibile è necessario sviluppare un'area di conoscenza coerente e di alta qualità nel settore dei giovani in Europa e anticipare le esigenze future attraverso lo scambio, il dialogo e la creazione di reti:

Individuare – anche a livello locale e regionale – le conoscenze esistenti nelle aree prioritarie del settore giovanile (partecipazione, informazione e volontariato) e implementare misure per sostenere, aggiornare e favorire l'accesso ad esse.

In una seconda fase, individuare – anche a livello locale e regionale – le conoscenze esistenti in ulteriori aree di interesse nel settore giovanile, quali l'autonomia, l'apprendimento non formale, la lotta contro la discriminazione, l'istruzione e la formazione, l'occupazione, la transizione dall'istruzione al lavoro, l'inclusione sociale e la salute, e implementare misure per sostenere, aggiornare e favorire l'accesso ad esse.

Garantire la qualità, la comparabilità e la rilevanza della conoscenza nel settore giovanile attraverso l'utilizzo di metodi e strumenti appropriati.

Favorire a promuovere lo scambio, il dialogo e la creazione di reti per garantire la visibilità delle conoscenze del settore giovanile e anticipare le esigenze future.

Nel 2003 il Consiglio d'Europa e la Europea hanno deciso di accrescere la cooperazione per lo sviluppo di una base comune di conoscenze nel settore giovanile, attraverso la messa in rete e la raccolta di informazioni per la futura azione politica. Nel quadro di un accordo specifico, lo staff del partenariato coordina una rete di ricercatori, nominati dagli Stati membri, per l'organizzazione di seminari di ricerca su temi specifici e lo sviluppo e la realizzazione del Centro Europeo della Conoscenza per le Politiche Giovanili che promuove la raccolta di conoscenze sui giovani in tutta Europa.

L'Europa di oggi si fonda sui principi di libertà, democrazia, rispetto per i diritti umani e le libertà fondamentali e sullo stato di diritto. Il diritto degli individui a non essere discriminati sulla base dell'origine razziale o etnica, il credo o la religione, l'età, la disabilità o l'orientamento sessuale, è già da tempo ampiamente riconosciuto. Numerosi accordi internazionali, quali la Convenzione ONU sui Diritti Civili e Politici, la Convenzione Europea sui Diritti Umani e le Libertà Fondamentali, il Trattato dell'UE, testimoniano l'impegno nella lotta contro la discriminazione. Il seminario del Partenariato di Ricerca "Resituating Culture" (giugno 2003) ha studiato a fondo la complessità delle diverse interpretazioni della cultura in relazione alla discriminazione.

La discriminazione e la disuguaglianza colpiscono in maniera particolare i giovani, che possono essere allo stesso tempo vittime e perpetratori della discriminazione e il razzismo e, di conseguenza, giocare un ruolo centrale nei cambiamenti positivi in questo settore. Il Libro Bianco sulla Gioventù ha sottolineato che i giovani rappresentano un gruppo particolarmente ricettivo quando si tratta di affrontare tematiche legate alla discriminazione e che molti di essi guardano con grande favore ad una società multiculturale.

Dopo la campagna di successo "Tutti Diversi. Tutti Uguali" del 1995, gli Stati membri del Consiglio d'Europa hanno adottato nel 2000 una dichiarazione politica sullo stesso tema, come contributo europeo alla Conferenza mondiale delle Nazioni Unite contro il Razzismo, la Discriminazione Razziale, la Xenofobia e l'Intolleranza. Oggi, dieci anni dopo, il Consiglio d'Europa invita a partecipare alla preparazione e all'implementazione della "Campagna Giovanile Europea per la Diversità e la Partecipazione", sostenuta dalla Dichiarazione finale dei partecipanti al secondo Summit Giovanile Europeo (Varsavia, maggio 2005). Si invitano gli Stati membri a lanciare una Campagna Giovanile Europea su vasta scala finalizzata ad incoraggiare i giovani a partecipare alla creazione di società pacifiche basate sulla diversità e l'inclusione, in uno spirito di comprensione e rispetto reciproci. La Commissione Europea ha lanciato un Programma Europeo di Azione Comunitaria per la lotta contro la discriminazione (2001-2006) e focalizzato l'attenzione sulla legislazione comunitaria in quest'area. Il settore giovanile della

Commissione contribuisce a questa strategia attraverso un proprio piano di azione, basato sul Libro Bianco sulla Gioventù, nel quale la lotta contro il razzismo e la xenofobia gioca un ruolo di grande rilievo. Oltre a ciò, il Programma Gioventù comprende, come uno dei suoi obiettivi: "...sviluppare una comprensione della diversità culturale dell'Europa e i suoi valori comuni fondamentali, contribuendo in tal modo a promuovere il rispetto dei diritti umani e la lotta contro il razzismo, l'anti-semitismo e la xenofobia...".

Nel 2004, il Consiglio dell'Unione Europea ha invitato, in una Dichiarazione sul Razzismo e l'Intolleranza in relazione ai giovani, ad implementare misure concrete per offrire ai giovani opportunità di partecipazione concreta e rafforzare la cooperazione a tutti i livelli e tra tutti gli attori, mettere al centro di programmi e attività la lotta contro la discriminazione, approfondire le motivazioni che portano al razzismo ed elaborare strategie di successo per combatterlo.

A partire dal 2005, il Consiglio d'Europa e la Europea, nell'ambito del loro partenariato nel settore giovanile, hanno accresciuto l'attenzione verso i temi legati alla lotta contro la discriminazione, la diversità e la cittadinanza attiva. Entrambe le istituzioni hanno rafforzato l'impatto del proprio impegno attraverso la promozione e il rafforzamento della cooperazione.

Responsabili delle politiche, esperti e giovani stessi sottolineano il ruolo indispensabile dell'informazione nella promozione della cittadinanza attiva e la partecipazione dei giovani. Il diritto all'informazione è stato riconosciuto come diritto umano fondamentale in numerose dichiarazioni e convenzioni.

Nel 1990 il Consiglio d'Europa ha adottato una raccomandazione legata all'informazione e la consulenza per i giovani in Europa. In essa si suggerisce di promuovere il coordinamento a livello europeo di una politica di informazione e consulenza, sostenere la creazione di servizi informativi adeguati, promuovere la ricerca sul tema e sostenere lo sviluppo di una rete europea dei rispettivi servizi.

In una Risoluzione del 1998 sulle Politiche Giovanili del Consiglio d'Europa, il Consiglio dei Ministri ha fissato come obiettivo la promozione dell'accesso dei giovani all'informazione e alle nuove tecnologie legate all'informazione.

Il diritto di informazione è anche alla base delle attività informative per i giovani realizzate dall'Unione Europea. L'informazione è uno dei temi prioritari del Libro Bianco sulla Gioventù. Nel follow-up del Libro Bianco il Consiglio dell'Unione Europea ha ripreso le proposte della Commissione Europea sugli obiettivi comuni per l'informazione giovanile. In una Risoluzione il Consiglio ha chiesto di promuovere l'accesso dei giovani all'informazione al fine di accrescere la loro partecipazione alla vita pubblica ed aiutarli ad esprimere le proprie potenzialità come cittadini attivi e responsabili, in particolare attraverso azioni volte a:

- migliorare l'accesso dei giovani ai servizi informativi;
- accrescere l'offerta di un'informazione di qualità;

- accrescere la partecipazione dei giovani all'informazione giovanile, ad esempio alla preparazione e la disseminazione delle informazioni.

Una seconda Risoluzione del Consiglio conferma questi obiettivi e pone ulteriore attenzione alla cooperazione, il networking e lo scambio di buone prassi tra le strutture di informazione giovanile nei vari settori e a tutti i livelli. Sottolinea inoltre l'esigenza di formazione continua di coloro che sono impegnati nel settore dell'informazione giovanile e di proposte per principi guida per lo sviluppo di una valutazione di qualità.

Anche se è principalmente responsabilità degli Stati membri fornire informazioni ai giovani, il livello europeo svolge ugualmente un ruolo fondamentale. In tal senso, i servizi di informazione giovanile sono a disposizione di diversi tipi di utenti: il Portale Europeo per i Giovani, l'Agenzia Europea per l'Informazione e la Consulenza ai Giovani (ERYICA), Eurodesk, la rete che offre informazioni sulle opportunità UE di finanziamento e mobilità per i giovani, e il Centro Europeo di Conoscenza per le Politiche Giovanili.

Le iniziative europee nell'istruzione e la formazione sottolineano il ruolo crescente dell'apprendimento lungo tutto l'arco della vita. Mettono in evidenza che l'apprendimento deve comprendere l'intero spettro dell'apprendimento formale, non formale e informale per la promozione della realizzazione personale, la cittadinanza attiva, l'inclusione sociale e l'occupabilità. Le competenze necessarie per permettere alle persone di informarsi e divenire cittadini attivi e responsabili possono essere acquisite attraverso l'apprendimento a tutto tondo. In particolare i giovani partecipano ad una vasta gamma di attività al di fuori dei sistemi di istruzione formale, nell'animazione giovanile e le associazioni giovanili, nello sport, il volontariato e le attività della società civile, in scambi internazionali e programmi di mobilità.

Principi di convalida nel settore giovanile

I principi fissati dalla Commissione Europea e il Consiglio d'Europa nel settore dell'apprendimento non formale e informale nelle attività giovanili sono: il carattere volontario e spesso auto-gestito; la motivazione intrinseca dei partecipanti; lo stretto legame con le aspirazioni e gli interessi dei giovani; l'approccio partecipativo e centrato sul discente; il carattere e la struttura aperta; la trasparenza e la flessibilità della costruzione dei piani di studio; la valutazione dei successi e le sconfitte in un processo collettivo; il "diritto di commettere un errore"; la preparazione delle attività con un atteggiamento professionale, a prescindere del fatto che l'attività venga gestita da professionisti o da operatori e formatori giovanili; la condivisione dei risultati con il pubblico interessato e un follow-up dettagliato.

Politiche a livello europeo

Il Consiglio d'Europa incoraggia gli Stati membri a promuovere pari opportunità attraverso il riconoscimento della formazione e le competenze acquisite dai giovani attraverso l'istruzione/l'apprendimento non formale ed individuando le diverse modalità di certificare le esperienze e le qualifiche acquisite in questo quadro. Tutti coloro che svolgono un ruolo di rilievo nel processo di elaborazione delle politiche legate all'istruzione devono tenere in considerazione il fatto che l'istruzione non formale è una parte essenziale nel processo di apprendimento e riconoscere l'istruzione non formale come elemento integrante nel processo di apprendimento permanente e le politiche giovanili. In seguito ad una Raccomandazione sulla promozione e il riconoscimento dell'apprendimento/istruzione non formale dei giovani, gli Stati membri sono chiamati "lavorare per lo sviluppo di standard efficaci di riconoscimento dell'apprendimento/istruzione non formale".

Il Libro Bianco per i Giovani della Commissione Europea sottolinea che "le associazioni giovanili, gli operatori sociali e le autorità locali in numerosi paesi sono impegnati in un lavoro approfondito con i giovani". Continuando ad essere innovativo e non formale (ed inserito nel pacchetto generale delle misure per l'apprendimento permanente), questo lavoro trarrebbe vantaggio da:

- maggiore chiarezza nella definizione dei concetti, delle competenze acquisite e degli standard di qualità;
- maggior riguardo per le persone coinvolte in queste attività;
- maggiore riconoscimento di queste attività;
- maggiore complementarità con l'istruzione e la formazione formale.

Sia la Commissione Europea che il Consiglio d'Europa hanno sviluppato una posizione e un'azione comuni [1] rispetto all'apprendimento/l'istruzione non formale nelle attività giovanili come parte delle attività di volontariato e della società civile, in particolare la convalida e il riconoscimento di queste attività.

Le istituzioni e le organizzazioni europee responsabili delle politiche giovanili hanno in numerose occasioni sottolineato l'importanza della partecipazione dei giovani alla promozione della cittadinanza attiva, la loro inclusione sociale e il loro contributo allo sviluppo della democrazia. La partecipazione alla vita democratica di qualunque comunità consiste nell'avere il diritto, i mezzi, lo spazio, l'opportunità e il sostegno per partecipare al processo decisionale della società e la possibilità di impegnarsi in attività che contribuiscano a creare una società migliore.

Nel 1992, il Congresso europeo delle autorità locali e regionali presso il Consiglio d'Europa adottava la prima "Carta Europea della Partecipazione dei Giovani alla Vita Locale e Regionale". Rivista nel 2003 al fine di affrontare nuove tematiche legate all'esperienza concreta dei giovani, la Carta sottolineava che la partecipazione dei giovani alla vita locale e regionale deve costituire parte di una politica globale di partecipazione dei cittadini alla vita pubblica, che tutti i settori della politica devono avere una dimensione giovanile, che le diverse forme di partecipazione devono essere implementate attraverso la consultazione e la cooperazione dei giovani e i loro rappresentanti e che la partecipazione dei giovani appartenenti a settori svantaggiati della società deve essere ulteriormente promossa.

La Commissione Europea, inoltre, nel suo Libro Bianco sui giovani indicava la partecipazione come area prioritaria per il settore giovanile nello specifico. Nel follow-up al Libro Bianco, la Commissione proponeva come obiettivo generale per la partecipazione che venissero create e sostenute misure per incoraggiare i giovani a divenire cittadini attivi e che la loro effettiva partecipazione alla vita democratica venisse rafforzata.

La conseguente Risoluzione del Consiglio sulla partecipazione conferma gli obiettivi comuni proposti e sottolinea le seguenti priorità:

- Accrescere la partecipazione dei giovani alla vita civile della loro comunità;
- Rendere più ampia la partecipazione dei giovani al sistema di democrazia rappresentativa;
- Sostenere maggiormente le diverse forme di apprendimento alla partecipazione.

Il Libro Bianco proponeva, come linea di principio, la regolare consultazione e il dialogo diretto con i giovani e le loro organizzazioni su tutti i temi di interesse per la gioventù. Come conseguenza, la Commissione ha coinvolto i giovani in tutte le fasi del follow-up del Libro Bianco, così come il dibattito sul futuro dell'Europa e la futura Costituzione.

Al fine di sostenere gli sforzi a livello locale, regionale, nazionale e transnazionale per promuovere la partecipazione e il networking di progetti legati alla partecipazione, la Commissione sostiene in aggiunta una vasta gamma di progetti pilota in tutta Europa e promuove la partecipazione attraverso il sostegno ad attività continue del programma di lavoro di organismi attivi a livello europeo nel settore giovanile, comprese le attività del Forum Europeo dei Giovani.

Alti tassi di disoccupazione, in particolare per i giovani, disuguaglianza di opportunità nell'istruzione e la formazione, esclusione sociale dai servizi di qualità (casa, salute, cultura e giustizia), discriminazione, povertà e rischio di emarginazione sono dichiarati inaccettabili dalle diverse istituzioni politiche e dalle parti interessate. Secondo i giovani, uno dei principali obiettivi dei governi e le istituzioni europee deve essere quello di lottare contro la disoccupazione e l'esclusione socialee rendere reale il modello sociale europeo.

Il sostegno è necessario in particolare per i giovani svantaggiati e coloro con minori opportunità. Senza inclusione e accesso, i giovani non possono sperimentare la gioventù come periodo di transizione tra l'infanzia e l'età adulta e come fase di sperimentazione sociale e lo sviluppo della creatività, la personalità, le responsabilità personali, etc. Si trovano inoltre a rischio di esclusione sociale permanente.

La promozione dei diritti umani e la coesione sociale, come definite dalla Convenzione Europea sui Diritti Umani e nella Carta Sociale Europea, è un elemento chiave della missione del Consiglio d'Europa. I temi principali legati alla coesione sociale sono la tutela sociale, l'occupazione, l'istruzione e la formazione professionale, i diritti dei lavoratori, la salute, la casa, le pari opportunità, la non discriminazione e l'immigrazione.

Questi temi rappresentano il motivo per cui la Direzione Gioventù e Sport del Consiglio d'Europa ha lanciato il suo programma giovanile triennale sull'Educazione ai Diritti Umani nel 2000 e ampliato l'obiettivo del programma per includere i temi sulla coesione sociale nel periodo 2003-2005.

La Strategia di Lisbona dell'Unione Europea ha focalizzato l'attenzione su un modello sociale europeo rinnovato e modernizzato sui seguenti temi: investire sulle persone, creare uno stato assistenziale attivo e dinamico, rafforzare azioni contro la disoccupazione, l'esclusione sociale e la povertà. Come risultato, la Commissione ha presentato una proposta per un programma di azione comunitaria per la lotta contro l'esclusione sociale, attivo dopo la sua adozione dal Consiglio e il Parlamento Europeo dal 2002 al 2006.

Gli obiettivi della lotta contro la povertà e l'inclusione sono di interesse anche per i giovani:

- partecipazione nell'occupazione e l'accesso a tutte le risorse, i diritti, i beni e i servizi;
- prevenzione dei rischi di esclusione, tra cui esclusione dall'istruzione;
- sostegno ai membri più vulnerabili della società;
- mobilitazione di tutti i soggetti e gli organismi di rilievo e promozione della partecipazione.

Nel Libro Bianco sui Giovani l'integrazione sociale viene citata come una delle cinque priorità nei settori della politica orizzontale in cui gli aspetti legati ai giovani devono ricevere una maggiore attenzione. Il Patto Europeo dei Giovani conferma l'importanza dell'occupazione, l'integrazione e il progresso sociale e sottolinea la necessità di azioni di rilievo in queste aree, in particolare nella Strategia Europea per l'Occupazione e la Strategia di Inclusione Sociale. Specialmente la Strategia di Inclusione Sociale dovrà presentare una dimensione giovanile e dovrà tenere in considerazione la Risoluzione del Consiglio nell'integrazione sociale dei giovani.

L'unità della Commissione Europea per i giovani è impegnata ad implementare una strategia specifica per l'inclusione dei giovani con minori opportunità nel contesto del Programma Gioventù. Il partenariato sui giovani tra la Commissione Europea e il Consiglio d'Europa ha pubblicato un T-kit (kit per la formazione) sull'Inclusione Sociale al fine di offrire uno strumento importante per gli animatori giovanili nel proprio lavoro per la creazione di un'Europa più inclusiva.

Tre diversi obiettivi politici per il volontariato sono stati individuati dal seminario di ricerca del partenariato sulle attività di volontariato nel luglio 2004 a Budapest: primo, il rapporto con la cittadinanza attiva e la solidarietà; secondo, il rapporto con l'occupazione e l'inclusione sociale; terzo, il rapporto con i servizi sociali. Come conseguenza, la promozione delle attività di volontariato svolgono un ruolo chiave nelle politiche giovanili, in particolare a livello europeo.

La **Raccomandazione sul volontariato transnazionale e a lungo termine** del Consiglio d'Europa propone la rimozione delle difficoltà ancora esistenti per il volontariato oltre i confini nazionali in tutta Europa, e il sostegno finanziario di individui o gruppi che desiderano intraprendere attività di volontariato. Raccomanda inoltre di incoraggiare la cooperazione tra l'Unione Europea e il Consiglio d'Europa, al fine di creare un quadro politico, giuridico e finanziario adeguato per il servizio volontario in tutti i paesi europei. La Convenzione stabilisce un quadro giuridico per il volontariato transnazionale, offrendo dettagli sui ruoli e le procedure per tutti gli attori coinvolti.

Il Consiglio dell'Unione Europea invita ad eliminare gli ostacoli giuridici ed amministrativi al lavoro volontario, garantendo che il volontariato non sostituisca il lavoro retribuito e ad accrescere la cooperazione europea per favorire l'accesso all'informazione, sostenere la formazione dei volontari, creare una rete di tutti gli interessati, scambiare buone prassi.

In seguito al nuovo quadro di cooperazione nell'ambito del processo legato al Libro Bianco sulla Gioventù, che individua le attività di volontariato come tema prioritario, la Commissione Europea ha proposto come obiettivo generale quello di sviluppare, facilitare, promuovere e riconoscere le attività di volontariato a tutti i livelli. La Commissione Europea ha proposto quattro obiettivi comuni:

- Sviluppare attività di volontariato allo scopo di migliorare la trasparenza delle opportunità esistenti, ampliandone le finalità e migliorandone la qualità;
- Rendere più facile per i giovani la realizzazione di attività di volontariato rimuovendo gli ostacoli esistenti;
- Promuovere attività di volontariato con un'attenzione particolare al rafforzamento della solidarietà e l'impegno dei giovani come cittadini;
- Riconoscere le attività di volontariato dei giovani con un'attenzione particolare al riconoscimento delle loro competenze personali e il loro impegno nella società.

Al fine di garantire il raggiungimento di questi obiettivi, vengono proposte alcune misure concrete per ciascun obiettivo. Gli Stati membri riporteranno in seguito l'implementazione delle misure entro la fine del 2006.

Programma cultura

Il Programma Cultura è il nuovo strumento di sostegno alle attività di cooperazione culturale varato dalla Commissione Europea che prevede – per il periodo 2007-2013 – uno stanziamento complessivo di circa 400 milioni di euro. Tale programma, Rappresenta lo sviluppo e il miglioramento del programma Cultura 2000 e con un approccio globale supera quello settoriale del vecchio programma facilitando la partecipazione degli operatori culturali.

Il Programma viene gestito dall'Agenzia Esecutiva per l'Istruzione e la Cultura e l'Audiovisivo (EACEA) sotto la supervisione della Direzione Generale Istruzione e Cultura (DG EAC) della Commissione Europea.

L'obiettivo generale è quello di contribuire alla valorizzazione di uno spazio culturale condiviso dagli europei e basato su un comune patrimonio culturale, sviluppando la cooperazione culturale tra i creatori, gli operatori culturali e le istituzioni culturali dei paesi partecipanti al programma, al fine di favorire l'emergere di una cittadinanza europea. Il programma è aperto alla partecipazione delle industrie culturali non audiovisive, in particolare delle piccole imprese culturali, laddove tali industrie svolgano una funzione culturale senza scopo di lucro. Gli obiettivi specifici sono di promuovere la mobilità transnazionale degli operatori culturali, incoraggiare la circolazione transnazionale delle opere e dei prodotti artistici e culturali favorire il dialogo interculturale. Questi obiettivi del programma sono perseguiti attuando le seguenti azioni:

1. Sostegno alle azioni culturali;
2. Sostegno a organismi attivi a livello europeo nel settore culturale;
3. Sostegno a lavori d'analisi nonché alla raccolta e alla diffusione dell'informazione e ad attività che ottimizzano l'impatto dei progetti nel settore della cooperazione culturale.

1. Sostegno ad azioni culturali

1.1. *I progetti di cooperazione pluriennali*

Il programma sostiene progetti di cooperazione culturale duraturi e strutturati volti a riunire le qualità e le competenze specifiche degli operatori culturali in tutta Europa. Questo sostegno ha lo scopo di aiutare i progetti di cooperazione nella fase di decollo e di strutturazione o in quella di estensione geografica. Si tratta di incoraggiare i poli a crearsi basi durature e a raggiungere l'autonomia finanziaria.

A ciascun progetto di cooperazione devono partecipare almeno sei operatori di sei paesi diversi partecipanti al programma. Il suo scopo consiste nel riunire vari operatori di uno o più settori attorno a diverse attività pluriennali, che possono essere di natura settoriale o transettoriale, ma che devono perseguire un obiettivo comune. Ciascun progetto di cooperazione è inteso a realizzare numerose attività culturali strutturate e pluriennali. Il sostegno comunitario non può superare il 50% del bilancio del progetto e ha carattere decrescente. Non può essere superiore a 500.000 euro l'anno per tutte le attività dei progetti di cooperazione. Il sostegno è concesso per un periodo da 3 a 5 anni.

1.2. *Le azioni di cooperazione*

Il programma sostiene azioni di cooperazione culturale di natura settoriale o transettoriale tra operatori europei. In esse dovrà prevalere l'aspetto della creatività e dell'innovazione. Verranno particolarmente incoraggiate le azioni intese ad esplorare possibilità di cooperazione da sviluppare in un periodo più lungo. Ogni azione deve essere concepita e realizzata in partenariato da almeno tre operatori culturali di tre paesi partecipanti diversi, indipendentemente dal fatto che tali operatori siano di uno o di più settori. Il sostegno comunitario non può superare il 50% del bilancio del progetto e non può essere né inferiore a 50 000 euro né superiore a 200.000 euro. Il sostegno è concesso per 24 mesi al massimo.

1.3. *Le azioni speciali*

Il programma sostiene anche azioni speciali. Sono speciali le azioni che presentano una dimensione e una portata rilevanti, hanno una risonanza significativa presso i popoli dell'Europa e contribuiscono a una migliore presa di coscienza dell'appartenenza ad una stessa comunità, alla sensibilizzazione alla diversità culturale degli Stati membri e al dialogo interculturale ed internazionale. Esse devono rientrare in almeno due dei tre obiettivi specifici indicati nel programma. Queste azioni speciali contribuiscono altresì a rendere più visibile l'azione culturale comunitaria sia all'interno che all'esterno dell'Unione Europea. Contribuiscono altresì a accrescere la consapevolezza globale della ricchezza e diversità della cultura europea. Sarà accordato un sostegno significativo alle "capitali europee della cultura" per contribuire all'attuazione di attività che mettano l'accento sulla visibilità europea e sulla cooperazione culturale transeuropea.

Potranno essere sostenute come "azioni speciali" anche le assegnazioni di premi che, mettendo in luce artisti, opere o realizzazioni culturali o artistiche e facendoli conoscere al di là delle frontiere nazionali, favoriscono la mobilità e gli scambi. In questo quadro potranno inoltre essere sostenute le azioni di cooperazione con i paesi terzi e con le organizzazioni internazionali.

Il sostegno comunitario non può superare il 60% del bilancio del progetto.

2. Secondo aspetto: sostegno ad organismi attivi a livello europeo nel settore culturale

Questo sostegno assume la forma di una sovvenzione di funzionamento destinata a cofinanziare le spese connesse con il programma di lavoro permanente di un organismo che persegue un obiettivo d'interesse generale europeo nel settore della cultura o un obiettivo rientrante nella politica dell'Unione in tale settore. Si prevede di concedere tali sovvenzioni sulla base di inviti annuali a presentare proposte. A titolo indicativo, circa il 10% del bilancio totale del programma è riservato a questo tipo di sostegno.

Agli organismi che operano a favore della cooperazione culturale può essere accordato un sostegno in uno o più dei modi seguenti:

- svolgendo funzioni di rappresentanza a livello comunitario;
- raccogliendo o diffondendo informazioni atte a facilitare la cooperazione culturale transeuropea;
- collegando in rete a livello europeo organismi attivi nel settore della cultura;
- partecipando alla realizzazione di progetti di cooperazione culturale o svolgendo il ruolo di ambasciatori della cultura europea.

Questi organismi devono avere una reale dimensione europea. A tale riguardo, essi devono esercitare le loro attività a livello europeo, autonomamente o in coordinamento con altre associazioni, e tanto la loro struttura (membri iscritti) quanto le loro attività devono avere una potenziale influenza a livello di Unione o interessare almeno sette paesi europei.

L'importo totale delle sovvenzioni di funzionamento di cui al presente punto non può superare l'80% delle spese finanziabili dell'organismo nell'anno civile per il quale la sovvenzione è concessa.

3. Terzo aspetto: sostegno a lavori d'analisi nonché alla raccolta e alla diffusione dell'informazione e ad attività che ottimizzano l'impatto dei progetti nel settore della cooperazione culturale

A titolo indicativo, circa il 5% del bilancio totale del programma è riservato a questo tipo di sostegno.

3.1. *Sostegno ai punti di contatto Cultura*

Per garantire una diffusione mirata ed efficace di informazioni pratiche riguardanti il programma, quest'ultimo prevede il sostegno di punti di contatto Cultura vicini ai beneficiari. I punti di contatto Cultura hanno il compito di:

- garantire la promozione del programma;
- agevolare l'accesso al programma e incoraggiare la partecipazione del maggior numero possibile di professionisti e di operatori culturali grazie ad una

diffusione effettiva delle informazioni e sviluppando tra loro le appropriate iniziative in rete;

- garantire un contatto efficace con le diverse istituzioni che sostengono il settore culturale negli Stati membri, contribuendo in tal modo alla complementarità tra le azioni del programma e le misure di sostegno nazionali;
- garantire, se necessario, l'informazione su altri programmi comunitari accessibili ai progetti culturali.

3.2. *Sostegno a lavori d'analisi nel settore della cooperazione culturale*

Il programma sostiene la realizzazione di studi e di lavori d'analisi nel settore della cooperazione culturale europea e dello sviluppo della politica culturale europea. Questo sostegno ha lo scopo di aumentare il volume e la quantità delle informazioni e dei dati numerici per sviluppare dati comparativi e analisi riguardanti la cooperazione culturale su scala europea, in particolare per quanto riguarda la mobilità dei creatori e degli operatori della cultura, la circolazione delle opere d'arte e dei prodotti artistici e culturali ed il dialogo interculturale. In tale contesto possono essere sostenuti gli studi e i lavori d'analisi che contribuiscono ad arricchire la conoscenza del fenomeno della cooperazione culturale transeuropea e a creare un ambiente propizio al suo sviluppo. I progetti che mirano alla raccolta e all'analisi di dati statistici dovranno essere particolarmente incoraggiati.

3.3. *Sostegno alla raccolta e alla diffusione dell'informazione e ad attività che ottimizzano l'impatto dei progetti nel settore della cooperazione culturale.*

Il programma sostiene la raccolta e la diffusione dell'informazione e le attività volte ad ottimizzare l'impatto dei progetti attraverso la concezione di uno strumento Internet adeguato alle necessità dei professionisti della cultura nel settore della cooperazione culturale transeuropea.

Tale strumento dovrebbe rendere possibile lo scambio di esperienze e di buone prassi, la diffusione di informazioni riguardanti il programma nonché la cooperazione culturale transeuropea in senso lato.

Possono partecipare al programma i seguenti paesi terzi:

a) i paesi EFTA membri del SEE, a norma delle disposizioni dell'accordo SEE;
b) i paesi candidati che beneficiano di una strategia di preadesione all'Unione, conformemente ai principi generali ed alle condizioni e alle modalità generali di partecipazione di tali paesi ai programmi comunitari stabiliti negli accordi quadro;
c) i paesi dei Balcani occidentali, secondo le modalità definite con tali paesi in seguito agli accordi quadro riguardanti la loro partecipazione ai programmi comunitari. I paesi balcanici, purché siano soddisfatte le condizioni stabilite

e mediante stanziamenti supplementari, partecipano pienamente al programma. Il programma è altresì aperto alla cooperazione con altri paesi terzi che abbiano concluso con la Comunità accordi d'associazione o di cooperazione contenenti clausole culturali, sulla base di stanziamenti supplementari e di modalità specifiche da definire. I paesi dei Balcani occidentali che non desiderassero beneficiare di una piena partecipazione al programma, possono beneficiare di una cooperazione con il programma alle condizioni previste nel presente paragrafo.

Il programma permette la cooperazione con organizzazioni internazionali competenti nel settore della cultura, come l'Unesco o il Consiglio d'Europa, sulla base di contributi paritari e nel rispetto delle regole proprie a ciascuna istituzione o organizzazione per la realizzazione delle azioni previste dal programma.

Al programma possono partecipare associazioni, organizzazioni, istituzioni pubbliche e private, società attive nel settore della cultura ma non possono partecipare le persone fisiche.

I paesi ammessi al Programma Cultura sono tutti paesi membri dell'Unione Europea, i paesi membri dell'EFTA (European Free Trade Area): Islanda, Liechtenstein, Norvegia, i paesi candidati dell'Unione Europea (Croazia, l'ex Repubblica Yugoslava di Macedonia, Turchia) e i paesi dei Balcani occidentali (Albania, Bosnia-Herzegovina, Montenegro, Serbia incluso il Kosovo: UN Security Council Resolution, sulla base della sottoscrizione di specifici accordi tra i rispettivi governi e l'Unione Europea.

Per ciò che riguarda la dotazione finanziaria per l'esecuzione del programma, questa è pari a 400 milioni di euro che viene ripartito in sostegno ad azioni culturali (circa il 77% del bilancio), che si dividono in progetti di cooperazione pluriennale (circa il 32% del bilancio), azioni di cooperazione (circa il 29% del bilancio) e azioni speciali (circa il 16% del bilancio), in sostegno agli organismi attivi a livello europeo nel settore della cultura (circa il 10% del bilancio) e nel sostegno verso lavori di analisi, raccolta e diffusione dell'informazione (circa il 5% del bilancio). Il restante 8% viene utilizzato per la gestione del programma di bilancio.

Base legale

La base legale per il programma Cultura è costituita da:

Decisione n. 1855/2006/EC del Parlamento Europeo e del Consiglio, del 122006, che istituisce il programma Cultura (2007 – 2013), pubblicato sulla Gazzetta Ufficiale dell'Unione Europea L372 del 27 dicembre 2006. UNIONE EUROPEA – VERSIONI CONSOLIDATE DEL TRATTATO SULL'UNIONE EUROPEA E DEL TRATTATO CHE ISTITUISCE LA COMUNITÀ EUROPEA (TITOLO XII CULTURA Articolo 151).

1. La Comunità contribuisce al pieno sviluppo delle culture degli Stati membri nel rispetto delle loro diversità nazionali e regionali, evidenziando al contempo il retaggio culturale comune.
2. L'azione della Comunità è intesa ad incoraggiare la cooperazione tra Stati membri e, se necessario, ad appoggiare e ad integrare l'azione di questi ultimi nei seguenti settori:
   - miglioramento della conoscenza e della diffusione della cultura e della storia dei popoli europei;
   - conservazione e salvaguardia del patrimonio culturale di importanza europea;
   - scambi culturali non commerciali;
   - creazione artistica e letteraria, compreso il settore audiovisivo.
3. La Comunità e gli Stati membri favoriscono la cooperazione con i paesi terzi e le organizzazioni internazionali competenti in materia di cultura, in particolare con il Consiglio d'Europa.
4. La Comunità tiene conto degli aspetti culturali nell'azione che svolge a norma di altre disposizioni del presente trattato, in particolare ai fini di rispettare e promuovere la diversità delle sue culture.
5. Per contribuire alla realizzazione degli obiettivi previsti dal presente articolo, il Consiglio adotta:
   Deliberando in conformità della procedura di cui all'articolo 251 e previa consultazione del Comitato delle regioni, azioni di incentivazione, ad esclusione di qualsiasi armonizzazione delle disposizioni legislative e regolamentari degli Stati membri. Il Consiglio delibera all'unanimità durante tutta la procedura di cui all'articolo 251, deliberando all'unanimità su proposta della Commissione, raccomandazioni.

Europa per la Cultura

In ambito culturale l'Unione Europea non si limita a proporre il Programma Cultura, ma si impegna nella diffusione e promozione di progetti culturali tramite una serie di Programmi e Istituzioni appositamente costituite.

Fondi strutturali

Gli obiettivi del programma sono i seguenti:

- stabilire condizioni per nuove opportunità imprenditoriali nel settore cultura e attività culturali;
- accrescere la qualità della vita dei cittadini, la fiducia e il benessere sociale;
- valorizzare, tutelare e rendere maggiormente fruibili le risorse culturali del Mezzogiorno.

Gli interventi previsti per la programmazione 200-2006 si sono articolati in tre tipologie:

- Interventi di conservazione e valorizzazione del patrimonio storico-architettonico, archeologico e paesaggistico;
- Azioni per lo sviluppo dell'imprenditorialità connessa ai beni e alle attività culturali;
- Interventi per il miglioramento della qualità dei servizi culturali, per il miglioramento delle competenze e la qualificazione delle risorse umane, per la comunicazione e la promozione del patrimonio culturale.

Per la programmazione 2007-2013 la priorità è la "Valorizzazione delle risorse naturali e culturali per l'attrattività e lo sviluppo". L'attuazione della strategia richiederà un approccio integrato che consideri in maniera unitaria la complessità delle risorse naturali, paesaggistiche e culturali presenti sul territorio e che sia in grado di coniugare efficacemente le esigenze della tutela con quelle dello sviluppo sociale ed economico.

L'ICCD e il programma europeo Euromed Heritage

Euromed Heritage ha unito 400 partner dei 35 Stati membri del partenariato euromediterraneo dei quali 25 Paesi dell'Unione Europea e 10 Paesi MEDA, cioè della riva sud del Mediterraneo (Algeria, Egitto, Giordania, Israele, Libano, Marocco, Autorità Palestinese, Siria, Tunisia e Turchia). È una rete unica di università, musei, fondazioni, enti pubblici, associazioni culturali, organizzazioni non governative che lavorano insieme, superando le eventuali diffidenze e incomprensioni di carattere culturale (in senso lato) attraverso lo scambio proficuo delle esperienze e delle formazioni diverse di ciascuno.

I 15 progetti che hanno costituito la II e III fase del programma affrontano svariati campi della cultura mediterranea, dall'architettura alla musica, dall'uso degli arsenali all'artigianato, dai prodotti tipici alla preistoria, dai mosaici alle fortezze, dall'arte islamica al recupero dell'architettura del XIX e XX secolo.

Euromed Heritage, finanziato dal programma MEDA, è uno dei maggiori strumenti per l'attuazione della Partnership euro-mediterranea:

Il programma è gestito dalla CE con il sostegno della Regional Management Support Unit (RMSU) affidata al Consorzio ICCD – Città D'Acqua (dicembre 2003 – giugno 2007) tramite bando di gara.

7° Programma Quadro

Comprende in particolare l'Information Society and Technology e le Social Sciences and Humanities.

Nell'ambito del Programma eContentplus e dell'Information Society and Technology vengono presentate le Biblioteche Digitali Europee.

Le Biblioteche Digitali Europee sono collezioni di contenuti digitali di diverso formato provenienti da istituzioni culturali (biblioteche, archivi e musei); esse sono state create per rendere il patrimonio culturale Europeo accessibile a tutti, includendo tipi diversi di materiale digitale proveniente da biblioteche, archivi e musei.

Gli obbiettivi principali di questa iniziativa sono quelli di migliorare l'accessibilità e l'usabilità dei contenuti digitali, di promuovere l'adozione di soluzioni tecnologiche innovative per superare le barriere organizzative e di promuovere i contenuti digitali europei in ambienti multiculturali e multilingue. Per ciò che riguarda il coordinamento a livello europeo tre sono le principali attività: Digitalizzazione; Accessibilità in linea; Conservazione dei contenuti digitali.

"Europa per i cittadini"

Un programma che si pone l'obiettivo di coinvolgere attivamente i cittadini nella società civile e nella vita politica, instillando un sentimento di appartenenza culturale che passa per la condivisione di valori ed eventi storici, nel mantenimento del rispetto reciproco e della non violenza.

Programma Media-Plus

Il programma Media Plus intende sostenere lo sviluppo, la distribuzione e la promozione delle opere audiovisive europee, riguarda il sostegno alla promozione ed all'accesso al mercato nel settore dei festival audiovisivi e il sostegno alla promozione ed all'accesso al mercato nel settore delle azioni volte a instaurare reti di cooperazione tra festival audiovisivi europei.

Il programma ha i seguenti obiettivi generali: migliorare la competitività delle imprese dell'Unione Europea e segnatamente delle piccole e medie imprese, sostenere la circolazione transnazionale delle opere europee e incoraggiare la diversità linguistica e culturale in Europa. La valorizzazione del patrimonio audiovisivo europeo, lo sviluppo dell'industria audiovisiva nelle regioni a scarsa capacità di produzione e/o di aree geografiche o linguistiche limitate, nonché l'utilizzazione delle nuove tecnologie, sono del pari oggetto di promozione.

Le azioni sostenute sono transnazionali e implicano la partecipazione di diversi operatori provenienti dagli Stati partecipanti al programma.

Programma d'azione per l'apprendimento permanente Lifelong Learning 2007-13

Il Programma si pone gli obiettivi di "contribuire allo sviluppo della qualità dell'istruzione incentivando la cooperazione tra Stati membri e, se necessario, sostenendo e integrando la loro azione" (art. 149 Trattato UE) e di "attuare una politica di formazione professionale che rafforza ed integra le azioni degli Stati membri" (art. 150 Trattato UE).

Rispetto al Programma precedente sono previste alcune variazioni, ovvero una maggiore sinergia tra le diverse azioni e una migliore cooperazione tra i diversi livelli di istruzione e formazione professionale.

Programma Gioventù in Azione

Non vi è mai capitato, parlando con gli amici, di pensare a quanto sarebbe utile organizzare una certa iniziativa per la vostra città o quanto interessante poter avviare un progetto nel sociale? Oppure non vi siete mai chiesti come fare per trascorrere un periodo di formazione personale e professionale all'estero anche se non disponete di un grande capitale? Molti di noi se le pongono spesso queste domande, a cui però non si riesce a dare una risposta perché pensiamo che, di fatto, sia impossibile o perché ci scontriamo su Internet con la dispersione dei risultati dei motori di ricerca.

E invece c'è un programma fatto apposta per aiutare in questi casi. Si tratta di Gioventù in Azione 2007-2013, che è un programma della Commissione Europea – Direzione Generale Istruzione e Cultura, attuato in Italia dall'Agenzia Nazionale per i Giovani, successore del Programma Gioventù (2000-2006). È un programma di educazione non formale che promuove progetti europei di mobilità giovanile internazionale, di gruppo e individuale, attraverso gli scambi e le attività di volontariato all'estero, l'apprendimento interculturale e le iniziative dei giovani di età compresa tra i 13 e i 30 anni. I destinatari del programma sono i gruppi di giovani, le organizzazioni giovanili, gli animatori giovanili, le autorità locali, le organizzazioni operanti nel terzo settore, tutti coloro che lavorano con e per i giovani.

I principi dell'educazione non formale costituiscono la linea guida che sottende tutte le cinque Azioni del Programma:

1) Gioventù per l'Europa;
2) Servizio di Volontariato Europeo;
3) Gioventù nel Mondo;
4) Strutture di sostegno per i giovani;
5) Sostegno alla cooperazione europea nel settore della gioventù.

Ogni singola azione è poi composta da varie attività.

Diamo ora alcune indicazioni sulle opportunità che si rivolgono direttamente ai giovani.

Lo scambio di giovani

Prevede la possibilità per giovani dai 13 ai 25 anni provenienti da diversi paesi (minimo due) di incontrarsi e trascorrere insieme alcuni giorni vivendo insieme e discutendo di una tematica stabilita dal progetto, come ad esempio: l'ambiente, lo sviluppo delle zone rurali, l'integrazione europea, ma anche il cinema, le danze e le tradizioni locali e molti altri temi. Gli argomenti e le strutture dei progetti vengono proposti dalla associazioni promotrici, che spesso sono pronte a recepire i suggerimenti che provengono dai ragazzi stessi. È possibile prendervi parte in qualità di partecipante o di leader. Spesso queste iniziative vengono pubblicizzate dagli Informagiovani, ma se avete un'idea e un buono spirito di iniziativa potete contattare direttamente un ente coinvolto nel Programma Gioventù in Azione e proporla!

Iniziative Giovani

Permette di sostenere iniziative promosse da gruppi di giovani tra i 18 e i 30 anni (dai 15 ai 18 se accompagnati da un animatore giovanile) a livello locale, regionale e nazionale e sostiene la messa in rete di progetti simili tra vari paesi, per rafforzarne il carattere europeo e moltiplicare la cooperazione e lo scambio di esperienze tra i giovani. Nello specifico, l'Agenzia Nazionale per i Giovani in Italia finanzia queste iniziative fino ad un importo di 10.000 euro.

Particolare attenzione viene data nel Programma al concetto di democrazia in tutte le sue azioni e viene riproposto anche in Progetti Giovani e Democrazia, che mira a sostenere la partecipazione dei giovani alla vita democratica della loro comunità.

Servizio di Volontariato Europeo

È l'Azione di cui muoversi si è spesso occupata denominandola con l'acronimo SVE. Ha come obiettivo la partecipazione dei giovani alle diverse forme di volontariato, sia all'interno che all'esterno dell'Unione Europea.

Nell'ambito di quest'azione, i giovani (18-30 anni) partecipano, individualmente o in gruppo, ad attività senza scopo di lucro, non retribuite. Il volontariato transnazionale offre a questi giovani un'esperienza di apprendimento interculturale in un contesto non formale, promuove la loro integrazione sociale e la partecipazione attiva lavorando come "volontari europei" in progetti locali di vari settori: dall'ambiente all'arte, dalla cultura alle attività sociali, dallo sport al tempo libero, ecc. Attraverso questa esperienza i giovani hanno l'opportunità di esprimere solidarietà verso gli altri e acquisire nuove competenze utili alla loro formazione personale. I giovani possono svolgere un'attività di volontariato all'estero per un periodo che va da 6 a 12 mesi, oppure dalle 3 settimane ai 6 mesi se i ragazzi appartengono a contesti socio-economici svantaggiati.

Ci sono 5 scadenze annuali per partecipare al progetto: 1° febbraio, 1° aprile, 1° giugno, 1° settembre e 1° novembre. È necessario rivolgersi ad un organismo di invio accreditato circa un mese e mezzo prima di una di queste date.

Il volontario non deve sostenere nessuna spesa, in quanto vengono coperte dal progetto le spese di viaggio, assicurazione, preparazione, vitto, alloggio, corso di lingua, trasporti locali e un pocket money che varia da paese a paese.

Gioventù nel mondo

Questa azione comprende gli scambi giovanili, i progetti di formazione e quelli di cooperazione nel settore giovanile, svolti con i Paesi limitrofi all'Unione Europea e con altri Paesi in tutto il mondo.

Va ricordato che, al fine di tutelare i ragazzi che prendono parte a qualunque tipo di iniziativa, l'accesso alle Azioni deve sempre essere mediato da un'Associazione che si fa carico della parte legale e burocratica. Di conseguenza, non è il singolo individuo che può far richiesta di un finanziamento, bensì ci deve essere un ente che si impegna ad appoggiare uno o più giovani nella realizzazione del loro obiettivo.

Le Azioni

Azione 1 - Gioventù per l'Europa

Questa azione ha lo scopo di aumentare la mobilità giovanile sostenendo gli scambi tra giovani e sviluppare la loro cittadinanza e la loro comprensione reciproca, sostenendo iniziative, progetti ed attività giovanili attinenti alla loro partecipazione alla vita democratica.

L'azione 1 sostiene le seguenti misure:

1.1 Scambi di giovani

Gli scambi offrono a gruppi di giovani provenienti da paesi diversi, di età compresa in linea di principio tra 13 e 25 anni, l'opportunità di incontrarsi e di conoscere le rispettive culture. Essi progettano insieme il proprio scambio di giovani sulla base di un tema di interesse comune.

1.2. Iniziative Giovani

Questa azione secondaria permette di sostenere progetti di iniziative di gruppo concepite a livello locale, regionale e nazionale. Inoltre sostiene la messa in rete di progetti simili tra vari paesi, per rafforzarne il carattere europeo e moltiplicare la cooperazione e lo scambio di esperienze tra giovani. Le iniziative giovani si rivolgono soprattutto ai giovani di età compresa tra i 18 e i 30 anni. I giovani a partire dall'età di 15 anni possono essere ammessi se accompagnati da un animatore giovanile o da un coach (consulente-accompagnatore).

1.3. Progetti Giovani e democrazia

Questa azione secondaria sostiene la partecipazione dei giovani alla vita democratica della loro comunità locale, regionale o nazionale nonché a livello internazionale. È aperto ai giovani di età compresa tra i 13 e i 30 anni.

Azione 2 - Servizio Volontario Europeo

Il Servizio Volontario Europeo permette ai giovani di impegnarsi nel volontariato per un massimo di 12 mesi, in un paese diverso da quello di residenza. L'esperienza accresce la solidarietà tra i giovani ed è un vero "servizio di apprendimento". Infatti, oltre ad operare a favore delle comunità locali, i volontari apprendono nuove capacità e nuove lingue, entrando in contatto con nuove culture.

Un progetto SVE è costituito da tre fasi: pianificazione e preparazione, attuazione dell'attività di valutazione (in cui si prende in considerazione un eventuale follow-up). Il progetto si avvale dei principi e dei metodi dell'apprendimento non formale. Un progetto SVE può svolgersi in vari settori o aree di intervento, come cultura, gioventù, sport, assistenza sociale, patrimonio culturale, arte, protezione civile, ambiente, sviluppo cooperativo, ecc. Sono esclusi interventi ad alto rischio in situazioni immediatamente successive a crisi (aiuti umanitari, aiuti immediatamente successivi a catastrofi, ecc.).

Azione 3 - Gioventù nel mondo

Questa azione ha lo scopo di sostenere progetti organizzati insieme ai paesi partner, in particolare scambi di giovani, nonché progetti che prevedono attività nel campo del lavoro giovanile e lo sviluppo di partnership e reti tra organizzazioni giovanili.

3.1. Cooperazione con i paesi limitrofi all'Unione Europea

Questa azione secondaria sostiene progetti con paesi partner confinanti. Essa sostiene soprattutto gli scambi di giovani e i progetti di formazione e messa in rete nel settore giovanile.

3.2. Cooperazione con altri paesi nel mondo

Questa azione secondaria riguarda la cooperazione nel settore giovanile, in particolare lo scambio di buone pratiche con i paesi partner di altre parti del mondo. Incoraggia gli scambi e la formazione di giovani e di animatori giovanili, le partnership e le reti di organizzazioni giovanili.

L'azione 4 è suddivisa in otto azioni secondarie:

4.1. Sostegno alle organizzazioni giovanili operanti a livello europeo nel settore della gioventù.

Questa azione secondaria riguarda le sovvenzioni di funzionamento per le ONG attive a livello europeo nel campo della gioventù che perseguono uno scopo di interesse generale. Le loro attività sono mirate alla partecipazione dei giovani alla vita pubblica e sociale nonché allo sviluppo di attività europee di cooperazione nel campo giovanile.

4.2. Sostegno al Forum Europeo della Gioventù

Annualmente nell'ambito di questa azione secondaria viene erogata una sovvenzione per sostenere le attività in corso del forum europeo della gioventù.

4.3. Formazione e messa in rete degli operatori dell'animazione giovanile e delle organizzazioni giovanili

Questa azione secondaria sostiene la formazione degli operatori dell'animazione giovanile e delle organizzazioni giovanili, in particolare lo scambio reciproco di esperienze, competenze e buone pratiche.

4.4. Progetti volti a stimolare l'innovazione e la qualità

Questa misura secondaria sostiene i progetti miranti ad introdurre, attuare e promuovere approcci innovativi nel settore della gioventù.

Questa azione secondaria sarà usata dalla Commissione per finanziare seminari, congressi o riunioni suscettibili di facilitare l'attuazione del programma e la valorizzazione dei suoi risultati.

4.5. Azioni d'informazione rivolte ai giovani e a coloro che sono attivi nell'animazione giovanile e nelle organizzazioni giovanili.

Nell'ambito di questa azione secondaria verranno sostenute le attività a livello europeo e nazionale che migliorano l'accesso dei giovani ai servizi di informazione e comunicazione e incrementano la partecipazione dei giovani all'elaborazione e alla diffusione di strumenti di informazione di agevole uso per l'utente e mirati.

4.6. Partnership

Questa azione secondaria permette di finanziare partnership con organi regionali o locali, allo scopo di sviluppare progetti a lungo termine che potranno combinare varie misure del programma.

4.7. Sostegno alle strutture del programma

Questa azione finanzia le strutture gestionali del programma, in particolare le Agenzie nazionali.

4.8. Valorizzazione.

Azione 5 - Sostegno alla cooperazione europea nel settore della gioventù

Questa azione ha lo scopo di:

- organizzare il dialogo strutturato tra i vari soggetti del mondo della gioventù, in particolare i giovani, coloro che sono attivi nell'animazione giovanile e nelle organizzazioni giovanili ed i responsabili politici;
- sostenere seminari giovanili a livello nazionale e transnazionale;
- contribuire allo sviluppo della cooperazione politica nel campo della gioventù e facilitare lo sviluppo delle reti necessarie per una migliore comprensione dei giovani;
- sostenere la cooperazione con le organizzazioni internazionali.

5.1. Incontri di giovani e di responsabili delle politiche per la gioventù

Questa misura sostiene la cooperazione, i seminari ed il dialogo strutturato tra i giovani, coloro che sono attivi nell'animazione giovanile ed i responsabili della politica per la gioventù. Le attività comprendono le conferenze organizzate dalle presidenze dell'Unione Europea e la settimana europea della gioventù.

5.2. Sostegno ad attività volte a migliorare la conoscenza del settore della gioventù

Questa azione secondaria sostiene l'individuazione delle conoscenze esistenti in relazione ai temi prioritari del settore giovanile fissati nel quadro del metodo aperto di coordinamento.

5.3. Cooperazione con organizzazioni internazionali

Questa azione serve a sostenere la cooperazione dell'Unione Europea con organizzazioni intergovernative internazionali competenti in materia di gioventù, in particolare il Consiglio d'Europa e l'Organizzazione delle Nazioni Unite o le sue istituzioni specializzate.

Priorità del programma Gioventù in Azione

Nell'ambito di ciascun progetto saranno perseguiti i seguenti obiettivi generali, costituiti da priorità permanenti e priorità annuali.

Le Priorità permanenti vengono costituite da:

Cittadinanza europea

La sensibilizzazione dei giovani sul proprio essere cittadini europei è una priorità del programma Gioventù in Azione. L'obiettivo è di incoraggiarli a riflettere su temi di rilevanza europea e di coinvolgerli nel dibattito sulla costruzione e sul futuro dell'Unione Europea. Su questa base, i progetti dovrebbero essere caratterizzati da una forte "dimensione europea" e stimolare la riflessione sulla nascente società europea e sui suoi valori.

L'espressione "dimensione europea" rappresenta un concetto ampio, alla luce del quale ogni progetto di Gioventù in Azione dovrebbe offrire ai giovani partecipanti l'opportunità di identificarsi con giovani provenienti da paesi diversi, sulla base di valori comuni e nonostante le proprie differenze culturali.

I progetti dovrebbero anche stimolare i giovani a riflettere sulle caratteristiche essenziali della società europea e, soprattutto, incoraggiarli ad assumere ruoli attivi nelle proprie comunità. Per sentirsi davvero europei, è necessario che i giovani acquistino consapevolezza del ruolo determinante che spetta loro nella costruzione dell'Europa presente e futura. Pertanto un progetto con una dimensione europea non dovrebbe soltanto "scoprire" l'Europa, ma anche e soprattutto mirare a contribuire alla sua costruzione.

Partecipazione dei giovani

Una delle principali priorità del programma Gioventù in Azione è la partecipazione attiva dei giovani. L'obiettivo globale del programma è infatti di incoraggiare i giovani a essere dei cittadini attivi. La partecipazione si realizza nelle seguenti dimensioni, fissate nella Risoluzione del Consiglio sugli obiettivi comuni in materia di partecipazione e informazione dei giovani:

- incentivare la partecipazione dei giovani alla vita civile della propria comunità;
- incentivare la partecipazione dei giovani al sistema della democrazia partecipativa;
- fornire maggiore sostegno a varie forme di educazione alla partecipazione.

I progetti finanziati nell'ambito del programma Gioventù in Azione dovrebbero rispecchiare queste tre dimensioni, utilizzando l'approccio partecipativo come un principio pedagogico per l'attuazione del progetto.

I principi chiave dell'approccio partecipativo nell'ambito dei progetti Gioventù in Azione:

- lasciare spazio all'interazione tra partecipanti, evitare l'ascolto passivo;
- rispetto verso le conoscenze e competenze individuali;
- garantire a ciascuno non solo coinvolgimento, ma anche influenza sulle decisioni inerenti al progetto;
- la partecipazione è allo stesso tempo un processo di apprendimento e un risultato;
- più che una specifica serie di competenze tecniche, è un approccio, un'attitudine.

Gli approcci partecipativi si basano su principi comportamentali, come ad esempio:

- invertire il ruolo tradizionale degli "esperti" esterni (inversione dell'apprendimento: da estrarre a rendere autonomi);

- incoraggiare i giovani a condurre le proprie analisi (prendere le redini);
- coscienza autocritica grazie all'aiuto dei mediatori;
- condivisione di idee e di informazioni.

Le tecniche partecipative non sono semplicemente degli strumenti: l'approccio partecipativo è anche un'attitudine, uno stato mentale.

In senso lato, questa priorità dovrebbe essere vista come un metodo chiave per permettere ai giovani di partecipare attivamente a ogni progetto di Gioventù in Azione, in ogni suo stadio di sviluppo. In altre parole, i giovani dovrebbero essere consultati e costituire parte attiva in tutti i processi decisionali che riguardino i loro progetti.

Inoltre il progetto Gioventù in Azione incoraggia il coinvolgimento dei giovani in progetti con un impatto positivo sulla comunità in generale.

Varietà culturale

Per quanto riguarda la messa a punto e realizzazione dei progetti, ciò significa che i giovani partecipanti a un progetto dovrebbero acquisire coscienza della sua dimensione interculturale: il progetto dovrebbe stimolare la consapevolezza e la riflessione sulle differenze di culture e valori, mentre i giovani dovrebbero essere incoraggiati a sfidare con rispetto e sensibilità i punti di vista che perpetuino diseguaglianze e discriminazioni. Sarebbe inoltre opportuno servirsi di metodi di cooperazione interculturale, per consentire il rispetto per la varietà culturale, insieme alla lotta contro il razzismo e la xenofobia, che costituisce una priorità per il programma Gioventù in Azione. Favorendo attività comuni tra giovani con bagagli culturali, etnici e religiosi diversi, il programma mira infatti ad arricchire la loro formazione interculturale, ai partecipanti al progetto di contribuirvi su basi paritarie, ad inserire i giovani con minori opportunità infatti una priorità importante per l'Unione Europea è offrire accesso al programma Gioventù in Azione a tutti i giovani, inclusi i giovani con minori opportunità.

I giovani con minori opportunità sono quelli che si trovano in svantaggio rispetto ai loro coetanei per una o più tra le situazioni e difficoltà elencate nella lista esemplificativa che segue. In alcuni contesti tali situazioni e difficoltà impediscono ai giovani un accesso efficiente all'istruzione formale e non formale, alla mobilità e partecipazione transnazionale, alla cittadinanza attiva, all'autonomia decisionale e al coinvolgimento nella società in generale.

- Ostacoli sociali: giovani vittime di discriminazione per sesso, appartenenza etnica, religione, orientamento sessuale, disabilità, ecc.; giovani con deficit nelle capacità sociali o comportamenti antisociali o a rischio; giovani in situazioni precarie; (ex) delinquenti, (ex) dipendenti da alcool o droghe; genitori giovani e/o single; orfani; giovani appartenenti a famiglie disgregate.

- Ostacoli economici: giovani con basso tenore di vita o basso reddito, giovani che dipendono dall'assistenza sociale; disoccupazione o povertà di lungo termine; giovani senzatetto, con debiti o con problemi finanziari.
- Disabilità: giovani con disabilità mentali (intellettuali, cognitive, di apprendimento), fisiche, sensorie o di altro tipo.
- Difficoltà di apprendimento: giovani con difficoltà di apprendimento; giovani che hanno terminato o abbandonato precocemente la scuola; persone sottoqualificate; giovani con risultati scolastici insufficienti.
- Differenze culturali: giovani immigrati o rifugiati, o discendenti da famiglie di immigrati o rifugiati; giovani appartenenti a minoranze nazionali o etniche; giovani disadattati dal punto di vista linguistico e culturale.
- Problemi di salute: giovani con problemi di salute cronici, condizioni cliniche o psichiatriche gravi; giovani con problemi di salute mentale.
- Ostacoli geografici: giovani provenienti da zone periferiche o rurali; giovani che vivono in piccole isole o regioni periferiche; giovani di aree urbane problematiche; giovani che vivono in zone con servizi ridotti (trasporti pubblici limitati, infrastrutture carenti, villaggi abbandonati).

I gruppi e le organizzazioni giovanili dovrebbero adottare le misure del caso per evitare l'esclusione di determinati gruppi target. È poi possibile che alcuni giovani risultino svantaggiati rispetto ai loro coetanei per una situazione o un ostacolo in un determinato paese o regione, ma non in un altro.

Gioventù in Azione è un programma rivolto a tutti: è importante perciò dedicare uno sforzo particolare all'inclusione dei giovani con necessità speciali.

Oltre a consentire l'accesso a tutti, il programma Gioventù in Azione mira anche a diventare uno strumento per incentivare l'inserimento sociale, la cittadinanza attiva e l'occupazione di giovani con minori opportunità, contribuendo in generale alla coesione sociale.

Per il programma Gioventù in Azione è stata elaborata anche una speciale Strategia per l'inserimento, quadro di riferimento comune per le iniziative e le Azioni intraprese dalla Commissione, dagli Stati membri, dalle Agenzie Nazionali ed Esecutiva e da altre organizzazioni al fine di rendere l'inserimento una priorità del loro lavoro.

Priorità annuali

In aggiunta alle priorità permanenti sopra menzionate, il programma Gioventù in Azione può definire anche delle priorità annuali, rese note sui siti web della Commissione, dell'Agenzia Esecutiva e delle Agenzie Nazionali.

Per il 2007, le priorità annuali sono state l'Anno Europeo delle Pari Opportunità per tutti:

- la salute dei giovani.

Per il 2008, le priorità annuali sono le seguenti:

- Anno europeo del dialogo interculturale;
- Combattere la violenza contro le donne;
- Lo sport come strumento di promozione della cittadinanza attiva e dell'inserimento sociale dei giovani;
- Promozione di stili di vita sani attraverso l'attività fisica e lo sport;
- Preparazione dell'Anno europeo della creatività e dell'innovazione (2009) e delle elezioni per il Parlamento Europeo.

Le Agenzie nazionali del programma Gioventù in azione

L'attuazione del programma Gioventù in azione è in massima parte decentrata: l'obiettivo è collaborare il più strettamente possibile con i beneficiari e adeguarsi ai vari sistemi e situazioni nazionali in campo giovanile. Ciascuno dei paesi che partecipano al programma Gioventù in azione ha nominato un'Agenzia nazionale (in Italia l'Agenzia nazionale per i giovani). Tali Agenzie nazionali promuovono e realizzano il programma a livello nazionale e fungono da tramite tra la Commissione Europea, i promotori del progetto a livello nazionale, regionale e locale, ed i giovani stessi. Il loro compito consiste nel raccogliere e fornire informazioni adeguate sul programma d'azione Gioventù, gestire una selezione trasparente ed equa delle candidature relative a progetti da finanziare a livello decentrato, assicurare procedure amministrative efficaci ed efficienti, puntare alla cooperazione con strutture esterne al fine di contribuire all'attuazione del programma, valutare e controllare l'attuazione del programma, fornire sostegno a candidati e promotori di progetti durante l'intero ciclo di vita dello stesso, formare insieme alle Agenzie nazionali e alla Commissione unarete dal funzionamento efficace,migliorare la visibilità del programma e promuovere la diffusione e valorizzazione dei risultati del programma a livello nazionale.

Inoltre esse svolgono un importante ruolo come strutture intermedie per lo sviluppo del lavoro giovanile, creando opportunità per condividere esperienze; fornendo esperienze di apprendimento formali e non formali; promuovendo valori quali l'inserimento sociale, la varietà culturale e la cittadinanza attiva; sostenendo tutti i tipi di strutture e gruppi giovanili, segnatamente non organizzate; stimolando il riconoscimento e l'apprendimento non formale tramite misure adeguate; infine, esse fungono da struttura portante per il quadro di cooperazione europea nel campo della gioventù.

L'Agenzia esecutiva per l'istruzione, gli audiovisivi e la cultura

L'Agenzia esecutiva per l'istruzione, gli audiovisivi e la cultura è responsabile dell'attuazione delle azioni centralizzate del programma Gioventù in azione. Essa è responsabile dell'intero ciclo di vita di tali progetti.

Oltre agli organi menzionati precedentemente, le seguenti strutture forniscono competenze complementari al programma Gioventù in azione:

I centri risorse SALTO: Lo scopo dei centri risorse SALTO è contribuire a migliorare la qualità dei progetti finanziati nell'ambito di Gioventù in azione settori prioritari. In tali settori prioritari europei, SALTO fornisce risorse, informazioni e formazione alle Agenzie nazionali nonché al lavoro europeo nel settore giovanile e promuove il riconoscimento dell'apprendimento non formale.

La rete Eurodesk: offre ai giovani ed agli operatori del settore giovanile servizi di informazione sulle opportunità europee nei campi dell'istruzione, della formazione e della gioventù e assicurano la partecipazione dei giovani alle attività europee. La rete Eurodesk offre servizi di risposta a richieste di informazioni, nonché informazioni sui finanziamenti, sulle manifestazioni e sulle pubblicazioni.

La partnership tra la Commissione ed il Consiglio d'Europa nel settore delle attività per la gioventù: La partnership tra la Commissione Europea ed il Consiglio d'Europa mira a aumentare le sinergie tra le due istituzioni e i loro soggetti principali nel settore della gioventù, del lavoro giovanile e della ricerca nel settore giovanile. La partnership offre formazione, seminari, riunioni di rete e kit di formazione da utilizzare per la preparazione e attuazione di un progetto. Essa gestisce l'EKCYP (European Centre for Youth Policy), una base dati di ricerca sulle politiche giovanili in Europa.

Il programma Gioventù in azione si rivolge ai giovani di età compresa tra 13 e 30 anni legalmente residenti in uno dei paesi partecipanti al programma o, a seconda della natura dell'azione, in uno dei paesi partner, nonché ad altri soggetti del settore giovanile e dell'istruzione non formale.

Il principale gruppo-obiettivo del programma sono i giovani di età compresa tra i 15 e i 28 anni.

Il programma è aperto a tutti i giovani indipendentemente dal loro livello d'istruzione e bagaglio socioculturale.

Limite di età massimo: Alla scadenza dei termini per la candidatura i partecipanti non devono superare l'età massima indicata. Ad esempio, se il limite di età massimo è 25 anni, i partecipanti non devono avere compiuto il ventiseiesimo anno di età entro la scadenza dei termini per la candidatura.

Limite di età minimo: Alla scadenza dei termini per la candidatura i partecipanti devono avere raggiunto l'età minima. Ad esempio, se il limite di età minimo è 13 anni, i partecipanti devono avere compiuto il tredicesimo anno di età entro la scadenza dei termini per la candidatura.

I limiti di età più bassi previsti in via eccezionale per le Iniziative Gioventù e SVE sono applicabili solo a condizione che venga assicurato un controllo adeguato.

16
La politica di sviluppo rurale dell'UE 2007-2013

La politica di sviluppo rurale è una politica molto importante perché da una parte gli agricoltori sperano che attraverso essa si rivitalizzino le aziende, portandole sulla strada della competitività e della redditività e dall'altra parte i decisori politici vogliono con questa politica far calare la spesa per sostenere i prezzi agricoli.

Bisogna tener presente che col Trattato di Roma la classe politica europea si era impegnata a sostenere i redditi agricoli e a far sì che una parte della popolazione che viveva di agricoltura rimanesse nel settore agricolo.

Questa politica di sostegno al reddito agricolo insieme alla crescita di produzione e produttività ha fatto sì che i redditi agricoli crescessero fino ad equipararsi con quelli dell'industria senza contare le norme miglioramento delle condizioni di vita materiale consentendo alla gente dei campi l'uso di acqua potabile, di energia elettrica e l'accesso alla proprietà di case e spesso di terreni.

Ad un certo punto la PAC è stata vittima del proprio successo produttivo e quindi le autorità hanno trovato un nuovo ruolo per l'agricoltore; non solo produttore di cibo ma anche:
guardiano dell'ambiente;
gestore di attività agrituristiche;
fornitore, in certi casi, di servizi alla pubblica amministrazione;
docente, con la fattoria didattica, di elementi base di agronomia e di culture locali per i giovani studenti cittadini.

È ovvio quindi che se l'agricoltore vuole un reddito decente deve puntare sullo sviluppo rurale.

A questo punto è giusto chiedersi che cosa sia lo sviluppo rurale, quali concezioni ci siano sullo sviluppo rurale.

Vi sono tre modi di concepire lo sviluppo rurale.

La concezione settoriale

La prima concezione di sviluppo rurale lo identifica con la modernizzazione dell'agricoltura e dell'agroalimentare. Questa concezione mette al centro dell'attenzione lo sviluppo del settore (o settoriale).

Abbiamo appunto il modello settoriale: l'agricoltura è al centro dell'attenzione e lo sviluppo rurale è concepito come un processo di modernizzazione dell'agricoltura e quindi le politiche devono esclusivamente occuparsi di modernizzare l'agricoltura.

La concezione redistributiva

Un'altra concezione identifica lo sviluppo rurale esclusivamente come riduzione del divario tra le zone rurali e il resto dell'economia. Tale concezione focalizza l'attenzione sulle misure redistributive delle politiche di sviluppo rurale.

Abbiamo il modello redistributivo. È necessario secondo questo modello: compensare gli svantaggi naturali e socio-economici; ridurre il divario aree urbane/aree rurali; diversificazione dei redditi delle imprese agricole. Questa visione è tipica degli anni '70/'80.

È riconoscibile nelle decisioni dell'Unione Europea del 1988: il futuro delle aree rurali.

La concezione territoriale

La terza concezione identifica lo sviluppo rurale con lo sviluppo locale delle zone rurali tramite la valorizzazione di tutte le risorse.

Qui la dimensione territoriale è enfatizzata. Nel modello territoriale si parte dal territorio nel suo insieme e c'è una diversa funzione dell'agricoltura e degli altri settori nella costruzione dello sviluppo economico e rurale.

Le politiche da attuare sono:

1. valorizzazione delle risorse endogene del territorio;
2. diversificazione delle attività e dei redditi delle imprese agricole;
3. diffusione della pluriattività;
4. creazione di attività extra-agricole.

Lo sviluppo rurale è quindi un processo multi attore.

Se si pensa che la metà della popolazione dell'Unione Europea vive in zone rurali e che queste rappresentano il 90% del territorio è evidente che lo sviluppo rurale costituisce un settore di vitale importanza. L'agricoltura e la silvicoltura rimangono le forme prevalenti di utilizzazione del suolo e di gestione delle risorse naturali.

Il rafforzamento della politica di sviluppo rurale dell'UE è una priorità generale.

Le conclusioni del Consiglio Europeo di Goteborg del giugno del 2001 lo hanno espresso chiaramente: la UE con la PAC ha dato minore importanza ai meccanismi di mercato e attraverso misure di sostegno mirate la UE si è orientata maggiormente verso la soddisfazione di richieste del grande pubblico per quanto concerne:

1. la sicurezza alimentare;
2. la qualità degli alimenti;
3. la differenziazione dei prodotti;
4. il benessere degli animali;
5. la qualità ambientale;
6. la salvaguardia della natura e dello spazio rurale.

In seguito alla riforma del primo pilastro della PAC nel 2003-2004 il consiglio agricoltura ha adottato nel settembre 2005 una radicale riforma della politica di sviluppo rurale per il periodo 2007-2013.

Sulla scia della conferenza di Salisburgo sullo sviluppo rurale (novembre 2003) e degli orientamenti strategici dei consigli europei di Lisbona e Goteborg che hanno evidenziato gli elementi economici ambientali e sociali, per il periodo 2007-2013 alla politica di sviluppo rurale sono stati assegnati i seguenti obiettivi:

1. migliorare la competitività del settore agricolo;
2. valorizzare l'ambiente e lo spazio rurale attraverso il sostegno alla gestione del territorio;
3. migliorare la qualità della vita nelle zone rurali promuovendo la diversificazione delle attività economiche.

Inoltre, la riforma inserisce l'iniziativa comunitaria leader nei principali programmi di sviluppo rurale e compie un importante passo in avanti nel processo di semplificazione riunendo lo sviluppo rurale in un quadro unico di finanziamento e programmazione con l'istituzione del FEASR (Fondo Europeo Agricolo di Sviluppo Rurale).

Evoluzione delle misure di sviluppo rurale dell'Unione Europea fino ad oggi

1ª FASE: va dal 1957 (anno del Trattato di Roma) al 1971; questa fase è caratterizzata da politiche esclusivamente nazionali.
2ª FASE: va dal 1972 al 1984. Nel 1972 vengono varate le direttive socio-strutturali (159/72, 160/72, 161/72) a cui si aggiungono le direttive per le zone svantaggiate; alcuni regolamenti per la trasformazione e la commercializzazione dei prodotti agricoli e le associazioni dei produttori. Ricordiamo infine il pacchetto mediterraneo. Questi provvedimenti sono il cuore della politica europea e durano fino al 1984.
3ª FASE: va dal 1985 al 1991. Questa fase vede l'entrata in vigore di un nuovo pacchetto socio-strutturale e nello stesso periodo introduzione di una organica politica di sviluppo regionale. Il nuovo pacchetto strutturale dominato dal regolamento 797/85 conferma e amplia le direttive socio-strutturali degli anni 70.

Ci sono poi altri regolamenti:

- regolamento sul prepensionamento;
- regolamento sulla trasformazione e commercializzazione dei prodotti agricoli;
- pim, Piani Integrati Mediterranei.

È il tentativo di applicare una politica strutturale con approccio integrato e di tipo territoriale.

Viene introdotto l'approccio Leader che avvia alcuni tentativi di sviluppo a scala locale facendo perno su progetti innovativi con la volontà di trasferire le buone prassi in altri contesti. Per quanto riguarda la politica di sviluppo regionale c'è una svolta con la riforma dei fondi strutturali a col pacchetto dei regolamenti applicativi.

4ª FASE: va dal 1992 al 1999. Questa fase vede una profonda cesura rispetto al passato con la riforma della PAC meglio nota come riforma Mac Sharry e con il rispetto degli accordi degli Uruguay round. La riforma Mac Sharry approva una riduzione dei prezzi garantiti, riduzione compensata da aiuti diretti all'impresa agricola, aiuti comunque disaccoppiati dalla produzione.

Vi sono inoltre alcune misure accompagnatorie. Vengono poi approvati alcuni regolamenti:

2079/ prepensionamento:
2078/ agroambiente;
950/97 strutture aziendali;
951/97 trasformazione e commercializzazione.

Accanto ai regolamenti ambientali ci sono i regolamenti per la qualità dei prodotti (attestazione di specificità).

5ª FASE: va dal 2000 al 2006. Questa fase vede la nascita di AGENDA 2000.

AGENDA 2000 è un documento con un insieme di riforme delle politiche della UE, settore agricolo compreso. Questo documento nasce al vertice dei capi di stato e di governo di Berlino nel marzo 1999.

Tutte le politiche di ristrutturazione agricola di sviluppo territoriale e locale di integrazione ambientale vengono riunite in un nuovo regolamento speciale di sviluppo rurale, il regolamento 1257/99.

Vi è un menù di 22 misure che gli stati possono scegliere o meno a seconda se le ritengano idonee al loro sviluppo. Il passo successivo è l'inserimento di tali norme nei rispettivi programmi regionali e nazionali.

AGENDA 2000 ha disegnato la politica di sviluppo rurale come il secondo pilastro della PAC affiancandola alla riforma in corso della politica di mercato (1° pilastro). C'è inoltre l'obiettivo di trovare l'equilibrio tra i due pilastri della PAC.

La riforma della PAC del giugno 2003

La riforma della PAC o riforma di medio termine ha accentuato la complementarietà dei due pilastri introducendo disaccoppiamento, condizionalità e modulazione (trasferimento di fondi dal primo al secondo pilastro).

Il primo pilastro sostiene il reddito degli agricoltori, il secondo pilastro sostiene l'agricoltura che garantisce l'ambiente e incentiva lo sviluppo rurale.

La riforma di medio termine rafforza la politica di sviluppo rurale introducendo nuove misure: promozione della qualità e del benessere degli animali; stanziando anche aiuti che consentono agli agricoltori di adeguarsi alle norme europee. Viene inoltre decisa la riduzione "modulazione" dei finanziamenti diretti versati alle grandi aziende agricole.

Conferenza di Salisburgo

I principali settori che occorre prendere in considerazione nella politica di sviluppo rurale figurano nelle conclusioni della seconda conferenza europea sullo sviluppo rurale, tenutasi a Salisburgo nel novembre 2003, sul tema: "Seminare oggi per il futuro del mondo rurale – Costruire una politica all'altezza delle nostre ambizioni". Essi includono:

Agricoltura e silvicoltura: questi settori continuano a svolgere un ruolo essenziale, modellando il passaggio rurale e consentendo il mantenimento di comunità rurali vitali. Permane il convincimento che il sostegno pubblico della politica di sviluppo rurale dell'Unione Europea sia pienamente giustificato per favorire il processo di ristrutturazione del settore agricolo attualmente in corso, lo sviluppo sostenibile delle zone rurali ed un rapporto equilibrato tra il territorio rurale e le zone urbane;

Mondo rurale in senso lato: lo sviluppo delle zone rurali non può più basarsi unicamente sull'agricoltura. È necessaria una diversificazione all'interno e all'esterno del settore agricolo, al fine di promuovere comunità rurali vitali e sostenibili;

Qualità e sicurezza dei prodotti alimentari: i cittadini europei attribuiscono crescente importanza alla sicurezza e alla qualità dei prodotti alimentari, al benessere degli animali da allevamento nonché alla salvaguardia e alla valorizzazione dell'ambiente rurale;

Accesso ai servizi pubblici: molte sono le zone rurali in cui le difficoltà di accesso ai servizi pubblici, l'assenza di opportunità di occupazioni alternative e la struttura per età della popolazione riducono in maniera significativa il potenziale di sviluppo, in particolare le prospettive per le donne e per i giovani;

Copertura del territorio dell'UE: la politica di sviluppo rurale deve essere attuata in tutte le zone rurali dell'Unione Europea allargata per consentire agli agricoltori e agli operatori del mondo rurale di far fronte alle sfide dell'attuale ristrutturazione del settore agricolo, all'impatto della riforma della PAC e all'evoluzione dei flussi commerciali agricoli a livello mondiale;

Coesione: la politica comunitaria di sviluppo rurale ha già portato un contributo significativo alla coesione economica e sociale e tale contributo deve essere ulteriormente rafforzato in una Unione Europea allargata.

Partecipazione delle parti interessate: è importante che un largo ventaglio delle parti interessate, che si preoccupano attivamente di garantire uno sviluppo economico, ambientale e sociale sostenibile delle zone rurali d'Europa, partecipi alla messa a punto di misure di sviluppo rurale. La politica deve garantire il sostegno comunitario alle zone rurali mediante partnership locali basate sull'approccio partecipativo dalla base al vertice, mettendo a frutto l'esperienza acquisita attraverso il programma leader;

Partnership: la politica di sviluppo rurale deve essere attuata in collaborazione fra le organizzazioni pubbliche e private e la società civile (secondo il principio di sussidiarietà);
Semplificazione: è necessario ed urgente procedere ad una sostanziale semplificazione della politica comunitaria di sviluppo rurale. L'attuazione di tale politica deve basarsi su un sistema unico di programmazione, finanziamento e controllo, calibrato sulle esigenze dello sviluppo rurale.

Analisi della politica 2007-2013: proposta di regolamento – valutazione di impatto estesa

Nel contesto delle nuove prospettive finanziarie per il periodo di programmazione 2007-2013 la Commissione Europea ha effettuato un'approfondita analisi della politica di sviluppo rurale, inclusiva di una Valutazione d'Impatto Estesa della futura politica di sviluppo rurale. La Valutazione d'Impatto Estesa definiva gli obiettivi per la politica di sviluppo rurale, metteva a confronto le opzioni politiche e descriveva a grandi linee i risultati degli esercizi di consultazione delle parti interessate. La VIE ha tratto le conclusioni per la politica di sviluppo rurale 2006 illustrandone il contenuto e i meccanismi di funzionamento. Le conclusioni della VIE si riflettono nel nuovo regolamento dello sviluppo rurale.

Il nuovo regolamento sullo sviluppo rurale – l'approccio strategico

La nuova politica dello sviluppo rurale dell'Unione Europea, descritta nel regolamento n°1698/2005 del Consiglio, è caratterizzata da continuità e cambiamento: essa continua a fornire un elenco di misure tra le quali gli stati membri possono scegliere e per le quali essi percepiscono un aiuto finanziario comunitario nel contesto di programmi integrati di sviluppo rurale. Essa modifica il modo in cui detti programmi sono messi a punto, rafforzando il contenuto strategico e lo sviluppo sostenibile delle zone rurali.

A tal fine l'attuale politica di sviluppo rurale si concentra su tre obiettivi fondamentali che hanno ottenuto il consenso delle parti:

1. accrescere la competitività dell'agricoltura e della silvicoltura;
2. sostenere la gestione del territorio e migliorare l'ambiente;
3. migliorare la qualità della vita e incentivare la diversificazione delle attività economiche.

I programmi di sviluppo rurale includono un asse tematico per ciascun obiettivo fondamentale. I tre assi tematici sono integrati da un asse "metodologico" dedicato all'approccio Leader (asse leader). Occorre un finanziamento minimo per ciascun asse onde garantire un certo equilibrio globale nel programma (10% per l'asse 1, 25% per l'asse 2, 10% per l'asse 3 e 5% per l'asse leader). Esistono numerose misure di sviluppo rurale predefinite che costituiscono gli elementi portanti di ciascun asse tematico fra le quali gli stati membri hanno facoltà di scegliere quelle che, a loro giudizio, possono creare il maggior valore aggiunto, tenendo conto degli obiettivi dell'Unione Europea.

Tale approccio fa sì che il co-finanziamento comunitario dello sviluppo rurale si concentri sulle priorità, relative ai tre assi politici, concordate dall'UE lasciando sufficiente flessibilità a livello regionale e degli stati membri per trovare un equilibrio tra la dimensione settoriale (ristrutturazione agricola) e la dimensione territoriale (gestione del territorio e sviluppo socio economico delle zone rurali).

Il nuovo regolamento costituisce un miglioramento sia in termini di contenuto politico che di risultati. Le diverse regole in materia di programmazione, finanziamento, presentazione di relazioni e controllo (da parte del FEAOG sezione orientamento e garanzia) durante il periodo di programmazione 2000-2006 hanno accresciuto il numero di incombenze amministrative per gli stati membri e per la Commissione e diminuito la coerenza, trasparenza e visibilità della politica di sviluppo rurale. L'esistenza di un unico fondo (Fondo Europeo Agricolo per lo Sviluppo Rurale) e di un insieme unico di regole di programmazione di finanziamento, presentazione di relazioni e controllo semplifica sensibilmente l'attuazione della politica.

Orientamenti strategici comunitari

1. Migliorare la competitività dei settori agricolo e forestale. Le risorse destinate all'asse 1 dovrebbero contribuire a creare un settore agroalimentare europeo forte e dinamico, incentrato sulle priorità di trasferimento delle conoscenze, della modernizzazione, dell'innovazione e della qualità nella catena alimentare e sui settori prioritari degli investimenti nel capitale fisico e umano.
2. Migliorare l'ambiente e il paesaggio rurale. Per proteggere e migliorare le risorse naturali e i paesaggi delle zone rurali dell'Unione Europea, le risorse assegnate all'asse 2 devono contribuire a tre settori prioritari: biodiversità e preservazione e sviluppo dell'attività agricola e di sistemi forestali con elevato valore naturale e dei paesaggi agricoli tradizionali; acqua; cambiamento climatico.
3. Migliorare la qualità della vita nelle zone rurali e promuovere la diversificazione. Le risorse assegnate all'asse 3 dovrebbero contribuire alla priorità assoluta rappresentata dalla creazione di opportunità di occupazione e delle condizioni di crescita. Le varie misure disponibili dell'asse 3 dovrebbero essere sfruttate in particolare per promuovere lo sviluppo delle capacità, l'acquisizione delle competenze e l'organizzazione mirata allo sviluppo di strategie locali di sviluppo oltreché alla conservazione dell'attrattiva delle zone rurali per le generazioni future. Nel promuovere la formazione, l'informazione e l'imprenditorialità occorre tener conto delle particolari esigenze delle donne, dei giovani e dei lavoratori anziani.
4. Costruire le capacità locale di occupazione e diversificazione. Le risorse assegnate all'asse 4 (leader) devono contribuire a conseguire le priorità degli assi 1 e 2 e soprattutto dell'asse 3, ma sono anche determinati per quanto riguarda la priorità orizzontale del miglioramento della governance e per la mobilitazione del potenziale di sviluppo endogeno delle zone rurali.
5. Tradurre le priorità in programmi. Nel definire le loro strategie nazionali gli stati membri dovranno garantire la massima sinergia tra gli assi e, all'interno di ogni asse evitare le potenziali contraddizioni. Essi devono anche riflettere su come tener conto di altre strategie attuate a livello europeo, specialmente nel settore ambiente.
6. Garantire la complementarietà tra gli elementi comunitari. Occorre sviluppare le sinergie tra le politiche strutturali, la politica dell'occupazione e la politica dello sviluppo rurale. In questo contesto gli stati membri hanno il compito di garantire la complementarietà e la coerenza tra le azioni che devono essere

finanziate dal FESR, dal Fondo di Coesione, dall'FSE e dal FASR in un determinato territorio e in un dato settore di attività. I principi guida per tracciare una linea di demarcazione e i meccanismi di coordinamento tra le azioni finalizzate dai vari fondi dovrebbero essere definiti a livello del quadro strategico di riferimento nazionale (documento strategico nazionale sulla politica di coesione o nel piano strategico nazionale sullo sviluppo rurale).

Un nuovo Fondo di Sviluppo Rurale

Il nuovo fondo funziona con regole adeguate alla programmazione pluriennale, ricorrendo a strutture e a procedimenti organizzativi quali gli organismi pagatori accreditati a livello nazionale e una liquidazione di conti annua, divenuti familiari agli stati membri dopo tanti anni di provata esperienza. Un sistema unico di finanziamento e programmazione per lo sviluppo rurale costituisce una notevole semplificazione rispetto alla situazione durante il periodo di programmazione 2000-2006. La razionalizzazione e la semplificazione delle condizioni relative alle misure di sviluppo rurale accrescono la flessibilità di applicazione di queste ultime, come pure la programmazione finanziaria a livello di asse (consentendo agli stati membri di passare facilmente da una misura all'altra all'interno dello stesso asse).

Orientamenti strategici della comunità per lo sviluppo rurale

La base della politica di sviluppo rurale è un approccio strategico che definisca le priorità dell'Unione Europea per lo sviluppo rurale. Nel febbraio 2006 il consiglio ha adottato gli orientamenti strategici dell'Unione Europea per lo sviluppo rurale. Tali orientamenti hanno costituito la struttura fondamentale, sulla base dei 6 orientamenti strategici comunitari, conformemente ai quali gli stati membri hanno elaborato propri piani strategici nazionali sullo sviluppo rurale che contribuiscono a:

1. individuare i settori in cui l'erogazione del sostegno comunitario a favore dello sviluppo rurale crea il maggiore valore aggiunto a livello dell'Unione Europea;
2. correlarsi alle principali priorità dell'Unione Europea (Lisbona, Goteborg);
3. garantire la coerenza con le altre politiche dell'Unione, in particolare con la politica di coesione e la politica ambientale;
4. accompagnare l'attuazione della nuova PAC orientata al mercato e la necessaria ristrutturazione sia nei vecchi che nei nuovi stati membri.

Per garantire una strategia equilibrata è necessario un finanziamento minimo per ogni singolo asse tematico.

Le percentuali di finanziamento minimo proposte (10%, 25% e 10% rispettivamente per gli assi 1, 2 e 3) servono a garantire che ogni programma rifletta almeno i 3 principali obiettivi politici, anche se le percentuali sono fissate ad un livello sufficientemente basso da consentire agli stati membri o alle regioni un margine elevato di flessibilità per evidenziare l'asse da esse considerato prioritario in funzione della loro specifica situazione e delle proprie esigenze. Per l'asse Leader è stato riservato un minimo del 5% (2,5% per i nuovi stati membri) del finanziamento comunitario per ciascun programma. Il contributo di Leader include i 3 assi politici.

Le misure di sviluppo rurale

L'attuale politica di sviluppo rurale è imperniata su 3 assi tematici. Per ciascun asse è disponibile una serie di misure. Nel nuovo regolamento le condizioni in base alle quali è possibile mettere in atto le misure sono state razionalizzate e semplificate.

Gli stati membri definiscono i programmi di sviluppo rurale a livello nazionale o regionale, selezionando le misure più adatte alle esigenze delle loro zone rurali e tenendo conto delle priorità e della strategia prescelta nei piani strategici nazionali sullo sviluppo rurale.

Misure nell'ambito dell'asse 1 (migliorare la competitività dei settori agricolo e forestale)

Sebbene l'agricoltura stia perdendo sempre più importanza come attività predominante in un numero crescente di zone rurali, essa continua tuttavia a svolgere un ruolo determinante per la gestione del territorio dell'Unione Europea, per il contributo che dà alle economie rurali ed infine in quanto dispensatrice di prodotti alimentari di beni e di servizi pubblici. Contemporaneamente è aumentata anche la concorrenza in questo settore a causa della crescente liberalizzazione del commercio agricolo. Per raccogliere queste sfide, l'efficienza e la competitività permangono obiettivi fondamentali pur tenendo conto della diversità di potenziale agricolo nelle diverse zone rurali segnatamente nei nuovi stati membri in cui le zone rurali continuano a subire mutamenti strutturali. La competitività esige che si riesca a trovare un ragionevole equilibrio tra la redditività dell'agricoltura, la tutela dell'ambiente e la dimensione sociale dello sviluppo rurale. Per rafforzare la competitività continua ad essere estremamente importante il sostegno agli investimenti materiali. Allo stesso tempo, gli investimenti in potenziale umano e sociale sono sempre più ingenti se si vuole permettere all'agricoltura e alla silvicoltura di rimanere settori innovativi e dinamici tali da contribuire alla crescita delle zone rurali.

Per seguire la competitività significa migliorare il rendimento dell'agricoltura sotto il profilo economico, ad esempio riducendo i costi di produzione, aumentando la dimensione economica delle aziende agricole, favorendo l'innovazione ed un maggiore orientamento al mercato. L'aumento della competitività deve anche trarre profitto dalle opportunità offerte dalla diversificazione delle attività economiche, concentrarsi sulla qualità e la sicurezza alimentare, su prodotti a valore aggiunto richiesti dal consumatore, inclusi i prodotti non alimentari e la produzione di biomassa, e su tecniche di produzione più pulite e più rispettose dell'ambiente.

Nell'ambito di questo asse le misure sono ripartite in 4 gruppi:

1. Risorse umane;
2. Capitale fisico;
3. Qualità degli alimenti;
4. Misure transitorie per i nuovi stati membri.

Risorse umane: insediamento dei giovani agricoltori, pre-pensionamento, formazione e informazione servizi di consulenza per le aziende agricole.

Le risorse umane sono al centro di una serie di misure collegate con i settori agricolo e forestale. Qualsiasi persona adulta che si occupa di problematiche agricole, alimentari e forestali ha accesso ad azioni di formazione professionale e di informazione finalizzate ad offrire un adeguato livello di specializzazione tecnica ed economica in materia di competitività dei settori agricolo e forestale di gestione del territorio e di obiettivi ambientali.

I giovani agricoltori di età inferiore ai 40 anni possono fruire di aiuti per il loro insediamento e per l'adattamento strutturale delle loro aziende dopo il primo insediamento. Con il nuovo regolamento la misura a favore dell'insediamento è subordinata alla preparazione di un piano aziendale quale strumento per consentire nel tempo lo sviluppo delle attività della stessa azienda.

Nell'ambito della misura di sostegno al pre-pensionamento sono offerti incentivi finanziari (pagamenti annui) agli imprenditori e ai lavoratori anziani del settore agricolo che decidano di abbandonare la propria attività prima del previsto. I terreni resi disponibili possono essere ceduti ad un altro agricoltore al fine di accrescere le dimensioni dell'azienda agricola.

È possibile concedere un sostegno agli imprenditori agricoli e ai detentori di aree forestali allo scopo di coprire i costi causati dal ricorso ai servizi di consulenza per migliorare il rendimento delle aziende. Infine, viene predisposta una serie di misure relative all'avviamento di servizi di gestione delle aziende agricole, di sostituzione nelle aziende agricole nonché di servizi di consulenza forestale.

Potenziale fisico

L'Unione Europea offre il proprio sostegno all'ammodernamento delle aziende agricole onde modernizzare il rendimento globale mediante l'introduzione di nuove tecnologie e di innovazione, con particolare attenzione alla qualità, ai prodotti biologici e alla diversificazione intra ed extra aziendale, inclusi i settori non alimentari e le culture energetiche, nonché al miglioramento delle condizioni delle aziende agricole dal punto di vista dell'ambiente, della sicurezza del lavoro, dell'igiene e del benessere animale. Gli investimenti potranno essere utilizzati, ad esempio, per ammodernare attrezzature e macchinari agricoli al fine di conseguire uno dei suddetti obiettivi. Il sostegno è concesso anche agli investimenti finalizzati al miglioramento del valore economico delle foreste.

Il miglioramento nei settori della trasformazione della commercializzazione dei prodotti agricoli e forestali primari può essere anche finanziato nell'ambito della misura accrescimento del valore aggiunto e di prodotti agricoli e forestali. Tale misura intende rendere più efficienti i settori della trasformazione e della commercializzazione, promuovere la produzione di energia rinnovabile da biomasse agricole e forestali, introdurre nuove tecnologie e innovazione, schiudere nuovi sbocchi di mercato per i prodotti agricoli e forestali, mettere l'accento sulla qualità, elevare i livelli di protezione ambientale, sicurezza sul lavoro, igiene e benessere degli animali. Con il nuovo regolamento il sostegno si concentra sulle micro imprese, le piccole e medie imprese, nonché sulle altre imprese al di sotto di una determinata dimensione in quanto sono maggiormente in grado di accre-scere il valore aggiunto della produzione locale e di stimolare il potenziale di cre-scita locale.

Si rende anche disponibile il sostegno alla cooperazione per lo sviluppo di nuovi prodotti, processi e tecnologie tra agricoltori, industria alimentare e industria di trasformazione delle materie prime ed altre parti onde garantire che i settori agricolo, alimentare e forestale traggano vantaggio dalle opportunità di mercato attraverso approcci innovativi generalizzati per lo sviluppo di nuovi prodotti, processi e tecnologie.

Infine, è disponibile anche il sostegno dell'infrastruttura correlata allo sviluppo e all'adeguamento dell'agricoltura e della silvicoltura per la copertura di operazioni relative all'accesso ai terreni agricoli e alle superfici forestali, la ricomposizione e il miglioramento fondiario, la fornitura di energie e la gestione di risorse idriche.

Qualità

Nell'ambito della qualità alimentare esistono due misure: incentivi finanziari per gli agricoltori ed azioni di informazione e promozione.

Vengono corrisposti incentivi finanziari agli agricoltori che, su base volontaria, partecipano a programmi comunitari e nazionali intesi a migliorare la qualità dei prodotti agricoli e dei processi di produzione e ad offrire garanzie ai consumatori in materia. Sono ammissibili al sostegno dell'Unione Europea i seguenti sistemi di qualità:

1. Protezione delle indicazioni geografiche e delle denominazioni di origine dei prodotti agricoli e alimentari;
2. Attestazione di specificità dei prodotti agricoli e alimentari;
3. Metodo di produzione biologico di prodotti agricoli e indicazione di tale metodo su prodotti agricoli e sulle derrate alimentari;
4. Vini di qualità prodotti in determinate regioni.

Inoltre, gli stati membri possono concedere finanziamenti, nell'ambito dei loro programmi ad altri sistemi nazionali riconosciuti di qualità alimentare, purché questi ultimi rispettino una serie di criteri comunitari.

Agli agricoltori che prendono parte a tali sistemi saranno concessi incentivi annui fino ad un massimale di 3000 euro per azienda e per un anno, per un periodo massimo di 5 anni.

In secondo luogo, è possibile concedere finanziamenti ad associazioni di produttori per consentire loro di partecipare ad attività di informazione dei consumatori e di promozione di prodotti agricoli o alimentari ottenuti nell'ambito di sistemi di qualità riconosciuti nel contesto della misura precedente, fino ad un massimale pari al 70% dei costi ammissibili.

È disponibile una misura relativa al rispetto dei requisiti per un aiuto temporaneo e decrescente destinato ad aiutare gli agricoltori a conformarsi alle norme rigorose previste dalla legislazione comunitaria e non ancora recepite in quella nazionale, nei settori dell'ambiente della sanità pubblica, della sanità animale e vegetale, del benessere degli animali e della sicurezza sul lavoro.

Misure transitorie per i nuovi stati membri

I nuovi stati membri possono beneficiare di aiuti durante il periodo 2007-2013 tramite l'attuazione di misure di sostegno all'agricoltura di semi-sussistenza e la costituzione e il funzionamento di associazioni di produttori intese a garantire una transizione armoniosa a questi paesi che si trovano a fronteggiare sfide del tutto particolari.

Misure nell'ambito dell'asse 2 (miglioramento dell'ambiente e dello spazio rurale)

I pagamenti nell'ambito dell'asse 2 sono finalizzati a garantire l'offerta di servizi ambientali mediante l'attuazione di misure agro-ambientali nelle zone rurali e il mantenimento della gestione del territorio (anche nelle zone che presentano svantaggi fisici e naturali). Tali attività contribuiscono allo sviluppo rurale sostenibile stimolando i principali operatori (agricoltori e addetti alla silvicoltura) a mantenere la gestione di terreni in materia tale da preservare ed aumentare lo spazio e i paesaggi naturali. Ciò equivale e a tutelare e a migliorare le risorse ambientali e garantisce l'utilizzo sostenibile delle risorse forestali. Simili misure contribuiscono inoltre ad impedire l'abbandono dei terreni agricoli mediante il pagamento di indennizzi atti a compensare gli svantaggi naturali o derivanti da restrizioni ambientali. Le attività cofinanziate dovrebbero concentrarsi inequivocabilmente sulle priorità dell'Unione Europea, come la lotta al cambiamento climatico, la promozione della biodiversità e delle qualità delle risorse idriche o la diminuzione del rischio o dell'impatto di calamità naturali.

Il rispetto dei requisiti obbligatori su scala comunitaria e nazionale (condizionalità) costituisce una condizione di ordine generale applicabile alle misure dell'asse 2 (a livello dei beneficiari). Se tali requisiti non vengono rispettati, è possibile ridurre o anche cancellare i pagamenti per alcune misure dell'asse 2.

Le misure si inseriscono nei seguenti gruppi dell'asse 2:

Utilizzo sostenibile dei terreni agricoli

Gli agricoltori svolgono una funzione fondamentale nella fornitura di servizi ambientali e, di conseguenza è possibile erogare pagamenti a favore degli agricoltori che assumono volontariamente impegni agro-ambientali per un periodo minimo di 5 anni. Se necessario sarà stabilito un periodo più lungo per determinati tipi di impegni, in funzione delle loro conseguenze dal punto di vista ambientale. I pagamenti sono versati annualmente e calcolati in base alla perdita di reddito ed ai costi aggiuntivi derivanti dagli impegni assunti, compresi i costi relativi all'autorizzazione della transizione.

Le misure agro-ambientali costituiscono l'unica misura obbligatoria che deve essere inclusa nei programmi di sviluppo rurale. Ciò dimostra la priorità politica data alla misura. È altresì disponibile un sostegno per gli investimenti non produttivi connessi alla realizzazione di tali impegni agro-ambientali.

Allo scopo di risarcire gli agricoltori per le spese sostenute e per le perdite di reddito causate dagli svantaggi esistenti nelle zone di cui trattasi, connesse alla realizzazione della rete Natura 2000 e all'applicazione della direttiva-quadro in materia di acque, il regolamento ha introdotto la possibilità di concedere pagamenti annui. Le disposizioni esistenti per le zone svantaggiate continueranno ad essere di applicazione fino al 1° gennaio 2010; in base ad un atto del consiglio si procederà a ridefinire la delimitazione delle zone intermedie. Per l'attuale delimitazione delle zone intermedie, infatti ci si era in parte basati su dati socio-economici obsoleti. La nuova delimitazione tiene invece conto di una serie di criteri riveduti quali la produttività del suolo e le condizioni climatiche nonché l'importanza dell'attività di agricoltura estensiva per la gestione dei terreni. Gli attuali criteri continuano ad essere applicabili nelle zone di montagna e in quelle che presentano svantaggi specifici.

I pagamenti per il benessere degli animali sono concessi agli agricoltori che assumono volontariamente impegni in materia.

Utilizzazione sostenibile delle superfici forestali

La silvicoltura sostituisce parte integrante dello sviluppo rurale e dunque il sostegno alla utilizzazione sostenibile dei terreni deve includere la gestione sostenibile delle foreste ed il loro ruolo multifunzionale.

Le foreste offrono molteplici benefici: forniscono la materia prima per prodotti rinnovabili ed ecologici e svolgono una funzione di rilievo in termini di benessere economico, biodiversità, ciclo globale del carbonio, equilibrio ideologico, difesa contro l'erosione e prevenzione di calamità naturali, oltre a rendere alla popolazione un servizio sociale e ricreativo.

In questo contesto sono disponibili un sostegno per l'imboschimento dei terreni agricoli; il primo impianto di sistemi agro-forestali su terreni agricoli e l'imboschimento di superfici non agricole; un'indennità Natura 2000 per i privati proprietari di foreste per compensare i costi e il mancato guadagno derivanti dall'applicazione di Natura 2000; pagamenti per interventi silvoambientali; azioni di ricostituzione del potenziale produttivo forestale e interventi preventivi nonché investimenti non produttivi connessi agli interventi silvoambientali.

Misure nell'ambito dell'asse 3 (qualità di vita nelle zone rurali e diversificazione dell'economia rurale)

Uno degli obiettivi fondamentali dell'asse 3 consiste nell'offrire uno spazio rurale vivo e nel contribuire al mantenimento e al miglioramento del tessuto sociale ed economico in particolare nelle zone rurali più remote che si trovano di fronte al problema dello spopolamento. È di vitale importanza investire nell'economia rurale e nelle comunità rurali se vogliamo migliorare la qualità della vita in tali zone agevolando l'accesso ai servizi e alle infrastrutture di base e creando le condizioni per un ambiente sano.

Affinché le zone rurali siano più attraenti occorre anche promuovere la crescita sostenibile e creare nuove opportunità di occupazione, segnatamente per i giovani e le donne, nonché agevolare l'accesso alle più moderne ed aggiornate tecnologie delle comunicazioni e delle informazioni. A tal fine sono particolarmente importanti la diversificazione in attività al di fuori delle aziende e il potenziamento dei legami tra l'agricoltura ed altri settori dell'economia rurale.

Nell'ambito dell'asse 3 si distinguono 3 gruppi di misure:

Diversificazione dell'economia rurale

All'interno di questo gruppo sono disponibili 3 misure: il sostegno alla diversificazione in attività non agricole di cui può fruire un membro dell'aggregato familiare agricolo, sostegno alla creazione e allo sviluppo di imprese che riguarda soltanto le micro imprese, e sostegno all'incentivazione di attività turistiche (il sostegno si estenderà alle infrastrutture su piccola scala, infrastrutture ricreative di sviluppo e commercializzazione di servizi turistici inerenti al turismo rurale).

Miglioramento della qualità della vita nelle zone rurali

All'interno di questo gruppo sono disponibili due misure: il sostegno per l'avviamento di servizi essenziali per l'economia e la popolazione rurale (comprese le attività culturali e ricreative) concernenti uno o più villaggi, per la relativa dotazione infrastrutturale su piccola scala e per la tutela e la riqualificazione del patrimonio rurale.

Formazione, acquisizione di competenze e animazione

Sono resi disponibili azioni di formazione ed informazione che consentano alle popolazioni rurali di realizzare gli obiettivi di crescente diversificazione economica e di miglioramento della qualità di vita nelle zone rurali. Sono stati concessi aiuti anche per l'acquisizione di competenze e l'animazione delle zone rurali (studi sulla zona interessata, attività di formazione sulla zona, formazione del personale addetto all'elaborazione e all'esecuzione della strategia di sviluppo rurale, eventi promozionali e formazione di animatori) e l'attuazione di strategie di sviluppo locale da parte di partenariati pubblici-privati diversi dai gruppi di animazione locale "GAL" di leader.

L'asse Leader

Il Leader è un'iniziativa comunitaria focalizzata sul tema dello sviluppo rurale e prosegue l'azione intrapresa dal Leader 1 (89/92), Leader 2 (93/99), Leader + (2000/2006).

I caratteri distintivi dell'approccio Leader sono:

1. partenariato;
2. bottom-up;
3. approccio territoriale;
4. integrazione tra settori;
5. innovazione;
6. cooperazione tra settoriale;
7. decentramento della gestione del finanziamento;
8. reti.

Il metodo Leader ha introdotto queste novità:

1. coinvolgimento di attori locali tramite il GAL (Gruppo Azione Locale);
2. il PAL (Piano Azione Locale): la progettazione integrata di interventi in più settori economici e nel sociale;
3. la costituzione di reti tra GAL e altri soggetti operanti nel settore dello sviluppo locale.

In questo programma l'approccio Leader è obbligatorio. Ogni programma ha un asse Leader per poter finanziare:

1. l'attuazione delle strategie dei GAL;
2. i progetti di cooperazione tra i GAL;
3. lo sviluppo delle strategie di sviluppo locale e l'animazione del territorio.

Si deve ricordare che l'approccio Leader è riservato a territori selezionati nell'ambito dei tre assi tematici.

Applicazione delle politiche

Sorveglianza e valutazione

Per il periodo di programmazione 2007-2013 gli obiettivi per questo settore politico dell'Unione Europea sono esplicitamente definiti sia a livello comunitario che a livello nazionale (nell'ambito dei piani strategici nazionali e dei programmi di sviluppo rurale) per giudicare con maggiore precisione in che misura gli obiettivi vengono raggiunti e per valutare l'efficienza e l'efficacia dell'attuazione delle politiche nonché la parte del bilancio comunitario spesa nel settore dello sviluppo rurale è stata rafforzata la sorveglianza e la valutazione dei programmi di sviluppo rurale. È stato messo a punto un sistema comune di sorveglianza e valutazione concordato e definito per sostenere tali obiettivi.

L'UE e le reti nazionali di sviluppo locale

È stata messa a punto una rete di sviluppo rurale a livello nazionale e comunitario per sostenere tutti gli aspetti relativi all'applicazione, alla valutazione e allo scambio di migliori pratiche.

Ogni stato membro istituisce una rete rurale nazionale che riunisce le organizzazioni e le amministrazioni impegnate nello sviluppo rurale. Compito delle reti nazionali è:

1. individuare ed analizzare le migliori pratiche nel settore dello sviluppo rurale, offrire informazioni in materia ed organizzare gli scambi di esperienze e competenze;
2. preparare programmi di formazione destinati ai gruppi di azione locale nella fase di formazione ed offrire assistenza tecnica per la cooperazione inter-territoriale e transnazionale tra i GAL;

La rete europea per lo sviluppo rurale riunisce le reti nazionali, le organizzazioni e le amministrazioni attive nel settore dello sviluppo rurale a livello comunitario. Le finalità della rete consistono nel:

1. raccogliere, analizzare e diffondere informazioni sulle misure comunitarie e nel settore dello sviluppo rurale;
2. raccogliere, diffondere e consolidare a livello comunitario le buone pratiche nel settore dello sviluppo rurale;
3. offrire informazioni sugli sviluppi nelle zone rurale dell'Unione Europea;
4. organizzare incontri e seminari a livello comunitario per gli operatori attivamente impegnati nel settore dello sviluppo rurale;
5. istituire e gestire reti di esperti onde agevolare scambi di conoscenze e com-

petenze nonché sostenere l'applicazione e la valutazione della politica di sviluppo rurale;
6. sostenere le reti nazionali e le iniziative di collaborazione a livello transnazionale.

Sostegno finanziario dell'UE allo sviluppo rurale

Il nuovo fondo per lo sviluppo rurale funziona secondo la norma adeguata alla programmazione pluriennale.

Un nuovo strumento finanziario

Il Regolamento relativo al finanziamento della politica agricola comune (Regolamento CE n°1290/200%) ha previsto l'istituzione di due nuovi fondi, nel 2007, ciascuno dei quali finanzierà uno dei due pilastri della PAC:

il Fondo Europeo Agricolo di Garanzia (FEAG) finanzia il primo pilastro;

il Fondo Europeo Agricolo per lo Sviluppo Rurale (FEASR) finanzia il secondo pilastro.

Le regole di finanziamento del FEASR sono in qualche misura diverse da quelle del FEAG. Infatti, mentre il FEAG finanzia la propria parte della PAC in base alle dichiarazioni mensili, il finanziamento del FEASR poggia su stanziamenti differenziati ed include prefinanziamento, pagamenti intermedi e pagamenti finali.

Allegato
Regolamento (CE)n. 1698/2005 del Consiglio

(1) Direttiva 91/676/CEE del Consiglio, del 12 dicembre 1991, relativa alla protezione delle acque dall'inquinamento provocato dai nitrati provenienti da fonti agricole (GU L 375 del 31.12.1991, pag. 1).

(*) Il sostegno all'insediamento può essere erogato come premio unico fino ad un importo massimo di 40.000 euro oppure come abbuono di interessi il cui valore capitalizzato non può essere superiore a 40.000 euro. Per la combinazione delle due forme di sostegno, l'importo massimo non può essere superiore a 55.000 euro.
(**) Non si applica alle foreste tropicali o subtropicali o alle aree boschive demaniali dei territori delle Azzorre, di Madera, delle isole Canarie, delle isole minori del Mar Egeo ai sensi del regolamento (CEE) n. 2019/93 e dei dipartimenti francesi d'oltremare.
(***) Nel caso di Malta, la Commissione può fissare un importo minimo del sostegno per i settori produttivi la cui produzione totale è estremamente scarsa.
(****) Questi importi possono essere maggiorati in casi eccezionali a motivo di particolari circostanze debitamente giustificate nei programmi di sviluppo rurale.

17
"La giovane Europa"

Sì, l'Europa è giovane!

Non è una semplice affermazione ma un dato di fatto. La sua formale costituzione non vanta molto più di 50 anni (9 maggio 1950), e da quel momento è in continuo fermento.

Una comunità in crescita, da un punto di vista strettamente geografico abbiamo assistito nel breve periodo di pochi anni ad un allargamento che ha portato al momento attuale a contare fino a n. 28 paesi membri senza prendere in considerazione quei paesi che sono in attesa di entrare a farne parte. Non dimenticando la sua crescita come comunità sociale. La politica della comunità, che nasce – almeno nella sua primissima fase – da un principio economico, ha dedicato particolare attenzione alla formazione di un tessuto sociale che facesse della diversità un punto di incontro e di crescita, propulsore di un sentimento comunitario di appartenenza ad un univoco progetto anche se a più voci, tante quante sono le diverse popolazioni che compongono la comunità stessa.

Da sempre i giovani sono stati al centro delle politiche e dei programmi della Comunità Europea, tanto che alla fine degli anni Sessanta nasce il Forum Europeo della Gioventù, per coinvolgere maggiormente le nuove generazioni, allo scopo di creare un organismo che collaborasse in modo attivo ai progetti della Commissione e del Parlamento Europeo in materia di politiche giovanili in tutte le sue diversissime sfaccettature.

Il Forum riunisce numerose organizzazioni che rappresentano gli interessi giovanili, sia organizzazioni non governative internazionali come l'organizzazione mondiale dello scoutismo, l'unione degli studenti universitari europei, reti di volontariato, sia organizzazioni nazionali come i consigli nazionali della gioventù degli stati membri e dei paesi aderenti al Consiglio d'Europa.

Il Forum è un'organizzazione a carattere paneuropeo che riunisce la società civile giovanile "organizzata", per un totale di 93 soci membri (tra consigli nazionali della gioventù e Ong internazionali) e circa dieci milioni di giovani di 40 paesi diversi. L'Italia purtroppo non ne fa parte. Ogni paese, dall'Azerbaijan all'Islanda, dalla Finlandia al Portogallo, si è dotato di un consiglio nazionale, ad esclusione dell'Italia e della Polonia. Quest'ultima, però, lo scorso anno ha iniziato l'iter legislativo per diventare parte attiva del Forum europeo della gioventù, e l'Italia resterà l'unico paese ad esserne fuori. Il nostro paese dimostra però la sua volontà di recuperare lo svantaggio, addirittura ospitando a Roma l'assemblea semestrale del Forum. Da parte del mondo giovanile sì, infatti esiste un Forum italiano dei giovani, ma non da parte delle istituzioni. Senza la costituzione di un consiglio nazionale e un riconoscimento ufficiale, il lavoro prodotto dalle 40 associazioni italiane riunite insieme non può avere lo stesso peso di quello dei paesi membri. L'Italia è ferma da tempo su questo piano, ha provato a dotarsi di uno statuto che mettesse insieme tutte le anime politiche, ma senza risultati. È un deficit gravoso che la esclude dall'impegno costante per la costruzione delle basi di un futuro migliore per il nostro continente.

Il Forum è un primo passo fatto tanti anni fa che si è trasformato in un grande progetto ancora oggi in cammino.

Questo rappresenta soltanto uno dei tanti esempi possibili di quelle che sono le iniziative comunitarie in materia di giovani. Per capire bene quale è la posizione della comunità nei confronti dei giovani basti pensare che esiste un Programma comunitario "Youth In Action"(a cura della Direzione Generale Istruzione e Cultura) che si rinnova ogni sette anni e che comprende, nelle intenzioni, tutti gli aspetti di interesse della gioventù, in particolar modo europea, ma con progetti che offrono possibilità anche ai giovani di altri paesi, ad esempio incoraggiando gli scambi culturali, pensiamo al progetto Erasmus (paesi intra comunitari) o a ErasmusMundus che coinvolge, lo dice lo stesso titolo, tutto il mondo. Infatti il programma di azione comunitaria ha come spirito principale quello di sviluppare la cooperazione e la comprensione, lo scambio di buone prassi fra i giovani. Nei suoi obbiettivi generali riscontriamo il promuovere l'incontro fra i giovani con l'intento di diffondere il senso di appartenenza alla cittadinanza europea, di diffondere il sentimento di tolleranza per rafforzare la coesione sociale, cercando contemporaneamente di imparare dalle diversità per contribuire allo sviluppo dei sistemi di sostegno alle attività dei giovani ed allo sviluppo della capacità delle organizzazioni della società civile nel settore gioventù.

Questi non sono soltanto gli obbiettivi generali del programma Gioventù, ma seguono gli obbiettivi perseguiti già in altri settori come quello della formazione permanente, lo sport, la cultura, l'occupazione; tutti obbiettivi volti alla promozione di uno sviluppo di politiche europee in materia di sviluppo sostenibile e coesione sociale.

L'attenzione al panorama giovane è stata sempre una costante per la politica europea, questo è dimostrato anche attraverso atti ufficiali come Il Libro Bianco nel 2001 e la Convenzione Europea dei Giovani nel 2002.

Il Libro Bianco sulla gioventù propone un metodo e delle priorità per coinvolgere maggiormente i giovani nelle decisioni che li riguardano.

Su proposta di Viviane Reding, commissario responsabile dell'Istruzione e della Cultura, la Commissione Europea ha adottato un Libro Bianco sulla gioventù. Risultato di una vastissima consultazione di numerose decine di migliaia di giovani europei e di una concertazione con gli Stati membri, le organizzazioni giovanili e gli esperti nel campo della gioventù, il Libro bianco intende contribuire alla riconciliazione dei giovani con la vita cittadina.

Come ha dichiarato Viviane Reding: "*Adottando questo Libro Bianco, la Commissione segnala di voler essere l'alleata dei giovani affinchè siano meglio associati alle politiche che li riguardano. Un'alleata che non fa vaghe promesse o prospetta soluzioni miracolose, ma che propone strumenti concreti per rispondere efficacemente e a tutti i livelli decisionali alle richieste dei giovani europei*".

L'iniziativa del Libro Bianco è nata infatti dall'osservazione che, nonostante l'estensione delle azioni comunitarie, le istituzioni europee e gli Stati membri non hanno una visione unitaria delle politiche per la gioventù. E soprattutto che l'attuale sistema di cooperazione in questo campo non risponde alle nuove sfide che si sono presentate, causate dall'evoluzione demografica, sociologica, economica, tecnologica e culturale delle nostre società. Tra queste sfide vi è la distanza tra le percezioni dei giovani e le politiche condotte dalle autorità, nazionali ed europee. Le nuove forme di governance, che invitano i cittadini, e in particolare i giovani, a partecipare più attivamente al processo decisionale, tentano di colmare questo divario.

Poiché l'Europa allargata a 28 paesi conta circa 75 milioni di giovani fra i 15 e i 25 anni, il Libro bianco della Commissione si è posto l'obbiettivo di fornire delle risposte rispetto all'allontanamento dei giovani verso le forme tradizionali di partecipazione alla vita pubblica.

Le risposte fornite dal Libro bianco sono su due livelli e formano un rinnovato quadro di cooperazione europea nel campo della gioventù. I due livelli sono il rafforzamento della cooperazione fra gli Stati membri e una migliore presa in considerazione della gioventù nelle politiche settoriali.

Il primo livello consiste nell'applicazione, fra i ministri della gioventù con l'assistenza della Commissione, del metodo di lavoro che ha permesso lo sviluppo di una politica dell'educazione sul piano comunitario. Il metodo, definito «metodo aperto di coordinamento», permette di trarre profitto dalle migliori pratiche, dalle esperienze che hanno avuto successo in Europa e di fissarsi degli obiettivi sia quantitativi che qualitativi, comuni da raggiungere a breve, medio e lungo termine.

Fra i temi prioritari proposti dalla Commissione nel quadro del nuovo metodo di lavoro figurano:

- Il rinnovo delle forme di partecipazione dei giovani alla vita pubblica. Concretamente, i ministri e le autorità locali esamineranno le possibilità di dare veste generale alle esperienze di successo dei consigli nazionali e regionali giovanili. A livello europeo, il Libro Bianco invita il Forum Gioventù, la cui base deve assicurare la più ampia rappresentanza possibile, a partecipare all'applicazione del nuovo metodo di lavoro.

- L'informazione dei giovani sulle questioni europee. Anche in questo caso, il Libro Bianco sostiene un approccio coordinato fra gli Stati membri e la Commissione. L'istituzione di un portale internet ha permesso che le informazioni giungessero a un grandissimo numero di persone e in tempi brevissimi.
- La promozione del volontariato è un altro tema prioritario. Il Libro Bianco invita gli Stati membri a sviluppare il volontariato e ad eliminare gli ostacoli nazionali alla mobilità dei giovani volontari.

Affinchè possa funzionare il metodo aperto di coordinamento nel campo della gioventù, il Libro Bianco invita ogni stato membro a nominare un coordinatore nazionale. La Commissione svolgerà il suo ruolo tradizionale nel proporre i temi prioritari del coordinamento e curerà il controllo degli obiettivi stabiliti in comune. In base alle informazioni fornite dagli Stati membri, procederà inoltre a una sintesi delle pratiche migliori che coinvolgono i giovani.

Il secondo livello del rinnovato quadro di cooperazione nel campo della gioventù consiste in una migliore presa in considerazione dei bisogni specifici dei giovani nelle politiche comunitarie e nelle politiche nazionali. Le politiche principali prese in considerazione sono l'occupazione e l'integrazione sociale, l'istruzione e la formazione, le questioni sociali e in particolare la lotta contro il razzismo, la salute e l'ambiente.

Altro passaggio molto importante è la Convenzione Europea dei Giovani. Come nasce?

La Convenzione Europea dei Giovani nasce dal Consiglio Europeo di Laeken (14-15 dic 2001) che si interroga su come avvicinare i cittadini al progetto europeo e alle istituzioni europee.

Seguendo questa linea, lo stesso Presidente della Convenzione Europea, *Valéry Giscard d'Estaing*, ha invitato alla stipulazione di una "Convenzione dei giovani dell'Europa" che si proponesse di affrontare i temi essenziali, inseguendo l'obiettivo principale di dare ampia espressione ad una delle due categorie considerate essere di vitale importanza ("*i giovani e i cittadini dei paesi candidati all'adesione*") per il futuro dell'Unione Europea.

Il discorso di Valéry Giscard d'Estaing effettuato a Bruxelles dal 9 al 12 luglio 2002:

"*Sì, possiamo sognare e far sognare dell'Europa!*

Dobbiamo partire senza idee preconcette e formare la nostra visione della nuova Europa attraverso un ascolto costante e attento di tutti i nostri partner, [...] *ma anche uomini e donne la cui sola identità è l'appartenenza all'Europa.*

In questo processo di ascolto dobbiamo privilegiare [...] *i giovani, per i quali auspico possiamo organizzare una "Convenzione dei giovani dell'Europa", che terrebbe una sessione sul modello della nostra* [...]" .

La Convenzione Europea dei Giovani è un'iniziativa della "*Convenzione sul futuro dell'Unione Europea*" che l'ha approvata nella sessione plenaria del 15 e 16 aprile 2002. Essa si basa sul modello della Convenzione Europea ed ha contribuito ai lavori di quest'ultima attraverso la redazione di un *testo* il cui contenuto è stato di particolare interesse per *i lavori della prima delle tre fasi* (ascolto, riflessione, propositiva) della Convenzione Europea stessa.

La sua *composizione* è simile a quella della Convenzione Europea, con la differenza che non esiste alcuna distinzione tra i membri titolari e i supplenti e tra i delegati degli stati membri e quelli dei paesi candidati all'adesione.

I *partecipanti* alla Convenzione Europea dei Giovani sono invitati ad esprimere le proprie *opinioni* sui temi della Convenzione stessa in modo da rendere tutti i membri consapevoli dei diversi punti di vista e metterli in grado di ottimizzare i lavori, raggiungendo i risultati prefissati nel minor tempo possibile.

Ciò che ha mosso i *membri della Convenzione* è stata la volontà nel voler contribuire con le proprie idee alla costruzione di un'Unione Europea che focalizzasse maggiormente l'attenzione sulle esigenze e le richieste di chi rappresenta il futuro dell'Europa: i giovani.

La Convenzione dei Giovani si iscrive inoltre nel contesto del Libro Bianco della Commissione Europea sulla gioventù.

Essa è organizzata dal *Segretariato della Convenzione* in collaborazione con il Forum Europeo dei Giovani.

Non dimenticando che pochi mesi fa si è svolta la Settimana Europea dei Giovani, come testimonianza del continuo lavoro della Commissione e del Parlamento sia da un punto di vista istituzionale che non.

Nel tempo sono state innumerevoli le iniziative promosse dalla Comunità per avvicinarsi al mondo dei giovani, e per far sì che i giovani stessi si sentano parte della comunità, l'istituzione di siti internet dove reperire informazioni a tutti i livelli, sul lavoro della Commissione, del Parlamento, portali che mettono in rete le possibilità di occasioni di studio o lavoro nei paesi della comunità. Ma anche la stessa possibilità di visitare fisicamente i luoghi in cui tutto ciò prende forma, la possibilità di entrare nelle stanze e del Parlamento e della Commissione, o delle direzioni generali è una dimostrazione tangibile e concreta della volontà istituzionale di essere a servizio della cittadinanza tutta e dei giovani in particolare.

Quelli presentati sono alcuni esempi del complesso lavoro svolto in sede istituzionale europea a favore dei giovani, un lavoro che cerca continuamente di migliorarsi e di mantenere il passo con l'evolversi della società e di considerare ogni volta le nuove problematiche che emergono in modo tempestivo.

18
Cultura: elemento essenziale delle relazioni internazionali e nei processi di sviluppo

A partire dagli anni '90 l'Unione Europea è alla ricerca di nuove fonti di *governance* che le permettano di affrontare le sfide di "integrazione attiva" e quelle di integrazione passiva (moneta unica, soppressione delle barriere intracomunitarie).

Nel capitolo primo ho trattato le nuove sfide dell'UE, i nuovi metodi delle politiche pubbliche.

Nel secondo capitolo vengono trattati i programmi attraverso azioni e progetti trans-nazionali con i quali la Commissione vuole favorire sempre più numerose forme di partecipazione attiva dei cittadini per costruire un'Europa nella sua diversità culturale.

Il terzo capitolo fa riferimento al 2008 che è stato considerato l'anno europeo dell'intercultura, il quale rappresenta un momento di riflessione e di approfondimento particolare dedicato all'incontro tra culture ormai sempre più numerose all'interno dell'Europa.

Il quarto capitolo tratta della cultura come valore e risorsa per la crescita economica.

Capitolo I
Costruire nuovi metodi di integrazione europea

L'integrazione europea ha consentito cinquant'anni di stabilità, di pace e di prosperità economica, ha contribuito ad alzare il tenore di vita, ha instaurato un mercato interno e ha reso più forte la voce dell'unione nel mondo, conseguendo i risultati che non sarebbero stati possibili per i singoli Stati membri agendo individualmente.

Oggi l'UE tende a fronteggiare una sfida importante, colmare il divario tra i cittadini e la stessa Unione Europea, per questo essa si prefigge l'obiettivo di individuare metodi originali ed innovativi idonei ad incoraggiare la partecipazione dei cittadini nonché di stimolare il dialogo tra cittadini europei ed istituzioni comunitarie.

Il cambiamento richiede azioni concentrate da parte di tutte le istituzioni europee, degli Stati membri attuali, di quelli di futura adesione, delle autorità regionali locali e della società civile. All'inizio del 2000 la Commissione ha presentato la riforma della *governance* europea ed i cinque principi di una buona *governance* sono stati proposti nel Libro Bianco: apertura, partecipazione, responsabilità, efficacia e coerenza, i quali sono stati elaborati nella prospettiva dell'allargamento dell'UE costituendo il fondamento della democrazia.

Il Libro Bianco lancia all'UE una sfida particolare, un obiettivo che nasce da un principio che ha ispirato il processo di integrazione sin dalle fondazioni della Comunità: integrare fra loro i popoli d'Europa nel pieno rispetto delle singole identità nazionali.

Agire insieme in/per l'Europa

Mettere i cittadini in comunicazione tra loro è uno dei principali obiettivi dell'UE, consolidare un metodo volto a stimolare l'interazione e il dibattito tra loro e determinati settori delle politiche comunitarie. Una politica questa per dare loro più voce nel sistema di governo europeo e favorire la fiducia ed il rispetto reciproco, la volontà di lavorare insieme verso obiettivi comuni.

I cambiamenti politici in corso fanno dell'UE uno spazio che non si definisce solo per la sua dimensione economica (il mercato unico, la moneta unica) e politica, ma prima di tutto è anche uno spazio di valori e di storia condivisi, è un destino comune che unirà tutti.

L'allargamento, l'arrivo di nuovi membri che portano con sé un ricco patrimonio culturale, accentuerà la diversità dell'UE. Per far sì che le politiche dell'UE vengano applicate meglio da nuovi membri e da quelli attuali, occorre promuovere una migliore comprensione fra i cittadini attraverso scambi delle diverse fasce della società, esperienze professionali, la possibilità per i giovani di studiare in altri paesi dell'UE tramite alcune iniziative e programmi che pongono come obiettivo di riunire le persone delle comunità locali in tutta l'Europa affinché condividano scambi ed esperienze, opinioni e valori e traggano insegnamento dalla storia e operino per costituire il proprio futuro.

In Europa sta crescendo la tensione nei confronti del settore culturale, inteso come fattore determinante nel processo di integrazione europea.

Le azioni culturali europee finalizzate alla cooperazione culturale, sono state attuate già dal 1970 ma è il Trattato di Maastricht che ha accelerato il processo con l'art. 151.

Il Trattato di Maastricht

La volontà espressa a Maastricht è quella di un'Europa dei popoli, Europa che abbraccia anche la cultura. Due articoli del Trattato fanno riferimento alla cultura, l'art. 151 e l'art. 3. Il primo costituisce la base giuridica che consente di avviare diverse azioni culturali, invece il secondo prende in considerazione gli aspetti culturali specifici, nel quadro degli scambi economici europei.

L'art. 151 recita: "La Comunità contribuisce al pieno sviluppo delle culture degli Stati membri nel rispetto delle loro diversità nazionali e regionali evidenziando nel frattempo il retaggio culturale comune". Questo articolo autorizza l'UE ad impiegare strumenti idonei per sostenere iniziative e programmi culturali diretti ai giovani.

Il Trattato ha anche istituito una "cittadinanza europea" che completa la "cittadinanza nazionale", ma senza sostituirla. La cittadinanza europea traduce i valori fondamentali condivisi da tutti gli europei. Tenendo conto di questi valori, di questo patrimonio, si può dire che i contorni geografici dell'Europa politica si congiungono progressivamente a quelli dell'Europa culturale (tratto dal discorso di Viviane Reding – Commissario europeo istituzione e cultura).

Capitolo II
Programma Cultura 2000

Questo programma si propone di dare ai cittadini europei la possibilità di partecipare alla costruzione di un'Europa nella sua diversità culturale migliorando la comprensione reciproca ed il dialogo interculturale.

Il programma 2000 (2000-2004) è il programma quadro a favore della cultura e rappresenta per l'UE l'occasione per dare una nuova impostazione all'azione culturale della comunità e le permette di rispondere alle sfide dell'epoca contemporanea, all'aspirazione dei cittadini europei nel suo complesso e degli operatori culturali in particolare.

Questo programma raggruppa i programmi "Raffaello", "Caleidoscopio" e "Arianna" e mira ad incoraggiare la creazione, la conoscenza e la diffusione della cultura dei popoli europei. I settori sono: musica, letteratura, spettacolo dal vivo, nuove forme di espressione promuovendo la cooperazione tra organismi ed operatori culturali, le istituzioni culturali degli Stati membri. Inoltre sostiene delle iniziative che favoriscono lo sviluppo delle culture europee all'interno e all'esterno dell'UE.

Per gli Stati membri, parlamentari, la commissione, le organizzazioni culturali, il concetto di cultura abbraccia la cultura popolare, la cultura industriale di massa, la cultura della vita quotidiana. Per questo la cultura è strettamente legata alle risposte che le grandi sfide contemporanee, quali l'accelerazione della costruzione europea, la mondializzazione, la società dell'informazione, l'occupazione e la coesione sociale.

Le iniziative della Comunità permettono di valorizzare i rapporti tra cultura, industrie culturali e occupazione e di creazione di posti di lavoro che esse rappresentano.

"Cultura 2000" sostiene il ruolo della cultura come fattore economico e come fattore sociale di cittadinanza. Lo stanziamento finanziario previsto per l'esecuzione del programma è di 167 milioni di euro. Questo programma è aperto alla partecipazione dei Paesi dell'UE, ai paesi associati dell'Europa, a Cipro e anche aperto alla cooperazione con altri Paesi terzi che abbiano concluso accordi di associazione che contengono clausole culturali.

Programma Cultura 2007-2013

Il programma "Cultura 2007-2013" è destinato a sostituire i programmi culturali "Raffaello", "Arianna", "Caleidoscopio" e "Cultura 2000". Questo programma integra in un unico strumento finanziario i diversi aspetti della cooperazione culturale.

L'obiettivo generale che il nuovo programma propone di realizzare è quello di contribuire alla valorizzazione di uno spazio culturale condiviso dagli europei e basato su un comune patrimonio culturale, attraverso l'accrescimento della cooperazione culturale tra creatori, gli operatori culturali e le istituzioni culturali dei Paesi partecipanti al programma. I Paesi partecipanti sono: Paesi UE, Paesi EFTA, membri del SEE, i Paesi candidati che beneficiano di una strategia di pre-adesione all'Unione, i Paesi dei Balcani occidentali.

Gli obiettivi specifici sono i seguenti:

- promuovere la mobilità trasnazionale degli operatori culturali;
- incoraggiare la circolazione trasnazionale delle opere e prodotti artistici e culturali;
- favorire il dialogo interculturale.

Il fine ultimo del programma è quello di favorire l'emergere di una cittadinanza europea.

Oggi l'avventura europea viene accettata pienamente soprattutto dalle nuove generazioni, studenti che svolgono una parte degli studi diversa tra loro, da giovani che parlano lingue europee diverse, che hanno in comune con i colleghi di altri Paesi o continente, che sia divenuto lo spazio di vita dei giovani di benessere, di azione, di riflessione (V. Reding Commissario europeo istruzione e cultura).

L'UE non intende attuare una "politica comune" dell'istruzione ma favorisce la cooperazione in questo campo con azioni a livello comunitario come ad esempio i programmi "Socrates" (per l'istruzione), "Leonardo Da Vinci" (per la formazione professionale) ed "Erasmus Mundus" (per lo scambio di studenti).

Programma Erasmus Mundus

Il programma "Erasmus Mundus" è stato inaugurato nel 2004 per promuovere l'istruzione superiore europea quale centro di eccellenza del mondo. Per l'anno 2009-2013 la Commissione Europea ha adottato una proposta volta ad avviare la nuova generazione del programma "Erasmus Mundus". Il nuovo programma intende diventare il riferimento dell'UE per la cooperazione con i Paesi terzi: in un arco di cinque anni poco più di 950 milioni di euro verranno messi a disposizione delle università europee e dei Paesi terzi per partecipare insieme ai programmi comuni o ai partenariati di collaborazione e per concedere borse di studio a cittadini di paesi terzi che seguono un master europeo nonché per i cittadini che studiano in istituti partner di tutto il mondo per l'acquisizione di un'esperienza di studio internazionale. L'approccio nuovo a questo programma si traduce in un'intera gamma di nuove attività che comprendono programmi congiunti di dottorato, un accresciuto sostegno finanziario agli studenti europei e una cooperazione tra università europee, Paesi terzi in determinate regioni del mondo quale base per una cooperazione strutturata, lo scambio e la mobilità a tutti i livelli dell'istruzione superiore.

Questi programmi culturali hanno l'ambizione di contribuire a creare uno spazio comune a tutti gli europei, dove ciascuno trovi il suo posto e dove ciascuno abbia la possibilità di partire alla scoperta dell'altro, di farsi conoscenza dell'altro. È evidente che l'Europa rifiuta ogni genere di spazio unico nel quale le pratiche culturali verrebbero organizzate. L'identità europea integra le diversità culturali, politiche, filosofiche.

Le azioni sul piano simbolico, le capitali europee della cultura che possono incoraggiare la duplice nazione, unità e diversità della cultura europea. Una città che vuole promuovere sotto politica il profilo della sua capacità di innovazione che partecipa al progetto di sviluppo economico e sociale e consente agli abitanti di questa città, oltre a conoscere la cultura degli altri, anche di fare esperienza dello spazio culturale europeo.

Capitolo III
Che cos'è l'Europa culturale?

Esiste un consenso tra storici, politici, cittadini per dare della cultura europea una duplice definizione, tra Unità e Diversità.

Per quanto riguarda l'Unità, l'Europa è fondata su una comunanza di valori, quali cementano l'identità europea. Riguardo alla diversità, il territorio europeo è ricco di culture locali, regionali e nazionali, usi di vita diversificati molto ricchi, tradizioni architettoniche, cucine e canzoni popolari. Hanno arricchito questa cultura europea anche il contributo delle popolazioni immigrate.

L'UE sta diventando sempre più diversa e considera la diversità etica e culturale uno dei più importanti patrimoni. Con l'accrescere della multiculturalità in molti Paesi appare importante dare priorità al dialogo interculturale delle politiche e nei programmi europei per partecipare alla costruzione di una società interculturale.

2008: anno europeo del dialogo interculturale

L'allargamento dell'Unione Europea, la deregulation delle leggi sull'occupazione e la globalizzazione hanno fatto accrescere la multiculturalità in molti paesi europei, di conseguenza di questa multiculturalità appare importante dare priorità al dialogo interculturale.

Il Consiglio Europeo, affermando l'importanza della cultura in relazioni esterne dell'UE, ha dichiarato l'anno 2008, anno europeo del dialogo interculturale. L'obiettivo è di favorire l'espansione reciproca e la convivenza, elemento importante per stimolare il senso di appartenenza all'Europa.

Jan Figel, il Commissario per la cultura, riconosce che molte sfide più specifiche per l'Europa hanno le loro radici nei rapporti interculturali: "Il 2008 ci offre una preziosa occasione per cercare di migliorare il dialogo ed il rapporto tra culture".

Le differenze culturali quali le origini geografiche, l'etnia, le lingue, il background educativo e sociale, gli orientamenti religiosi, afferiscono i vari aspetti delle identità culturali degli individui ed è su tali orizzonti che si instaura il dialogo facendo sì che chiunque viva nell'UE si senta partecipe della costruzione di una società interculturale.

L'anno europeo offre l'opportunità di individuare le modalità di migliorare il dialogo ed anche le relazioni interculturali.

Il dialogo interculturale contribuisce a perseguire una serie di priorità strategiche tra le quali rispettare e promuovere la diversità culturale in Europa e promuovere la cittadinanza attiva europea.

Obiettivi:

- cercare di sensibilizzare quanti vivono nell'UE ed in particolare i giovani, all'importanza di partecipare al dialogo interculturale;
- adoperarsi per identificare, condividere e dare riconoscimento alle pratiche di promozione del dialogo interculturale in tutta l'Europa ed in particolare tra giovani e bambini;
- rafforzare il ruolo dell'istruzione come mezzo importante per insegnare la diversità e aumentare la comprensione;
- contribuire ad esplorare nuovi approcci al dialogo interculturale che implicano la cooperazione di attori dei diversi settori.

Le misure da finanziare possono essere:

a) cofinanziamento di azioni su scala comunitaria. Un numero di azioni di portata europea mirate alla sensibilizzazione, innanzitutto dei giovani, agli obiettivi. Può fruire di un contributo comunitario fino all'80% del costo totale;
b) cofinanziamento di azioni su scala nazionale. Azioni a livello nazionale con una forte dimensione europea, che possono fruire di un contributo comunitario fino al 50% del costo totale.

Sono tutti obiettivi che muovono la consapevolezza di sviluppare la cittadinanza attiva su valori comuni: il rispetto per la dignità umana, la libertà, l'equità, la non discriminazione, la solidarietà, i principi democratici ed il ruolo della legge.

Il dialogo interculturale è una strategia nei campi dell'educazione, della cultura per combattere la discriminazione e l'esclusione sociale. Inoltre è anche un principio guida nelle relazioni che l'UE intrattiene con Paesi terzi ed in particolare con i Paesi dell'area Euro-Mediterranea e dei Balcani.

Secondo Milton j. Benett, la sensibilità interculturale è un insieme di comportamenti specifici in quanto si tratta di "una costruzione della realtà, un modo di capirla, che si adegua progressivamente ad accogliere la differenza culturale che è alla base dello sviluppo evolutivo" [degli esseri umani].

Appare questo un compito difficile, come cinquant'anni fa, l'idea di riunire l'Europa con le varie popolazioni sembrava impossibile da realizzare, ma oggi il successo ottenuto dall'UE nell'unire i vari Paesi dà speranza di affrontare le sfide della diversità culturale e religiosa.

Pari opportunità

Il rapporto con culture diverse è un processo che riguarda anche le popolazioni immigrate. Non mancano gli scontri tra la cultura dominante e le popolazioni immigrate. Per un buon funzionamento di società multiculturali in Europa è necessaria un'apertura alla diversità culturale, il rispetto reciproco nei rapporti tra le persone e inoltre pari opportunità.

L'UE ha dichiarato il 2007 anno europeo delle pari opportunità per tutti e per realizzare questo deve necessariamente effettuare il passaggio obbligato: dalla multicultura, il dialogo tra culture per il rispetto reciproco, alla intercultura intesa come contaminazione di valori, di idee, prospettive per attuare un progetto comune di convivenza civile e sociale.

Così l'intercultura supera il carattere descrittivo della concezione multiculturale, per instaurare un terreno di mediazioni, negoziazioni sui valori orientati e comportamenti tra soggetti appartenenti tra culture diverse che convivono in una stessa comunità.

Per la costruzione di un contesto interculturale occorre riferirsi al corpus dei diritti umani universali individuati nelle principali carte internazionali, dalla dichiarazione universale dei diritti umani del 1948 alla carta dei diritti fondamentali dell'UE del dicembre 2000 e dell'UNESCO nel 2001 sulla dichiarazione universale della diversità culturale. Diritti quali: il diritto alla vita, la dignità umana, la libertà, l'uguaglianza, l'ambiente, la questione femminile, la giustizia, la pace. Sono questi un corpus di diritti e di valori guida affermati a livello internazionale che favoriscono il riconoscersi di una mappa di valori di una cultura della mondanità; da qui poter ispirare i comportamenti civici individuali collettivi, le azioni, le decisioni politiche interculturali e sociali.

Promuovere la cultura dei diritti umani attraverso la definizione di una educazione interculturale potrebbe far rileggere ad esempio il fenomeno dell'immigrazione in modo meno problematico. In alcuni articoli della dichiarazione universale dei diritti umani, ad es. l'art. 6, si legge: "Ogni individuo ha diritto in ogni luogo al riconoscimento della sua personalità giuridica"; art. 15: "Ogni individuo ha diritto ad una cittadinanza".

Se questi articoli fossero riassunti propedeuticamente come guida alla gestione del fenomeno, si proverebbe a smussare molti pregiudizi e stereotipi spesso presenti nell'opinione pubblica. L'obiettivo dell'UE è la percezione dell'altro nella sua diversità perché la diversità fa parte della cultura europea. La concezione "duale" Unità e Diversità sta alla base dell'azione culturale dell'UE: quale viene definito dall'art. 151 dell'attuale trattato.

Con il 2008, anno dell'intercultura, l'UE spera di porre le basi per un'azione incisiva nel campo del dialogo interculturale anche nel lungo periodo.

Capitolo IV
Agenda della cultura in un mondo globale

Sostenere la diversità culturale, promuovere la cultura come fattore di crescita ed inoltre inserirla con le relazioni con il mondo, sono tre obiettivi al centro della comunicazione intitolata: "Un'agenda della cultura in un mondo globale".

José Manuel Barroso, Presidente della Commissione Europea, ha dichiarato: "*La cultura e la creatività riguardano direttamente la vita quotidiana dei cittadini, sono fattori importanti di sviluppo personale, coesione sociale e crescita economica ma sono anche molto di più: sono elementi centrali di un progetto europeo basato su valori e su un patrimonio comune che al tempo riconosce la diversità. Questa strategia è diretta a favorire la comprensione tra culture e al centro delle nostre politiche*" (ec.europa.eu/culture/eac).

Per mettere in atto questa strategia comune per la cultura, la Commissione propone agli Stati membri il "Metodo di coordinamento aperto", un metodo flessibile di collaborazione consentendo ai Paesi europei di valutare il loro operato e di condividere le esperienze migliori pur conservando le proprie competenze in questo campo.

Nelle iniziative della comunicazione a favore della cultura, la Commissione sottolinea l'importanza dell'arte e la cultura quali aprono nuove forme di dialogo che hanno spazi di comprensione culturale e permettono agli individui ed ai gruppi di trascendere le proprie posizioni identitarie.

Il patrimonio culturale europeo, ivi compresa la diversità delle sue espressioni, si è rivelato essere un motore incomparabile di innovazione, di sviluppo e di progresso che si è propagato in tutte le sue direzioni e continua ancora oggi a costruire un elemento essenziale di un umanesimo di arricchimento e di animazione spirituale di democrazia, di tolleranza e di civiltà.

La comunicazione invita la Commissione a proporre la creazione di programmi specifici volti a stimolare la creatività degli artisti e a preservare il contatto con i beni e i valori materiali ed immateriali che integrano il patrimonio culturale europeo. Ritiene di valorizzare il patrimonio culturale europeo come unità indissolubilmente al suo uso ed al suo godimento da parte della società e che deve essere gestita in modo sostenibile visto che è un bene deperibile.

La gestione del patrimonio culturale deve essere economicamente redditizia e contribuire pertanto al miglioramento delle condizioni socio-economiche delle popolazioni.

Alcuni musei più importanti e le principali istituzioni culturali a livello dell'UE si stanno dedicando in misura crescente a scambi economicamente significativi con analoghe istituzioni di altre parti del mondo che dà luogo ad entrate rilevanti.

È importante garantire che tutti i programmi e progetti di cooperazione prendano in considerazione la cultura locale e contribuiscano ad un maggiore successo delle persone alla cultura ed ai mezzi di espressione culturale, la lotta contro la povertà e alla riduzione sociale.

La Commissione propone di creare un fondo culturale UE-ACP, che con una dotazione di 30 milioni di euro possa sostenere la cultura dei Paesi dell'Africa, dei Caraibi e del Pacifico ed integrare inoltre la cultura nei programmi scolastici di tutti i livelli nei paesi in via di sviluppo ed inoltre scambi culturali fra l'UE, le regioni ed i Paesi terzi.

Inoltre ritiene importante promuovere l'integrazione nelle politiche di cooperazione allo sviluppo, in particolare per quanto riguarda la loro integrazione con le politiche sociali ed economiche. Ad esempio, nelle opere culturali viene riconosciuto uno statuto particolare di doppia natura: si tratta di beni e di servizi economici che offrono importanti opportunità di creare ricchezza ed importanti opportunità di posti di lavoro, ma allo stesso tempo svolgono un ruolo decisivo nella creazione di un'attività culturale europea di valori comuni e nello sviluppo costante di una cittadinanza europea.

I fattori materiali hanno influenza reale allo sviluppo del funzionamento e l'efficienza nell'impiego delle risorse materiali. Nella *new economy* sono molto importanti le idee, i concetti, le immagini e le esperienze innate hanno dimostrato che il grado di competitività di ogni Paese è direttamente proporzionato agli investimenti in cultura.

In Italia la spesa per la cultura costituisce lo 0% del bilancio rispetto al 2% o 3% dei Paesi competitivi come alcune particolari zone europee e l'erica.

Sempre nell'ambito della politica culturale europea viene data un'attenzione particolare alla tecnologia audiovisiva a cui sono stati dedicati vari programmi che in ultimo si sono riuniti nel nuovo programma "Media 2007-2013". Un programma che ha uno stanziamento di bilancio pari a 755 milioni di euro. La cultura viene considerata come un settore che fornisce posti di lavoro e promuove la crescita economica particolarmente importante per lo sviluppo delle città (specialmente di piccole e medie dimensioni) e delle zone rurali.

Il settore audiovisivo è uno strumento essenziale per la trasmissione e lo sviluppo dei valori culturali europei. Tale settore svolge un ruolo fondamentale nella realizzazione di una identità culturale europea e nell'espressione di una cittadinanza europea. Inoltre la circolazione delle opere audiovisive europee contribuisce a rafforzare il dialogo interculturale e a migliorare la comprensione e la conoscenza reciproca delle culture europee.

Perseguire gli obiettivi in termini di competitività ha un'incidenza concreta sulle entrate economiche, sulle fonti di ricchezza e sulle creazioni di posti di lavoro nell'UE.

La messa a punto della distribuzione europea è essenziale affinché le opere audiovisive possano far fronte alla concorrenza mondiale. Il sostegno comunitario nel settore audiovisivo si colloca anche nel contesto della strategia di Lisbona che mira a fare dell'Europa l'economia più competitiva e più dinamica del mondo.

La cultura è strettamente legata alle risposte che bisognerà fornire alle grandi sfide contemporanee, quale l'accelerazione della Costituzione Europea, la mondializzazione, la società dell'informazione, l'occupazione e la coesione sociale.

Conclusioni

Da quanto detto si può capire come la cultura sia sempre più un canale privilegiato di produzione di pensiero innovativo e di sollecitazione all'innovazione. La possibilità creativa può fornire un'occasione per crescere e competere; la cultura può creare ricchezza.

La cultura è strettamente legata alle risposte che bisognerà fornire un'occasione per crescere e competere; la cultura può creare ricchezza.

Non esiste una politica culturale europea nel senso tradizionale del termine, quanto piuttosto una politica delle culture europee, un'azione di avvicinamento, confronto e scambio tra culture europee. La Comunità costituisce dei ponti tra diverse culture.

L'Europa è un progetto perché è una costituzione volontaria, rappresenta un destino scelto.

19
Dalla proposta di Costituzione Europea al Trattato di Lisbona

Capitolo 1
L'Europa dei cittadini: dal Trattato di Roma al tentativo di Costituzione Europea

Contributo alle celebrazioni del 2007 per il 50° anniversario del Trattato di Roma, la presente pubblicazione è anche un'opportunità di ripercorrere la storia dell'Unione Europea secondo una prospettiva insolita al fine di rispondere alla domanda: in quale misura il cittadino si è fatto strada nel contesto economico profilato dal Trattato di Roma? In quale misura l'Unione economica è diventata un'Unione del cittadino? Una storia, questa, su cui poche pagine sono state scritte.

Perché esplorare questo tema?

L'Associazione Giovani Europei organizza il Master in "Affari Comunitari e Politiche dell'Innovazione", giunto alla 7° edizione, non è del tutto convinta su alcuni approcci strategici che l'Unione Europea (UE) ha nei confronti dei cittadini. Infatti l'UE non dovrebbe preoccuparsi unicamente di questioni economiche, ma consentire anche più poteri e capacità d'influenza ai cittadini europei. L'Associazione Giovani Europei persegue tre obiettivi: rafforzare la strategia europea della società civile negli Stati membri e comunità vicine; difendere i diritti di libera circolazione dei cittadini europei; diffondere una maggiore sensibilità per una cittadinanza europea più sviluppata ed inclusiva; creare in tutti gli Stati membri dell'Europa a 27 una maggiore consapevolezza europea e nuovi elementi culturali di collegamento tra l'Unione e gli Stati facenti parte degli accordi EUROMED e del Consiglio d'Europa.

A prima vista, il "Trattato riformato", sulla cui sostanza si sono messi d'accordo i capi di Stato e di governo il 21 e 22 giugno, è, rispetto alla bozza del Trattato Costituzionale, un passo indietro per un'Europa dei cittadini. Il concetto di Costituzione è abbandonato. Non ci sarà un unico Trattato bensì due, ovvero il Trattato sull'Unione Europea ed il "Trattato sul funzionamento dell'Unione" e la terminologia utilizzata cambierà di conseguenza: non vi sarà il "ministro dell'Unione per gli affari esteri" ma, al suo posto, l'Alto rappresentate dell'Unione per gli affari esteri e la politica di sicurezza"; non vi sarà più la "legge europea" oppure la "legge quadro", ma ancora gli attuali "regolamenti" e "direttive" né alcun articolo nel trattato manterrà la bandiera, l'inno o il motto. L'articolo sulla prevalenza della legislazione dell'UE è abbandonata e, al suo posto, vi sarà una dichiarazione facente riferimento alla giurisprudenza della Corte di Giustizia della stessa Unione. In pratica, continueranno ad esistere i simboli e la giurisprudenza della Corte di Giustizia che hanno accompagnato la storia degli ultimi 50 anni.

Se osservato più da vicino, però, l'abbandono del progetto costituzionale non tocca i contenuti, visto che l'80% delle precedenti innovazioni sono mantenute o modificate solo leggermente:

- Il controllo legale è rafforzato perché la Carta dei diritti fondamentali avrà ora lo stesso valore legale dei Trattati. Il fatto che non sia incorporato nei Trattati e sia pubblicato come documento separato non modifica il suo essere legalmente vincolante. Esso consentirà pertanto un'ulteriore salvaguardia per la difesa dei diritti europei. Allo stesso tempo, l'Unione accederà alla Convenzione Europea per la Protezione dei diritti umani e libertà fondamentali. La lingua barocca del protocollo che esonera il Regno Unito da talune protezioni consentite dalla Carta non modifica la situazione negli altri 26 Stati membri dell'Unione.
- Il controllo parlamentare è rafforzato con maggiore enfasi posta sulla sussidiarietà ed una procedura per i Parlamenti nazionali che potranno chiedere alla Commissione di riconsiderare le procedure legislative. Il Parlamento Europeo diventa co-legislatore con il Consiglio dei Ministri in oltre 30 campi in cui si estende il voto a maggioranza.

I cittadini sono pertanto in una più forte posizione in rapporto all'Unione Europea. Inoltre, il principio della democrazia partecipativa è mantenuto (Articolo 47 della Bozza di Trattato costituzionale) e include iniziative dei cittadini quali la loro possibilità, quando sono oltre un milione a farlo, di chiedere alla Commissione di avanzare certe proposte legislative.

La presente pubblicazione intende specificare alcuni aspetti particolari e strategici del percorso europeistico visto dalla parte dei cittadini. Nel corso del master in "Affari Comunitari e Politiche dell'Innovazione" abbiamo più volte indicato i vantaggi derivanti dal nuovo Trattato per un ruolo crescente dei cittadini attraverso le loro stesse iniziative, una Carta legalmente vincolante dei diritti umani oltre che un migliore controllo parlamentare e legale. Nei paesi che terranno un referendum o che ne prevedono la celebrazione, abbiamo organizzato incontri pubblici e con la stampa. Abbiamo riscontrato il paradosso per cui, nonostante la Costituzione contemplasse almeno alcune risposte ai dubbi sul modo in cui i cittadini sono rappresentanti in seno all'UE, una maggioranza ha comunque votato contro. In varie lezioni e seminari abbiamo anche esaminato i risultati delle campagne referendarie e le opzioni per il futuro. È interessante valutare quali effetti sull'Unione Europea ci sono stati dai vari referendum negativi e da altri passi falsi del percorso comunitario, quasi per valutare provocatoriamente alcune lezioni del passato. Un fenomeno preoccupante per l'UE non è soltanto il diffondersi dell'euroscetticismo, ma il più alto livello dei tassi medi di astensione, il voto negativo della generazione più giovane. Questa è una questione che l'UE può ignorare soltanto accettando i rischi che ne deriverebbero. L'UE deve trovare un suo messaggio moderno. Questo problema persiste nonostante il risultato positivo dei negoziati sul nuovo Trattato.

Attraverso l'esame di vari scritti e pubblicazioni possiamo affermare che il cittadino ha fatto progressi. E questo non tanto in relazione ai Trattati stessi, ma per ciò che le istituzioni dell'UE, insieme alla società civile che spesso funge da catalizzatore, ne hanno fatto emergere. Forse che, con il senno di poi, non sarebbe arrivata all'inatteso choc causato dal no di Francesi e Olandesi, quando questi furono chiamati a pronunciarsi su quel Trattato che, nel suo tentativo di fondere il Trattato di Roma ed il Trattato di Maastricht, conteneva più dettagli economici di quanti comparirebbero in qualsiasi normale fondamento di documento costituzionale.

Tuttavia, ciò non dovrebbe necessariamente essere considerato come rifiuto di tutto quello che l'UE ha raggiunto poiché i Tratatti da soli non sono un vero riflesso della sua storia. Anche i sostenitori dell'Unione Europea, che dovrebbero saperne di più, tendono, nell'attuale crisi, ad avanzare richieste come se l'UE non avesse ambito legale di riferimento entro cui i cittadini possono invocare la difesa dei propri diritti né canali di comunicazione verso le istituzioni europee. Ciò fa sembrare dal canto suo la "democrazia partecipativa" più che altro una "missione impossibile", ancorché vi siano risultati concreti su cui i riformatori possono costruire. Non farebbe male ricordarci che le diverse strutture costruite lentamente e spesso dolorosamente negli ultimi cinquant'anni dispongono di meccanismi che devono essere utilizzati maggiormente piuttosto che reinventati.

- *Per quale motivo il cittadino ha fatto passi in avanti e ha preso piede nell'unione economica rispetto a quei principi fondamentali espressi chiaramente e lucidamente nel Trattato di Roma?* Il cittadino si è fatto strada grazie all'interpretazione ampia delle disposizioni dei Trattati, poiché questa è dipesa maggiormente dal suo spirito piuttosto che dal contenuto letterale, e questo a vantaggio del cittadino. Per esempio, vi è una lunga tradizione di rapporti ed iniziative dei cittadini europei che hanno dato vita a tutta una serie di simboli dell'identità europea e programmi d'identità e scambio come Erasmus, di cui ricorre quest'anno il suo 20° anniversario (Il programma Erasmus incoraggia la mobilità di studenti e professori e promuove la cooperazione transnazionale fra le università in tutta Europa. Consente agli studenti di realizzare scambi di studio in altre università europee per un periodo massimo di un anno). Ma la vera base di questi sviluppi si ritrova

> nella giurisprudenza della Corte. Come è stato più volte sottolineato, le Corti e i Tribunali generalmente non celebrano anniversari ma, secondo una prospettiva del cittadino, la Corte di Giustizia Europea è il "padrone di casa" di queste celebrazioni per i 50 anni del Trattato di Roma. Ciò che i primi sei paesi firmatari videro come strumento dapprima economico fra i governi partecipanti, la Corte lo vide tramite la creazione di un ordine legale distinto che riguardasse anche le singole persone. 'È lo Stato membro che conferisce il potere all'Unione, ma una volta che lo ha conferito, diritti e doveri che derivano da quel potere possono essere invocati direttamente da persone normali'. La Corte ha inoltre assicurato che questo non è un mero principio astratto e ha sviluppato, in tale contesto, il concetto di un diritto di cui servirsi per fare causa in casi d'infrazione della legge comunitaria.

Vi è un chiaro progresso storico dall'origine strettamente economica degli articoli del Trattato sull'equità di salario a parità di prestazione e libera circolazione di lavoratori. L'uguaglianza fra uomini e donne è ora parte di tutte le politiche dell'UE ed è stata la base dell'introduzione di una clausola generale sull'antidiscriminazione nel Trattato. Del pari, la Corte ha considerato i lavoratori più che agenti di produzione. Progressivamente, la libera circolazione si è estesa ad altre categorie della popolazione. E poi, nel periodo iniziale, un singolo articolo non specifico (Art. 235) era sufficiente perché l'UE introducesse legislazione e programmi per diventare un attore leader nella tutela dell'ambiente oltre che il più importante donatore di aiuti al mondo.

Nella stessa misura, ci si può domandare come le revisioni successive del Trattato hanno creato un migliore equilibrio fra le politiche economiche e le altre politiche...

È stato il Parlamento Europeo, dopo le sue prime elezioni europee nel 1979, a diventare il promotore naturale delle riforme e a produrre, nel 1984, una bozza del Trattato sull'Unione Europea sotto l'egida dell'On. Altiero Spinelli. Per i negoziati odierni, questa bozza è un modello interessante del modo possibile riprodurre un testo che sia di facile lettura. Ma era molto avanti rispetto al suo tempo. Le riforme del Trattato erano cominciate su un fronte più circoscritto: l'Atto Unico Europeo (AUE) del 1986 ha introdotto in modo particolare il voto a maggioranza per adottare le misure necessarie a raggiungere il mercato interno entro il primo gennaio 1993. L'AUE ha incluso una clausola di salvaguardia che "la Commissione nelle sue proposte riguardanti la salute, la sicurezza, la tutela dell'ambiente e la protezione del consumatore prenderà da base per un consentire un alto livello di protezione". Il passaggio dalla rimozione delle barriere tariffarie nell'ambito del Trattato di Roma alla rimozione delle barriere non tariffarie per raggiungere l'obiettivo del mercato interno ha inserito nella legislazione dell'UE un'economia con obiettivi societari più ampi.

Fino al Trattato di Maastricht nel 1991 vi è stata una vera e propria espansione delle politiche dell'UE con il protocollo sociale, la cittadinanza europea, il consumatore ambientale e le politiche per la sanità pubblica. Ciononostante, nell'ambito della ricerca di un equilibrio migliore fra le politiche economiche e le altre politiche, il prezzo pagato non era tanto l'espansione delle attività dell'Unione ma spesso il considerevole indebolimento degli articoli del Trattato rispetto all'approccio iniziale del Trattato di Roma, soprattutto in campi come quello della cultura e dell'istruzione.

Ma torniamo al tema principale di questo scritto che vuole essere il rapporto stringente tra Unione Europea e cittadini e quindi in tal senso sarebbe interessante andare ad identificare e vedere in che misura l'UE ha creato uno spazio per i cittadini.

Nonostante il Trattato di Roma abbia previsto di creare un Comitato economico e sociale, è soltanto con il Trattato di Maastricht, preceduto da ampia discussione e difficile ratifica, che le questioni "trasparenza" sono state poste all'ordine del giorno. Il Trattato ha creato la cittadinanza europea e la figura del mediatore europeo. Nel Trattato di Amsterdam, le regole volontarie sull'accesso ai documenti sono diventate un diritto formale dei cittadini. La Commissione ha migliorato i suoi standard di consultazione e più recentemente il Consiglio ha aperto il suo lavoro legislativo al pubblico. Per certi aspetti la storia si ripete: il rifiuto del Trattato costituzionale alle urne francesi ed olandesi rispettivamente ha dato vita a reazioni da parte della Commissione simili a quelle prese dopo la difficile ratifica del Trattato di Maastricht: un'iniziativa europea per la trasparenza, un Libro bianco sulla strategia di comunicazione e un piano 'D' (Il piano 'D' per la democrazia, il dibattito ed il dialogo è stato un piano proposto dalla Commissione per stimolare un più ampio dibattito tra le istituzioni UE ed i cittadini alla luce del no francese ed olandese alla Costituzione. È in questa linea che s'inseriscono le Consultazioni dei Cittadini europei organizzate dalla Fondazione Re Baldovino di Bruxelles).

Ciò sta portando ad interessanti esperimenti che coinvolgono i cittadini, organizzati in tutta Europa per discutere del futuro di quest'ultima.

Parallelamente alle misure per rendere l'UE più trasparente ed affidabile, la tematica dei diritti umani è diventata anch'essa più presente nei dibattiti rispetto all'inizio, quando era considerata un argomento di cui si dovesse occupare per di più il Consiglio d'Europa. Un dilemma è stato risolto circa l'eventualità o meno per l'UE di avere una Carta dei diritti fondamentali o di aderire alla Convenzione sui Diritti umani del Consiglio d'Europa. La Convenzione sul futuro dell'Europa ha deciso che l'Unione dovrebbe essere presente in entrambi i livelli. Ed ora s'intensifica il "dossier" per rendere la Carta legalmente vincolante e l'UE più affidabile. Con lo sviluppo della cooperazione nella lotta contro il terrorismo, il traffico di persone e altri crimini transnazionali organizzati, l'UE sta entrando in aree sensibili della giustizia dove occorre trovare un non facile equilibrio fra sicurezza e libertà civili.

Ripercorrendo la storia dell'UE, i decisori possono trovare precedenti i quali possono rivelarsi utili nella ricerca di strade per uscire dall'attuale impasse legata al Trattato Costituzionale. Il Trattato di Roma e l'Atto Unico Europeo sono state entrambe risposte alle crisi e periodi d'inerzia, seguiti poi da un approccio più funzionalista che costituzionale. In generale, una "crisi" è stata risolta da una leadership europea basata sull'identificazione di un terreno comune specifico tra Stati membri, spesso con un obiettivo specifico. L'accordo del 21-22 giugno sul nuovo Trattato riformato era in linea con la storia dell'UE: (con difficoltà) ha trovato un terreno d'intesa tra Stati membri e l'obiettivo era di risolvere le questioni istituzionali.

Un'altra lezione della storia è che l'Unione deve ora trovare il modo migliore di affrontare la riforma dei Trattati. L'impazienza rispetto al vecchio approccio di negoziazioni delle riforme del Trattato sempre più difficili a porte chiuse in seno ad una Conferenza intergovernativa hanno portato ad un nuovo consenso a favore di un approccio aperto al pubblico in una Convenzione sul futuro dell'Europa. Tuttavia, questo approccio è anch'esso fallito. Aveva lo svantaggio di essere disimpegnato rispetto alle istituzioni UE e vi era una volontà politica insufficiente da parte dei governi e dei partiti politici di spiegarlo al pubblico. La risposta non è però quella di ritornare al vecchio modo di fare le cose.

Una strada intermedia tra questi due estremi dovrebbe essere quella di rivolgersi maggiormente al Parlamento Europeo poiché è eletto direttamente ed è anche il più aperto delle tre istituzioni. Il Parlamento Europeo potrebbe forgiare compromessi politici come ha fatto a metà degli anni Ottanta per sbloccare il processo di riforma del Trattato o, come ha fatto più recentemente, per risolvere la controversia circa la Direttiva sui servizi? Sicuramente, il Parlamento Europeo dovrebbe avere un ruolo molto più importante ora di quanto non ne avesse in passato quando rimaneva un semplice osservatore in seno alle conferenze intergovernative.

Questa rivisitazione storica del passato ci porta a fare tre raccomandazioni per il futuro:

1) Il cittadino ha fatto molti più progressi in rapporto alla sua partecipazione nel processo di costruzione dell'Europa di quanto appaia a prima vista. Ciò è dovuto al fatto che non vi sia stato una semplice corsa in una grande strada. Strade diverse, spesso inattese, portato ad un'Europa dei cittadini. Ciò che l'UE non è riuscita a fare è informare i cittadini circa i loro diritti europei e circa il modo di utilizzare maggiormente i canali di comunicazione e strutture istituzionali. Ma i cittadini dovrebbero anche svegliarsi. Il Trattato riformato è un esempio particolarmente eloquente in questo

senso. Presentato come Trattato sul funzionamento dell'Unione dopo duri negoziati sulla procedura di voto al Consiglio e diverse opzioni agli uni e gli altri Stati, i vantaggi che consente al cittadino sono stati grandemente sottovalutati.

2) Vi è un reale pericolo che i cittadini si sentano messi da parte in ragione della decisione degli Stati membri di evitare una ripetizione rischiosa oppure nuovi referendum nazionali sul Trattato riformato. È vitale che la finalizzazione del testo del Trattato e l'inizio delle procedure di ratifica nei Parlamenti nazionali siano accompagnate da un reale dibattito pubblico.
3) La lunga marcia dei cittadini per riguadagnare un posto di diritto nel processo d'integrazione europea ha avuto meno a che fare con le riforme del Trattato che con il modo in cui il Trattato è stato interpretato. Un caso alla Corte Europea di Giustizia può portare ad altri e, alla fine, alla legislazione in tutta l'Unione. Un singolo articolo – il 235 (ora 308) – è stato sufficiente per fare in modo che si considerasse il coinvolgimento del cittadino, ma con l'espansione dell'attività dell'UE a sempre nuovi campi, è diventato molto ridondante. Non serve forse una nuova e più moderna versione di questo articolo? Ciò non consentirebbe forse all'UE di reagire più rapidamente a nuove sfide e questioni che riguardano i cittadini? Gli attuali strumenti d'azione sono troppo lenti e complessi di fronte della lotta costante legata alla necessità d'individuare nuove strade relativamente agli ostacoli legali. Una tale clausola per il cittadino dovrebbe consentire al Parlamento Europeo un diritto di co-legiferare e consentire la presa di decisione alla maggioranza qualificata. Sarebbe questa inoltre la base per attuare l'articolo 47 nel Trattato costituzionale sulle iniziative del cittadino oltre che un diritto del cittadino di essere informato ed ascoltato dall'UE. È stato fatto di più di quanto possa sembrare. Ma vi è ancora una lunga strada da percorrere prima che i cittadini sentano che l'UE li tratta veramente come tali.

Capitolo 2
Il Trattato di Lisbona

Redatto per sostituire la **Costituzione Europea**, bocciata nei referendum francese e olandese del 2005, è stato preceduto dalla **Dichiarazione di Berlino**, firmata il 25 marzo 2007, dopo il cosiddetto "periodo di riflessione". In tale occasione, coincidente con i 50 anni dell'Europa unita, il cancelliere tedesco Angela Merkel e il premier italiano Romano Prodi avevano espresso la volontà di risolvere la situazione entro pochi mesi, permettendo l'entrata in vigore di un nuovo trattato nel 2009, l'anno delle elezioni del nuovo Parlamento Europeo. Sempre nel 2007 un gruppo di politici ha costituito il **Gruppo Amato**, ufficialmente conosciuto come **Comitato d'azione per la democrazia europea**, che supportato dalla Commissione Europea, la quale ha inviato due suoi rappresentanti alle riunioni, ha avuto il mandato (non ufficiale) di provvedere alla riscrittura della Costituzione, sulla base dei criteri emersi durante le consultazioni della Presidenza tedesca con le cancellerie europee. Il nuovo testo è stato presentato il 4 giugno 2007, il 23 giugno 2007 è stato raggiunto l'accordo sul nuovo Trattato di riforma ed il 13 dicembre 2007 i leader dell'Unione Europea hanno firmato il Trattato di Lisbona, mettendo fine a diversi anni di negoziati sulla riforma istituzionale.

Principali modifiche

Il 13 dicembre 2007 i leader dell'Unione Europea hanno firmato il Trattato di Lisbona, mettendo fine a diversi anni di negoziati sulla riforma istituzionale. Il Trattato di Lisbona modifica il Trattato sull'Unione Europea e il Trattato che istituisce la Comunità Europea, attualmente in vigore, senza tuttavia sostituirli. Il nuovo trattato doterà l'Unione del quadro giuridico e degli strumenti necessari per far fronte alle sfide del futuro e rispondere alle aspettative dei cittadini.

1) **Un'Europa più democratica e trasparente,** che rafforza il ruolo del Parlamento Europeo e dei parlamenti nazionali, offre ai cittadini maggiori possibilità di far sentire la loro voce e chiarisce la ripartizione delle competenze a livello europeo e nazionale.
   - *Un ruolo rafforzato per il Parlamento Europeo*: il Parlamento Europeo, eletto direttamente dai cittadini dell'UE, sarà dotato di nuovi importanti poteri per quanto riguarda la legislazione e il bilancio dell'UE e gli accordi inter-

nazionali. In particolare, l'estensione della procedura di codecisione garantirà al Parlamento Europeo una posizione di parità rispetto al Consiglio, dove sono rappresentati gli Stati membri, per la maggior parte degli atti legislativi europei.

- *Un maggiore coinvolgimento dei parlamenti nazionali:* i parlamenti nazionali potranno essere maggiormente coinvolti nell'attività dell'UE, in particolare grazie ad un nuovo meccanismo per verificare che l'Unione intervenga solo quando l'azione a livello europeo risulti più efficace (principio di sussidiarietà). Questa maggiore partecipazione, insieme al potenziamento del ruolo del Parlamento Europeo, accrescerà la legittimità ed il funzionamento democratico dell'Unione.
- *Una voce più forte per i cittadini:* grazie alla cosiddetta "iniziativa dei cittadini", un gruppo di almeno un milione di cittadini di un certo numero di Stati membri potrà invitare la Commissione a presentare nuove proposte.
- *Ripartizione delle competenze:* la categorizzazione delle competenze consentirà di definire in modo più preciso i rapporti tra gli Stati membri e l'Unione Europea.
- *Recesso dall'Unione:* per la prima volta, il Trattato di Lisbona riconosce espressamente agli Stati membri la possibilità di recedere dall'Unione.

2) **Un'Europa più efficiente,** che semplifica i suoi metodi di lavoro e le norme di voto, si dota di istituzioni più moderne e adeguate ad un'Unione a 28 e dispone di una maggiore capacità di intervenire nei settori di massima priorità per l'Unione di oggi.
   - *Un processo decisionale efficace ed efficiente:* il voto a maggioranza qualificata in seno al Consiglio sarà esteso a nuovi ambiti politici per accelerare e rendere più efficiente il processo decisionale. A partire dal 2014, il calcolo della maggioranza qualificata si baserà sulla doppia maggioranza degli Stati membri e della popolazione, in modo da rappresentare la doppia legittimità dell'Unione. La doppia maggioranza è raggiunta quando una decisione è approvata da almeno il 55% degli Stati membri che rappresentino almeno il 65% della popolazione dell'Unione.
   - *Un quadro istituzionale più stabile e più semplice:* il Trattato di Lisbona istituisce la figura del presidente del Consiglio Europeo, eletto per un mandato di due anni e mezzo, introduce un legame diretto tra l'elezione del presidente della Commissione e l'esito delle elezioni europee, prevede nuove disposizioni per la futura composizione del Parlamento Europeo e per una Commissione ridotta e stabilisce norme più chiare sulla cooperazione rafforzata e sulle disposizioni finanziarie.
   - *Migliorare la vita degli europei:* il Trattato di Lisbona migliora la capacità

di azione dell'UE in diversi settori prioritari per l'Unione di oggi e per i suoi cittadini. È quanto avviene in particolare nel campo della "libertà, sicurezza e giustizia", per affrontare problemi come la lotta al terrorismo e alla criminalità. La stessa cosa si verifica, in parte, anche in ambiti come la politica energetica, la salute pubblica, la protezione civile, i cambiamenti climatici, i servizi di interesse generale, la ricerca, lo spazio, la coesione territoriale, la politica commerciale, gli aiuti umanitari, lo sport, il turismo e la cooperazione amministrativa.

3) **Un'Europa di diritti e valori, di libertà, solidarietà e sicurezza,** che promuove i valori dell'Unione, integra la Carta dei diritti fondamentali nel diritto primario europeo, prevede nuovi meccanismi di solidarietà e garantisce una migliore protezione dei cittadini europei.
   • *Valori democratici:* il Trattato di Lisbona precisa e rafforza i valori e gli obiettivi sui quali l'Unione si fonda. Questi valori devono servire da punto di riferimento per i cittadini europei e dimostrare quello che l'Europa può offrire ai suoi partner nel resto del mondo.
   • *I diritti dei cittadini e la Carta dei diritti fondamentali:* il Trattato di Lisbona mantiene i diritti esistenti e ne introduce di nuovi. In particolare, garantisce le libertà e i principi sanciti dalla Carta dei diritti fondamentali rendendoli giuridicamente vincolanti. Il trattato contempla diritti civili, politici, economici e sociali.
   • *Libertà dei cittadini europei:* il Trattato di Lisbona mantiene e rafforza le quattro libertà fondamentali, nonché la libertà politica, economica e sociale dei cittadini europei.
   • *Solidarietà tra gli Stati membri:* il Trattato di Lisbona dispone che l'Unione e gli Stati membri sono tenuti ad agire congiuntamente in uno spirito di solidarietà se un paese dell'UE è oggetto di un attacco terroristico o vittima di una calamità naturale o provocata dall'uomo. Pone inoltre l'accento sulla solidarietà nel settore energetico.
   • *Maggiore sicurezza per tutti:* la capacità di azione dell'Unione in materia di libertà, sicurezza e giustizia sarà rafforzata, consentendo di rendere più incisiva la lotta alla criminalità e al terrorismo. Anche le nuove disposizioni in materia di protezione civile, aiuti umanitari e salute pubblica contribuiranno a potenziare la capacità dell'Unione di far fronte alle minacce per la sicurezza dei cittadini.

4) **Un'Europa protagonista sulla scena internazionale,** il cui ruolo sarà potenziato raggruppando gli strumenti comunitari di politica estera, per quanto riguarda sia l'elaborazione che l'approvazione di nuove politiche. Il Trattato di Lisbona permetterà all'Europa di esprimere una posizione

chiara nelle relazioni con i partner a livello mondiale. Metterà la potenza economica, umanitaria, politica e diplomatica dell'Europa al servizio dei suoi interessi e valori in tutto il mondo, pur rispettando gli interessi particolari degli Stati membri in politica estera.

- La nuova figura di alto rappresentante dell'Unione per gli affari esteri e la politica di sicurezza, che sarà anche vicepresidente della Commissione, è destinata a conferire all'azione esterna dell'UE maggiore impatto, coerenza e visibilità.
- Un nuovo servizio europeo per l'azione esterna assisterà l'alto rappresentante nell'esercizio delle sue funzioni.
- La personalità giuridica unica conferita all'Unione ne rafforzerà il potere negoziale, potenzierà ulteriormente la sua azione in ambito internazionale e la renderà un partner più visibile per i paesi terzi e le organizzazioni internazionali.
- La Politica Europea di Sicurezza e di Difesa, pur conservando dispositivi decisionali speciali, agevolerà la cooperazione rafforzata tra un numero ristretto di Stati membri.

Capitolo 3
Carta dei Diritti Fondamentali dell'Unione Europea

Il Consiglio Europeo di Colonia del 3 e 4 giugno 1999 ha deciso di istituire un organo incaricato di presentare al Consiglio Europeo del dicembre 2000 un progetto di Carta dei diritti fondamentali dell'Unione Europea. Tale organo, denominato "convenzione", raggruppava quindici rappresentanti personali dei Capi di Stato o di governo degli Stati membri, un rappresentante della Commissione, sedici membri del Parlamento Europeo e trenta membri dei Parlamenti nazionali (due per Parlamento). Ha eletto Presidente il Sig. Roman Herzog, ex Presidente della Repubblica federale di Germania, assistito da un comitato di redazione (Presidium) composto dal sig. Bacelar de Vasconcelos (Portogallo) e poi dal sig. Braibant (Francia), Vicepresidente, in rappresentanza del gruppo dei rappresentanti personali, dal Commissario Vitorino, in rappresentanza della Commissione, dal sig. Mendez de Vigo, Vicepresidente, in rappresentanza del gruppo dei membri del Parlamento Europeo, dal sig. Gunnar Jansson, Vicepresidente, in rappresentanza del gruppo dei Parlamentari nazionali. Il segretario generale del Consiglio.

I lavori della Convenzione sono stati pubblici e tutti i lavori preparatori diffusi via Internet. Hanno avuto luogo audizioni del mediatore nonché dei rappresentanti del Comitato economico e sociale, del Comitato delle regioni, dei rappresentanti della società civile e dei paesi candidati all'adesione. La Corte di Giustizia delle Comunità europee e il Consiglio d'Europa hanno partecipato ai lavori in qualità di osservatori.

La Convenzione ha tenuto la sua prima riunione il 17 dicembre 1999.

Il 26 settembre 2000 i vari gruppi hanno constatato di poter approvare il progetto di carta e il 2 ottobre 2000 il Presidente Herzog ha ritenuto che il progetto di Carta potesse essere adottato da tutte le parti interessate e lo ha trasmesso al Consiglio Europeo, che lo ha esaminato a Biarritz il 13 e 14 ottobre 2000. Al termine di tale Consiglio Europeo il Presidente Chirac ha dichiarato: "Questa mattina noi Capi di Stato e di governo abbiamo espresso l'accordo unanime sul progetto di Carta dei diritti fondamentali dell'Unione Europea. Questa potrà pertanto essere proclamata con la firma del Presidente del Parlamento pro-tempore del consiglio dell'Unione Hubert Vedrine e del Presidente della Commissione Europea Romano Prodi".

Ai cittadini italiani, cittadini europei

"Molti Paesi guardano all'Europa per un ancoraggio di libertà e di democrazia: rivendicano, perché la sentono, l'apparenza ad una società civile europea. Questo è il significato della Carta dei Diritti fondamentali, che si salda con i principi della Convenzione Europea dei Diritti dell'Uomo: contrastare ogni insidia alla democrazia e alla libertà; motivare gli individui a operare insieme, fondendo capacità individuali e solidarietà sociale; consolidare la legittima democratica delle istituzioni europee."

Carlo Azeglio Ciampi, Presidente della Repubblica italiana
Losanna, 13 dicembre 2001.

"La Carta dei diritti fondamentali dell'Unione Europea è ormai una realtà. Con la proclamazione da parte del Consiglio Europeo di Nizza, l'Europa fa un deciso passo in avanti nella trasformazione di uno spazio, come sin qui si è identificato, geografico ed economico, in uno spazio comune di diritti, trovando un nuovo, straordinario elemento di condivisione rappresentato dal riconoscimento di principi e valori indivisibili e universali, la loro tutela, il loro sviluppo. E il cittadino europeo sarà colui che potrà godere senza limiti né discriminazioni di questi diritti. Di più: la Carta riconosce gli stessi diritti anche a tutti coloro che pur non essendo cittadini europei, risiedono nel territorio dell'Unione.

La Carta non è solo una nuova formulazione di diritti politici e civili che già costituiscono la base fondamentale delle Costituzioni europee e delle Convenzioni internazionali. Questa sarà anche la Carta dei diritti sociali e dei diritti economici, dei diritti ambientali e dei diritti di ultima generazione figli del progresso scientifico e tecnologico.

E la diffusione della Carta tra i cittadini rappresenta il passaggio fondamentale per favorire una sempre maggiore crescita di questa identità europea. Le audizioni con i cittadini organizzati (associazioni di imprenditori, consumatori ambientalisti, sindacati, centri sociali, terzo settore) promosse dal Ministero per le Politiche Comunitarie lo scorso settembre hanno costituito un primo momento di consultazione e condivisione, abbiamo raccolto indicazioni e proposte che il governo italiano ha fatto proprie e trasferito in sede di Convenzione nella fase di costruzione del progetto di Carta. L'Italia è stato l'unico paese dell'Unione a fare ciò. Vogliamo continuare a migliorare il nostro impegno affinché la Carta diventi qualcosa di familiare a tutti i cittadini italiani. Non soltanto per l'importanza e il valore dei suoi contenuti.

Ma la Carta è anche la prima tappa di quel progetto politico europeo che ha come naturale approdo la Costituzione Europea. Si apre una grande stagione di riforme, l'occasione per rilanciare i grandi ideali intorno ai quali i cittadini europei decideranno di fondare il proprio senso di appartenenza. E l'Europa dei popoli e dei cittadini non potrà esser tale senza una ampia partecipazione popolare.

Gianni Mattioli, Ministro per le Politiche comunitarie
Roma, 15 dicembre 2000.

"Fermare questa Carta, significa, impegnarsi nella vita di tutti i giorni dei cittadini, come nei più solenni degli atti ufficiali.
Nel momento in cui le tre istituzioni europee firmano insieme la prima Carta comune che definisce i diritti fondamentali di tutti gli uomini e le donne che vivono nel territorio dell'Unione Europea, io spero che il Consiglio Europeo acconsentirà presto ad accordarle, all'interno dei trattati, quella forza giuridica che ne condiziona la credibilità e l'efficacia.
Per quel che concerne il Parlamento Europeo, poiché io firmo la Carta a suo nome, desidero che tutti i cittadini dell'Unione sappiano che a partire fin da ora, come se dovesse essere un'anticipazione sulla sua piena trascrizione giuridica all'interno dei Trattati, la carta sarà la legge dell'assemblea che loro hanno eletto a suffragio universale. Essa sarà, d'ora in avanti, il nostro punto di riferimento per tutti gli atti del Parlamento Europeo che avranno un legame diretto o indiretto con i cittadini di tutta l'Unione: in tal maniera noi ci impegniamo.
I cittadini europei possono contare sul Parlamento.

Nicole Fontaine, Presidente del Parlamento Europeo
Nizza, 7 dicembre 2000

"Per la Commissione la proclamazione è l'espressione concreta dell'impegno delle istituzioni a rispettare la Carta in tutte le azioni e le politiche dell'Unione. La Carta è, infatti, lo strumento che permette di controllare l'esercizio delle competenze comunitarie in materia di diritti fondamentali.
I cittadini e le cittadine possono contare sulla Commissione che farà rispettare la Carta in tutti gli aspetti della vita dell'Unione, sia al suo interno che nei rapporti con i paesi terzi.
Nel firmare questa Carta, in nome della Commissione, guardo al futuro e sono convinto che la proclamazione rappresenti una pietra miliare nell'evoluzione della tutela dei diritti fondamentali nell'Unione, una base solida per il

rafforzamento di tale tutela, nonché un punto di partenza per inserire, come auspica di poter fare la Commissione il più presto possibile, la Carta nei trattati costitutivi dell'Unione.

Romano Prodi, Presidente della Commissione Europea
Nizza, 7 dicembre 2000

20
Quali sono le principali attività di Cooperazione internazionale promosse dall'Unione Europea?

L'Unione Europea è un'organizzazione sovranazionale che comprende 28 stati membri ed altri candidati ad esserlo.

L'Unione nasce come una coalizione di tipo economica chiamata MEC (Mercato Comune Europeo) istituita negli anni '50 per stabilizzare economicamente un territorio stremato dalla guerra, e per cercare di stabilire una pace duratura. In seguito l'unione venne chiamata CEE (Comunità Economica Europea) per poi trasformarsi in seguito al Trattato di Maastricht del 1992 nell'attuale Unione Europea, cioè una zona di mercato comune, di libera circolazione delle persone e dei lavoratori accomunata dalla moneta unica, l'euro.

Valori dell'Unione – Testo Unico Articolo 1-2

L'Unione si fonda sui valori del rispetto della dignità umana, della libertà, della democrazia, dell'uguaglianza dello Stato di diritto e del rispetto dei diritti umani, compresi i diritti di persone appartenenti a una minoranza. Questi valori sono comuni agli Stati membri in una società caratterizzata dal pluralismo, dalla non discriminazione, dalla tolleranza, dalla giustizia, dalla solidarietà e dalla parità tra donne e uomini.

Obiettivi dell'Unione – Testo Unico dell'Unione Articolo 1-3

1. L'Unione si prefigge la pace, i suoi valori e il benessere dei popoli.
2. L'Unione offre ai suoi cittadini uno spazio di libertà, sicurezza e giustizia senza frontiere interne e un mercato interno nel quale la concorrenza è libera e non è falsata.
3. L'Unione si adopera per lo sviluppo sostenibile dell'Europa, basato su una crescita economica equilibrata e sulla stabilità dei prezzi, su un'economia sociale di mercato fortemente competitiva, che mira alla piena occupazione e al progresso sociale, e su un elevato livello di tutela e di miglioramento della qualità dell'ambiente. Essa promuove il progresso scientifico e tecnologico.

   L'Unione combatte l'esclusione sociale e le discriminazioni e promuove la giustizia e la protezione sociale, la parità tra donne e uomini, la solidarietà tra le generazioni e la tutela dei diritti del minore.

Essa promuove la coesione economica, sociale e territoriale, e la solidarietà tra gli Stati membri.
Essa rispetta la ricchezza della sua diversità culturale e linguistica e vigila sulla salvaguardia e sullo sviluppo del patrimonio culturale europeo.

4. Nelle relazioni con il resto del mondo l'Unione afferma e promuove i suoi valori e interessi.
Contribuisce alla pace, alla sicurezza, allo sviluppo sostenibile della Terra, alla solidarietà e al rispetto reciproco tra i popoli, al commercio libero ed equo, all'eliminazione della povertà e alla tutela dei diritti umani, in particolare dei diritti del minore, e alla rigorosa osservanza e allo sviluppo del diritto internazionale, in particolare al rispetto dei principi della Carta delle Nazioni Unite.
5. L'Unione persegue i suoi obiettivi con i mezzi appropriati, in ragione delle competenze che le sono attribuite nella Costituzione.

Gli Organi principali dell'Unione comprendono:

1. **La Commissione Europea**, che ha il diritto esclusivo di proporre atti legislativi comunitari e detiene il potere esecutivo cioè applica e controlla l'esecuzione delle politiche decise.
2. **Il Consiglio dei Ministri**, costituito da ministri dei paesi membri, è il principale organo decisionale dell'Unione. Il Consiglio e la Commissione emanano regolamenti (direttamente applicabili a tutti gli Stati membri) e direttive (a carattere obbligatorio ma lasciando alle singole nazioni la decisione della scelta dei mezzi per raggiungere i fini della direttiva) e pareri.
3. La **Corte di Giustizia** garantisce il rispetto del diritto di applicazione e interpretazione delle norme comunitarie.
4. Il **Parlamento Europeo**, costituito da 785 membri rappresentanti di ogni stato membro, eletti a suffragio universale diretto, svolge un'importante ruolo consultivo nella legislazione comunitaria e nel controllo delle attività della comunità.
5. La **Corte dei Conti** che controlla la correttezza della gestione dei finanziamenti europei.
6. Il **Comitato Economico e Sociale** emette pareri sulle proposte nei settori di propria competenza.
7. Il **Comitato delle Regioni**.
8. La **Banca Europea degli Investimenti** è il più grande istituto finanziario internazionale al mondo e gestisce i prestiti per investimenti, al fine di promuovere la coesione economica e lo sviluppo dell'Unione.
9. La **Banca Centrale Europea**, governata da Jean Claude Trischè con sede principale a Bruxelles e sedi minori in Lussemburgo e Strasburgo. La BCE detta le strategie economiche e tenta di contenere l'inflazione.

Distribuzione di poteri	
Potere legislativo	Parlamento Europeo e Consiglio Europeo
Potere esecutivo	Commissione Europea
Potere di controllo	Corte di Giustizia e Corte dei Conti
Potere consultivo	Comitato delle Regioni e Comitato Economico e Sociale

L'Unione Europea si fa carico di finanziare progetti volti allo sviluppo dei Paesi membri con il Fondo Europeo per lo Sviluppo Regionale attraverso ingenti fondi riservati ai finanziamenti degli investimenti nelle seguenti aree:

1) Creazione di posti di lavoro
2) Investimenti nelle infrastrutture
3) Supporto delle piccole-medie imprese
4) Investimento nel campo dell'educazione e della sanità
5) Sviluppo dell'ambiente produttivo, promozione delle ricerche di nuove tecnologie, tutela dell'ambiente, le pari opportunità e la cooperazione interregionale e trasnazionale.

Strategia di Lisbona

Per **Strategia di Lisbona** si intende un programma di riforme economiche approvato a Lisbona dai capi di Stato e di Governo dell'Unione Europea nel 2000.

L'obiettivo espressamente dichiarato è quello di fare dell'Unione la *più competitiva e dinamica economia della conoscenza entro il 2010.*

Caratteristica peculiare è che per la prima volta i temi della conoscenza sono individuati come portanti, pur essendo un documento che spazia in tutti i campi della politica economica:

1) innovazione e imprenditorialità
2) riforma del welfare e inclusione sociale
3) capitale umano e riqualificazione del lavoro
4) uguali opportunità per il lavoro femminile
5) liberalizzazione dei mercati del lavoro e dei prodotti
6) sviluppo sostenibile

Cooperazione internazionale

In questo settore rientrano tutte quelle attività di solidarietà e di cooperazione con i paesi in via di sviluppo. Possono essere realizzate sia da Organizzazioni non Governative (Ong) di questi paesi, sia da Ong italiane o europee, sia realizzate in collaborazione tra queste. Uno dei criteri utilizzati da Banca Etica per erogare finanziamenti a queste realtà, è quello relativo alle loro capacità di avviare nei paesi poveri delle attività economiche, gestite dalla gente del posto, che siano in grado di promuovere l'emancipazione dalla miseria, senza dipendere dalla "benevolenza e disponibilità" dei donatori. Non viene negato il valore del dono, che attiene alla sensibilità delle singole persone e che non può essere ingabbiato da regole o vincoli, ma che va valorizzato soprattutto nei momenti di emergenza quando è spesso l'unica forma di aiuto (vedi carestie, calamità naturali, conflitti, ecc.). Va detto infatti che anche Banca Etica ha prefinanziato servizi finalizzati alla gestione dell'emergenza, come ad esempio l'attivazione di campi profughi per i rifugiati del Kosovo.

La stessa finanza etica ritiene importante, anche a livello culturale, il passaggio da una logica della solidarietà intesa quasi esclusivamente come beneficenza a quello di una solidarietà basata sulla cooperazione e sulla reciprocità.

Ecco alcune significative attività:

1. Sviluppo sociale ed economico delle aree più povere del pianeta;
2. sostegno del commercio equo e solidale;
3. formazione, istruzione, educazione;
4. promozione dell'economia informale e della micro impresa;
5. attività di accoglienza, assistenza e sostegno per immigrati;
6. collaborazione tra organismi del sud e del nord del pianeta e creazione di reti di solidarietà.

Esempio Malawi
categoria d'appartenenza: Paesi terzi – EuropeAid
codice identificativo: EurpeAid/125653/D/ACT/MW
data scadenza: 03-09-2007
programma di riferimento: Ear
tipo di bando: Programma pluriennale
testo d'introduzione: MALAWI Invito a presentare proposte di programmi di differenziazione del reddito agricolo
pubblicazione: EuropeAid /125653/D/ACT/MW
link bando: http://ec.europa.eu/europeaid/cgi/frame12.pl

Riforma Relex

Nel campo delle azioni esterne l'allargamento ha conferito all'UE maggiori responsabilità, orientate verso tre obiettivi generali: creare stabilità, sicurezza e prosperità nei paesi vicini ("L'UE e la politica di vicinato"); impegnarsi attivamente per diffondere lo sviluppo sostenibile a livello internazionale ("L'UE come partner per lo sviluppo sostenibile"); promuovere la governance politica mondiale e garantire la sicurezza strategica e della popolazione civile ("L'UE quale attore mondiale").

Per adempiere tali responsabilità la comunicazione "Costruire il nostro avvenire comune – Sfide e mezzi finanziari dell'Unione allargata 2007-2013", adottata il 10 febbraio 2004, fissa l'ambizioso obiettivo di **rafforzare la voce dell'Unione grazie a strumenti più efficienti**.

Nella presente comunicazione, che rappresenta un ulteriore passo, la Commissione non intende ripetersi, bensì dimostrare il valore aggiunto dell'intervento dell'UE, chiarire l'approccio per raggiungere tali obiettivi politici e proporre gli strumenti di sostegno.

La riforma Relex, approvata nel 2000, è stata fatta con l'intento di decentralizzare fortemente le operazioni di gestione degli aiuti esterni verso le delegazioni, secondo il principio che tutto ciò può essere deciso e gestito sul posto non dovrebbe essere deciso e gestito da Bruxelles. (SEC (2000) 814/5). Questa decisione di condotta in particolare di dotare le delegazioni di risorse umane, tecniche e finanziarie rendono l'organizzazione realmente in grado di gestire meglio e decidere sul posto. I servizi della Commissione hanno quindi individuato i fabbisogni di risorse e nel 2001 è stato realizzato il decentramento verso 23 delegazioni (primo scaglione).

Individuate le funzioni delle delegazioni e delle risorse necessarie per tale operazione.

Per ogni delegazione è stato fatto un preciso bilancio del tipo di risorse indispensabili all'operazione di decentramento. La Commissione per i bilanci del Parlamento Europeo ha chiaramente dato il suo avallo a questa procedura in occasione dell'esame della lettera rettificativa al bilancio 2011 ed ha chiesto di essere informata a tempo debito del costo dell'operazione e del finanziamento a carico degli stanziamenti operativi (linee BA).

Paragrafo 4.5.1. della lettera rettificativa al PPB 2001: "Inoltre, i massimali delle corrispondenti linee BA sono destinati a coprire anche il **fabbisogno supplementare** derivante dalla creazione della nuova struttura incaricata dell'attuazione dell'aiuto comunitario nei paesi terzi, **EuropeAid**, ed a preparare le condizioni necessarie per il **decentramento verso le delegazioni dell'esecuzione dei programmi**".

Europeaid

Il 1 gennaio 2001, la Commissione Europea ha istituito Europeaid, l'ufficio di cooperazione della Commissione, responsabile di implementare i programmi di aiuto esterno, e progetti in tutto il mondo, finanziati dalla Comunità stessa e dal Fondo Europeo di Sviluppo.

Europeaid opera sotto la gestione di:
- Benita Ferrero-Waldner Commissario degli Affari Esteri e delle Politiche di Vicinato.
- Louis Michel Commissario dello Sviluppo degli Aiuti Umanitari.
- Barroso Presidente della Commissione Europea.
- Koos Richelle Direttore Generale.

Ogni anno, l'Unione Europea destina circa 7 milioni di euro in attività di assistenza per almeno 150 Paesi del mondo, finalizzate a supportare la lotta alla povertà e all'instabilità democratica e istituzionale. Il compito principale di Europeaid è di mettere in atto gli strumenti di aiuto esterno, lavora duramente per essere sicura che gli aiuti distribuiti siano un contributo significante per lo sviluppo degli obiettivi stabiliti dall'UE.

L'Ufficio è responsabile di tutte le fasi del ciclo dei progetti (individuazione e prima valutazione di progetti e programmi; preparazione delle decisioni finanziarie; attuazione; controllo e valutazioni intermedie e finali di progetti e programmi) che garantiscono la realizzazione dei Programmi preparati dalla Direzione Generale Relazioni Esterne e della Direzione Generale per lo Sviluppo approvati dalla Commissione.

Dalla politica all'azione

Europeaid è responsabile della messa in pratica delle politiche e dello sviluppo di nuovi metodi di distribuzione degli aiuti, per esempio l'aiuto economico e settoriale. Emette le direttive e procede alla valutazione della messa in opera degli aiuti.

È responsabile della gestione adeguata dei fondi.

A dispetto della complessità inerente alla sua attività EuropeAid cerca di mantenere le procedure il più possibile semplici e armoniose. Per fare ciò sono state sviluppate una serie di sistemi di informazione, di compatibilità, di controllo e di verifica.

EuropeAid è un'organizzazione fortemente decentralizzata, lavora in stretta collaborazione con le agenzie di sviluppo degli stati membri e con gli istituti di finanziamento internazionale quali la Banca Mondiale. Europeaid è in contatto con le ONG.

Promuove la cultura dell'assistenza, basata sia sulla formazione del proprio personale, sia sulla sensibilizzazione individuale e collettiva delle comunità beneficiarie degli interventi.

I risultati del lavoro di Europeaid permetteranno alla Commissione Europea e all'Unione Europea di formulare delle migliori politiche e strategie, che ci potranno condurre nel lungo periodo ad un mondo più libero dalla povertà.

Europeaid si accontenta di erogare aiuti in tutto il mondo, garantendone la qualità e l'efficacia, ma tra le tante cose promuove lo sviluppo umano e sociale, la sicurezza e i flussi migratori, le risorse naturali e il buongoverno e la democrazia che non deve essere un lusso ma è diritto fondamentale di tutte le società.

Il grado di sviluppo di una società non dipende dal successo economico ma anche dallo sviluppo umano e sociale, per questo Europeaid promuove l'integrazione sociale, l'occupazione, la previdenza e altri aspetti del benessere sociale nei paesi partner, il cui miglioramento della qualità di vita si potrà ripercuotere positivamente anche nei paesi aiutanti, sia in termini sociali che economici.

Europeaid assicura ai paesi partner un **sostegno economico** diretto al livello macro e microeconomico. La sua azione di sostegno può esplicarsi attraverso il sostegno ai bilanci nazionali o al finanziamento di attività di integrazione regionale e di iniziative di micro-finanza.

La **sicurezza** è un'esigenza umana fondamentale e una condizione essenziale per uno sviluppo sostenibile. L'UE aiuta perciò i partner a mantenere l'ordine pubblico in tempo di pace e a riportare la stabilità in tempo di crisi.

Le popolazioni dei paesi più poveri dipendono più direttamente dalle **risorse naturali**.

Europeaid si adopera per promuovere una crescita economica su basi solide nelle zone rurali, che permetta ai paesi in via di sviluppo di accedere a condizioni eque ai metodi di produzione, ai mercati e ai servizi. Coloro che sopravvivono al livello minimo di sussistenza costituiscono i gruppi più vulnerabili in assoluto. L'accesso all'acqua potabile e all'energia costituisce inoltre un problema costante per molti degli abitanti più poveri del pianeta. Le risorse naturali sono una risorsa vitale dal punto di vista economico e i paesi in via di sviluppo hanno bisogno di essere aiutati a proteggerle.

Infrastrutture di buona qualità sono un elemento indispensabile per uno sviluppo sostenibile. Qualsiasi paese ha bisogno di sistemi efficienti per quanto riguarda i trasporti, le fognature, la distribuzione dell'energia e le comunicazioni in modo da poter prosperare e assicurare alla popolazione un tenore di vita dignitoso. Europeaid è fortemente impegnata nel sostenere politiche, investimenti e servizi per il potenziamento delle infrastrutture nei paesi in via di sviluppo.

Struttura organizzativa

Europeaid comprende 7 direzioni e 4 unità legate direttamente al direttore generale.

Quattro delle direzioni sono geografiche, due supervisionano la qualità delle operazioni e le operazioni tematiche e l'ultima tratta la questione dell'organizzazione.

Le quattro direzioni geografiche sono:

A. l'Europa, il sud del Mediterraneo, il Medio Oriente, e i paesi che partecipano alle politiche di vicinato;
B. l'America Latina;
C. l'Africa sub-sahariana, i Caraibi e il Pacifico;
D. l'Asia e l'Asia centrale.

Tali direzioni sono incaricate dalla gestione dell'intero ciclo di vita del progetto, dalla loro identificazione alla valutazione finale. Se Europeaid amministra le sue attività dalla sede di Bruxelles, le operazioni delegate sono guidate da intermediari delle delegazioni della Commissione.

Le direzioni si occupano di:

1. Pianificare le attività per paese e per regione;
2. Assicurare la coerenza e la qualità dei metodi;
3. Gestire le procedure dei finanziamenti;
4. Aiutare le delegazioni a gestire i programmi o dirigere le operazioni che non possono essere delegate.

La direzione **F** è incaricata delle operazioni tematiche di supervisione dell'insieme dei programmi orizzontali (diritti dell'uomo, protezione ambientale, sicurezza alimentare, sanità).

La direzione **E** supervisiona la qualità dei programmi di cooperazione ed è volta a migliorare l'efficacia della loro incidenza. È incaricata di:

1) coordinare le valutazioni degli approcci tematici e settoriali e degli strumenti che permettono la messa in opera;
2) di concepire e di diffondere le conoscenze metodologiche settoriali e tematiche, necessarie per mettere in atto i programmi di aiuto comunitario;
3) fornire un aiuto, su domanda, alle delegazioni e alle direzioni geografiche per quanto riguarda l'elaborazione e la messa in atto dei programmi.

La direzione **G** fornisce i mezzi umani, finanziari e tecnologici per adempiere alla missione.

Partner dello sviluppo

1. Le organizzazioni della società civile (ONG e privati);
2. Organizzazioni internazionali (ONU e OCDE Organizzazione di Cooperazione dello Sviluppo Economico);

3. Parlamentari e gli Stati membri dell'Unione Europea;
4. Altre organizzazioni europee attive nel campo dello sviluppo e del commercio internazionale.

Millenario dello Sviluppo
Rapporto 2008

La dichiarazione del Millennio delle Nazioni Unite firmata nel 2000 individua gli otto obiettivi di Sviluppo del Millennio (MDG), che i 191 paesi aderenti all'ONU si sono impegnati a raggiungere entro il 2015.

Obiettivo 1: eliminare la povertà estrema e la fame
Obiettivo 2: assicurare l'educazione primaria a tutti
Obiettivo 3: promuovere la parità fra i sessi e l'emancipazione femminile
Obiettivo 4: ridurre la mortalità infantile dei bambini sotto i 5 anni
Obiettivo 5: migliorare le condizioni sanitarie per le madri in maternità
Obiettivo 6: combattere l'HIV e altre gravi malattie
Obiettivo 7: assicurare uno sviluppo sostenibile
Obiettivo 8: attuare un partenariato mondiale per lo sviluppo.

21
Il programma comunitario di cooperazione trasnazionale mediterraneo

Fin dagli inizi degli anni '90 l'Unione Europea ha attribuito un'importanza crescente alla cooperazione tra le regioni europee come forma di collaborazione, conoscenza ed interrelazione fra territori e come elemento chiave per una politica integrata di sviluppo territoriale.

Inizialmente nata con particolare riferimento alle aree transfrontaliere, la cooperazione territoriale europea ha assunto nel tempo un orizzonte di intervento più ampio estendendo la sua azione a spazi di cooperazione transnazionale sia all'interno che all'esterno del territorio dell'UE.

Il processo di allargamento dell'UE ha poi contribuito a caratterizzare ulteriormente la cooperazione territoriale evidenziando la necessità di individuare strumenti specifici per facilitare le relazioni fra territori con problematiche comuni, attraverso la messa in comune di conoscenze, il sostegno di iniziative comuni. Tutti gli interventi realizzati sul territorio comunitario vengono stabiliti nell'ambito di programmi pluriennali definiti secondo il principio della gestione condivisa introdotto dalla Commissione Europea nel 1988.

Il periodo 2007-2013 rappresenta il quarto ciclo di programmazione e le Regioni europee sono state chiamate a definire, secondo un metodo ormai consolidato, proposte di programmi di utilizzo dei Fondi europei (Programmi operativi), che la Commissione dovrà esaminare ed approvare.

Per questo nuovo periodo tutte le politiche di intervento dell'Unione Europea hanno come riferimento quattro grandi rubriche del bilancio comunitario: crescita sostenibile, preservazione e gestione delle risorse naturali, cittadinanza ed Europa come partner globale.

L'accordo sulle prospettive finanziarie ha fissato in circa 308 miliardi di euro le risorse di Fondi Strutturali che l'UE dispiegherà sul territorio europeo per finanziare i programmi di intervento da attivare nelle diverse regioni europee per il periodo preso in considerazione.

I Fondi concentrano la loro azione su tre grandi obiettivi proposti dalla Commissione Europea:

1) L'obiettivo **convergenza** è inteso come supporto alla crescita delle regioni con il PIL < 75% della media comunitaria; è previsto comunque un sostegno transitorio per le regioni il cui PIL supera di poco la soglia a causa dell'effetto statistico dell'UE allargata;
2) L'obiettivo **competitività e occupazione** è finalizzato al supporto delle regio-

ni fuori dall'obiettivo convergenza per avviare, mantenere o rafforzare la competitività, l'attrattività e l'occupazione. Sono previsti stanziamenti speciali per le regioni considerate in "*phasing in*" in virtù del precedente status di regioni ob. 1.

3) L'obiettivo **cooperazione territoriale europea** rafforza e sostiene programmi di cooperazione transfrontaliera, transnazionale ed interregionale.

Alla concentrazione sui tre grandi obiettivi, l'Unione Europea aggiunge un'ulteriore azione, da effettuarsi sulle tipologie di spesa che i Fondi finanzieranno e dovranno essere utilizzati per la maggior parte (60% per le regioni Convergenza, 75% per le regioni competitività/occupazione) per azioni collegate alla rinnovata strategia per la crescita e l'occupazione (Strategia di Lisbona) e che fa riferimento in particolare alla ricerca ed allo sviluppo tecnologico, all'innovazione, all'imprenditorialità, alla società dell'informazione, ai trasporti, alle fonti di energia rinnovabile, alla protezione dell'ambiente, alle politiche del mercato del lavoro e delle risorse umane.

Con la definizione di questi obiettivi l'UE ha confermato la componente specifica di cooperazione anche come strumento di attuazione della Politica Europea di Vicinato verso i Paesi di preadesione ed i Paesi in prossimità.

In particolare con la politica di relazioni esterna, la Commissione Europea ha rafforzato il suo impegno verso i Paesi terzi confinanti, in relazione alle nuove frontiere, terrestri e marittime dell'Unione Europea allargata.

I nuovi strumenti di preadesione (IPA) e di vicinato e prossimità (ENPI) finanziano programmi specifici per singolo Paese, stabiliti su base bilaterale con la Commissione Europea.

Componenti specifiche sono poi dedicate alla cooperazione transfrontaliera e transnazionale di bacino.

In particolare per l'Italia, lo strumento di preadesione finanzia il programma transfrontaliero IPA-Adriatico, mentre lo strumento di prossimità il programma transfrontaliero Italia/Tunisia ed il programma multilaterale di bacino ENPI-Mediterraneo.

I programmi di cooperazione esterna sono finanziati in parte da risorse dei Fondi strutturali della nuova politica di coesione (FESR) ed in parte da risorse comunitarie della politica esterna IPA ed ENPI, che la Commissione ha definito attraverso il quadro finanziario pluriennale.

Tra i vari programmi operativi vi è quello che interessa lo spazio Mediterraneo che unisce i precedenti spazi di cooperazione "Medocc" ed "Archimed" che nel 2000-2006 avevano espresso due distinti programmi.

Il programma Med coniuga le tematiche prioritarie della politica di coesione (innovazione/occupazione, ambiente) con i problemi emergenti del Bacino Mediterraneo: trasporti, energie rinnovabili e innovazione.

L'obiettivo generale è appunto quello di rafforzare la competitività e lo sviluppo sostenibile, con particolare attenzione alla protezione dell'ambiente e alla coesione territoriale, facendo leva sulla forte identità naturale e culturale dello spazio Mediterraneo.

Il Programma Med

L'obiettivo del programma Med, finanziato con fondi FESR (art. 19 del Regolamento CE 1083/2006) è quello di far divenire l'intera area Med un territorio capace di sfidare i propri competitori internazionali assicurando crescita e occupazione per le future generazioni, supportando la coesione territoriale ed intervenendo attivamente in difesa della protezione ambientale nel quadro di uno sviluppo sostenibile.

Questi obiettivi cardine del Programma si ritengono non possano essere perseguiti efficacemente né a livello regionale e né a livello nazionale: richiedono invece un piano di concertazione e di coordinamento ben più elevato e significativo, quello della cooperazione transnazionale.

Il Programma Med, approvato il 20 dicembre 2007 con decisione CE (2007) 6578, si inserisce nel periodo di Programmazione 2007-2013 partendo dall'esperienza consolidata dai due Programmi della precedente Programmazione (Medocc e Archimed) e prendendo come punto di riferimento i nuovi e marcatamente distinti orientamenti dettati dalle Agenda di Lisbona e Göteborg.

Per i Paesi dell'area del Mediterraneo – coinvolti nel Programma Med – è necessario affermare, in contrapposizione con la posizione economicamente forte degli altri spazi europei, la propria eccezionalità rappresentata dalle caratteristiche specifiche del bacino marittimo su cui si affacciano, che diviene ideale sbocco internazionale ai mercati europei.

L'area del Programma, che ricomprende, estendendolo, lo spazio dei due Programmi precedenti, è costituita da 4 Stati membri (intesi nel loro intero territorio nazionale: Cipro, Grecia, Malta, Slovenia) quattro regioni della Francia (Corse, Languedoc-Roussillon, Provence Alpes Cote d'Azur, Rhone Alpes), sei regioni autonome della Spagna e due municipalità autonome (Andalusia, Aragona, Cataluna, Baleari, Murcia, Valencia, Ceuta e Melilla), il territorio d'oltremare di Gibilterra (Gran Bretagna), due regioni del Portogallo (Algarve e Alentejo) e diciotto regioni italiane (Piemonte, Liguria, Lombardia, Veneto, Friuli Venezia Giulia, Emilia Romagna, Toscana, Marche, Umbria, Lazio, Abruzzo, Molise, Campania, Basilicata, Puglia, Calabria, Sicilia e Sardegna).

La partecipazione di altre aree è possibile ma limitata. Infatti il Programma Med invita a partecipare oltre che le regioni sopra menzionate, anche altri possibili candidati, come i Paesi IPA e non e Paesi non europei.

La partecipazione dei Partner fuori zona UE e non UE sono determinate dal valore aggiunto e dal beneficio diretto per il partenariato nella zona Med e il rispetto delle percentuali massime consentite rispettivamente del 20% e del 10% del budget totale eleggibile. Il tutto sta nel rispetto delle condizioni fissate dal Programma Operativo Med e dalla Commissione di monitoraggio.

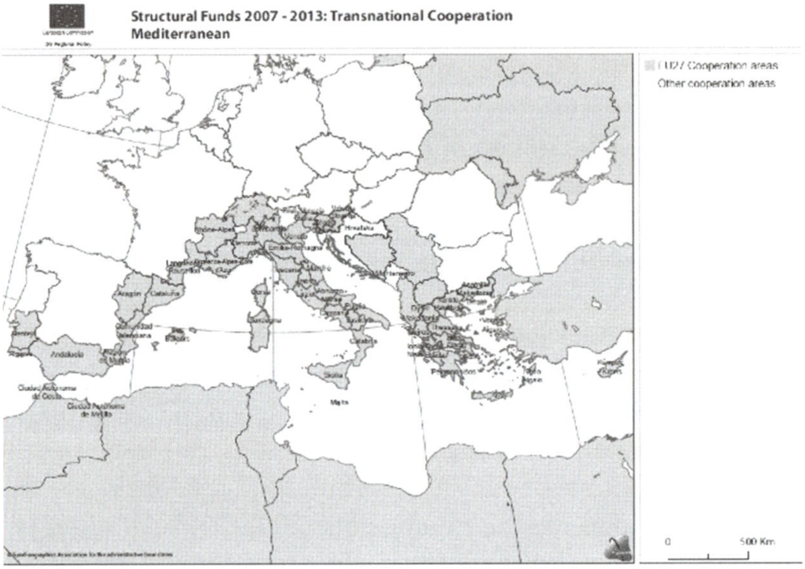

Fonte: www.programmemed.eu

Nel contesto dei processi di globalizzazione in atto, lo spazio Med registra un evidente gap di competitività. È un territorio poco competitivo se confrontato al dinamismo delle aree metropolitane del Nord Europa, anche perché comprende numerose aree periferiche rispetto al contesto dell'Unione Europea.

I suoi punti di forza invece comprendono la dotazione di un eccezionale patrimonio storico-architettonico, ed è proprio a partire da tale specificità che il programma in questione ha formulato quello che è l'obiettivo generale ossia di affrontare la competizione internazionale derivante dalla globalizzazione, al fine di assicurare la crescita e l'occupazione per le generazioni future, sostenendo al contempo la coesione territoriale e gli interventi a favore della protezione ambientale in un'ottica di sviluppo sostenibile.

Il Programma Med si basa su cinque importanti assi che sono:

- **1 - Rafforzare le capacità di innovazione**: creare e sviluppare reti scientifiche e tecnologiche, intensificare le capacità innovative dei Paesi partecipanti a livello transnazionale.
  1a) Diffondere le innovazioni tecnologiche e i know-how;
  1b) Rafforzare la cooperazione strategica tra attori dello sviluppo economico e autorità pubbliche.

- **2 - Tutela dell'ambiente e promozione di uno sviluppo territoriale sostenibile**: adottare strumenti in linea coerente con la protezione dell'ambiente.
  2a) Tutela e rafforzamento delle risorse naturali e del patrimonio culturale;
  2b) Promozione delle energie rinnovabili e miglioramento dell'efficienza energetica;
  2c) Prevenzione dei rischi marittimi e rafforzamento della sicurezza marittima;
  2d) Prevenzione e lotta ai rischi naturali.

- **3 - Miglioramento della mobilità e dell'accessibilità dei territori**: definire attività che migliorino l'accessibilità e la qualità dei trasporti e dei servizi di telecomunicazione, sempre in una dimensione transnazionale;
  3a) Miglioramento dell'accessibilità marittima e delle capacità di trasporto attraverso la multimodalità;
  3b) Supporto all'utilizzo dell'*information technology* per una migliore accessibilità e cooperazione territoriale.

- **4 - Promozione di uno sviluppo integrato e policentrico dello spazio MED:** favorire la cooperazione tra regioni e una migliore valorizzazione delle risorse comuni che sono di interesse significativo su scala transnazionale.
  4a) Coordinamento delle politiche di sviluppo e miglioramento della governance territoriale;
  4b) Promozione dell'identità e rafforzamento delle risorse culturali per una migliore integrazione dello spazio MED.

- **5 - Assistenza tecnica**

Tematiche trasversali:
- Innovazione;
- Sviluppo sostenibile;
- Uguaglianza dei generi e lotta alla discriminazione.

L'importo massimo dell'intervento del Fondo Europeo di Sviluppo Regionale (FESR), concesso nell'ambito del programma operativo in riferimento alla spesa pubblica totale ammissibile, è di 193.191.331 euro e il tasso massimo di cofinanziamento è pari al 75,28%.

Il concomitante contributo nazionale di 63.426.357 euro può essere parzialmente sostenuto con prestiti comunitari della Banca Europea per gli Investimenti e altri strumenti di prestito; l'importo globale dei prestiti BEI, tuttavia attualmente non è prevista l'erogazione di tali prestiti.

Il tasso massimo di cofinanziamento per l'asse prioritario 1, "**Rafforzamento delle capacità d'innovazione**" è pari al 75,30% e l'importo massimo dell'intervento del FESR a tale asse prioritario, calcolato in riferimento alla spesa pubblica totale ammissibile, è di 57.957.399 euro.

Il tasso massimo di cofinanziamento per l'asse prioritario 2, "**Tutela dell'ambiente e promozione di uno sviluppo territoriale sostenibile**" è pari al 75,30% e l'importo massimo dell'intervento del FESR a tale asse prioritario, calcolato in riferimento alla spesa pubblica totale ammissibile, è di 65.685.053 euro.

Il tasso massimo di cofinanziamento per l'asse prioritario 3, "**Miglioramento della mobilità e dell'accessibilità dei territori**" è pari al 75,30% e l'importo massimo dell'intervento del FESR a tale asse prioritario, calcolato in riferimento alla spesa pubblica totale ammissibile, è di 38.638.266 euro.

Il tasso massimo di cofinanziamento per l'asse prioritario 4, "**Promozione di uno sviluppo policentrico e integrato dello spazio MED**", è pari al 75,30% e l'importo massimo dell'intervento del FESR a tale asse prioritario, calcolato in riferimento alla spesa pubblica totale ammissibile, è di 19.319.133 euro.

Il tasso massimo di cofinanziamento per l'asse prioritario 5, "**Assistenza tecnica**", è pari al 75% e l'importo massimo dell'intervento del FESR a tale asse prioritario, calcolato in riferimento alla spesa pubblica totale ammissibile, è di 11.591.480 euro.

Ogni sostegno pubblico concesso nell'ambito del programma operativo deve rispondere alle norme procedurali e sostanziali sugli aiuti di Stato vigenti al momento della sua concessione.

In corrispondenza delle risorse assegnate dall'Unione Europea nell'ambito dei Fondi strutturali 2007/2013, il cofinanziamento di parte nazionale è assicurato mediante il ricorso al Fondo di rotazione, alle disponibilità esistenti su specifiche leggi settoriali di spesa, alle risorse attivabili nell'ambito dei bilanci delle Regioni, delle Province autonome di Trento e Bolzano e degli altri Enti pubblici partecipanti ai programmi.

Il cofinanziamento nazionale a carico delle suddette fonti è stabilito, per distinti obiettivi: obiettivo convergenza, obiettivo competitività regionale e occupazione, obiettivo cooperazione territoriale europea.

Per i programmi di cooperazione transnazionale e transfrontaliera, gestiti da Amministrazioni pubbliche, la copertura finanziaria della quota nazionale pubblica è posta a totale carico del Fondo di rotazione.

Per i programmi di cooperazione interregionale, gestiti da Amministrazioni pubbliche, ai quali è eleggibile l'intero territorio europeo e per i quali non è prevista pre allocazione di risorse tra Stati membri, la relativa copertura finanziaria è posta a carico del Fondo di rotazione in misura pari al 100 per cento della quota nazionale pubblica prevista per i partner che partecipano ai progetti finanziati in attuazione di tali programmi.

Per eventuali programmi di cooperazione, diversi da quelli previsti, gestiti da Amministrazioni pubbliche, la quota nazionale pubblica a fronte FESR è posta a totale carico del Fondo di rotazione.

La determinazione delle quote annuali di cofinanziamento, a carico del Fondo di rotazione, viene effettuata mediante decreti direttoriali del Ministero dell'Economia e delle Finanze – Ragioneria Generale dello Stato – IGRUE, previa istruttoria del gruppo di lávoro.

Gli importi di cofinanziamento a carico del Fondo di rotazione non sono suscettibili di aumento in assenza di corrispondente incremento degli importi di finanziamento dell'Unione Europea.

Eventuali riduzioni degli importi di finanziamento comunitario, per effetto dell'applicazione della clausola del disimpegno automatico, nonché delle altre fattispecie di riduzione e/o soppressione dei contributi previste dal Regolamento CE n. 1083/2006, comportano corrispondenti riduzioni degli importi di cofinanziamento a carico del Fondo di rotazione, stabilite con decreti direttoriali della Ragioneria Generale dello Stato – IGRUE, con conseguente recupero dei finanziamenti erogati in eccedenza.

Le Regioni, le Provincie Autonome di Trento e Bolzano e gli altri Enti pubblici partecipanti ai programmi assicurano, per i programmi di rispettiva competenza, l'effettività degli oneri di cofinanziamento a proprio carico, mediante l'attivazione, nei rispettivi bilanci, di specifiche risorse finanziarie.

All'interno di questo Programma Operativo vi è un Gruppo Europeo di Cooperazione Transfrontaliero, GECT, introdotto il 5 luglio 2006 dal regolamento (CE) n. 1082/2006 del Parlamento Europeo e del Consiglio, che ha come obiettivo quello di agevolare e promuovere la cooperazione transfrontaliera, attraverso il superamento della diversità di legislazioni e procedure fra gli Stati membri.

È composto da soggetti situati nel territorio di almeno due Stati membri e vi possono partecipare: Stati membri, autorità regionali o locali, associazioni; o qualsiasi altro organismo di diritto pubblico.

Questo Gruppo consente di associare enti diversi di Stati membri senza la necessità di sottoscrivere dapprima un accordo internazionale, ratificato dai parlamenti nazionali.

Tra l'altro dispone di personalità e capacità giuridica e può, in particolare, acquistare o alienare beni immobili o mobili, assumere personale e stare in giudizio.

La progettazione

I progetti presentati devono innanzitutto focalizzare l'attenzione sulla cooperazione transnazionale e partenariato transnazionale (almeno tre partner di cui uno almeno deve essere uno Stato membro), inoltre devono avere obiettivi comuni e condivisi ad elevato e misurabile valore aggiunto.

Altro principio fondamentale è quello della concentrazione, ossia devono essere coinvolti tutti gli attori chiave, le partnership tra pubblico e privato, le partnership orizzontali, cioè tra attori e territori e quelle verticali, ovvero tra livelli differenti di autorità locali, regionali e nazionali.

Con il progetto presentato devono essere raggiunti risultati concreti e non bastano più studi e scambi di esperienze, come invece era stato prefissato dalla precedente programmazione.

Esistono diversi tipi di progetti: ci sono quelli che realizzano e sviluppano network istituzionali, quelli che si occupano del coordinamento di attori e di elaborazione di strategie comuni, quelli che affrontano la promozione della coerenza e del coordinamento delle politiche pubbliche, quelli che realizzano e sviluppano sistemi e strumenti operativi comuni.

Altri invece si pongono come obiettivo quello di disseminare a livello transnazionale tecnologie, processi, *know-how* e sistemi di gestione innovativa, altri ancora elaborano progetti pilota con una dimensione transnazionale.

I progetti hanno una durata massima di 36 mesi e si concludono al più tardi il 30 giugno 2015.

Il progetto corrisponde ad un contributo FESR compreso tra 300.000 e 2M€.

Le due lingue ufficiali del Programma sono: il francese e l'inglese. Quando si stila il progetto i vari partecipanti devono scegliere quale lingua utilizzare, attraverso un accordo che viene varato fin dall'inizio.

Ci sono due tipologie di *call* (bando) per i progetti:

1) *Call tradizionali*, coprono tutti gli assi e gli obiettivi del programma operativo;
2) *Call mirate*, sono indirizzate verso specifici temi, campi di intervento o certe tipologie di progetto.

Il Comitato di monitoraggio può stabilire il lancio di call per progetti strategici dal punto di vista dell'importanza che essi possono rivestire per i Paesi partecipanti.

La strategicità non dipende soltanto dalla particolare importanza del tema, dall'urgenza o dall'opportunità dell'azione, essa emerge soprattutto dalla tipologia degli attori coinvolti e dalla loro funzione nell'attuazione dei progetti in relazione al loro ruolo istituzionale.

Tutto ciò deve contribuire a migliorare la *governance* della politica di coesione, rendendola più flessibile e più capace di adeguarsi a livello territoriale, più attenta alle preferenze e alle esigenze locali e meglio coordinata con le altre politiche a tutti i livelli, conformemente al principio di sussidiarietà.

I beneficiari del Programma Med sono: Enti pubblici locali e regionali, Città ed aree metropolitane, Enti pubblici, Operatori economici ed istituzioni di ricerca, nel rispetto delle regole di concorrenza e nei limiti di esenzione relativi al de minimis, Università, se volte alla realizzazione di obiettivi concreti e con la partecipazione di altri tipi di partner, Aggregazioni di PMI (organizzazioni pubbliche, pubbliche equivalenti, private, non profit), Organizzazioni non profit.

Figura 1: Classificazione beneficiari Programma Med

Priorità 1 ***Rafforzare le capacità innovative*** • Cluster • PMI • Istituti di ricerca • Centri tecnologici • Istituti di formazione • Università e istituti di studi superiori • Autorità locali, regionali e nazionali • Camere di Commercio • Istituti finanziari	***Priorità 2*** ***Protezione dell'ambiente e promozione di uno sviluppo territoriale sostenibile*** • Autorità locali, regionali e nazionali, anche in associazione • Agenzie e istituti specializzati in settori di competenza • ONG • Istituti di ricerca • Istituti finanziari • Centri di formazione
Priorità 3 ***Miglioramento della mobilità e dell'accessibilità ai territori*** • Organismi pubblici locali, regionali e nazionali • Agenzie e istituti competenti • Compagnie di trasporti e di gestione di reti • Autorità portuali • Compagnie marittime • Compagnie di logistica e hub • compagnie di telecomunicazioni • compagnie specializzate in IC&T	***Priorità 4*** ***Promozione di uno sviluppo policentrico ed integrato dello spazio MED*** • Autorità locali e regionali • Città e reti di città • Gruppi e unioni di enti locali • Amministrazioni centrali e regionali competenti • Istituti e agenzie pubbliche di settore

Per costruire il partenariato vi sono regole ben precise, infatti ci devono essere minimo tre partner provenienti da Paesi diversi della zona eleggibile Med, quindi deve essere rispettato il carattere di transnazionalità.

Poi il partner più importante non può avere il 40% del budget eleggibile, come il Paese più importante non può detenere il 50% del budget eleggibile.

Inoltre nessun operatore economico può essere il capofila e deve essere presentata una lettera di interesse per ciascun partner beneficiario potenziale del FESR.

Sono stati stabiliti anche dei criteri qualitativi in merito al partenariato come l'equilibrio geografico e di budget, principio da misurare in funzione delle azioni e dei risultati attesi, la capacità finanziaria, le competenze istituzionali-amministrative-tecniche e la coerenza tra competenze e obiettivi del progetto.

Inoltre il partenariato non deve essere troppo ambizioso rispetto alle risorse umane e finanziarie disponibili, infine ci deve essere un reale interesse per la realizzazione del progetto.

I privati possono partecipare ai Fondi Strutturali con determinate condizioni, che derivano dalla natura dell'eventuale cofinanziamento nazionale (se beneficiario FESR) e dal rispetto dei Regolamenti comunitari e dei procedimenti nazionali per: concorrenza e aiuti di stato.

Quando il partenariato decide di partecipare al bando deve essere presentata, innanzitutto, la pre-canditatura sul sito Internet Presage: https://med.presage-cte.org con il modulo di pre-candidatura insieme alle lettere d'intenzione firmate da ciascun partner.

Una copia completa della pre-candidatura deve essere inviata al Segretariato tecnico congiunto in versione cartacea entro le date di scadenza indicate precedentemente: per posta e per e-mail.

La pre-candidatura e la candidatura devono essere inviate in una delle due lingue ufficiali del Programma MED (inglese o francese) accompagnate da un riassunto nell'altra lingua ufficiale.

Le pre-candidature vengono selezionate in base al criterio della qualità del progetto, come la coerenza del progetto con la strategia del Programma MED, con le politiche europee, nazionali e regionali e con gli altri Programmi e progetti europei o come la dimensione transnazionale del progetto o come la qualità del partenariato e dei finanziamenti.

La selezione delle proposte progettuali comprende due fasi:

- i Lead Partner inviano le loro bozze progettuali al segretariato tecnico congiunto, dopo l'istruttoria, il Comitato di selezione pre-seleziona i progetti e i Lead Partner ne vengono informati;
- affinché i progetti pre-selezionati vengano successivamente selezionati, i Lead Partner devono inviare le proposte definitive all'Autorità di Gestione. La selezione avviene sulla base di criteri specifici indicati nel manuale per l'implementazione.

Il Lead Partner ha il compito di sottoporre l'*application form* della proposta progettuale a favore della partnership e nel caso in cui viene approvato il progetto, deve firmare il contratto di sovvenzione con l'Autorità di Gestione.

Inoltre è responsabile della comunicazione e divisione dei compiti tra i partner, assicurando che tali compiti vengano svolti nel rispetto dell'accordo di partnership e del contratto di sovvenzione.

In più assicura la gestione interna e un sistema di controllo efficienti, facendo rispettare la legislazione comunitaria per quanto concerne l'audit e la gestione finanziaria, l'informazione e la pubblicità.

Il Lead Partner è responsabile della redazione dei report, dei loro contenuti e della loro corretta trasmissione periodica.

Infine richiede e riceve pagamenti dal fondo per il programma e ha la responsabilità di distribuirli ai propri partner.

Figura 2: Procedura di selezione dei progetti

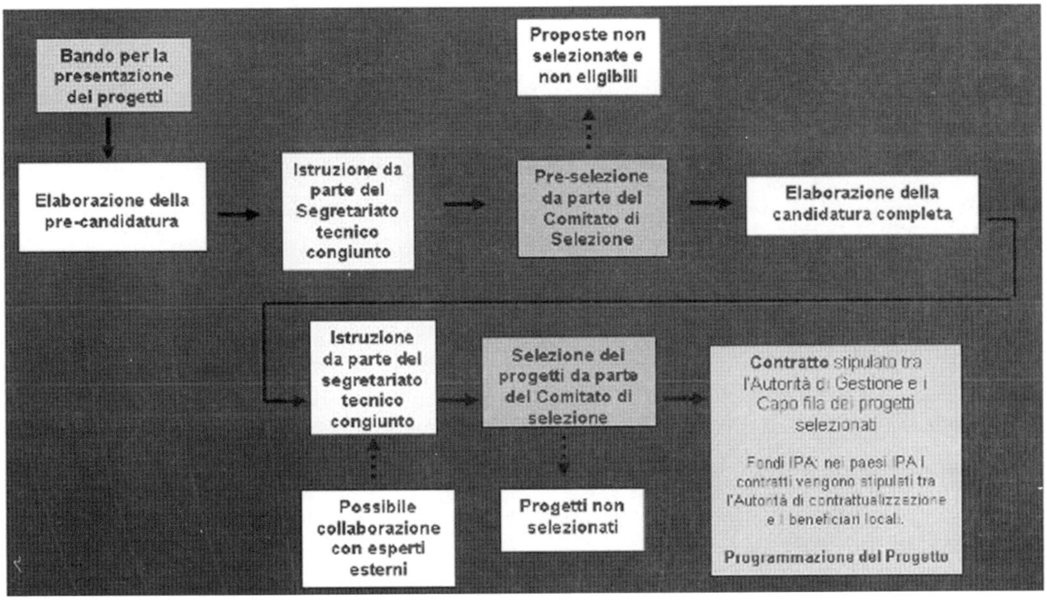

Un progetto viene definito buono quando è:

- un **progetto transnazionale**, ovvero legato ad un equilibrio geografico del partenariato e quando ha una natura transnazionale del progetto: obiettivi comuni e condivisi, valore aggiunto misurabile e tangibile, benefici per l'insieme dei partner e del territorio;
- un **progetto innovativo**, legato al processo di miglioramento basato sull'introduzione di un'innovazione tecnologica, come per esempio un nuovo prodotto o un nuovo procedimento; e non, come per esempio una metodologia di organizzazione, uno stile di gestione, una costituzione di un partenariato o metodo di lavoro;
- un **progetto che tiene conto dello sviluppo sostenibile e dell'ambiente**, inteso sia come obiettivo trasversale che specifico (Asse II), considerando la valutazione dell'impatto ecologico;
- un **progetto concreto**, negli studi comparati, ricerche, condivisione di esperienze e scambi di informazioni, ma anche nei risultati tangibili e negli effetti misurabili (tessuto socio-economico, politiche pubbliche, in determinate attività, istituzioni, metodi di gestione o modalità di cooperazione, ecc.);

- un **progetto perenne**, ovvero con effetti a lungo termine e con una durevolezza istituzionale e finanziaria;
- un **progetto che comunica** per tutta la durata del progetto, attraverso la diffusione, promozione e valorizzazione delle azioni e dei risultati, definendo un piano di comunicazione.

Struttura organizzativa:

- **Autorità di gestione** *Provence Alpes Côte d'Azur Region* (Marsiglia, Francia): responsabile per l'implementazione e le gestione del programma operativo a livello transnazionale;
- **Autorità di Certificazione** *Caisse des Dépôts et Consignatios* (Francia): è la cassa depositi e prestiti;
- **Autorità di Audit** *Commission Interministérielle de Cordination des Contrôles* (Francia): è la Commissione Interministeriale di Coordinamento dei controlli;
- **Segretariato Tecnico Congiunto** (Francia): istituito il 21 gennaio 2008, composto da quattro membri più altri cinque che sono stati aggiunti a marzo 2008. La sede è la Regione PACA in Francia. Questo ente assiste l'Autorità di gestione ed è il principale interlocutore per chi realizza i progetti;
- **Comitato di Monitoraggio** (Francia): assicura l'implementazione del programma operativo, definisce e vara le *call for proposal* e nomina il Comitato di Selezione, assicura la buona attuazione del programma operativo;
- **Comitato di Selezione** (Francia): seleziona i progetti;
- **Coordinatore nazionale Programma MED:** Regione Campania – Studio e gestione Progetti UE (Carmela Crotone).

22
La cooperazione internazionale allo sviluppo: il caso italiano

Il tema di seguito affrontato riguarda la cooperazione internazionale allo sviluppo come insieme di mezzi, processi, idee, politiche e rapporti tra il nord e il sud del mondo.

In particolare si osserverà la situazione italiana attraverso l'analisi delle leggi più importanti in materia e degli attori coinvolti. Si farà così riferimento non solo agli attori statali, ma anche a quelli privati (in particolare le ONG) che sempre più acquistano rilevanza nell'attuazione di progetti di cooperazione allo sviluppo.

La tesina è pensata ed organizzata in quattro capitoli. Nel primo si presenta una panoramica delle caratteristiche peculiari inerenti alla cooperazione internazionale con particolare riferimento alla progettazione e ai suoi strumenti.

Il secondo capitolo, invece, prende in esame gli aspetti principali della normativa italiana in materia.

Il terzo capitolo è dedicato alla cooperazione decentrata e al sempre maggior coinvolgimento degli enti locali nei processi di cooperazione, che, come vedremo, coinvolge anche la Regione Umbria.

Il quarto capitolo illustra un tentativo recente di riforma, in Italia, della normativa attualmente vigente che risulta (dopo circa vent'anni dalla sua entrata in vigore) ormai inadeguata e insufficiente.

Vi è infine una conclusione, in cui cerco di fare il punto su quanto detto, seguita dalla bibliografia.

Capitolo 1

Un autorevole dizionario della lingua italiana definisce la ***cooperazione internazionale*** come quell'insieme di azioni, decisioni, lavori svolti in comune tra più soggetti, prima di tutto gli Stati, volti alla realizzazione di attività e al raggiungimento di obiettivi comuni nei campi più svariati: politico, economico, umanitario, militare, sociale, ecc.

Negli ultimi decenni si è cominciata a diffondere anche l'idea che attuare processi di cooperazione intergovernativi sia un valido aiuto al mantenimento della pace internazionale e dello sviluppo economico, sociale, culturale delle aree più povere e arretrate del mondo, con conseguenti ripercussioni positive anche per i paesi più sviluppati.

A partire dalla prima metà del '900 la cooperazione è divenuta un vero campo d'interesse, trovando l'apice nella nascita dell'ONU del 1945, nella cui Carta istitutiva all'art. 1 comma 3 si dice che uno dei suoi fini è "*attuare la cooperazione internazionale nella soluzione di problemi internazionali di ordine economico, sociale, culturale e umanitario [...]*".

I processi d'integrazione tra gli Stati sono, quindi, presupposti necessari per la cooperazione, tant'è che, per esempio, lo stesso fiorire di intenzioni, idee e buoni propositi per la cooperazione e gli aiuti allo sviluppo si ritrovano nei processi d'integrazione europea a partire dalla creazione della CECA nel 1951, fino ad oggi.

L'idea di creare processi di cooperazione allo sviluppo, come detto, è recente. Con la fine del colonialismo e l'emersione di paesi sottosviluppati e poveri (PVS), i paesi più sviluppati e ricchi hanno maturato verso di loro, oltre che interessi economici e politici, un senso di dovere morale di aiutare quelle aree più arretrate e in difficoltà. Proprio per questo si può ormai considerare la cooperazione come un "processo politico-sistematico e strutturale, che coinvolge ogni aspetto del rapporto Nord-Sud e trova ampi riscontri, sul piano interno ed esterno, nella vita di ogni paese".

Tutto ciò è storicamente avvenuto sullo sfondo della Guerra Fredda tra Usa e Urss, che cercavano di attrarre i nuovi Stati indipendenti, soprattutto quelli africani, nella propria orbita per sottrarli al nemico. La cooperazione e la politica di aiuti allo sviluppo era lo strumento più utilizzato dai due schieramenti per attrarre i PVS: cooperazione bilaterale o multilaterale si alternavano a seconda delle situazioni.

Al fianco della cooperazione governativa si sono sviluppate nel tempo anche quella non-governativa, il partenariato e la cooperazione decentrata come nuove e più efficaci forme d'approccio all'azione di cooperazione, nuovi metodi che tendono a rafforzare il ruolo della società civile nel processo di sviluppo che si tenta d'attuare.

1.1 - La progettazione nell'ambito della cooperazione internazionale allo sviluppo

Il **progetto** di sviluppo è uno strumento di cooperazione composto da una serie di azioni coordinate e collegate tra loro, che mirano ad uno specifico obiettivo di sviluppo, da far rientrare in un determinato arco di tempo e utilizzando un budget specifico e limitato.

L'insieme di più progetti realizzati (o da realizzare) per perseguire lo stesso scopo finale è detto **programma** di sviluppo. Quest'ultimo può essere di vari tipi: esistono, ad esempio, "programmi settoriali" cioè legati ad un unico settore d'interesse; "programmi paese" rivolti ad un'area o un paese specifici che però mirano ad obiettivi generali di sviluppo; ecc.

Prima di iniziare un progetto è necessario ragionare su quali sono e come sono interconnessi tra loro i presupposti, gli obiettivi e le azioni da intraprendere per costruire il progetto stesso. A tal proposito uno degli strumenti principalmente utilizzati è il ***quadro logico*** (logical framework), un metodo analitico che permette di organizzare e ordinare le informazioni più importanti che si posseggono, rendendole facilmente comprensibili e fruibili. Questo fissando all'interno di una matrice gli obiettivi sia generali che specifici, i risultati attesi e le azioni da svolgere per attuare il progetto, evidenziandone le relazioni casuali. Il quadro logico può applicarsi ad ogni fase del progetto e deve essere in costante evoluzione e aggiornamento in base a come esso si svolge.

Ogni progetto, poi, è composto di varie fasi legate tra loro che formano il ***ciclo del progetto***. Ognuna delle fasi del ciclo ha delle sue caratteristiche e crea diverse problematiche a seconda dei fattori che di volta in volta possono cambiare quali: i soggetti coinvolti, le risorse disponibili, i limiti di tempo da rispettare, la complessità degli obiettivi.

Si deve tener conto, inoltre, che le azioni da intraprendere e i problemi da risolvere variano anche a seconda del contesto in cui si deve operare.

In ogni caso il ciclo del progetto è composto di cinque fasi principali:

1) L'***identificazione*** del problema = fase in cui si identificano, appunto, il progetto e l'eventuali partner e si compie una valutazione ex-ante;
2) La ***formulazione*** = fase in cui si procede all'elaborazione e alla stesura del documento;

3) Il ***finanziamento*** = fase in cui si presenta e si approva il budget utilizzabile;
4) La ***realizzazione*** = fase di attuazione vera e propria delle azioni da svolgere che devono essere gestite, implementate e monitorate attraverso una valutazione in itinere;
5) La ***valutazione*** = fase in cui si valuta ex post tutto il lavoro svolto e si verifica se si sono raggiunti gli obiettivi preposti.

Come si può notare, la *valutazione* avviene non solo alla fine, ma fin dall'inizio del progetto. La valutazione finale, comunque, ha maggior rilevanza perché la riuscita, che è facilmente evidente e riscontrabile da tutti, deve aver creato risultati tangibili e inerenti agli obiettivi inizialmente posti e alle risorse messe a disposizione.

Capitolo 2
La cooperazione in Italia

Cercherò ora di presentare un quadro generale della normativa italiana sulla cooperazione allo sviluppo, analizzando la principale legge che la disciplina e cercando di presentarne le strutture normative e istituzionali. Inoltre farò alcuni accenni alla Legge delega di riforma della cooperazione italiana allo sviluppo che dopo tanti anni finalmente il Parlamento era riuscito a delegare al Governo nel 2007.

2.1 - La Legge n. 49 del 26 febbraio 1987

Attualmente in Italia la cooperazione internazionale allo sviluppo è regolata dalla **Legge n. 49 del 26 febbraio 1987**, sulla "***Nuova disciplina della Cooperazione dell'Italia con i Paesi in via di sviluppo***". Tale legge presenta tre aspetti fondamentali:

1) Ai sensi dell'**art. 1 par. 1** "*La cooperazione allo sviluppo è parte integrante della politica estera dello stato italiano...*". Questo spiega il perché la cooperazione italiana si trova sotto la direzione del Ministero degli Affari Esteri, di concerto con il Ministero del Tesoro, che hanno delle competenze distinte, come approfondirò in seguito, per quanto riguarda il finanziamento della cooperazione.
2) Se da una parte riconosce che la cooperazione allo sviluppo rientra nella politica estera, dall'altra sancisce che può essere attuata oltre che dal Governo centrale, anche dagli Enti Locali, cioè dalle amministrazioni del Governo territoriale. In tal senso l'**art. 2 par. 3** parla chiaramente di un coinvolgimento di Regioni, Province e Comuni nell'attuazione delle attività di cooperazione, stabilita a livello centrale, riconoscendo che le attività di cooperazione possono essere attuate utilizzando le loro strutture pubbliche. Addirittura poi, dal 2000, agli Enti Locali è stato dato un ruolo, oltre che nell'attuazione dei progetti di cooperazione, anche nella loro progettazione, cioè nella creazione di proposte di cooperazione allo sviluppo.
3) Riconosce il ruolo alle **O**rganizzazioni **N**on **G**overnative (da ora indicate come **ONG**), sostenendo che il contributo fondamentale nelle attività di cooperazione allo sviluppo deriva dall'associazionismo privato. Per rico-

noscere l'attività di cooperazione di queste ONG la Legge contempla sia una modalità diretta che una modalità indiretta:

- La modalità **indiretta** indica, semplicemente, il finanziamento di iniziative di cooperazione proposte e portate avanti dalle ONG; cioè la partecipazione indiretta all'azione delle ONG attraverso lo stanziamento di fondi e il co-finanziamento di iniziative di cooperazione da parte del Governo.
- La **modalità diretta** di coinvolgimento invece è quella per cui le ONG sono chiamate e coinvolte nella realizzazione concreta di azioni di cooperazione stabilite a livello centrale.

Quindi, da una lato la Legge riconosce che le ONG possono essere partner utili nella realizzazione di iniziative di cooperazione allo sviluppo decise dal Ministero, dall'altro in modo più decentrato, la Legge riconosce che per determinate iniziative particolarmente meritevoli le ONG possono essere destinatari di finanziamento da parte del Ministero.

2.1.1 - Requisiti ONG

Da questo punto di vista, la Legge all'art. 28, individua le condizioni e i requisiti in base ai quali le ONG possono essere coinvolte nella cooperazione allo sviluppo:

1) Devono essere associazioni senza fini di lucro;
2) Non devono essere connesse con nessun altro ente avente fini di lucro;
3) Devono dare garanzia di svolgere l'attività in modo continuativo ed efficiente;
4) Devono dimostrare di avere un'esperienza nel campo della cooperazione allo sviluppo di almeno 3 anni.

Sulla base di tali requisiti, le ONG, possono accedere ai finanziamenti o co-finanziamenti stanziati a livello governativo previo riconoscimento da parte del Ministero delle iniziative considerate idonee a svolgere compiti e attività di cooperazione allo sviluppo.

2.2 - Il quadro istituzionale previsto dalla Legge 49 del 1987

Come già detto, in quanto facente parte della politica estera, la cooperazione allo sviluppo si trova sotto la gestione diretta del **M**inistero degli **A**ffari **E**steri (da ora indicato come **MAE**). Al vertice della cooperazione allo sviluppo non c'è però il MAE ma il ***Comitato Interministeriale per la Programmazione Economica*** (da ora indicato come **CIPE**). Quest'ultimo, insieme al Ministero del Tesoro, deve stabilire le ***linee d'indirizzo***, su base triennale, della cooperazione allo sviluppo.

In altre parole, il CIPE sancisce gli indirizzi programmatici e le priorità geografiche. Successivamente il MAE promuove e coordina i programmi operativi, ed è quindi responsabile di attuare le linee programmatiche decise dal CIPE.

All'interno del MAE, come organo direttivo di questo ruolo di avviamento ed attuazione, c'è il **Comitato Direzionale per la Cooperazione allo Sviluppo** che è presieduto dal Ministro degli Affari Esteri: esso definisce la sua azione rispetto alle linee programmatiche poste dal CIPE, ma lo fa su base annuale (e non triennale).

Le funzioni operative, amministrative, contabili e gestionali (cioè l'attuazione) sono invece svolte da un altro organo, che fa sempre parte del MAE, la **Direzione Generale per la Cooperazione allo Sviluppo** che è suddivisa in ***tredici uffici*** territoriali, tematici e di supporto funzionale, a cui sono affiancate una ***unità tecnica centrale*** (da cui ne dipendono alcune locali situate nei PVS in cui l'Italia svolge funzioni di cooperazione) e ***una unità tecnica di valutazione***.

Abbiamo detto però che il MAE non è l'unico settore dell'amministrazione coinvolto nella cooperazione allo sviluppo. Ha un ruolo importante anche il Ministero del Tesoro. È infatti il Ministro del Tesoro che cura e ha la responsabilità delle relazioni tra l'Italia, le banche, gli istituti di credito e i fondi di sviluppo, tant'è che ci sono anche **due linee di bilancio separate**:

1. Quella con cui l'Italia dà il suo contributo alle banche e ai fondi di sviluppo, gestita dal Ministero del Tesoro.
2. Quella con cui l'Italia onora la partecipazione all'ONU e a tutti gli altri istituti specializzati che si occupano di cooperazione allo sviluppo.

Il Ministero del Tesoro lavora in questo settore sulla base di un *fondo locativo* creato ad hoc per consentire la partecipazione italiana alle banche internazionali.

Infine, un importante contributo nell'ambito dell'apparato amministrativo della cooperazione allo sviluppo, è dato dal ***Dipartimento per la Protezione Civile*** sotto la Presidenza del Consiglio dei Ministri, che si occupa *dell'aiuto d'emergenza* e dell'*assistenza umanitaria*.

Questo è, in breve, l'attuale quadro amministrativo-istituzionale della cooperazione allo sviluppo italiana.

2.3 - Finanziamenti per la cooperazione internazionale allo sviluppo

Sempre la **Legge 49/1987** stabilisce le modalità, i tempi e l'entità dei finanziamenti da destinare ai progetti di cooperazione internazionale. In particolare se ne occupano gli **artt. 2** e **37**.

L'**art. 2 par. 2, nello specifico,** dice che: "Gli stanziamenti destinati alla realizzazione delle attività di cooperazione allo sviluppo sono determinati su base triennale con Legge finanziaria". È quindi la Legge finanziaria di ciascun anno che stabilisce quanto spetta alla cooperazione allo sviluppo per ciascuno dei tre anni a seguire. Ad esempio: la finanziaria del dicembre 2007 ha stanziato per il 2008 circa 730milioni di euro (1/3 dell'aiuto pubblico allo sviluppo italiano).

Questi fondi sono destinati sia alla cooperazione multilaterale che bilaterale. Ne restano esclusi, però, sia la partecipazione italiana alle banche e ai fondi internazionali di sviluppo sia quella parte di fondi destinati alla Comunità Europea.

L'**art. 37 par. 1** invece dice che: "Con Legge finanziaria è determinata ogni anno l'entità globale dei fondi destinati per il triennio successivo alla cooperazione allo sviluppo bilaterale e multilaterale". Il **par. 2** sancisce poi che: "Gli stanziamenti inseriti nel bilancio di previsione dello Stato destinati all'aiuto pubblico allo sviluppo, in tutte le sue forme, dovranno essere calcolati tenendo conto degli impegni internazionali dello Stato". In questi impegni internazionali rientra anche l'obiettivo di destinare lo 0,7% del PIL nazionale alla cooperazione allo sviluppo.

In Italia, per quanto concerne i finanziamenti allo sviluppo, si deve distinguere tra:

1. **Finanziamento legato** = finanziamento condizionato all'acquisto, da parte dell'Ente o del Paese beneficiario, di strumentazioni e beni italiani. Ciò avviene nella maggior parte dei rapporti bilaterali. Questo serve a far capire in che senso la cooperazione allo sviluppo, oltre ad essere uno strumento di politica estera, è spesso anche uno strumento di politica commerciale a beneficio delle imprese e dell'industria nazionale.
2. **Finanziamento slegato** = non ha i vincoli di cui sopra.

Capitolo 3
La cooperazione decentrata allo sviluppo

La ***cooperazione decentrata*** è stata introdotta esplicitamente, per la prima volta, dalla Legge 49/1987.

È costituita da rapporti di partenariato instaurati tra enti e autorità territoriali del Paese donatore con quelle del paese beneficiario, volte a realizzare attività di sviluppo.

La logica è, ovviamente, quella di decentramento delle funzioni per cui non opera solo lo Stato centrale ma anche e soprattutto gli enti territoriali questo per garantire il coinvolgimento di attori diversi da quelli pubblici.

Il ruolo dell'ente territoriale (Regioni, Province, Comuni) è quello di riuscire a coinvolgere nell'attività di cooperazione allo sviluppo tutte le risorse umane, imprenditoriali, di associazionismo, di volontariato, ecc., che sono presenti sul territorio. Questo da parte dell'ente che opera e gestisce l'attività di cooperazione.

Da parte dell'ente che invece la riceve si ha una ricaduta di coinvolgimento della società civile organizzata, cioè il fine (anche in questo caso) è far sì che l'ente territoriale partner dei PVS, riesca a coinvolgere nei processi di sviluppo attuati dalla cooperazione, le istanze rappresentative della società civile organizzata.

L'ottica è quella di riuscire ad avere un pieno coinvolgimento della popolazione locale nelle micro-iniziative di cooperazione allo sviluppo, si organizzano dei gruppi di lavoro in cui spetta alla popolazione locale stabilire quali devono essere le priorità dell'intervento (Es: decidere se è meglio ricostruire prima la scuola elementare o l'ospedale, ecc.). Con ciò, si favorisce la partecipazione democratica e si presentano i processi di sviluppo come un qualcosa di conosciuto, gestito, condiviso, controllato dalla popolazione locale.

3.1 - Il quadro normativo della cooperazione decentrata in Italia

La base normativa è sempre data dalla **Legge 49/1987**, in particolare dall'**art. 2 comma 3 e 4**. Abbiamo già visto come questa Legge riconosce, almeno in parte, il ruolo degli Enti territoriali.

Nell'**art. 2 par. 4** si dice che: "*Le attività [...] possono essere attuate [...] anche utilizzando le strutture pubbliche delle Regioni, delle Province Autonome e degli Enti Locali*". Si parla dunque solo di "usare" le strutture di tali enti pubblici per attuare attività di cooperazione allo sviluppo, in un'ottica di sostegno al Governo.

Certi tipi di cooperazione allo sviluppo, sono esclusi dalla partecipazione alla possibilità di coinvolgimento degli enti locali. Ad esempio, questi ultimi non possono adottare programmi di riconversione agricola su terreni sottratti alla coltivazione della droga; non possono realizzare interventi in materia di ricerca scientifica e tecnologica ai fini del trasferimento di tecnologie; ecc.

Ulteriore tassello nel quadro normativo italiano sulla coperazione decentrata è l'**art. 19** della **Legge 68/1993** che ha ampliato i soggetti che possono attuare la cooperazione governativa. Tra essi l'**ANCI** (**Associazione Italiana Comuni Italiani**) e l'**UPI** (**Unione delle Province Italiane**).

Il principale esperimento normativo attuale che disciplina e innova la cooperazione decentrata rispetto alla Legge del 1987 sulla cooperazione allo sviluppo, è invece dato dalle **linee d'indirizzo e modalità attuative della cooperazione decentrata** emanate nel 2000 dalla Direzione generale per la cooperazione allo sviluppo del MAE. Esso costituisce il riferimento normativo dei rapporti della Cooperazione italiana con le Regioni e autonomie locali sulla cooperazione decentrata.

In esse la cooperazione decentrata è definita come "*l'azione di cooperazione allo sviluppo svolta dalle Autonomie locali italiane singolarmente o in consorzio tra loro, anche con il concorso delle espressioni della società civile organizzata del territorio di relativa competenza amministrativa [...]*".

Inoltre, ora, gli Enti locali e le Regioni non sono più coinvolti soltanto nell'attuazione delle iniziative di cooperazione come si prevedeva nella legge 49 del 1987, ma anche nell'attività di programmazione e valutazione. A questo proposito è stata istituita all'interno del MAE, l'***Unità di coordinamento per la cooperazione decentrata***. Viene, poi, loro concesso d'intervenire anche a livello di aiuto delle piccole-medie imprese per fornire assistenza tecnica e conoscenze in materia di sviluppo economico.

Queste iniziative vengono attuate attraverso la stipulazione di accordi quadro e di convenzioni, quali strumenti per raccordare l'attività della gestione di cooperazione allo sviluppo e l'attività degli enti locali.

Gli enti locali traggono, ovviamente, beneficio dal riconoscimento del loro ruolo e dal coordinamento col MAE. Infatti, le loro attività di cooperazione sono co-finanziate dal Governo, cioè in alcuni casi possono produrre iniziative di cooperazione e instaurare col MAE una collaborazione per realizzare alcuni progetti.

Queste Linee di indirizzo individuano, inoltre, alcuni **ambiti d'intervento preferenziali** in cui attuare politiche di cooperazione decentrata, quali la promozione dei vari processi di democrazia partecipativa; il sostegno alle politiche di decentramento politico e amministrativo; l'aiuto nell'attuazione di politiche riguardanti la tutela del patrimonio ambientale e culturale e delle fasce di popolazione deboli, ecc.

Tali *Linee* riconoscono anche le Autonomie locali come *partner* privilegiati della cooperazione governativa attraverso l'instaurazione di un partenariato per lo sviluppo con le realtà locali del Paese beneficiario.

3.2 - Un caso di legge regionale sulla cooperazione internazionale: l'Umbria

La ***Legge regionale 26 del 1999*** sugli "***Interventi regionali per la promozione della cooperazione internazionale allo sviluppo e della solidarietà fra i popoli***" all'**Art. 1 comma 1** enuncia che: "*La Regione dell'Umbria, in coerenza con i principi e i dettati internazionali e costituzionali e nel quadro delle leggi dello Stato che disciplinano la materia, riconosce nella cooperazione e solidarietà internazionali gli strumenti essenziali per la creazione di rapporti di equità e di giustizia fondati sul rispetto dei diritti dell'uomo e dei popoli*".

A tal scopo la Regione Umbria si adopera nella promozione di progetti di cooperazione allo sviluppo volti a promuovere la crescita economica, lo sviluppo sociale e culturale nel rispetto delle differenze tra i popoli. Tutto ciò favorendo la partecipazione delle società locali delle aree in cui s'interviene e entro i limiti imposti dalle regole di sviluppo sostenibile, rispettoso sia dell'ambiente che delle persone coinvolte e interessate.

Di fondamentale importanza è l'**Art. 4** della suddetta legge al cui **comma 1** si dice che: "*La Regione, in collaborazione con gli Enti locali, favorisce la costituzione di* ***Gruppi di solidarietà internazionale*** *tra Enti locali e loro forme associative, enti pubblici,* ONG *di cooperazione internazionale, associazioni, fondazioni, istituzioni, gruppi di volontariato [...] purché operino senza fini di lucro*", che si occupino di realizzare progetti. Gli enti locali partecipano mettendo a disposizione risorse finanziarie, strutture e "*promuovendo il concorso al finanziamento delle attività del Gruppo di altri soggetti pubblici e privati [...]*".

La Giunta regionale per favorire e controllare lo svolgimento delle attività si serve di un ***Comitato regionale per la cooperazione decentrata*** che ogni due anni organizza una conferenza per valutare i lavori svolti fino a quel momento.

L'**Art. 10 comma 1** prevede che: "*La programmazione della cooperazione decentrata si realizza attraverso l'adozione, con cadenza biennale, di linee programmatiche che individuano le priorità geografiche e settoriali d'intervento, tenuto anche conto degli indirizzi del governo e di specifiche vocazioni locali*".

È in base a queste ***linee programmatiche*** che i suddetti Gruppi di solidarietà internazionale sviluppano e presentano progetti dettagliati sulle azioni previste, completi di indicazioni sui tempi e il budget necessario per la loro realizzazione.

Spetta al Comitato regionale per la cooperazione decentrata valutarli creando una lista dal migliore al peggiore. In base a tale lista la Giunta regionale decide quali progetti co-finanziare con fondi regionali o addirittura proporre ad altri organismi per co-finanziamenti interregionali, nazionali o internazionali. Il co-finanziamento regionale non può essere comunque superiore al 30% del costo del progetto. Una volta approvato il co-finanziamento, la metà della quota è subito elargita mentre il resto viene dato in corso di svolgimento dei lavori. È, inoltre, la stessa Giunta a imporre i termini entro cui il progetto deve essere realizzato.

Attraverso questa legge, la Regione Umbria ha già realizzato, e continua a realizzare, vari progetti soprattutto rivolti ad aree quali i paesi balcanici, quelli del Sud del Mediterraneo, e quelli del Nord Africa.

Capitolo 4
I tentativi di riforma

Abbiamo visto e analizzato per grandi linee la situazione attuale della normativa italiana vigente in materia di cooperazione. Ci sono però state delle prospettive di riforma della stessa.

Il 5 Aprile 2007 il Governo, su proposta dell'allora Ministro D'Alema di concerto con il Ministro Padoa Schioppa, ha adottato un **Disegno di Legge di delega al Governo per la riforma della disciplina della cooperazione con i PVS**, che però, a causa della caduta del Governo Prodi, non si è trasformato in Legge.

4.1 - I tratti fondamentali del disegno delega

Dal punto di vista dell'informazione sostanziale non c'è molta differenza rispetto a quanto previsto dalla Legge 49 del 1987. Si ribadisce che la cooperazione allo sviluppo è parte della politica estera italiana; come tale il responsabile è il Ministero degli Affari Esteri, che poi deve anche coordinare la propria attività col Ministero del Tesoro.

A salvaguardia di ciò, il Disegno di Legge ***sottolinea la necessità di coordinamento e di unitarietà nell'azione per lo sviluppo***. Quindi molto più della Legge 49 del 1987 riconosce il *ruolo degli Enti Locali* e parla per la prima volta in modo espresso della ***cooperazione decentrata***. Tuttavia si preoccupa subito di chiarire che l'attività di cooperazione da parte degli Enti territoriali deve essere coordinata con tutta l'attività di cooperazione allo sviluppo italiano, in modo tale da garantire l'unitarietà d'indirizzo.

Inoltre, a salvaguardia di questa unitarietà dell'azione, il preambolo del Disegno di Legge *richiama una sentenza della Corte Costituzionale* (la 211/2006) in cui si dichiarava l'illegittimità di una parte della Legge sulla cooperazione della Provincia Autonoma di Trento risalente al 2005. In questa parte della Legge, la Provincia avocava a sé il potere di determinare gli obiettivi della cooperazione e i destinatari dei benefici.

Con questo Disegno di Legge, quindi, si è invitato il Parlamento a ribadire che il potere di determinare gli obiettivi e i destinatari della cooperazione allo sviluppo non spetta agli Enti ma allo Stato.

L'intento principale del Disegno è comunque quello di adeguare ai nuovi tempi la struttura amministrativa italiana, per la gestione della cooperazione allo sviluppo istituendo, sull'esempio di molti altri Stati europei, un'***Agenzia per la Cooperazione allo Sviluppo e la solidarietà internazionale*** che operi in modo indipendente e autonomo dal MAE.

Abbiamo visto come attualmente il MAE ha un organo che dirige la cooperazione che è il Comitato Interministeriale e uno che la attua che è la Direzione Generale. Questo Disegno di Legge divideva le due competenze: la direzione restava sempre all'interno del MAE; l'attuazione invece passava in mano ad un'Agenzia Indipendente (che avrebbe sostituito la Direzione Generale).

4.2 - I princìpi e i criteri direttivi indicati nel disegno di legge delega

Il Disegno di Legge delega prevede alcuni specifici criteri e princìpi cui il Governo dovrebbe attenersi nell'emanare la Legge delega. Ad esempio, l'attribuzione della responsabilità della politica di cooperazione allo sviluppo al MAE e il riconoscimento del ruolo e dell'importanza della cooperazione decentrata. Inoltre, ed è questo un punto importante, nel Disegno di riforma si stabiliva che l'Italia avrebbe posto termine alla pratica dell'aiuto legato. Infatti, in base ad uno dei princìpi indicati nella Legge: "*Il Governo deve attenersi al seguente principio finalizzato a prevedere che nell'attività di cooperazione allo sviluppo sia privilegiato, compatibilmente con la normativa vigente, l'impiego di beni e servizi prodotti nei Paesi in cui si realizzano gli investimenti*". Ciò vuol dire che l'Italia s'impegna, laddove offre aiuti per attuare progetti di cooperazione, a far sì che i Paesi destinatari degli aiuti, per la maggior parte, impieghino beni, materiali e attrezzature prodotti da essi stessi e non dall'Italia. Questo è anche in linea con le raccomandazioni date dall'OCSE tra il 2000 e il 2005 che invitano tutti gli Stati a non negare gli aiuti bilaterali.

È bene ricordare che quando si parla di **aiuto legato** possiamo intendere due fenomeni:

1) Quello riferito alla cooperazione bilaterale (di cui abbiamo appena parlato) che consiste nel costringere, in qualche modo, lo Stato beneficiario della cooperazione a utilizzare merci, beni e attrezzature dello Stato donatore (per realizzare lo stesso progetto di cooperazione).
2) Quello riferito alla cooperazione multilaterale (o multi-bilaterale) che è realizzato attraverso i fondi fiduciari dell'ONU. In questo caso lo Stato che mette dei fondi a disposizione non lascia l'Organizzazione libera di decidere come utilizzarli, ma indica previamente quale deve essere la loro destinazione.

Infine, un altro aspetto importante del Disegno di Legge è la previsione di un maggior coinvolgimento del Parlamento nella decisione dei progetti di cooperazione allo sviluppo, attraverso un'informativa preliminare che il Governo deve inviare al Parlamento stesso.

Conclusioni

Come abbiamo visto, quello per la cooperazione internazionale allo sviluppo è un interesse recente. Solo con l'ONU, dopo la seconda guerra mondiale, si è realmente riusciti a creare le prime vere forme di collaborazione e sostegno tra gli stati. In tal modo gli stati ricchi non hanno tardato a rivolgere il loro interesse verso le aree più arretrate del mondo con l'idea che per mantenere la pace e la sicurezza internazionale fosse necessario aiutare i PVS ad emergere dall'arretratezza e dall'ignoranza.

Negli ultimi anni sta acquisendo sempre più importanza la cooperazione decentrata che permette una migliore azione rispetto ai progetti di aiuto ai PVS. La cooperazione allo sviluppo risulta così uno strumento basilare su cui basare le relazioni internazionali tra gli stati e auspicare un sempre più approfondito scambio, legame tra il Nord e il Sud del mondo. Abbiamo visto che anche l'Italia ha da sempre dato il suo contributo alla causa anche se, attualmente, ha una normativa arretrata e inefficacie rispetto ai tempi e alle normative vigenti negli altri paesi.

23
Che ruolo ha svolto il nostro Paese nel processo di integrazione europea?

Le scelte Europeiste dell'Italia

Con la presente trattazione ci proponiamo di trovare risposta a due quesiti di particolare rilevanza: quali furono le motivazioni autentiche che spinsero l'Italia a partecipare fin dal 1947 alla costruzione di una "comune casa europea"? E come mai questa scelta è divenuta una costante della politica estera italiana?

La trattazione di tali argomenti è abbastanza recente nella storiografia italiana, risale infatti agli anni '70. Gli studiosi di relazioni internazionali considerano inizialmente le scelte europeiste dell'Italia come una tematica, per così dire, "minore", una sorta di corollario della scelta filo statunitense e di appartenenza al campo occidentale, quindi sempre e comunque esaminata nell'ottica della Guerra Fredda. Successivamente, a partire dagli anni '80, con il progressivo esaurirsi dello scontro tra i due blocchi orientale e occidentale e con il rinnovato slancio impresso alla integrazione europea dalla Presidenza Delors, il ruolo dell'Italia nelle istituzioni europee è divenuto materia di precipuo interesse per gli studiosi, anche se manca tutt'ora un'analisi complessiva e ragionata della politica europea dell'Italia.

Tra il 1947 e il 1950 il nostro paese è molto attivo sullo scenario europeo: aderisce al piano Marshall insieme agli altri paesi europei, gettando così le basi per la formazione del sistema occidentale, e successivamente all'Oece; partecipa al progetto di Unione Doganale italo-francese e ai negoziati Fritalux-Finibel ed è tra i paesi fondatori del Consiglio d'Europa. Tali episodi vanno in realtà considerati come una sorta di scelta obbligata o meglio una prosecuzione della tradizionale politica estera seguita dall'Italia. Subito dopo la fine della Seconda Guerra Mondiale, infatti, la classe politica e la diplomazia italiana cercarono di riportare il paese al suo ruolo tradizionale di media potenza regionale, in grado quindi di esercitare la sua influenza in due ambiti fondamentali: il Mediterraneo, inclusa l'area del Medio Oriente, e l'Europa. Il contesto europeo, quindi, non era una novità per la politica estera italiana, anzi possiamo definirlo come una collocazione in qualche modo "naturale". Non si ignorava, certamente, che importanti cambiamenti erano alle porte: l'Europa in cui l'Italia si sarebbe trovata ad agire sarebbe stata solo la parte occidentale del Vecchio Continente e, soprattutto, bisognava tenere conto della presenza di un nuovo attore "esterno" sulla scena, ossia gli Stati Uniti d'America, in grado di condizionare anche pesantemente i rapporti tra le nazioni europee e di creare nuovi equilibri continentali; ciò era tanto più vero per il nostro paese in virtù del non trascurabile particolare della presenza in Italia del più grande Partito Comunista dell'emisfero occidentale.

Se quindi da un lato si intuì che stava per formarsi un nuovo "sistema" che avrebbe strettamente legato l'Europa Occidentale agli USA, dall'altro si ritenne che sarebbe rimasto vigente una sorta di "sotto-sistema europeo occidentale", in cui i tradizionali rapporti tra l'Italia e alcuni partner "storici", quali Gran Bretagna, Francia e Germania, non sarebbero mutati.

Fu in questo contesto che l'Italia aderì al piano Marshall, uniformandosi così alle potenze vincitrici europee e decisa ad accreditarsi fin da subito come partner credibile ed affidabile degli USA.

Tra il 1948 e il 1949 annotiamo, come precedentemente menzionato, la partecipazione dell'Italia al Consiglio d'Europa e la proposta avanzata dal Ministro degli Esteri Sforza per un'integrazione politica da realizzare nel quadro dell'Oece. Tali iniziative vanno collegate alla particolare situazione in cui si venne a trovare il nostro paese, che nel biennio indicato sembrava essere in una condizione di marginalità rispetto a due istituzioni di carattere militare in fase di realizzazione: il Patto di Bruxelles, di cui l'Italia non faceva parte, e il nascente Patto Atlantico, dove l'inserimento dell'Italia incontrava opposizioni e resistenze da parte di non poche potenze occidentali.

Possiamo quindi datare dai primi anni '50 il momento di svolta decisivo della politica estera italiana e il passaggio da una politica, per così dire, "europea" ad una "europeista". L'adesione italiana al Piano Schuman (CECA) e successivamente al Piano Pleven (CED), rappresentano due momenti altamente significativi. Indubbiamente influenzarono la scelta motivazioni di carattere più "tradizionale", quali la volontà di non essere esclusi dai nascenti organismi e di accreditarsi presso Washington acquistando rispetto e considerazione, così come la ricerca di uno status di prestigio; sono rintracciabili però anche motivazioni diverse. Alcuni settori del mondo economico italiano, infatti, in particolare all'interno dell'Iri, consideravano la partecipazione alla CECA un'opportunità per lo sviluppo dell'industria siderurgica, anche pagando lo scotto di confrontarsi con sistemi economici molto più avanzati di quello italiano, tendenza questa decisamente innovativa nelle vicende economiche italiane fin dall'unificazione. In questo stesso periodo, tra l'altro, l'opera di personalità quali Ugo La Malfa favoriva misure per la liberalizzazione degli scambi, quindi un'apertura dell'economia italiana verso l'esterno. Si accettava, dunque, una prospettiva europeista, ed anche quella di una parziale integrazione, secondo le teorie funzionaliste elaborate da Jean Monnet, perché essa veniva a coincidere con l'idea della modernizzazione del Paese, non solo economica ma anche di tipo sociale e culturale. L'integrazione europea assumeva dunque i connotati di un volano per lo sviluppo del paese, per il suo reale inserimento in un'Europa che, seppur ridimensionata nel suo peso specifico sullo scenario mondiale, era pur sempre in molte sue parti più avanzata e prospera dell'Italia.

In quest'ottica va considerata anche, come meglio sarà approfondito successivamente, l'azione svolta con grande attivismo da Alcide De Gasperi a favore della Comunità Politica Europea. Per ora è sufficiente accennare come lo statista democristiano, dopo il 1951, facesse del contesto europeo e dell'inserimento dell'Italia in un sistema europeo occidentale caratterizzato da vari livelli di integrazione uno degli aspetti fondamentali della propria politica estera. La lotta per la CED e soprattutto per la CPE ricopriva, nella visione degasperiana, non solo il ruolo di battaglia per l'Unione Europea, ma soprattutto quello di una battaglia per l'"europeizzazione" dell'Italia. Vi era infatti la convinzione di fondo che se era di vitale importanza l'inserimento dell'Italia nel sistema occidentale, che si identificava prevalentemente nella Nato e nella relazione bilaterale con gli Stati Uniti, altrettanto importante era la piena presenza dell'Italia nel sotto-sistema europeo occidentale, che almeno per qualche anno assumeva le sembianze delle comunità a carattere sovranazionale, quali appunto la CECA, la CED e la CPE.

Con l'uscita di scena di De Gasperi e il fallimento sia della CED che della CPE l'entusiasmo "europeista" dell'Italia sembra raffreddarsi. Prova ne sia la crisi riguardante la questione di Trieste e le reazioni al fallimento delle sopraindicate comunità sovranazionali. Il ruolo di primo piano svolto dall'Italia nel cosiddetto "rilancio europeo", dalla Conferenza di Messina ai Trattati di Roma, comprova come la scelta "europeista" fosse ormai diventata un asse portante della politica estera italiana, nonché un obiettivo fondamentale.

A questo proposito, si consideri comunque come le autorità italiane abbiano difeso con grande attenzione gli interessi del paese durante il negoziato sulla CEE e sull'EURATOM, riuscendo in larga misura ad ottenere quanto si era desiderato conseguire. Per il governo e per la diplomazia, l'EURATOM rappresentava il mezzo grazie al quale l'Italia avrebbe sviluppato le sue conoscenze tecnologiche ed avrebbe conseguito in una prospettiva futura energia in grande quantità e a costi decrescenti, condizioni fondamentali per passare dalla fase della ricostruzione a quella dello sviluppo. Quanto alla CEE, vengono superati gli abituali timori per la possibile competizione con economie più forti, grazie ad una serie di condizioni del Trattato di Roma che sembrano destinate a favorire l'economia italiana e a contribuire alla soluzione del problema del Mezzogiorno: la mobilità della manodopera, che avrebbe riaperto i mercati del lavoro europei all'emigrazione italiana; la mobilità dei capitali che, si auspicava, avrebbe permesso investimenti stranieri nella penisola, soprattutto al Sud; una politica di riequilibrio regionale, che ancora una volta sembrava destinata a favorire soprattutto il Mezzogiorno. Questi obiettivi si legavano, d'altronde, al confuso emergere di una nuova Italia, un processo che avrebbe trovato espressione all'indomani dell'entrata in vigore dei Trattati di Roma con il "miracolo economico".

Con la nascita e il primo consolidarsi della CEE, almeno per ciò che concerneva la libera circolazione dei prodotti industriali, e l'avvio della PAC, la scelta europeista era ormai divenuta uno dei pilastri della politica estera italiana, uno dei fattori di modernizzazione economica e culturale e di cooptazione dell'Italia nel "cuore" dell'Europa occidentale. Certo vanno ricordati numerosi condizionamenti politici interni, scelte inadeguate riguardanti la politica agricola, l'interesse limitato che la costruzione europea suscitava nell'opinione pubblica, la perdurante ostilità del maggior partito dell'opposizione.

Nei primi anni '60 assistiamo però allo sviluppo di una precisa politica italiana favorevole all'integrazione europea, espressa ad esempio nel sostegno negoziale alla prima richiesta di adesione inglese, pur senza giungere ad una rottura aperta con la Francia di De Gaulle. Ormai la partecipazione dell'Italia alla CEE era vista come un elemento fondamentale ed irrinunciabile perché aveva consentito all'Italia soprattutto dal punto di vista economico, ma anche dal punto di vista culturale e politico, di non essere più una nazione periferica che aveva tentato in passato con le sole armi della diplomazia e delle forza di acquisire uno status di media potenza regionale.

Luigi Einaudi

A mano a mano che si perfezionavano le comunicazioni ferroviarie e la navigazione a vapore e a motore prendeva il posto di quella a vela, e i popoli erano avvicinati dal telefono, dal telegrafo con e senza fili e dalla navigazione aerea, questa nostra piccola aiuola europea apertamente palesava la sua inettitudine a sopportare tante sovranità diverse. Invano gli stati elevano intorno a sé altre barriere doganali per mantenere la propria autosufficienza economica. Le barriere giovavano solo a impoverire i popoli, a inferocirli gli uni contro gli altri, a far parlare a ognuno di essi uno strano e incomprensibile linguaggio di spazio vitale, di necessità geopolitiche, e a far a ognuno di essi pronunciare esclusive scomuniche contro gli immigrati stranieri, quasi essi fossero lebbrosi e quasi il restringersi feroce di ogni popolo in sé stesso potesse, invece di miseria e malcontento, creare ricchezza e potenza.

Presente nelle categorie:

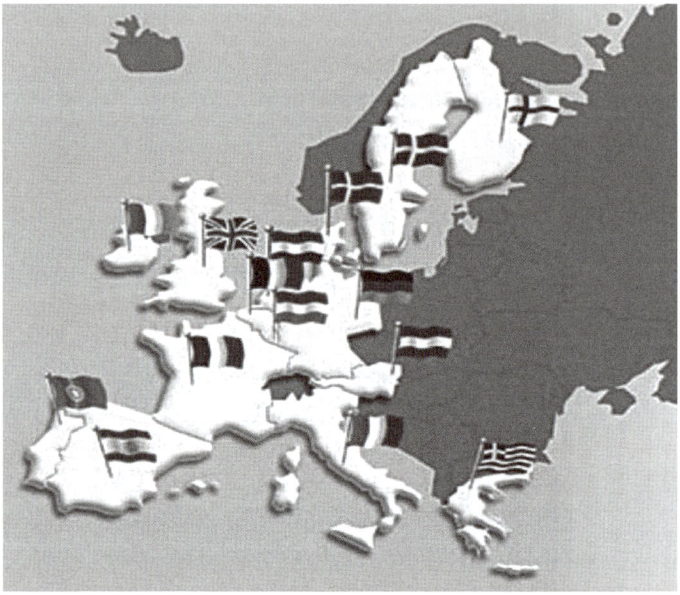

L'Europa comunitaria non rappresentava, però, ancora un modello che potesse essere proposto ad un ampio pubblico: i modelli di massa erano ancora quelli che si erano imposti con la guerra fredda ed erano stati adattati alla realtà nazionale: quello americano e quello sovietico. Solo a partire dalla seconda metà degli anni '80 l'Europa sarebbe divenuta un richiamo diffuso, una sorta di "mito" che avrebbe vissuto il suo culmine negli anni '90 con lo slogan coniato dal governo Prodi sulla necessità di "entrare in Europa", una sorta di "mission" vista come irrinunciabile ed in grado di mobilitare le energie del paese per il raggiungimento di tale ambito traguardo. Mentre quest'anno, con le fastose celebrazioni per il cinquantesimo anniversario dei Trattati di Roma, è stata ribadita la bontà di una scelta in grado di assicurare all'Europa il periodo di pace più lungo della sua storia.

L'europeismo Degasperiano e il processo di integrazione europea

Alcide De Gasperi nel dopoguerra ricoprì il ruolo di Presidente del Consiglio dalla fine del 1945 al 1953. I suoi intendimenti e i suoi convincimenti sulla questione dell'unità e dell'integrazione europea furono quindi di grande importanza nell'orientare la politica italiana in tal senso.

Altiero Spinelli

"L'Europa non cade dal cielo", 1960

Nella battaglia per l'unità europea è stata ed è tuttora necessaria una «concentrazione di pensiero e di volontà per cogliere le occasioni favorevoli quando si presentano, per affrontare le disfatte quando arrivano, per decidere di continuare quando è necessario».

Charles De Gaulle

L'Europa non ha come la Chiesa una promessa di vita eterna. Tuttavia, se anch'essa si unisce per superare i propri problemi, non potrebbe forse trovare un nuovo slancio?

Possiamo rimarcare innazitutto come le scelte europee dei governi degasperiani abbiano avuto un carattere eminentemente politico e siano state guidate da un obiettivo che trascendeva quello, pur importante, delle problematiche nazionali: l'unità federale dell'Europa. Ricostruendo le vicende che portarono alla formazione della CECA, gli storici sono stati in grado di poter affermare che, accanto naturalmente ad una attenta valutazione degli specifici interessi nazionali e della loro convergenza in quel preciso momento storico con l'integrazione europea, De Gasperi venne mosso da due obiettivi specifici, quali la nascita di un potere sovranazionale europeo e il superamento del dissidio franco-tedesco, aspetti questi strettamente correlati tra loro. Nel discorso con cui concluse al Senato il dibattito sul Piano Schuman, il 15 marzo 1952, lo statista trentino collegò in maniera stretta ed esplicita le origini del Piano con la volontà di impedire la rinascita del militarismo tedesco. De Gasperi ha vissuto le tragedie delle due guerre mondiali ma soprattutto le illusioni e le conseguenti, profonde, delusioni del periodo tra le due guerre. Vi è quindi in lui la ferma volontà di non ricadere negli errori funesti del passato. In questo De Gasperi dimostrò grande lungimiranza, ma soprattutto di essere un passo avanti rispetto al proprio partito di riferimento, la Democrazia Cristiana, cui la storiografia riconosce una certa estraneità alle tematiche europee, limite che lo stesso De Gasperi percepiva chiaramente.

Sin dagli inizi, quindi, l'accento è posto nettamente sulla volontà di costruire un'Europa Unita, garante di pace e sicurezza, nell'ambito dell'Occidente libero e democratico. A riprova di ciò si può citare un aneddoto eloquente. A capo della delegazione italiana inviata a Parigi per negoziare il Piano Schuman, De Gasperi e il ministro degli esteri Sforza decisero di inviare il giovane Paolo Emilio Taviani. Egli era un ex partigiano, faceva parte delle "nuove leve" democristiane, era professore di storia economica e non si era mai precedentemente occupato di carbone e di acciaio. La scelta cadde su di lui, su un "politico" e non su un tecnico, proprio per sottolineare quanto l'obiettivo primario dell'Italia con l'adesione ai negoziati fosse più politico che economico: la costruzione di una grande entità sovranazionale europea. Lo stesso Jean Monnet sottolineò nelle sue memorie la difformità del rappresentente italiano rispetto a tutti gli altri convenuti alla Conferenza di Parigi. Queste erano le istruzioni date dal ministro degli esteri Sforza a Taviani, altamente indicative dell'intento del governo: "Tutti i suoi collaboratori dovranno sentire che nel Piano Schuman noi ravvisiamo il primo serio tentativo di avere nell'Europa moderna un'entità supernazionale. Ciò, in una con la possibilità di eliminare una volta per sempre quel dissidio franco-tedesco, che fu causa di tante guerre, costituisce una delle maggiori garanzie del momento attuale. L'Italia, che ha tutto da guadagnare con la pace e tutto da rischiare con la guerra, deve favorire quanto più può il piano Schuman".

Ciò non toglie, ovviamente, che, una volta avviata la Conferenza di Parigi, i rappresentanti italiani non abbiano operato in tutti i modi, con fermezza e perseveranza, per ottenere dall'adesione vantaggi economici e difendere il mercato interno dai rischi dell'integrazione. La prospettiva politica, comunque, doveva essere ben precisa e costituire l'obiettivo prioritario.

Come possiamo notare quindi, le linee guida che dovevano ispirare il percorso del governo erano estremamente chiare e precise, a denotare un europeismo maturo del Presidente De Gasperi, che sullo scenario europeo si muoveva con molta determinazione e con felici intuizioni. In questo lo statista democristiano si muoveva in perfetta sintonia tanto con il Presidente della Repubblica Einaudi che con il proprio Ministro degli Esteri Sforza e in tutti questi uomini politici era ben presente un concetto fondamentale, più volte ribadito in vari incontri pubblici: l'integrazione economica non necessariamente era in grado di sfociare nell'integrazione politica. Come ebbe a dire Luigi Einaudi: "È un grossolano errore dire che si comincia dal più facile aspetto economico per passare poi al più difficile risultato politico. È vero il contrario. Bisogna cominciare dal politico se si vuole l'economico".

Il Piano aprì una fase del tutto nuova, non soltanto nelle relazioni franco-tedesche, stabilendo una stretta associazione dei due Stati in settori produttivi di particolare importanza strategica, ma anche per quanto riguardava il processo di integrazione europea.

Il 18 aprile 1951, dopo intensi negoziati che affrontarono, fra l'altro, le due importanti questioni dell'approvvigionamento delle materie prime e della mobilità della mano d'opera, la Francia, la Repubblica Federale Tedesca, l'Italia, il Belgio, l'Olanda e il Lussemburgo firmavano il Trattato istitutivo della Comunità Europea del Carbone e dell'Acciaio. Il governo britannico, allora composto da esponenti del Labour Party, rifiutò invece di far parte della comunità carbo-siderurgica. Il Trattato istitutivo della CECA prevedeva fra l'altro un'Alta autorità composta da personalità designate dai governi, ma indipendenti nelle loro funzioni, un'Assemblea, i cui membri sarebbero stati designati dai Parlamenti nazionali, un Consiglio dei Ministri, con un rappresentante per ogni governo nazionale. Una Corte di Giustizia, chiamata ad assicurare il rispetto del trattato, completava il sistema istituzionale della CECA.

Napoleone Bonaparte
Memoriale di Sant'Elena, 1826

[...] Non avevo finita la mia opera. L'Europa sarebbe diventata di fatto un popolo solo; viaggiando ognuno si sarebbe sentito nella patria comune [...] Tale unione dovrà venire un giorno o l'altro per forza di eventi. Il primo impulso è stato dato, e dopo il crollo e dopo la sparizione del mio sistema io credo che non sarà più possibile altro equilibrio in Europa se non la lega dei popoli [...] Abbiamo bisogno di una legge europea, di una Corte di Cassazione Europea, di un sistema monetario unico, di pesi e di misure uguali, abbiamo bisogno delle stesse leggi per tutta Europa. Avrei voluto fare di tutti i popoli europei un unico popolo [...] L'Europa non è più una tane di talpe [...] Quello che vuole ottenere a forza coi suoi 800 mila uomini dovrà un giorno fondersi, spintovi dalla ragione e dalla necessità, in un patto spontaneo: un giorno da tutti quei popoli ne nascerà un popolo solo [...] Ecco l'unica soluzione che mi piace.

La CECA, così come gli altri organismi speciali che si sarebbero affiancati ad essa,veniva quindi considerata come una tappa verso la costruzione di un'Unione Europea, cui doveva necessariamente seguire la creazione di un "cappello politico", cioè un'Autorità Federale. De Gasperi seppe percepire che l'integrazione economica ed il conseguente superamento dell'arretratezza del paese, così come di altre zone svantaggiate in Europa, sarebbero stati raggiungibili solo nel quadro dell'unità politica federale europea.

In quest'ottica è possibile comprendere come il Piano Schuman fosse considerato solo un primo passo, una sorta di embrione dell'unità politica e, conseguentemente, quali fossero i dubbi e le riserve sulla teoria funzionalista, che si iniziò ad affermare proprio con la creazione della CECA. È facile intuire, quindi, come il governo italiano guardò con favore al progetto, proposto dalla Francia, della CED (Comunità Europea di Difesa): già quando il Presidente del consiglio, René Pleven, propose, il 24 ottobre 1950, la costituzione di un esercito europeo, De Gasperi non esitò ad aderire al progetto. L'esercito comune conciliava, a suo parere, il principio della sicurezza con quello della solidarietà europea, segnava la fine, in Europa, "del ciclo delle guerre fratricide che erano state sempre guerre civili", dei conflitti fra la Francia e la Germania; costituiva una garanzia anche verso la Russia e la Polonia. Avrebbe offerto inoltre una effettiva possibilità di difesa sull'Elba e non sul Reno. Dato che il suo obiettivo era però quello dell'unità politica dell'Europa, lo statista democristiano vedeva nell'esercito comune soprattutto "la base permanente per gli Stati Uniti d'Europa". La Comunità Europea di Difesa costituiva soltanto l'occasione per partire da una integrazione limitata agli aspetti militari per giungere ad una integrazione politica ed economica. Non considerava possibile "una vera unità organica dell'esercito" senza una graduale unità politica e un contemporaneo processo di unificazione economica.

Durante le difficili trattative, iniziate a Parigi il 15 febbraio '51, due giorni dopo l'incontro italo-francese di Santa Margherita Ligure (12-13 febbraio), De Gasperi riuscì a far inserire nella bozza del trattato un articolo con impegni e scadenze precise "per garantire lo sbocco federativo". Nel corso della Conferenza dei sei ministri degli Esteri, l'11 dicembre a Strasburgo, propose, con successo, che la Comunità Europea di Difesa fosse dotata fin da principio di una Assemblea con veste di "precostituente europea" con il compito di preparare entro sei mesi la trasformazione in un organismo federale, basato sul sistema bicamerale e sulla divisione dei poteri. Il Trattato istitutivo della CED venne firmato a Parigi il 27 maggio 1952 dai sei paesi che avevano partecipato alla CECA: Italia, Francia, Repubblica Federale Tedesca, Belgio, Olanda e Lussemburgo. Entro il tempo prescritto del 10 marzo era pronto il progetto di Statuto della Comunità Politica Europea che prevedeva, fra l'altro, l'elezione a suffragio universale e diretto di una delle due Camere del legislativo comunitario. I tempi delle ratifiche del trattato da parte dei vari Parlamenti furono però lunghi. De Gasperi non riuscì a far approvare il relativo disegno di legge per l'ostruzionismo fatto all'opposizione contro la riforma elettorale, la cosiddetta "legge truffa", negli ultimi mesi della I legislatura. Dopo le elezioni politiche del '53 il suo VIII ministero non ottenne la fiducia della Camera. Il collegamento stabilito fra la questione della ratifica e l'irrisolto problema di Trieste, indussero il governo Pella a non ripresentare neppure il relativo disegno di legge. Fu il governo Scelba, nell'aprile '54, a riprendere la questione della CED che De Gasperi continuava a seguire, con accorata attenzione, come Segretario della DC, carica che aveva di nuovo assunto dalla fine del settembre 1953.

Il progetto di Comunità Europea di Difesa non venne realizzato. Undici giorni dopo la morte di De Gasperi, l'Assemblea Nazionale francese, il 30 agosto 1954, non ratificò il trattato.

La Conferenza di Messina: il contributo italiano al rilancio del processo di integrazione europea

L'1-2 giugno 1955 si svolse a Messina (e Taormina) la conferenza dei ministri degli esteri della Comunità Europea del Carbone e Acciaio (CECA), convocata dal ministro degli esteri italiano Gaetano Martino, con la quale cominciò la procedura che sboccò nella firma, a Roma il 25 marzo 1957, dei trattati istitutivi della Comunità Economica Europea (CEE) e della Comunità Europea per l'Energia Atomica (EURATOM).

Per quanto riguarda la prima scelta, occorre cominciare con il ricordare le ragioni profonde per cui, dopo la drammatica caduta, di fronte all'Assemblea nazionale francese il 30 agosto 1954, della Comunità Europea di Difesa (CED) e della connessa Comunità Politica Europea (CEP) e pur essendo venuti meno i fattori favorevoli all'integrazione europea rappresentati dalla fase acuta della guerra fredda e dalla pressione americana, non venne meno nei Sei l'impulso a proseguire la costruzione europea. Il fattore basilare era costituito dalla crisi storica degli stati nazionali europei, cioè dalla contraddizione fra l'interdipendenza economica crescente, indotta dall'avanzata rivoluzione industriale e le dimensioni chiuse ed asfittiche degli stati nazionali.

Dapprima si era risposto a questa sfida con l'espansionismo imperialista culminato nelle guerre mondiali. Il crollo della potenza degli stati nazionali aveva poi trasformato in un fattore politico operativo e permanente l'alternativa "unirsi o perire" e alimentato la spinta da parte dei governi e delle forze democratiche all'unificazione pacifica dell'Europa. L'impasse del 1954 non poteva dunque bloccare una simile spinta, che era molto forte nel quadro dei Sei, caratterizzati da una interdipendenza particolarmente profonda e da una particolare acutezza del fenomeno generale della crisi degli stati nazionali.

Se erano forti le ragioni che alimentavano la spinta a proseguire la costruzione comunitaria, e fra queste si deve anche aggiungere il successo della CECA, era d'altro canto fuori discussione da parte dei governi che si dovesse farla proseguire solo sul terreno economico. Questo, a differenza di quello politico-militare, non avrebbe infatti posto fin dall'inizio il problema del trasferimento di sovranità a un sistema compiutamente federale, su cui si era incagliato il progetto CED-CEP. La questione in discussione era dunque se si dovesse puntare su un'integrazione economica verticale, cioè in un settore ristretto sul modello della CECA, o invece orizzontale, cioè riguardante l'economia nel suo complesso. La prima indicazione proveniva da Monnet, il quale giudicava troppo ambizioso il disegno di una integrazione economica complessiva e presentò il progetto dell'EURATOM, che riteneva più accettabile da parte del governo francese anche perché esso aspirava all'armamento atomico nazionale. L'idea del mercato comune aveva invece come principali sostenitori Willelm Beyen, Paul-Henri Spaak e Joseph Bech (ministri degli esteri rispettivamente dell'Olanda, del Belgio e del Lussemburgo), il cui memorandum fu accolto positivamente dai governi tedesco e italiano. Ebbene, a Messina, pur non lasciando cadere la proposta di Monnet, prevalse la decisione di puntare essenzialmente sull'integrazione economica orizzontale. Questa scelta si è rivelata di fondamentale importanza storica, perché, mentre l'EURATOM non ha prodotto significativi sviluppi, la CEE è invece diventata la struttura portante dell'avanzamento dell'integrazione europea, nel cui quadro sono stati raggiunti risultati quali la politica agricola comune, il mercato unico e l'unione monetaria (che hanno avuto come riscontro un continuo allargamento dell'integrazione europea) e si è giunti infine a porre concretamente il problema della Costituzione Europea, cioè dell'unione politica.

Se è chiara, sulla base delle precedenti osservazioni, l'importanza storica della scelta a favore dell'integrazione economica orizzontale compiuta a Messina, è utile ora cercare di capire perché si è affermata questa scelta. Al di là del fattore d'ordine generale costituito dalla crisi storica precedentemente menzionata degli stati nazionali, che ha spinto alla creazione di una economia di dimensioni continentali, c'è un fattore specifico che deve essere qui fortemente sottolineato. Si tratta del nesso fra il fallimento della CED e il rilancio di Messina.

Ricapitoliamo e sottolineiamo che la CED, posta all'ordine del giorno dal problema del riarmo tedesco e concepita inizialmente come un progetto di integrazione settoriale sul modello della CECA, si era trasformata, grazie al decisivo intervento di De Gasperi e del Movimento Federalista Europeo (MFE) guidato da Altiero Spinelli, in un ben più ampio progetto di unificazione europea complessiva su basi federali. Di conseguenza, quando la CED (e il connesso progetto di CEP) cadde c'era il problema di venire incontro a queste aspettative frustrate e ciò favorì la decisione di Messina di scegliere l'aspetto economico della CEP come colonna portante del rilancio dell'integrazione.

Veniamo ora alla seconda scelta di importanza storica compiuta a Messina, quella cioè relativa al metodo con cui elaborare il quadro giuridico-istituzionale del rilancio dell'integrazione.

Il punto fondamentale da sottolineare al riguardo è che, invece di affidare immediatamente l'elaborazione dei nuovi trattati ad una classica conferenza intergovernativa, fu conferito un compito preparatorio al Comitato Spaak. Si trattava di un gruppo di esperti, nominati dai governi e dalle istituzioni europee, ma guidati da un "coordinatore politico", avente il mandato di studiare la fattibilità dei due progetti presentati, cioè "la creazione di un'organizzazione comune per lo sviluppo pacifico dell'energia atomica e l'istituzione di un mercato comune, da realizzare per tappe, mediante la riduzione progressiva delle limitazioni quantitative e l'unificazione dei regimi "doganali". La forte guida politica sotto la cui direzione furono posti i lavori del Comitato, che da lui avrebbe preso il nome, venne affidata a una personalità come Spaak, il quale fra il 1950 e il 1954 era stato presidente del Movimento Europeo ed aveva quindi guidato, assieme a Spinelli, la battaglia per la CEP, svolgendo, tra l'altro, il ruolo cruciale di presidente dell'Assemblea ad hoc.

Il lavoro preparatorio svolto dal Comitato Spaak si concluse con un rapporto, presentato al Consiglio dei ministri che si riunì a Venezia il 29 e 30 maggio 1956, di contenuto molto avanzato e molto approfondito a cui contribuì in modo sostanziale il suo presidente con un metodo di lavoro che ricorda molto da vicino quello seguito dal *Comité d'études pour la Constitution européenne*, cioè quello che, sotto la guida dello stesso Spaak e di Spinelli, aveva preparato i lavori dell'Assemblea ad hoc. Il rapporto finale del Comitato Spaak ebbe un'influenza decisiva sui lavori della conferenza intergovernativa che approvò i testi dei trattati di Roma sia per il livello estremamente approfondito della sua elaborazione, sia perché esso fu fatto conoscere all'opinione pubblica, ottenendo ampi consensi e suscitando grandi aspettative che hanno condizionato fortemente le trattative intergovernative, limitando quindi le resistenze nazionalistiche che in esse si manifestano strutturalmente. In esso si prevede l'istituzione di due nuove distinte comunità: una, strettamente settoriale si occuperà dell'utilizzazione su scala continentale dell'energia atomica per scopi pacifici; l'altra, più in generale economica, dovrà portare alla realizzazione di una politica commerciale comune e con il tempo alla creazione di un Mercato Comune e di una unione economica fra i Sei paesi. È questo il trionfo del funzionalismo di Monnet: nel rapporto del comitato infatti l'obiettivo "unione politica" viene temporaneamente accantonato per concentrarsi sull'attuazione di integrazioni settoriali, nella convinzione che da queste si arriverà gradualmente a formare quello stato federale europeo fine ultimo dell'azione sia dei funzionalisti sia dei politico-costituzionalisti.

Il rapporto del comitato è approvato dai ministri degli esteri dei Sei e lo stesso Spaak venne nominato presidente di un'altra commissione intergovernativa incaricata della stesura dei progetti dei trattati istitutivi delle due nuove comunità.

I Trattati di Roma

Nel marzo 1957 vengono firmati a Roma i famosi "trattati di Roma". Il primo istituisce una Comunità Economica Europea (CEE), il secondo invece una Comunità Europea dell'Energia Atomica, meglio conosciuta come EURATOM. Le ratifiche da parte degli ordinamenti nazionali non pongono problemi e il 1° gennaio 1958 i due trattati entrano in vigore.

Nel preambolo, i firmatari del trattato dichiarano di:

- essere determinati a porre le fondamenta di un'unione sempre più stretta fra i popoli europei;
- essere decisi ad assicurare mediante un'azione comune il progresso economico e sociale dei loro paesi, eliminando le barrire che dividono l'Europa;
- avere per scopo essenziale il miglioramento costante delle condizioni di vita e di occupazione dei loro popoli;
- riconoscere che l'eliminazione degli ostacoli esistenti impone un'azione concertata intesa a garantire la stabilità nell'espansione, l'equilibrio negli scambi e la lealtà nella concorrenza;
- essere solleciti di rafforzare l'unità delle loro economie e di assicurarne lo sviluppo armonioso riducendo le disparità fra le differenti regioni e il ritardo di quelle meno favorite;
- essere desiderosi di contribuire, grazie a una politica commerciale comune, alla soppressione progressiva delle restrizioni agli scambi internazionali;

- voler confermare la solidarietà che lega l'Europa ai paesi d'oltremare e assicurare lo sviluppo della loro prosperità conformemente ai principi dello statuto delle Nazioni Unite;
- essere risoluti a rafforzare le difese della pace e della libertà e a fare appello agli altri popoli d'Europa, animati dallo stesso ideale, perché si associno al loro sforzo.

Tali intenzioni si sono tradotte in concreto attraverso l'istituzione di un mercato comune e di un'unione doganale e tramite lo sviluppo di politiche comuni.

Quindi la Comunità Economica Europea aveva come fine ultimo l'istituzione di un mercato unico ed una più stretta collaborazione tra le varie potenze politiche economiche degli Stati membri.

Tale obiettivo era raggiungibile attraverso:

8. L'eliminazione dei dazi doganali tra gli stati Membri;
9. L'istituzione di una tariffa doganale esterna comune;
10. L'introduzione di politiche comune nel settore dell'agricoltura e dei trasporti;
11. La creazione di un Fondo Sociale Europeo;
12. L'istituzione della Banca Europea degli Investimenti;
13. Lo sviluppo della cooperazione tra gli Stati Membri.

Con tale accordo nasceva inoltre un'Alta Autorità, chiamata in seguito Commissione Europea, un Consiglio Europeo (allora indicato come Consiglio dei Ministri) e una Corte di Giustizia.

I Trattati di Roma prevedevano anche l'istituzione della prima Assemblea parlamentare composta da 142 deputati eletti dal parlamento di ogni stato membro e presieduta da Robert Schuman. Tale organo nel 1962 divenne l'attuale Parlamento Europeo.

L'importanza storica dei Trattati che istituiscono la CEE e l'EURATOM (Comunità Europea dell'Energia Atomica) risiede nei fondamentali cambiamenti che hanno apportato nella vita degli Stati nel corso dei decenni, contribuendo a modificare il concetto di sovranità in chiave non più espressamente nazionalistica ma in termini sovranazionali e soprattutto contribuendo a porre le basi per la creazione di un comune senso identitario europeo. Assieme all'introduzione di politiche comuni su temi decisivi per lo sviluppo nazionale e locale come l'agricoltura e i trasporti, i Trattati di Roma stabiliscono inoltre il Fondo Sociale Europeo, primo dei fondi strutturali europei a prevedere misure di promozione dello sviluppo nelle regioni maggiormente in ritardo della Comunità. Le città e i livelli territoriali diventano per la prima volta oggetto di dibattito a livello sovranazionale, favorendo così la definizione di misure di aiuto per ridurre gli squilibri economici in un continente da poco uscito dal periodo di ricostruzione postguerra. L'importanza delle misure lanciate con i Trattati è ancora oggi avvertibile nei tanti progetti infrastrutturali avviati proprio grazie ai fondi europei a partire dai primi anni '60.

La nascita della Comunità Economica Europea non coincide quindi soltanto con il semplice spostamento del dibattito politico ed economico su un piano più alto (a volte percepito solo come più lontano), ma favorisce una maggiore attenzione internazionale ai problemi dello sviluppo dei territori urbani e rurali, precondizione fondamentale per l'affermazione di un duraturo periodo di pace.

I valori che hanno ispirato i padri fondatori dell'Europa continuano ancor oggi a fornire le basi per ogni passo avanti sulla strada della crescita dell'integrazione europea. I Trattati di Roma rappresentano, a distanza di cinquant'anni dalla loro firma, un punto di riferimento imprescindibile per stabilire il quadro di riferimento dell'Unione Europea di oggi e di domani. Anche il futuro Trattato costituzionale rifletterà quei principi che a partire da Roma hanno posto i fondamenti per dar vita ad una vera Europa dei cittadini.

Il ruolo dell'Italia nella costruzione dell'Europa unita: cronologia essenziale.

Il nostro Paese è stato senza dubbio uno dei protagonisti nel non sempre facile cammino percorso insieme agli altri Paesi fondatori della Comunità per costruire un'Europa senza frontiere e barriere doganali. In molti casi, l'Italia ha ospitato eventi chiave per la storia comunitaria quando, ad esempio, a Roma nel 1957, furono firmati i Trattati CEE ed EURATOM. Ma questo ruolo fu svolto dall'Italia ancor prima, quando, già nell'autunno del 1941, Altiero Spinelli ed Ernesto Rossi, allora confinati sull'isola di Ventotene, fissarono i principi in un Manifesto per il federalismo europeo.

Ecco una sintesi delle principali tappe italiane della storia comunitaria degli ultimi cinquant'anni.

1-3 GIUGNO – A Messina, a poco meno di un anno dalla scomparsa di Alcide De Gasperi, che con Jean Monnet, Robert Schumann e Konrad Adenauer è da considerare tra i padri fondatori dell'Europa comunitaria, si svolge a Messina una Conferenza che getta le basi del Trattato di Roma. I sei ministri degli Esteri della CECA (Comunità Europea del Carbone e dell'Acciaio, vale a dire Italia, Francia, Germania, Belgio, Olanda e Lussemburgo) decidono di tentare la via dell'integrazione economica come strumento per realizzare l'unione politica. I ministri accolgono l'idea di un Mercato comune e approvano la creazione di una Comunità Europea dell'Energia Atomica.

29-30 MAGGIO – A Venezia un Comitato intergovernativo, che dà vita a una sorta di prima Conferenza intergovernativa, presentando nel contempo il

Rapporto che prende il nome da quello del ministro degli Esteri belga Paul Henri Spaak, che presiede il Comitato. Il Rapporto autorizza la preparazione dei due trattati, uno sulla Comunità Economica Europea e uno sulla Comunità Europea dell'Energia Atomica.

MARZO 1957 – A Roma in Campidoglio, nella sala degli Orazi e Curiazi, i rappresentati dei sei Paesi fondatori firmano i due trattati che istituiscono la Comunità Economica Europea (CEE), che all'inizio s'identifica nella sigla del Mercato Comune Europeo (MEC), e la Comunità Europea dell'Energia Atomica (EURATOM). I due trattati entrano in vigore nel gennaio 1958 dopo la ratifica dei rispettivi sei Parlamenti.

3-11 LUGLIO 1958 – A Stresa, la Conferenza agricola dei sei Paesi fondatori, presenti i ministri dell'Agricoltura, getta le basi per la prima effettiva politica agricola europea che entra in vigore nel gennaio 1962. La Conferenza definisce la politica comunitaria in questo settore che prevede, tra l'altro, la libera circolazione dei prodotti agricoli.

1 LUGLIO 1970 – 21 MARZO 1972 – L'italiano Franco Maria Malfatti è Presidente della Commissione Europea.

1-2 DICEMBRE1975 – A Roma il Consiglio Europeo, formato dai leader dei nove Paesi membri (dopo l'adesione nel 1973 di Regno Unito, Danimarca e Irlanda), decide per la primavera del 1978 l'elezione a suffragio universale del Parlamento Europeo. Questa elezione slitterà poi di un anno. Decisa anche l'adozione di un passaporto unico.

1-2 DICEMBRE 1975 – A Roma il Consiglio Europeo affida alla Presidenza di turno del Consiglio e al presidente della Commissione Europea il compito di rappresentare la Comunità ai vertici dei Sette Paesi più industrializzati (G7).

12-13 GIUGNO 1980 – A Venezia il Consiglio Europeo presieduto dall'Italia approva alcune dichiarazioni politiche ed in particolare quella, più nota come dichiarazione di Venezia sul Medio Oriente, nella quale si riconosce, tra l'altro, ai palestinesi il diritto all'autodeterminazione, primo segno di una comune valutazione di politica estera dei Paesi memebri. Inoltre come conseguenza della seconda crisi energetica che colpisce l'Occidente, i Nove invitano al dialogo euro-arabo sui problemi energetici.

28-29 GIUGNO 1985 – A Milano il Consiglio Europeo a dieci, dopo l'ingresso della Grecia nel 1981, decide di realizzare entro la fine del 1992 il Mercato Unico Europeo e a tal fine approva la Convocazione di una Conferenza intergovernativa che porterà all'Atto Unico Europeo (17 febbraio 1986), la prima riforma istituzionale CEE dopo il Trattato di Roma.

27-28 OTTOBRE 1990 – A Roma il Consiglio straordinario europeo a dodici, con l'ingresso di Spagna e Portogallo nel 1986, si conclude con l'approvazione di due documenti, uno sull'Unione Politica Europea (UPE) e l'altro sull'Unione Monetaria Europea (UME). Sull'UPE il Consiglio esprime la volontà di trasformare gradualmente la Comunità in Unione. Si decide inoltre la creazione di una cittadinanza europea da aggiungersi a quelle nazionali. Il Consiglio approva la seconda fase dell'UME, la cui data di inizio è fissata all'1 gennaio 1994, per la creazione dell'Istituto Monetario Europeo.

14-15 DICEMBRE 1990 – A Roma il vertice dei capi di Stato e di governo dei Dodici dà il via alle due Conferenze intergovernative (Cig) sull'Unione politica e sull'Unione economica e monetaria. Le due Cig porteranno alla firma del Trattato di Maastricht (7 febbraio 1992) che segna la nascita dell'Unione Europea. Tra gli artefici di Maastricht, Guido Carli, all'epoca ministro del Tesoro.

29-30 MARZO 1996 – A Torino un vertice straordinario dei Quindici (nel 1995 aderiscono all'UE: Austria, Finlandia e Svezia) inaugura la Conferenza intergovernativa per la revisione del Trattato di Maastricht. La presidenza italiana sottopone al vaglio del vertice la formula della flessibilità: in pratica i Paesi che vorranno andare avanti più in fretta sulla strada dell'integrazione potranno farlo, ma in un ambito comunitario e con l'impegno di aiutare gli altri a raggiungerli.

21-22 GIUNGO 1996 – A Firenze il semestre di presidenza italiano si chiude con l'unanime riconoscimento per la prima tappa dei lavori svolti dalla Cig, lavori che porteranno alla firma del Trattato di Amsterdam (2 ottobre 1997). Il Consiglio Europeo raggiunge un accordo sulla crisi della "mucca pazza" e vara Europol, l'agenzia di polizia europea.

16 SETTEMBRE 1999 – 21 NOVEMBRE 2004 – L'italiano Romano Prodi è Presidente della Commissione Europea.

29 OTTOBRE 2003 – Si tiene a Roma la sessione inaugurale della CIG per la stesura e l'adozione della versione definitiva della prima Costituzione Europea.

29 OTTOBRE 2004 – A Roma i Capi di Stato e di Governo ed i Ministri degli Affari Esteri di 25 Paesi membri e di due Paesi in via di adesione partecipano alla cerimonia della firma del Trattato e dell'Atto finale che stabiliscono una Costituzione per l'Europa.

21 GIUGNO 2005 – A Parma viene inaugurata la sede centrale dell'EFSA, Autorità Europea per la Sicurezza Alimentare, in attuazione della Decisione del Consiglio del 12 e 13 dicembre 2003.
L'Agenzia è un ente completamente indipendente che fornisce consulenza scientifica, informazione e sostegno alla Commissione, al Parlamento Europeo e agli Stati membri in merito ai rischi legati alla sicurezza di alimenti e mangimi.

Per quanto riguarda gli avvenimenti politici, economici, sociali e culturali dell'Unione Europea, si fa riferimento alle precedenti note esplicative.

24
Bandi su Programmi e Leggi Nazionali e Comunitarie attualmente operativi

DCI-Investire nelle persone: Promozione della parità di genere nei Paesi del Partenariato Mediterraneo

Titolo:

Strengthening the capacity of non-State actors to promote women's rights and gender equality in Algeria, Egypt, Israel, Jordan, Lebanon, Libya, Morocco, the Occupied Palestinian Territory, Syria, Tunisia, and Mauritania.

Oggetto:

Bando relativo alla componente **"parità fra donne e uomini"** del programma tematico "**DCI-Investire nelle persone"** per azioni volte a migliorare la capacità di promuovere la parità di genere da parte degli attori non statali in Algeria, Egitto, Israele, Giordania, Libano, Libia, Marocco, Territori Occupati di Palestina, Siria, Tunisia e Mauritania.

Fonte:

Commissione Europea - Sito Web Europa
EuropeAid/129205/C/ACT/Multi

Ente Erogatore:

Commissione Europea

Obiettivo:

Contribuire alla sensibilizzazione, promozione e attuazione dei diritti riconosciuti dalla Convenzione sull'eliminazione di tutte le forme di discriminazione contro le donne e nel Quadro d'azione di Istanbul per i 10 Partner del Mediterraneo coperti dalla Politica Europea di Vicinato (ENP).

Azioni:

- Sostenere l'impegno della società civile nel contrastare gli stereotipi legati al genere, al fine di lottare contro le cause profonde della violenza contro le donne e favorire la partecipazione e il ruolo delle donne nella vita pubblica (media, vita politica, occupazione, etc.);
- sostenere l'impegno della società civile nel monitorare, promuovere un'am-

pia partecipazione, sensibilizzare il pubblico e favorire l'attuazione del Quadro di Azione di Istanbul;

- sostenere l'impegno della società civile nello sviluppo di capacità, nel monitoraggio e nella sensibilizzazione del grande pubblico, nell'educare e promuovere il rispetto degli standard internazionali e in particolare: la piena attuazione dei diritti contenuti nella Convenzione ONU sull'eliminazione di tutte le forme di discriminazione contro le donne (CEDAW); la piena attuazione di tutti gli impegni internazionali per la promozione e protezione dei diritti delle donne e la promozione della parità di genere e dei diritti delle donne nell'ambito delle operazioni per il consolidamento della pace e nelle trattative, nella preparazione alle situazioni di crisi e nelle ricostruzioni post conflitto, in linea con le Risoluzioni del Consiglio delle Nazioni Unite 1325 e 1820 sulle donne, la pace e la sicurezza;
- sostenere l'impegno della società civile nella promozione della parità di genere e dei diritti delle donne nello sviluppo locale e la partecipazione delle donne alla vita politica locale e ai processi decisionali locali.

Beneficiari:

Persone giuridiche senza scopo di lucro rientranti in una delle seguenti categorie:

- **Attori non statali** ovvero: ONG; organizzazioni rappresentative di popolazioni autoctone, organizzazioni rappresentative delle minoranze nazionali e/o etniche, associazioni professionali e gruppi d'iniziativa locali, cooperative, sindacati, organizzazioni rappresentative degli attori economici e sociali, organizzazioni che combattono la corruzione e la frode e promuovono la buona governance, organizzazioni per i diritti civili e organizzazioni che combattono le discriminazioni, organizzazioni locali (comprese le reti) operanti nel settore della cooperazione e dell'integrazione regionali decentralizzate, associazioni di consumatori, associazioni di donne e di giovani, organizzazioni di insegnamento, culturali, di ricerca e scientifiche, università, chiese e associazioni o comunità religiose, mass-media, e infine tutte le associazioni non governative e fondazioni indipendenti che possono dare il proprio contributo al conseguimento degli obiettivi del programma;
- **autorità locali**.

Entità contributo:

Il contributo comunitario può coprire fino all'80% delle spese ammissibili, per un massimo di 800.000 euro. Non saranno presi in considerazione progetti che richiedano una sovvenzione inferiore a 200.000.

Modalità e procedura:

I progetti devono svolgersi in uno dei Paesi destinatari indicati (e, solo marginalmente, anche nell'UE oppure in Yemen, Iran o Iraq); possono essere presentati dal proponente da solo oppure (di preferenza) in partenariato comprendente un partner per ognuno dei Paesi nei quali si svolge il progetto; se il proponente ha la nazionalità UE o EFTA/SEE il partenariato con un partner locale del Paese nel quale si svolge il progetto è obbligatorio.

I progetti devono essere scritti in inglese o francese e avere una durata compresa fra 12 e 36 mesi.

Il bando in oggetto segue la procedura ristretta, che implica la presentazione delle proposte di progetto in due fasi: la prima consiste nell'invio delle proposte di progetto attraverso la compilazione del concept note, un formulario meno dettagliato attraverso il quale il progetto viene presentato in modo sintetico; solo i progetti i cui concept note saranno valutati positivamente verranno inseriti in una short list e i loro proponenti saranno invitati a presentare le proposte complete di progetto. Le proposte complete devono essere CONFORMI CON QUELLE PRESENTATE ATTRAVERSO IL CONCEPT NOTE (ovvero: gli elementi presentati nel concept note non possono essere modificati nella proposta completa).

Per sottoporre la propria proposta progettuale sia il proponente sia i partner devono essere registrati nel sistema PADOR: qualora non lo siano, dovranno registrarsi prima della presentazione della proposta progettuale alla Commissione.

In gennaio 2010 (data non ancora stabilita) si terrà a Bruxelles una sessione informativa sul bando.

Scadenza:

08/02/2010 (termine per la presentazione dei concept note)

Referente:

Commissione Europea – Ufficio di Cooperazione EuropeAid

Risorse finanziarie disponibili:

4.300.000 euro (budget 2009).

Ai quali si aggiungeranno circa 3.500.000 euro dal budget 2010 (a condizione che siano approvati nel bilancio 2010).

Aree Geografiche coinvolte:

UE 28

Austria, Belgio, Bulgaria, Cipro, Danimarca, Estonia, Finlandia, Francia, Germania, Grecia, Irlanda, Italia, Lettonia, Lituania, Lussemburgo, Malta, Olanda, Polonia, Portogallo, Regno Unito, Repubblica Ceca, Repubblica Slovacca, Romania, Slovenia, Spagna, Svezia, Ungheria, Croazia.

Paesi ENPI-MED
Algeria, Egitto, Israele, Giordania, Libano, Libia, Marocco, Siria, Tunisia e Autorità Palestinese, Mauritania.
EFTA/SEE
Norvegia, Islanda e Liechtenstein.

Indirizzo:

Commissione Europea – Ufficio di cooperazione EuropeAid Unit EuropeAid A/5 Audits, Contracts and Finance Unit for Europe, Southern Mediterranean and Middle East
"Equality between women and men" Office: J-54 – 01/230
B-1049 Brussels, Belgium
Tel.: +32.2.29 98 453 E-mail: EuropeAid-GENDER@ec.europa.eu

Fondo per le frontiere esterne - Bando 2009 per Azioni comunitarie

Titolo:

External Borders Fund 2007-2013 - Community action - Call for proposals 2009

Oggetto:

Fondo per le frontiere esterne (2007-2013) - Bando 2009 per Azioni comunitarie.

Fonte:

Commissione Europea - Sito Web Europa DG JLS del 04/11/2009

Ente Erogatore:

Commissione Europea

Obiettivo:

Contribuire a migliorare le attività organizzate dai servizi consolari e da altri servizi degli Stati membri nei Paesi terzi in relazione ai flussi migratori verso gli Stati membri e alla cooperazione tra Stati membri al riguardo.

Azioni:

1. Creazione e ulteriore sviluppo di Centri comuni per le domande di visto. Sostegno alla creazione e all'ulteriore sviluppo di Centri comuni per le domande di visto, a cui partecipino almeno due Paesi ammissibili, competenti a ricevere e ad esaminare le domande indirizzate a tali Paesi. Il sostegno è destinato a coprire i costi direttamente collegati alla creazione e allo sviluppo di queste strutture, ovvero i costi per i locali, per la sicurezza degli edifici

e delle tecnologie impiegate, per le attrezzature e i sistemi informatici, per il personale, per la formazione del personale, i costi di comunicazione e manutenzione, i costi per attività di informazione finalizzate a far conoscere l'esistenza di tali Centri.

2. Uso del «Sistema d'Informazione Visti» (VIS) alle frontiere esterne e da parte dei servizi consolari nei Paesi terzi – Progetto pilota. In questo ambito si intende sostenere progetti pilota volti a definire e testare le procedure, le metodologie e le attrezzature migliori possibili per la verifica delle impronte digitali alle frontiere esterne, allo scopo di permettere la piena funzionalità del VIS dopo il "periodo transitorio" previsto dal Regolamento VIS. Una parte importante di questi progetti riguarderà anche la verifica della qualità delle impronte digitali prese dai consolati. Si tratta di progetti che devono coinvolgere almeno tre Paesi ammissibili.
3. Formazione degli esperti coinvolti nella valutazione dell'attuazione dell'acquis di Schengen Sostegno alla preparazione e organizzazione di seminari formativi indirizzati ad esperti dei Paesi ammissibili riguardanti la valutazione dell'acquis di Schengen in materia di visti e frontiere.

Il sostegno è destinato a coprire i costi direttamente collegati alla preparazione e organizzazione dei seminari, nonché i costi per la partecipazione dei formatori e degli esperti, per il materiale didattico e per le attività di follow-up correlate ai seminari.

Beneficiari:

Possono presentare progetti unicamente le Autorità pubbliche responsabili per la politica dei visti e per il controllo delle frontiere e dell'immigrazione dei seguenti Paesi ammissibili:

- Stati UE: Belgio, Cipro, Repubblica Ceca, Estonia, Francia, Germania, Grecia, Spagna, Ungheria, Italia, Lussemburgo, Olanda, Lituania, Lettonia, Malta, Austria, Portogallo, Polonia, Slovacchia, Slovenia, Finlandia, Svezia, Danimarca.
- Paesi associati all'acquis di Schengen: Svizzera, Islanda, Norvegia (a condizione che siano sottoscritti gli accordi tra questi Paesi e l'UE per la loro partecipazione al Fondo).

Entità contributo:

Il contributo comunitario può coprire fino al 90% dei costi totali ammissibili del progetto. La sovvenzione minima erogabile sarà pari a: € 750.000 per l'Azione 1, € 500.000 per l'Azione 2, € 100.000 per l'Azione 3.

Modalità e procedura:

Le Autorità responsabili per la politica dei visti e per il controllo delle frontiere e dell'immigrazione possono partecipare ai progetti anche in qualità di partner (e non solo come coordinatori di progetto). Ugualmente possono essere partner di progetto anche le Agenzie comunitarie e le organizzazioni internazionali, nonché organismi privati e ONG registrati in uno dei Paesi ammissibili indicati, purché aventi esperienza e competenze nei settori considerati.

Autorità responsabili, organismi e ONG della Romania, della Bulgaria, del Regno Unito e dell'Irlanda (Paesi che non partecipano al Fondo) possono, invece, essere unicamente partner associati di progetto (ossia i costi della loro partecipazione ai progetti non sono coperti da contributo UE).

I progetti devono avere una durata massima di 12 mesi (Azione 3) o 18 mesi (Azioni 1 e 2).

Le proposte di progetto andrebbero preferibilmente presentate in inglese o francese.

Scadenza:

20/01/2010

Referente:

Commissione Europea - DG Giustizia, Libertà, Sicurezza

Risorse finanziarie disponibili:

€4.500.000, così ripartiti:

- Azione 1: €3.000.000, destinati a finanziare 1-4 progetti
- Azione 2: €1.000.000, destinati a finanziare 1-2 progetti
- Azione 3: €500.000 destinati a finanziare 4-5 progetti.

Indirizzo:

Commissione Europea - DG Giustizia, Libertà, Sicurezza
E-mail: JLS-EXT-BORDERS-FUND@ec.europa.eu

Diritti fondamentali e cittadinanza - Bando 2009 per sovvenzioni di funzionamento

Titolo:

Specific programme "Fundamental rights and citizenship" (2007-2013) - Call for Proposals JLS/2009/FRAC/OG (Support to the activities of NGOs or other organisations through operating grants)

Fonte:

Commissione Europea - Sito Web Europa dg jls

Note:

Il presente bando, lanciato nel quadro del programma "Diritti fondamentali e cittadinanza", riguarda la concessione di sovvenzioni di funzionamento destinate a sostenere ONG o altre organizzazioni (organizzazioni non-profit, associazioni di volontariato, fondazioni) che operano a livello europeo per il conseguimento degli obiettivi del programma, ossia per la promozione dello sviluppo di una società europea fondata sul rispetto dei diritti fondamentali riconosciuti dal Trattato UE; il rafforzamento della società civile e del dialogo con essa in merito ai diritti fondamentali; la lotta al razzismo, alla xenofobia e all'antisemitismo e la promozione del dialogo interconfessionale e multiculturale in tutta l'UE; lo scambio di informazioni e la creazione di reti tra le autorità giuridiche, giudiziarie e amministrative e le professioni legali, in modo da migliorarne la comprensione reciproca.

La sovvenzione consentirà infatti di coprire parte dei costi per l'attuazione del programma di lavoro, per l'esercizio finanziario 2010, delle organizzazioni selezionate. Più in particolare, la copertura finanziaria riguarderà i costi del personale, i costi di trasporto e le indennità di trasferta, i costi per l'acquisto di attrezzature, le spese amministrative generali, nonché altre spese direttamente connesse alla realizzazione delle attività previste nel programma di lavoro dell'organizzazione.

Possono partecipare al bando organizzazioni che:

- siano senza scopo di lucro;
- siano legalmente costituite da almeno due anni in uno degli Stati UE;
- realizzino attività di dimensione europea che coinvolgono almeno 14 Stati UE e che contribuiscono al perseguimento di uno o più obiettivi del programma "Diritti fondamentali e cittadinanza".

Lo stanziamento globale messo a disposizione del bando è di €1.000.000.

Il contributo comunitario potrà coprire fino all'80% delle spese totali ammissibili per la realizzazione del programma di lavoro, per un minimo di €75.000 e un massimo di €300.000.

Le domande di sovvenzione devono essere presentate entro il 17 dicembre 2009 (ore 12:00), utilizzando esclusivamente l'apposito sistema di presentazione elettronica PRIAMOS (si veda la sezione "Electronic registration/applications" nel menù sulla destra della pagina web di riferimento per il bando).

Aree Geografiche coinvolte:

UE 28

Austria, Belgio, Bulgaria, Cipro, Danimarca, Estonia, Finlandia, Francia, Germania, Grecia, Irlanda, Italia, Lettonia, Lituania, Lussemburgo, Malta, Olanda, Polonia, Portogallo, Regno Unito, Repubblica Ceca, Repubblica Slovacca, Romania, Slovenia, Spagna, Svezia, Ungheria, Croazia.

Indirizzo:

Commissione Europea - DG Giustizia, Libertà, Sicurezza
E-mail: JLS-FRC-programme@ec.europa.eu

Il progetto "BIO CIRCLE"

L'obiettivo principale del progetto **"BIO CIRCLE"** è di stimolare la cooperazione internazionale, accrescendo in particolare la partecipazione dei ricercatori dei Paesi Terzi a progetti di ricerca e sviluppo per il tema 2 "agricoltura, prodotti alimentari, pesca e biotecnologie" (FAFB).

DAPHNE III - Bando 2009 per sovvenzioni di funzionamento

Obiettivo:

Sostenere ONG o altre organizzazioni (organizzazioni no-profit, associazioni di volontariato, fondazioni) che operano a livello europeo per la prevenzione e la lotta contro la violenza nei confronti dei bambini, dei giovani e delle donne.

La sovvenzione è infatti destinata a coprire parte dei costi per l'attuazione del programma di lavoro, per l'esercizio finanziario 2010, delle organizzazioni selezionate. Più in particolare, la copertura finanziaria riguarderà i costi del personale, i costi di trasporto e le indennità di trasferta, i costi per l'acquisto di attrezzature, le spese amministrative generali, nonché altre spese direttamente connesse alla realizzazione delle attività previste nel programma di lavoro dell'organizzazione.

Soggetti beneficiari:

Organizzazioni che:

- siano senza scopo di lucro;
- siano legalmente costituite da almeno due anni in uno degli Stati UE o dei Paesi EFTA/SEE;
- realizzino attività di dimensione europea che coinvolgono almeno 12 Stati UE e Paesi EFTA/SEE e che contribuiscono al perseguimento di uno o più obiettivi del programma "Daphne".

Finanziamento erogato:

Lo stanziamento globale messo a disposizione del bando è di €2.580.000.

Il contributo comunitario potrà coprire fino all'80% delle spese totali ammissibili per l'esercizio finanziario 2010, per un massimo di €300.000.

Presentazione delle domande:

Le domande di sovvenzione devono essere presentate entro il 17 dicembre 2009, utilizzando esclusivamente l'apposito sistema di presentazione elettronica PRIAMOS (*si veda la sezione "Electronic registration/applications" nel menù sulla destra della pagina web di riferimento per il bando*).

Premio Capitale verde 2012 e 2013: aperte le candidature

"Capitale verde Europea" è il premio istituito nel 2008 con l'intento di contribuire a rendere le città europee luoghi più gradevoli e salubri.

Il premio è rivolto alle città europee con più di 200.000 abitanti che siano all'avanguardia nel proporre modalità di vita urbana rispettose dell'ambiente, e sarà attribuito a città che hanno conseguito livelli elevati di tutela dell'ambiente e che sono impegnate in iniziative ambiziose e in ulteriori azioni di miglioramento ambientale e di sviluppo sostenibile.

Le candidature saranno valutate da una giuria composta da rappresentanti della Commissione Europea, dell'Agenzia Europea dell'Ambiente e delle principali associazioni ambientali europee ed internazionali, che giudicherà sulla base a 11 criteri ambientali, tra i quali il contributo locale alla lotta contro il cambiamento climatico globale, la produzione e la gestione di rifiuti, la natura e la biodiversità, i trasporti, la tutela dell'aria e dell'acqua.

Nella prima edizione sono risultate vincitrici Stoccolma ed Amburgo, rispettivamente per il 2010 e il 2011, che sono state scelte come esempi per il resto d'Europa in virtù delle misure da esse attuate al fine di migliorare l'ambiente urbano per i loro cittadini, tra cui figurano iniziative ambiziose per far fronte all'inquinamento atmosferico, alla congestione del traffico e alle emissioni di gas a effetto serra.

Questa nuova edizione del premio riguarderà le capitali verdi rispettivamente per il 2012 ed il 2013. Le città interessate possono candidarsi utilizzando un modulo on-line entro il 1° febbraio 2010. La proclamazione dei vincitori avverrà nell'ottobre 2010.

Al premio possono partecipare i 27 Stati membri dell'UE, i paesi candidati (Turchia, Ex Repubblica iugoslava di Macedonia [FYROM] e Croazia) e i paesi dello Spazio Economico Europeo (Islanda, Norvegia e Liechtenstein).

Prince 2009 Programmi televisivi ed eventi sull'allargamento

La DG allargamento ha pubblicato il bando Prince 2009 – EU 27 per progetti volti ad aiutare gli europei a comprendere il processo di allargamento e le sue implicazioni, facendo loro conoscere la vita quotidiana nei Paesi candidati e potenziali candidati del Sud Est Europa (SEE).

Il bando è articolato in 2 distinti lotti, ciascuno con un suo budget e delle specifiche sue proprie, per quel che riguarda tipologie di azioni, categorie di possibili proponenti, ammontare del contributo, ecc.

Il lotto 1 riguarda la produzione e diffusione di programmi audiovisivi per la TV sul tema dell'attuale allargamento dell'UE. Il budget del lotto ammonta a 1.500.000 euro e i contributi potranno coprire fino al 50% dei costi ammissibili di progetto. Saranno finanziati in particolare programmi come documentari forum di discussione (serie di trasmissioni) e infotainment.

Il lotto 2 riguarda invece l'organizzazione di eventi di sensibilizzazione relativi alla politica di allargamento dell'UE e ai candidati alla futura appartenenza all'UE. Il suo budget ammonta a 1.000.000 euro e i contributi potranno coprire fino all'80% dei costi ammissibili di progetto. Saranno finanziati in particolare eventi sportivi o culturali che riuniscano i partecipanti dell'UE e dei paesi del SEE, summer school, summer campus, e serie di conferenze, workshop interattivi.

Bando europeo (sovvenzione) - FP7-NMP-2010-SMALL-4 (Nanoscienze, nanotecnologie, materiali e nuove tecnologie di produzione - Progetti di ricerca mirati di piccole e medie dimensioni)

Programma di riferimento:

7° Programma quadro di ricerca e sviluppo tecnologico (2007-2013).

Programma specifico COOPERAZIONE

Area tematica 4 - Nanoscienze, nanotecnologie, materiali e nuove tecnologie di produzione (NMP)

Descrizione:

Il bando riguarda le seguenti aree:

- Nanotecnologie e tecnologie convergenti;
- Materiali intelligenti basati sulla conoscenza con proprietà su misura;
- Utilizzo della ingegnerizzazione per sviluppare materiali basati sulla conoscenza ad alta prestazione;
- Sviluppo e convalida di nuovi modelli e strategie industriali.

Entità contributo:

Budget indicativo: 50 milioni di euro.

Il contributo comunitario non potrà superare i 4 milioni di euro a progetto.

Referente UE:

CORDINS Help Desk
Tel. +35 2929 42210 E-mail: cordins-helpdesk@publications.europa.eu

Bando europeo (appalto servizi) EuropeAid/128533/C/SER/Multi - Medstat III (cooperazione statistica nella regione del Mediterraneo, fase 3)

Settore:

Relazioni esterne

Programma di riferimento:

Programma ENPI - strumento europeo di vicinato e partenariato

Descrizione:

Gli obiettivi del progetto sono fornire agli utenti più dati statistici e di migliore qualità nei 6 settori tematici prioritari (agricoltura, energia, migrazione, statistiche sociali, commercio di beni e servizi e bilancia dei pagamenti, trasporto) e un accresciuto utilizzo di tali dati.

I paesi beneficiari sono i paesi e i territori partner meridionali ENPI, ovvero: Algeria, Egitto, Giordania, Israele, Libano, Marocco, Siria, Territori palestinesi occupati e Tunisia.

Entità contributo:

Importo massimo: 4.000.000 euro.

Referente UE:

Commissione Europea – Ufficio di cooperazione EuropeAid B - 1049 Bruxelles

Umbria - POR FESR- Asse I – Attività C1 - Bando Certificazioni di Qualità L.R.12/11/2002 n. 21 - 2007/2013

Beneficiari:

Possono beneficiare delle agevolazioni previste dal presente bando le Piccole e Medie Imprese, ubicate nella Regione Umbria, dei settori industria, artigianato, commercio, turismo e servizi.

Spese ammissibili:

Sono considerate ammissibili le spese riguardanti i check up aziendali, le analisi e le dichiarazioni ambientali, la definizione del sistema di gestione aziendale (manuale, procedure, ecc.) ed i costi dell'ente di certificazione, relativi alle seguenti norme:

1. UNI EN ISO 9001
2. ISO 14001, EMAS II e ECOLABEL
3. OHSAS 18001
4. SA 8000
5. UNI EN ISO 22000
6. UNI ENI ISO 27001
7. BRC – Global standard for food safety
8. IFS – Food Standard

Entità delle incentivazioni:

Il contributo è concesso in misura pari al 50% del costo totale dell'intervento ritenuto ammissibile in sede di valutazione.

Info:

Il consulente responsabile è il prof. Marco Monetini di GEM CONSULTING (associato al Gruppo PRAIM). Per qualsiasi informazione, preghiamo contattare:

Dott.ssa Francesca Pagliaro
Gruppo PRAIM
Tel. 0742/321521 - 0742/260088
Fax 0742/326363 E-mail: f.pagliaro@mp-studioservice.com

Il regime fiscale per le piccole imprese di nuova costituzione

Le persone fisiche che iniziano un'attività d'impresa possono avvalersi, per il periodo d'imposta in cui l'attività è iniziata e per i due successivi, di un regime agevolato che prevede il pagamento di un'imposta sostitutiva dell'Irpef e delle relative addizionali regionale e comunale, nella misura del 10% del reddito d'impresa determinato in base alle disposizioni relative alle imprese minori (579) (art. 13 L. n. 388/2000, provv. Ag. entr. 14.3.2001). Tale regime (c.d. "forfettino") non comporta alcuna deroga, invece (quanto al meccanismo di determinazione dell'imposta), ai regimi Iva e Irap.

Con riferimento alle modalità e agli effetti dell'applicazione dell'imposta sostitutiva, sono previste le seguenti particolari disposizioni:

nel caso di imprese familiari, l'imposta sostitutiva è dovuta dall'imprenditore per l'intero reddito d'impresa (determinato al lordo delle quote attribuite ai collaboratori e al coniuge);

le detrazioni soggettive eventualmente spettanti ai soggetti che si avvalgono del regime sono scomputabili unicamente dall'imposta lorda relativa al reddito complessivo netto, non essendo consentito scomputare le detrazioni dall'imposta sostitutiva; pertanto, in assenza di redditi ulteriori rispetto a quello assoggettato ad imposta sostitutiva, la persona fisica non potrà fruire delle detrazioni stesse (circ. 26.1.2001 n. 8/E, circ. 18.6.2001 n. 59/E);

ai fini del riconoscimento delle detrazioni per carichi di famiglia, il reddito dei contribuenti che si avvalgono del regime in esame è valutato tenendo conto dell'ammontare che costituisce base imponibile per l'applicazione dell'imposta sostitutiva;

ai fini contributivi, previdenziali ed extratributari, il reddito dei contribuenti che si avvalgono del regime in esame è valutato tenendo conto dell'ammontare che costituisce base imponibile per l'applicazione dell'imposta sostitutiva;

coloro che pagano compensi ai soggetti che applicano il regime non devono operare alcuna ritenuta; a tal fine, i contribuenti interessati devono rilasciare un'apposita dichiarazione ai committenti.

Condizioni di applicazione:

Il regime agevolato è riconosciuto alle seguenti condizioni (mancando le quali si applicano le sanzioni previste per infedele dichiarazione in caso di applicazione del regime):

il contribuente non deve avere esercitato negli ultimi tre anni attività d'impresa (o artistica o professionale), anche in forma associata o di impresa familiare; ai fini in esame non costituisce precedente esercizio di attività d'impresa la semplice apertura della partita Iva (circ.3.1.2001, n. 1), o avere assunto la qualità di socio in società di persone o di capitali, purché non sia stata posta in essere dal socio un'attività gestionale nella società (circ.18.6.2001, n. 59/E) o avere esercitato un'attività agricola non eccedente i limiti del reddito agrario (ris. 14.12.2006, n. 140/E);

l'attività da esercitare non deve costituire mera prosecuzione di altra attività precedentemente svolta sotto forma di lavoro dipendente o autonomo, anche a titolo occasionale; ai fini in esame, si ha mera prosecuzione quando l'attività presenta il carattere della novità unicamente sotto l'aspetto formale ma viene svolta utilizzando gli stessi beni dell'attività precedente, nello stesso luogo e nei confronti degli stessi clienti (circ. 26.1.2001 n. 8/E; circ. 18.6.2001, n. 59/E);

in ciascun periodo d'imposta di durata del regime non devono essere realizzati ricavi in misura (non ragguagliata all'anno) superiore a €30.987,41 per le imprese aventi per oggetto prestazioni di servizi ovvero a €61.974,83 per le imprese aventi per oggetto altre attività

Nel caso di esercizio contemporaneo di più attività, si deve fare riferimento all'attività prevalentemente esercitata, cioè quella che ha dato luogo ai maggiori ricavi o compensi nel periodo d'imposta. La somma dei ricavi o dei compensi relativi alle singole attività non può superare i predetti limiti; qualora venga proseguita un'attività d'impresa svolta in precedenza da altro soggetto (es. a seguito di successione nell'azienda), i ricavi relativi (non ragguagliati all'anno), realizzati nel periodo d'imposta precedente quello di acquisizione, non devono essere superiori a € 30.987,41 per le imprese aventi per oggetto prestazioni di servizi ovvero a € 61.974,83 per le imprese aventi per oggetto altre attività; siano regolarmente adempiuti gli obblighi previdenziali, assicurativi e amministrativi.

Opzione e revoca:

Per l'applicazione del regime agevolato occorre presentare un apposito modello all'ufficio delle entrate in occasione della presentazione della dichiarazione d'inizio attività IVA (circ. 9.3.2001, n. 23/E); l'omessa o tardiva comunicazione della scelta non determina comunque la decadenza dal regime agevolato (ris. 12.6.2002, n. 185/E).

La scelta operata vincola il contribuente per almeno un periodo d'imposta.

La cessazione dal regime avviene:

a decorrere dallo stesso periodo d'imposta nel caso in cui i ricavi conseguiti (ovvero quelli derivanti dall'applicazione dello studio di settore relativo all'attività prevalente, circ.18.6.2001, n. 57/E) superano del 50% il limite sopra individuato (€ 30.987,41 o € 61.974,83); nel periodo d'imposta in cui avviene la revoca, l'intero reddito d'impresa conseguito nel periodo d'imposta viene assoggettato a tassazione nei modi ordinari;

a decorrere dal periodo d'imposta successivo a quello nel quale i ricavi conseguiti (ovvero quelli derivanti dall'applicazione dello studio di settore relativo all'attività prevalente, circ.18.6.2001, n. 57/E) superano il limite sopra individuato (€30.987,41 o €61.974,83) per meno del 50% dello stesso;

nell'ipotesi di rinuncia da parte del contribuente mediante comunicazione all'ufficio delle entrate competente in ragione del domicilio fiscale;

per scadenza del triennio.

A seguito della decadenza dal regime agevolato è necessario adempiere tutti gli obblighi ordinariamente previsti in materia di imposte sul reddito, Irap e Iva (circ. 26.1.2001, n. 8/E).

Art. 13 L. n. 388/2000, Provv. Ag. Entr. 14.3.2001

Obblighi contabili:

I soggetti ammessi al regime agevolato devono:

adempiere agli obblighi Iva di fatturazione e di certificazione dei corrispettivi e quello di conservazione, secondo le disposizioni ordinarie, dei documenti emessi e ricevuti;

riepilogare in un apposito prospetto i documenti di acquisto e vendita relativi ai beni ammortizzabili (circ. 18.6.2001, n. 59/E);
adempiere agli obblighi dei sostituti d'imposta;
presentare le dichiarazioni annuali (redditi, Iva ed Irap, anche tramite mod. Unico) e la comunicazione annuale dei dati IVA;
versare le imposte dovute, tra le quali l'imposta sostitutiva (entro il termine per il versamento a saldo delle imposte sul reddito; qualora il contribuente possieda altri redditi oltre a quelli assoggettati al regime fiscale agevolato, i versamenti dell'Irpef sono effettuati nei modi e nei termini ordinari).

I soggetti ammessi al regime agevolato non sono invece obbligati alla tenuta delle scritture contabili ai fini delle imposte sul reddito, dell'Irap e dell'Iva, alle liquidazioni periodiche e all'acconto IVA, nonché al versamento delle addizionali locali all'Irpef (circ. 3.1.2001, n. 1/E).

Assistenza fiscale:

Gli imprenditori che si avvalgono del regime agevolato possono farsi assistere negli adempimenti fiscali derivanti dall'applicazione del regime dall'Agenzia delle Entrate (per via informatica) e dall'ufficio delle entrate competente in ragione del domicilio fiscale, c.d. tutor (circ. 9.3.2001, n. 23/E). A tal fine, gli imprenditori:

devono effettuare una richiesta di assistenza, in sede di presentazione della dichiarazione d'inizio attività, con lo stesso modello con cui si opta per il regime agevolato, ovvero inviando il modello per raccomandata entro trenta giorni dall'inizio dell'attività (l'eventuale richiesta di revoca è presentata con le stesse modalità); dotarsi di un'apparecchiatura informatica con determinate caratteristiche minime. Per l'acquisto dei sistemi informatici che consentono l'assistenza fiscale è possibile usufruire di un credito d'imposta, che non concorre alla formazione del reddito e utilizzabile solo in compensazione, nella misura del 40% del prezzo d'acquisto (ovvero dei canoni annuali di leasing) e comunque per un importo non superiore a € 309,97 (579). Il credito d'imposta deve essere richiesto con apposita istanza (Mod. Ipc, Provv. Ag. Entr. 8.4.2003) inviata telematicamente, a partire dall'1 febbraio di ogni anno, al centro operativo di Pescara, che entro trenta giorni dal ricevimento comunica al richiedente, in via telematica, l'accoglimento o il diniego dell'istanza; accedere al servizio telematico internet per dialogare con l'Agenzia delle Entrate.

L'assistenza fiscale è fornita attraverso collegamenti telematici (per via di posta elettronica) e nei casi in cui ciò non sia possibile, attraverso rapporti diretti tra il contribuente e l'ufficio locale dell'Agenzia.

I contribuenti trasmettono, tramite un software fornito dall'Agenzia delle Entrate, i dati contabili delle operazioni effettuate nel corso dell'anno, con cadenza trimestrale, rispettivamente entro: il 10 aprile (operazioni relative al 1° trimestre), il 10 luglio (2° trimestre), il 10 ottobre (3° trimestre), il 10 gennaio dell'anno successivo (4° trimestre); le operazioni effettuate ai fini Iva sono distinte tra imponibili (secondo l'aliquota), esenti, non imponibili e non soggette. Le operazioni rilevanti ai fini delle imposte sui redditi sono classificate per voci di ricavi e costi.

L'Agenzia delle Entrate tramite il sistema informatico elabora i dati del contribuente e lo assiste nella liquidazione e nel versamento delle imposte.

Art. 13, L. n. 388/2000, Provv. Ag. Entr. 14.3.2001; Provv. Ag. Entr. 8.4.2003

Bando europeo (sovvenzione) - Sostegno alle ONG attive nel settore della tutela ambientale (sovvenzioni di funzionamento)

Programma di riferimento:

Programma LIFE + (2007 - 2013)

Descrizione:

Nell'ambito del programma LIFE + (strumento finanziario per l'ambiente) la Commissione Europea invita le Organizzazioni Non Governative (ONG) europee, principalmente attive nel settore della tutela ambientale, di presentare proposte per ottenere il contributo finanziario al loro funzionamento.

Entità contributo:

Il budget indicativo disponibile ammonta a 9.000.000 euro.

Il contributo comunitario potrà coprire fino al 70% dei costi ammissibili previsti per l'anno 2010.

Referente UE:

Commissione Europea
DG Ambiente Office: BU-9 00/12
B-1049 Bruxelles
Fax (00) (32-2) 298 63 27 E-mail: env-ngo@ec.europa.eu

Bando europeo (appalto servizi) EACEA 2009-02 - Studio di fattibilità relativo ad azioni a sostegno della mobilità dei traduttori letterari

Programma di riferimento:

Programma per l'apprendimento permanente

Descrizione:

Lo studio dovrà fornire indicazioni su valore, benefici, adeguatezza e modalità relativamente alla creazione di un sistema di borse di mobilità che permetterà ai traduttori letterari di trascorrere periodi di tempo nel paese di un autore o in un centro di residenza per la formazione professionale.

Referente UE:

Agenzia Esecutiva per Istruzione, Audiovisivi e Cultura (EACEA)
Avenue du Bourget 1 B-1140 Bruxelles
Fax +32 22921334 E-mail: EACEA-TENDERS@ec.europa.eu

Bando europeo (appalto servizi) JLS/2009/JPEN/PR/0028/E4 Studio sul futuro quadro istituzionale e giuridico della cooperazione giudiziaria in questioni penali nell'UE

Descrizione:

Lo scopo dello studio è fornire alla Commissione una visione strategica indipendente e a lungo termine del futuro quadro istituzionale e giuridico della cooperazione giudiziaria in questioni penali nell'UE nonché gli adattamenti giuridici e pratici necessari a livello di diritto penale nazionale.

Entità contributo:

Valore stimato, IVA esclusa: 500.000 euro.

Referente UE:

Commissione Europea
DG Giustizia, libertà e sicurezza
Unità JLS/E4 – Strumenti finanziari in materia di giustizia B-1049 Bruxelles
Tel +32 22965803
Fax +32 22988812 E-mail: JLS-E4-CFT@ec.europa.eu

Bando europeo (appalto servizi) ENTR/2009/050 - Studi connessi con lo spazio e la sicurezza

Settore:

Industria

Descrizione:

I servizi da prestare sono di natura intellettuale. L'appalto quadro è volto a rifornire le diverse unità con strumenti di supporto rapidamente disponibili per appaltare studi nei settori della: politica spaziale, sviluppo e ricerca connessa con lo spazio, osservazione terrestre/GMES (monitoraggio globale dell'ambiente e della sicurezza) (lotto 1) e sviluppo e ricerca sulla sicurezza (lotto 2).

Entità contributo:

Valore stimato, IVA esclusa: 10.500.000 euro su un periodo di 5 anni (8.000.000 euro per il lotto 1 e 2.500.000 euro per il lotto 2).

Referente UE:

Commissione Europea
Direzione generale per le Imprese e l'industria
Direzione H: Industria aerospaziale, GMES, sicurezza e difesa
Avenue d'Auderghem 45 (BREY 9/058)
B-1049 Bruxelles
Fax +32 22984349 E-mail: ENTR-CFT-2009-050@ec.europa.eu

Bando europeo (appalto servizi) Opzioni per una strategia europea di R&S nella nanotecnologia — Un'analisi socioeconometrica e tecnometrica

Settore:

Ricerca

Programma di riferimento:

Settimo programma quadro di ricerca e sviluppo tecnologico (7PQ).

Programma specifico Cooperazione Tema 4: Nanoscienze, nanotecnologie, materiali e nuove tecnologie di produzione.

Descrizione:

Lo studio è volto a stabilire un sistema di monitoraggio che permetterà la valutazione dell'impatto economico delle nanotecnologie e delle nanoscienze; esaminare come i mercati, i prodotti e la ricerca su scala nanometrica stanno evolvendo nel tempo; e presentare delle analisi dettagliate dei principali domini per i futuri investimenti nella ricerca e sviluppo delle nanotecnologie, mostrando il più alto potenziale di crescita per l'industria e la società europea in senso ampio.

Entità contributo:

Valore stimato, IVA esclusa: 100.000 euro.

Referente UE: Commissione Europea
Direzione generale della Ricerca
Direzione G: Tecnologie industriali, ufficio CDMA 6/133

B-1049 Bruxelles
Tel. +32 22969403
Fax +32 22986150
E-mail: Nathalie.Van-Neck@ec.europa.eu

Programma Lifelong Learning - Bando generale 2010

Sulla Gazzetta Ufficiale UE del 15 ottobre è stato pubblicato l'invito generale 2010 relativo al **programma per l'apprendimento permanente (Lifelong Learning Programme - LLP)**.

Il bando sostiene la realizzazione di progetti e attività nell'ambito di tutti e sei i sottoprogrammi del Lifelong Learning Programme:

- **Comenius**, che riguarda l'istruzione scolastica (dal livello pre-scolare fino alla scuola secondaria superiore);
- **Erasmus**, dedicato all'istruzione universitaria e all'istruzione e formazione professionale avanzata;
- **Leonardo da Vinci**, per la formazione professionale iniziale e continua;
- **Grundtvig**, focalizzato sull'istruzione in età adulta;
- **Trasversale**, incentrato su questioni chiave legate all'intero processo dell'apprendimento permanente;
- **Jean Monnet**, il sottoprogramma destinato a sostenere l'insegnamento, la ricerca e lo studio su temi connessi all'integrazione europea.

La Commissione UE ha stabilito una serie di priorità strategiche per le diverse azioni finanziate dal bando, ossia tematiche che riflettono l'evoluzione delle priorità politiche europee in materia di istruzione e formazione e sulle quali i candidati dovranno concentrarsi nell'elaborare i loro progetti.

Sempre nel quadro del Lifelong Learning Programme, il 15 ottobre è stato anche pubblicato il *bando 2010 per il sostegno ad associazioni attive a livello europeo nel settore dell'istruzione e della formazione*, con l'obiettivo di sostenere la realizzazione delle attività previste nel programma di lavoro per l'anno 2010 delle associazioni beneficiarie. La scadenza per la domanda di sovvenzione è il 10 dicembre 2009.

Si ricorda che quest'anno è stata avviata la nuova azione "*Mobilità individuale degli alunni*" nell'ambito del sottoprogramma Comenius, dedicata agli studenti delle scuole secondarie superiori che intendono trascorrere fino a un anno scolastico in una scuola europea all'estero. Per questa azione è stato pubblicato un apposito bando lo scorso 19 settembre, che rimane aperto fino al 1° dicembre 2009.

Sostegno ad associazioni attive a livello europeo nel settore dell'istruzione e della formazione - Bando 2010

Nel quadro del programma Lifelong Learning Programme, il 15 ottobre scorso è stato pubblicato il **bando 2010 per il sostegno ad associazioni attive a livello europeo nel settore dell'istruzione e della formazione**.

Obiettivi:
- sostenere associazioni europee di elevata qualità attive nel settore dell'istruzione e della formazione;
- sostenere associazioni europee che contribuiscono all'attuazione del programma di lavoro "Istruzione e formazione 2010";
- sostenere associazioni europee che contribuiscono ad accrescere la conoscenza del processo di integrazione europea attraverso l'istruzione e la formazione.

Azioni:

Concessione di una sovvenzione di funzionamento destinata a sostenere le spese correlate al programma di lavoro 2010 di associazioni attive a livello europeo nel settore dell'istruzione e della formazione.

La sovvenzione è destinata a sostenere determinate spese operative ed amministrative connesse alla realizzazione delle attività delle associazioni.

Beneficiari:

Associazioni che:
- siano senza scopo di lucro;
- siano legalmente costituite e stabilite da più di 2 anni in uno degli Stati UE, dei Paesi EFTA/SEE o in Turchia;
- operino nel settore dell'istruzione e della formazione a livello europeo, perseguendo obiettivi chiaramente definiti nel loro statuto;
- siano organismi che perseguono un obiettivo di interesse generale europeo (art.162 del Reg.(CE) n. 2342/2002);
- svolgano attività compatibili con le priorità del programma di lavoro "Istruzione e formazione 2010" e/o contribuiscano ad accrescere la conoscenza del processo di integrazione europea attraverso l'istruzione e la formazione;
- comprendano associazioni-membri stabilite in almeno 12 Stati UE;
- svolgano la maggior parte delle loro attività negli Stati UE, nei Paesi EFTA/SEE e/o nei Paesi candidati.

Entità del contributo:

Il contributo comunitario può coprire fino al 75% dei costi ammissibili (cofinanziamento basato sul bilancio) o delle spese previste (cofinanziamento forfettario) dell'associazione, per un massimo di € 100.000 per associazione e per programma di lavoro di 12 mesi.

Il periodo di ammissibilità dei costi corrisponderà all'esercizio finanziario 2010 del beneficiario. Avrà inizio tra il 1° gennaio e il 1° aprile 2010 e avrà una durata massima di 12 mesi.

Presentazione delle domande:

Le domande di sovvenzione devono essere presentate elettronicamente utilizzando l'apposito eForm(formulario elettronico) reperibile sul sito dell'Agenzia EACEA. Una copia cartacea del formulario elettronico, completa di tutti i documenti aggiuntivi, deve anche essere inviata all'Agenzia per posta o corriere. Tutta la documentazione aggiuntiva all'eForm è anch'essa reperibile sul sito dell'Agenzia.

Scadenza: 10/12/2009

Incentivi per l'occupazione

Con il decreto del 27 settembre 2007 n. 1844 il ministero del Lavoro ha emanato le disposizioni relative al Programma Pari 2007.

Obiettivo:

Favorire il re-impiego dei lavoratori svantaggiati (percettori di ammortizzatori sociali, disoccupati, inoccupati, particolari categorie di lavoratori, quali i giovani, le donne, gli over 50).

Misure:

a) un voucher formativo finalizzato alla formazione di ognuno dei lavoratori destinatari dell'intervento;
b) un bonus a favore delle imprese per ogni lavoratore assunto a tempo indeterminato, con orario pari o superiore alle 30 ore settimanali;
c) un sussidio corrisposto dall'INPS di 450 euro mensili, per un massimo di 10 mesi, ai lavoratori che aderiscono a specifici piani di inserimento o reinserimento lavorativo oppure un incentivo di 4.500 euro ai lavoratori che intendono intraprendere un'attività lavorativa autonoma, individuale o associata.

È stato inoltre disposto che in caso di assunzione prima della scadenza dei 10 mesi del sussidio, la parte del contributo non ancora corrisposta al lavoratore venga erogata all'azienda.

Requisiti:

1) L'assunzione deve riguardare uno dei soggetti svantaggiati che le Regioni aderenti al Progetto (tutte tranne la Valle D'Aosta e del Trentino Alto Adige) hanno individuato e indicato all'INPS come titolari del Sussidio P.A.R.I. 2007.
2) Il contratto deve essere a tempo indeterminato oppure a termine, ma superiore ai 12 mesi. Gli incentivi spettano anche all'azienda che aveva già assunto il lavoratore svantaggiato con contratto a tempo determinato di durata inferiore o pari a 12 mesi, purché però il contratto a termine venga: trasformato in contatto a tempo indeterminato; oppure prorogato in modo da assicurare al lavoratore svantaggiato un periodo d'impiego che, considerato il precedente rapporto di lavoro, nel complesso si superiore a 12 mesi.
3) L'orario di lavoro deve essere pari o superiore alle 20 ore settimanali;
4) L'azienda deve aderire al programma di re-impiego redatto dal Centro per l'impiego o analogo servizio competente.

Restituzione del beneficio:

L'azienda è tenuta a restituire in tutto o in parte l'incentivo P.A.R.I. 2007 se il rapporto di lavoro cessa nel corso dei primi dodici mesi dall'assunzione a tempo indeterminato oppure dalla proroga del contratto a termine o dalla trasformazione dello stesso in contratto a tempo indeterminato.

Più precisamente verrà restituito:

il 100% del beneficio, in caso di licenziamento senza giusta causa o giustificato motivo soggettivo;

il 50% del beneficio, nel caso di dimissioni del lavoratore.

Presentazione della domanda:

L'azienda deve presentare la richiesta alla Direzione territoriale Inps presso cui assolve gli obblighi contributivi. La richiesta di incentivo va compilata utilizzando il Mod. Rich/incen P.A.R.I. 2007 cod. SC44, disponibile sul sito internet dell'INPS.

La domanda deve essere firmata dal lavoratore assunto, per presa d'atto della conseguente sospensione del sussidio nei suoi confronti e deve essere corredata dalle seguenti dichiarazioni: dichiarazione di responsabilità, attestante l'instaurazione, trasformazione o proroga del rapporto di lavoro; dichiarazione di responsabilità, attestante l'adesione al programma di re-impiego ovvero copia dell'atto di adesione sottoscritto presso il centro per l'impiego o altro servizio competente.

Verifica delle richieste:

Verrà verificato:

che la durata dichiarata del rapporto di lavoro corrisponda ad una delle tipologie previste (v. sopra);

che il lavoratore abbia effettivamente titolo al sussidio.

Se gli accertamenti danno esito positivo, si provvederà a:

sospendere il pagamento del sussidio a decorrere dal giorno dell'assunzione/trasformazione/ proroga, dandone comunicazione al lavoratore;

calcolare l'importo dell'incentivo residuo spettante all'azienda;

autorizzare l'azienda a fruire del beneficio in un'unica soluzione (la comunicazione alla ditta di accoglimento della domanda di incentivo viene fata utilizzando il Mod. Acc/inc P.A.R.I. 2007, allegato alla circolare n. 86/2009).

Le aziende autorizzate alla fruizione dell'incentivo vengono contrassegnate dal codice di autorizzazione "7J", avente il significato di "aziende che fruiscono dell'incentivo programma P.A.R.I. D.D. n. 1844 del 27 settembre 2007."

Modalità di compilazione del DM10/2:

L'incentivo può essere utilizzato dall'azienda in un'unica soluzione, attraverso il sistema delle denunce mensili Mod. DM10/2, entro il terzo mese successivo al ricevimento dell'autorizzazione relativa al singolo lavoratore.

A tal fine le aziende interessate devono:

esporre i dati relativi ai dipendenti in questione nel quadro "B-C" del Mod. DM10/2 utilizzando i codici tipo contribuzione normalmente in uso;

riportare nel mese in cui effettuano il conguaglio, in uno dei righi in bianco del quadro "B-C" del Mod. DM10/2, nella casella "n. dipendenti", il numero dei lavoratori interessati facendolo precedere dal codice "LAPA" avente il significato di "lavoratori programma P.A.R.I. 2007"; nessun dato deve essere riportato nelle caselle "giornate, retribuzioni e somme a debito";

indicare l'importo dell'incentivo spettante nel quadro "D" del Mod. DM10/2 preceduto dal codice di nuova istituzione "L404" avente il significato di "conguaglio incenti vo programma P.A.R.I. 2007";

per la eventuale restituzione del 100% o del 50% dell'incentivo rispettivamente per le ipotesi di licenziamento o dimissioni del lavoratore, l'azienda deve indicare l'importo da restituire nel quadro "B-C" del Mod. DM10/2 utilizzando il codice "M119" avente il significato di "restituzione incentivo programma P.A.R.I. 2007"; nessun dato deve essere riportato nelle caselle "numero dipendenti", "numero giornate" e "retribuzioni".

Assunzioni agevolate per i lavoratori in mobilità, cassaintegrati e disoccupati:

Le disposizioni normative che incentivano l'occupazione dei lavoratori svantaggiati sono molte e di regola prevedono a favore del datore di lavoro una riduzione degli oneri contributivi e/o l'erogazione diretta di contributi. Assumere, tenendo conto di queste disposizioni, può comportare agevolazioni economiche interessanti per i datori di lavoro.

Elenco dei principali incentivi previsti per l'assunzione delle categorie svantaggiate in esame, suddiviso per tipologia di lavoratori:

(1) Lavoratori iscritti nelle liste di mobilità	
(a) assunti full time, a tempo indeterminato	▪ per 18 mesi la contribuzione del datore di lavoro è pari a quella prevista per gli apprendisti; ▪ al datore di lavoro viene concesso per ogni mensilità di retribuzione corrisposta al lavoratore un contributo mensile pari al 50% dell'indennità di mobilità che sarebbe stata corrisposta al lavoratore. Tale contributo viene erogato per un massimo di: - 12 mesi per i lavoratori con età fino a 50 anni; - 24 mesi per lavoratori con età superiore a 50 anni; - 36 mesi per le aree del Mezzogiorno o nell'ambito delle circoscrizioni in cui sussista un rapporto superiore alla media nazionale tra iscritti alla prima classe della lista di collocamento e popolazione residente in età da lavoro.
(b) assunti a tempo determinato per un massimo di 12 mesi	▪ i datori di lavoro beneficiano per la durata del contratto del versamento dei contributi nella misura prevista per gli apprendisti.
(c) assunti a termine e poi trasformati in lavoratori a tempo indeterminato	se nel corso dello svolgimento il contratto a termine viene trasformato a tempo indeterminato, viene posta a carico del datore di lavoro per un periodo di ulteriori 12 mesi la sola contribuzione pari a quella prevista per gli apprendisti. In aggiunta a questa agevolazione, il datore di lavoro, se l'assunzione è full time, usufruirà dell'agevolazione che attribuisce in caso di assunzione a tempo indeterminato, un contributo mensile pari al 50% dell'indennità di mobilità che sarebbe spettata al lavoratore se fosse rimasto disoccupato ed iscritto nelle liste di mobilità. Tale ultima agevolazione è concessa per un periodo massimo di 12 mesi, elevabile a 24 mesi o a 36 nei casi sopra indicati (v. ipotesi 1a).
(2) Lavoratori in Cigs da almeno 3 mesi, dipendenti di un'impresa beneficiaria della Cigs da almeno 6 mesi	
Assunti full time, a tempo indeterminato	il datore di lavoro ha diritto a: uno sgravio contributivo e un contributo mensile. ▪ uno sgravio contributivo: per 12 mesi la quota di contribuzione a carico del datore di lavoro è pari a quella prevista per gli apprendisti lavoratori; ▪ contributo mensile: in misura pari al 50% dell'indennità di mobilità che sarebbe spettata al lavoratore, per una durata non superiore a 9 mesi, elevata a 21 mesi nel caso di lavoratore ultracinquantenne, a 33 mesi per il Mezzogiorno e le aree svantaggiate
(3) Lavoratori in Cigs o disoccupati da almeno 24 mesi	
Assunti (full time o part-time) a tempo indeterminato	▪ il datore di lavoro artigiano oppure che opera nel Mezzogiorno ha diritto per 36 mesi all'azzeramento dei contributi a suo carico; ▪ il datore di lavoro non artigiano che opera nel centro-nord ha diritto per 36 mesi a una riduzione del 50% dei contributi a suo carico.
(4) Lavoratori destinatari degli ammortizzatori sociali in deroga	
il datore di lavoro (imprese industriali destinatarie della Cigs con più di 15 dipendenti) che non abbiano sospensioni dal lavoro in atto e che, senza esservi tenuti, assumano lavoratori destinatari per gli anni 2009 e 2010 di ammortizzatori sociali in deroga, licenziati o sospesi per cessazione totale o parziale dell'attività o per intervento di procedura concorsuale da imprese non rientranti nella disciplina di cui alla legge n. 223 del 1991, fruiscono di un incentivo pari all'indennità spettante al lavoratore per il numero di mensilità di trattamento di sostegno al reddito non erogate, con esclusione di quanto dovuto a titolo di contribuzione figurativa. Tale incentivo è erogato attraverso il conguaglio con le somme dovute dai datori di lavoro a titolo di contributi previdenziali e assistenziali. L'agevolazione in parola è subordinata al possesso del requisito di regolarità contributiva e si aggiunge alle altre misure incentivanti già previste.	

IMI - *Innovative Medicines Initiative: secondo invito a presentare proposte*

Il 30 ottobre 2009 verrà lanciato il secondo invito a presentare proposte nell'ambito dell'IMI, l'Innovative Medicines Initiative, la cui scadenza è prevista per il mese di gennaio 2010.

I temi prioritari di ricerca del prossimo invito saranno nove e riguarderanno i seguenti ambiti:

- scoperta e lo sviluppo di nuovi farmaci nel campo dei tumori, delle malattie infiammatorie e infettive;
- knowledge management.

Presentazione delle proposte:

Le proposte potranno essere presentate da consorzi composti da università, PMI e organizzazioni rappresentative di pazienti.

Finanziamento erogato:

Il finanziamento disponibile sarà di 156.3 milioni di euro, di cui 76.8 milioni di euro messi a disposizione dalla Commissione Europea e 79.5 milioni di euro da aziende associate dell'EFPIA.

Avviata nel 2007, l'Innovative Medicines Initiative è un Partenariato Pubblico-Privato (PPP) tra l'industria farmaceutica rappresentata dalla Federazione Europea delle Industrie e Associazioni Farmaceutiche (EFPIA) e la Commissione Europea.

Il suo obiettivo è quello di sostenere la scoperta e lo sviluppo di migliori farmaci e di rafforzare la competitività europea, assicurando che quello biofarmaceutico rimanga un settore dinamico ad alta tecnologia.

Il primo invito a presentare proposte dell'IMI è stato lanciato nell'aprile 2008. 134 proposte sono state presentate, di cui 15 sono state ammesse al finanziamento per un valore di 246 milioni di euro. Un Information Day sul secondo invito a presentare proposte si terrà a Bruxelles il 17 novembre 2009.

Programmi audiovisivi sull'allargamento per i Paesi IPA *- Bando 2009*

La Commissione Europea – DG Allargamento, ha pubblicato un bando per **programmi audiovisivi sull'allargamento** destinati ai Paesi candidati e potenziali candidati.

Il bando promuove la produzione di **programmi televisivi sull'UE e le sue politiche** e la distribuzione di tali programmi in uno o più Paesi IPA. Può trattarsi di documentari, documentari-sceneggiato, programmi educativi, Infotainment e forum di discussione, ecc.

Obiettivi:

- Aumentare il numero di programmi TV di qualità sulle politiche dell'UE, prodotti e distribuiti nei Paesi beneficiari di IPA;
- Stimolare nei Paesi IPA un dibattito informale sui benefici e le sfide rappresentate dal processo di adesione all'UE;
- Migliorare la posizione dei media indipendenti e degli standard dei prodotti televisivi nei Paesi beneficiari attraverso la costruzione di partnership, programmi di scambio e flussi di informazioni.

Azioni:

Produzione di programmi televisivi sull'UE e le sue politiche e distribuzione di tali programmi in uno o più Paesi IPA.

I programmi devono occuparsi di politiche europee interessanti per il processo di integrazione degli IPA nell'UE. Fra queste si segnalano:

- buon governo;
- diritti umani e protezione elle minoranze;
- temi regionali;
- sviluppo economico e sociale;
- sviluppo della società civile;
- obblighi derivanti dall'appartenenza all'UE e standard europei.

Tipologie di programmi:

- programmi televisivi come documentari, documentari-sceneggiato, programmi educativi, sui temi sopraindicati che richiedono ricerche originali, scrittura, sceneggiatura e editing;
- programmi televisivi che rientrano nella categoria Infotainment come spettacoli educativi a quiz;
- forum di discussione, a condizione che si tratti di una serie di trasmissioni e non di un programma isolato.

La durata di ogni singolo programma individuale non deve essere inferiore a 20 minuti.

Beneficiari:

Emittenti TV pubbliche o private, registrate in un Paese IPA e produttori di programmi TV audiovisivi che possono mandare in onda programmi negli stessi Paesi.

Contributo erogato:

Il contributo comunitario può coprire fino all'85% delle spese ammissibili, per un massimo 150.000 euro. Non saranno presi in considerazione progetti che richiedano una sovvenzione inferiore a 50.000. Il budget disponibile ammonta a €700.000.

Modalità di presentazione delle domande:

I progetti possono essere presentati dal proponente da solo oppure in partenariato con un altro soggetto ammissibile. I progetti devono essere scritti in inglese o francese e avere una durata massima di 18 mesi.

Il bando è un bando aperto, il che implica che per la presentazione della proposta progettuale vanno compilati tutti i formulari. Nel corso della valutazione saranno presi in considerazione in prima battuta i soli concept note, e solo per quelli che passeranno la prima selezione sarà valutato il progetto completo.

Per sottoporre la propria proposta progettuale non è necessario fare ricorso al sistema PADOR.

Contributi per la reintegrazione di ricercatori esperti

Nell'ambito del **programma specifico "Persone" del 7° programma quadro di RST**, è stato pubblicato il **bando 2010 per l'Azione Marie Curie: contributi per la reintegrazione" [ID: FP7-PEOPLE-2010-RG]**.

Questa Azione è costituita da due componenti:
1) MC **European Reintegration Grants** (ERG);
2) MC **International Reintegration Grants** (IRG).

1) ERG:
Obiettivo:

Favorire la reintegrazione professionale di ricercatori dopo un'esperienza di mobilità transnazionale.

Soggetti beneficiari:

Ricercatori esperti degli Stati UE o di Paesi associati che hanno preso parte o hanno in corso un'esperienza di formazione e mobilità (della durata di almeno 18 mesi) nel quadro di un'Azione Marie Curie del 7° programma quadro o del precedente 6° programma quadro.

Il ricercatore potrà essere reintegrato in un organismo di ricerca (università, centro di ricerca o impresa) stabilito in uno Stato UE o in un Paese associato.

Finanziameno erogato:

Partecipazione forfettaria ai costi di un progetto di ricerca che il ricercatore realizzerà con l'organismo di ricerca ospitante.

Durata del progetto:

Tra 2 e 3 anni.

2) IRG:

Obiettivo:

Incoraggiare ricercatori europei che hanno svolto attività di ricerca in un Paese Terzo a ritornare e reintegrarsi in uno Stato UE/Paese associato.

Soggetti beneficiari:

Ricercatori esperti di uno Stato UE o Paese associato e devono aver svolto attività di ricerca all'estero per almeno 3 anni.

Il ricercatore potrà essere reintegrato in un organismo di ricerca (università, centro di ricerca o impresa) stabilito in uno Stato UE o in un Paese associato.

Finanziameno erogato:

Partecipazione forfettaria ai costi di un progetto di ricerca che il ricercatore realizzerà con l'organismo ospitante.

Durata del progetto:

Tra 2 e 4 anni.

Le proposte possono essere presentate continuativamente. Vengono però fissate due date limite in corrispondenza delle quali vengono avviate sessioni di valutazione delle proposte fino a quel momento pervenute: 09/03/2010; 07/09/2010. Lo stanziamento globale messo a disposizione per questo bando è di 32 milioni di euro.

Fondo Europeo per i Rifugiati - Bando 2009 per Azioni comunitarie

Nell'ambito del Fondo Europeo per i Rifugiati è stato pubblicato il bando 2009 per Azioni comunitarie.

Obiettivo:

Promuove la realizzazione di progetti transnazionali o di interesse comunitario nel settore della politica di asilo.

Priorità:

- Attuazione della normativa UE sulla prima fase del Sistema comune europeo in materia di asilo;
- Attività che facilitano la cooperazione pratica e collaborativa fra amministrazioni nazionali responsabili per l'asilo;
- Rafforzamento dei meccanismi di solidarietà tra Stati membri e assistenza a quegli Stati che si trovano ad affrontare situazioni di particolare pressione dei sistemi nazionali d'asilo;

- Promozione di buone pratiche e nuovi sviluppi in materia di reinsediamento negli Stati UE;
- Promozione di misure comuni per rispondere a esigenze specifiche di gruppi vulnerabili fra i richiedenti asilo e le persone beneficiarie di protezione internazionale;
- Nuove forme di cooperazione e di normativa comunitaria nel settore dell'asilo.

Soggetti beneficiari:

Autorità nazionali, regionali e locali, università, istituti di ricerca, ONG stabiliti negli Stati UE (escluso la Danimarca in quanto unico Stato membro che non partecipa al Fondo), nonché organizzazioni internazionali.

Contributo erogato:

Il contributo UE potrà coprire fino al 90% dei costi totali ammissibili del progetto e sarà compreso tra un minimo di € 200.000 e un massimo di € 2.000.000 (per progetti presentati da un'autorità nazionale o dall'UNHCR) o di € 500.000 (per progetti presentati da altro soggetto ammissibile).

Scadenza:

La scadenza per la presentazione delle proposte è il 30 novembre 2009.

Programma Marco Polo: nuovo regolamento

Il programma Marco Polo sostiene finanziariamente progetti nel settore del trasporto sostenibile con l'obiettivo di trasferire sempre maggiori quantitativi di merci dalla strada verso altre modalità di trasporto a minor impatto ambientale, come il trasporto marittimo, ferroviario o fluviale.

Il Consiglio dei ministri dell'Unione Europea ha adottato un nuovo regolamento che modifica il secondo programma Marco Polo, ampliandone la portata.

In generale sono state migliorate le condizioni di partecipazione al programma per aumentarne l'attrattiva presso le imprese e sono state apportate alcune semplificazioni.

Queste le principali modifiche:

- Abbassamento delle soglie minime di ammissibilità;
- Soglia ridotta speciale a favore di quei progetti che abbiano come obiettivo il passaggio del traffico merci dal trasporto stradale a quello per vie di navigazione interna;
- Riduzione del periodo che intercorre tra la presentazione delle domande e la firma dei contratti di sovvenzione;
- Flessibilità delle scadenze per il raggiungimento degli obiettivi del progetto;

- Trasporto modale esteso ai container e ai mezzi di trasporto vuoti qualora siano effettivamente ritirati dalle strade.

Le nuove condizioni saranno applicate ai prossimi bandi che dovrebbero essere indetti all'inizio dell'anno prossimo.

Il vicepresidente della Commissione, Antonio Tajani, responsabile dei trasporti, ha dichiarato: "*Il ruolo svolto dal programma Marco Polo è essenziale, in quanto contribuisce a far muovere l'Europa. Intendiamo continuare su questa strada, che si è rivelata vincente, agevolando la partecipazione delle imprese alla selezione. Le regole adottate oggi possono aiutarle a passare a servizi di trasporto sostenibili*".

La Commissione ha precisato che i progetti sostenuti dal primo programma Marco Polo tra il 2003 e il 2006 hanno già permesso di alleggerire le nostre strade di 31 miliardi di tonnellate-chilometro, ovvero l'equivalente di circa 1,5 milioni di camion in viaggio da Parigi a Berlino. Inoltre il secondo programma Marco Polo ha visto aumentare la propria dotazione finanziaria di quattro volte, raggiungendo per il periodo 2007-2013 la somma di 450 milioni di euro che, secondo l'attuale obiettivo del programma, dovrebbe permettere di evitare una parte considerevole del previsto aumento del trasporto internazionale su strada, stimato a 20 miliardi di tonnellate-chilometro l'anno, oppure di passare a modi di trasporto alternativi.

DECRETO LEGGE 185/2009 (ANTICRISI)

È operativa la moratoria del credito alle PMI: a seguito dell'entrata in vigore del "Decreto Anticrisi", il Ministero dell'Economia e l'ABI hanno firmato un accordo che prevede un'importante misura agevolativa, attualmente riservata alle Piccole e Medie Imprese, ma che probabilmente verrà a breve allargata anche alle famiglie. L'accordo prevede:

1) La sospensione per un anno del pagamento delle quote capitali delle rate, relative a:
   a. operazioni di mutuo;
   b. operazioni di leasing immobiliare.
2) La sospensione per sei mesi del pagamento delle quote capitali delle rate dei leasing mobiliari;

L'allungamento delle rate non comporterà costi aggiuntivi e aggravi dei tassi di interesse per chi ne farà richiesta. È previsto, inoltre, l'allungamento fino a 270 giorni sui debiti per anticipi su fatture, RIBA, ecc. e un contributo al rafforzamento patrimoniale che in caso di aumento di capitale obbliga la banca ad erogare finanziamenti pari ad un multiplo dell'aumento (es. aumento capitale 100.000 euro finanziamento banca x 2 = 200.000 euro).

Vincoli:

L'agevolazione è riservata alle imprese che ne fanno richiesta e che rispettano i seguenti parametri:

- Parametro dimensionale: sono ammesse le imprese con meno di 250 dipendenti e con fatturato minore di 50 mln di euro (oppure con totale attivo di bilancio fino a 43 mln di euro);
- Imprese che abbiano adeguate prospettive economiche e possano provare la continuità aziendale;
- Imprese classificate "in bonis" con la propria banca alla data del 30 settembre 2008 ed alla data di presentazione della domanda, cioè, non aventi esposizioni classificate come sofferenze, partite incagliate, ristrutturate, scadute e/o sconfinanti deteriorate, scadute e/o sconfinanti non deteriorate;
- Imprese che abbiano rate in scadenza o già scadute da non più di 180 giorni alla data di presentazione della domanda.

Cosa fare?

Allo stato attuale, circa il 90% degli Istituti di Credito ha aderito all'iniziativa, con modalità di attuazione variabili per ogni istituto. Vi invitiamo quindi a prendere immediatamente contatti con la Vostra banca, che è tenuta a valutare l'operazione e a rispondere al cliente entro 30 giorni dalla presentazione della domanda.

Bando Nazionale - Legge 17 febbraio 1982, n. 46, art. 14 - Fondo innovazione tecnologica (F.I.T.)

Oggetto:

Bando Nazionale - Legge 17 febbraio 1982, n. 46, art. 14 - Fondo Innovazione Tecnologica (F.I.T.)

Beneficiari:

Piccole, medie e grandi imprese in possesso dei seguenti requisiti:

- che esercitano attività industriale diretta alla produzione di beni e/o servizi;
- che esercitano attività di trasporto;
- imprese agroindustriali;
- imprese artigiane di produzione di beni;
- centri di ricerca;
- consorzi e società consortili.

Spese ammissibili: Sono agevolabili le spese relative:

- al personale del soggetto proponente;
- agli strumenti ed alle attrezzature di nuovo acquisto, nella misura e per il periodo in cui sono utilizzati per il programma di ricerca e sviluppo; ai servizi di consulenza;
- all'acquisizione dei risultati di ricerca, di brevetti e di know-how, di diritti di licenza;
- alle spese generali imputabili all'attività del programma;
- ai materiali utilizzati per lo svolgimento del programma.

Entità delle innovazioni:

L'agevolazione verrà corrisposta nella forma di contributo in conto interessi (finanziamento agevolato) pari al 50% delle spese ritenute ammissibili, più un ulteriore contributo diretto alle spese pari al 20%.

Ristrutturazioni edilizie: Bonus del 36% prorogato fino al 2012

Queste sono le principali novità fiscali contenute nel disegno di legge Finanziaria 2010, varato dal Consiglio dei Ministri:

- Proroga fino al 31 dicembre 2012 dell'agevolazione fiscale del 36% sulle ristrutturazioni edilizie;
- Conferma a regime dell'aliquota Iva del 10% per le prestazioni sulle manutenzioni ordinarie e straordinarie.

Non è stata però prorogata la detrazione Irpef/Ires del 55% sugli interventi diretti al risparmio energetico.

L'agevolazione sulle ristrutturazioni edilizie consiste nella possibilità di detrarre dall'Irpef lorda il 36% delle spese sostenute, nei limiti di 48mila euro per unità immobiliare, manutenzioni straordinarie, restauri e risanamenti conservativi e ristrutturazioni edilizie di singole unità immobiliari residenziali e loro pertinenze. Sulle parti comuni di edifici residenziali sono agevolati anche gli interventi di manutenzione ordinaria.

L'agevolazione era stata prorogata fino al 31 dicembre 2011 dall'articolo 2, comma 15, legge 22 dicembre 2008, n. 203. Ora la Finanziaria 2010 prevede l'ulteriore scadenza al 31 dicembre 2012.

Il disegno di legge prevede anche la proroga al 31 dicembre 2012 dell'agevolazione del 36% sugli interventi di restauro e risanamento conservativo e di ristrutturazione che riguardano interi fabbricati, eseguiti dal 1° gennaio 2008 al 31 dicembre 2012 da imprese di costruzione o ristrutturazione, che provvedono alla successiva alienazione o assegnazione dell'immobile entro il 30 giugno 2013. In questi casi, la detrazione dall'Irpef spetta al successivo acquirente o assegnatario delle singole unità immobiliari abitative ed è pari al 36% del valore degli interventi eseguiti. Questo valore è pari al 25% del prezzo dell'unità immobiliare che risulta nell'atto di compravendita o di assegnazione e, comunque, entro l'importo massimo di 48mila euro.

Con la modifica introdotta dalla manovra fiscale 2010 si applicherà a regime l'aliquota Iva del 10% per manutenzioni ordinarie e straordinarie, restauri e risanamenti conservativi e ristrutturazioni edilizie, realizzati su fabbricati a prevalente destinazione abitativa privata.

Per gli interventi edilizi descritti, saranno agevolate le prestazioni di servizi su fabbricati a prevalente destinazione abitativa privata, dipendenti da contratti di appalto, prestazione d'opera, fornitura con posa in opera o di altri accordi negoziali, comprensive dei beni finiti (con limitazioni per i beni significativi) e delle materie prime e semilavorate. Per questa agevolazione Iva, dal 2008 non è più necessario evidenziare in fattura il costo della manodopera. Questo obbligo è rimasto, invece, per le agevolazioni Irpef del 36% e Irpef/Ires del 55%.

Per i restauri, i risanamenti conservativi, le ristrutturazioni edilizie e urbanistiche (articolo 3, comma 1, lettere e, d, f, Dpr 6 giugno 2001, n. 380), su qualunque fabbricato, abitativo e non, l'aliquota Iva del 10% si applica già a regime:

- alle «prestazioni di servizi dipendenti da contratti di appalto» o d'opera, comprensive dei beni finiti e delle materie prime e semilavorate (voce 127 quaterdecies, parte III, tabella A, allegata al Dpr 633/72);
- all'acquisto e all'importazione dei «beni, escluse le materie prime e semilavorate, forniti per la realizzazione degli interventi» (voce 127 terdecies, parte III, tabella A, allegata al Dpr 633/72).

Innovazione: Contributi per le nuove imprese

Il Ministero dello Sviluppo Economico ha pubblicato un bando di finanziamento rivolto a soggetti in fase di start up.

Soggetti beneficiari:

Imprese che esercitano attività industriale diretta alla produzione di beni o di servizi ovvero attività di trasporto per terra, per acqua o per aria; imprese agroindustriali che svolgono prevalentemente attività industriale; imprese artigiane di produzione di beni; centri di ricerca con personalità giuridica autonoma; consorzi e società consortili.

Programmi ammissibili:

Programmi di sviluppo sperimentale, comprendenti anche attività non preponderanti di ricerca industriale, finalizzati alla realizzazione di innovazioni di prodotto e/o di processo di alta e medio-alta tecnologia.

Spese ammesse al bando:

a) Personale del soggetto proponente, o in rapporto di collaborazione con contratto a progetto o interinale, limitatamente a tecnici, ricercatori e altro personale ausiliario, adibito alle attività di ricerca industriale e sviluppo sperimentale oggetto del programma, con esclusione del personale con mansioni amministrative, contabili e commerciali;
b) Strumenti e attrezzature nuovi, nella misura e per il periodo in cui sono utilizzati per il programma di ricerca e sviluppo, limitatamente alle quote di ammortamento fiscali ordinarie;
c) Servizi di consulenza e altri servizi utilizzati per l'attività del programma, inclusa l'acquisizione dei risultati di ricerca, di brevetti e di know-how, di diritti di licenza;
d) Spese generali, da determinare forfetariamente in misura non superiore al 30% del valore della voce di cui alla lettera a).

Costi ammissibili:

Non inferiori a 500.000 euro e non superiori a 2 milioni di euro.

Avvio dei progetti:

Successivamente alla presentazione dell'istanza e, comunque, non oltre 6 mesi a partire dalla data di pubblicazione delle graduatorie, e avere durata compresa tra i 18 e i 36 mesi.

Finanziamento agevolato:

Il finanziamento agevolato copre il 50% dei costi ammissibili, con le seguenti caratteristiche:

Durata: massimo 8 anni, oltre a un periodo di preammortamento non superiore a 4 anni tasso agevolato: 20% del tasso di riferimento fissato dalla Commissione Europea e pubblicato sul sito http://ec.europa.eu/competition/state_aid/legislation/reference_rates.html, in vigore alla data di stipula del contratto. Alla data in cui si scrive, il tasso agevolato risulta pari allo 0,55% annuo.

Rate: annuali costanti posticipate, a partire dalla data di conclusione del periodo di preammortamento; interessi di preammortamento: corrisposti annualmente, a decorrere dalla data di emanazione del decreto di concessione.

Contributo erogato:

Il contributo diretto alla spesa o contributo a fondo perduto è previsto in misura pari al 40% dei costi ammissibili per le piccole imprese e per gli organismi di ricerca, al 30% per le medie imprese e al 20% per le grandi imprese.

COMENIUS: pubblicato un bando per il sostegno alla mobilità individuale degli alunni

Nell'ambito del sottoprogramma **Comenius** è stato pubblicato un bando per il sostegno alla **mobilità individuale degli alunni**.

Obiettivo:

Gli alunni delle scuole superiori, grazie a questa azione, potranno **trascorrere un periodo dai 3 ai 10 mesi presso una scuola e una famiglia all'estero**, avendo così la possibilità di effettuare un'esperienza di apprendimento europea, di sviluppare la comprensione della diversità culturale e linguistica presente in Europa e di acquisire competenze necessarie al proprio sviluppo personale.

Requisiti per la candidatura:

- Possono partecipare scuole secondarie di II grado che partecipano o hanno partecipato a un partenariato scolastico Comenius e che desiderano inviare uno o più alunni presso una o più scuole ospitanti che abbiano fatto parte del partenariato;
- Le scuole (sia quelle di provenienza degli alunni sia quelle ospitanti) devono essere stabilite in uno dei seguenti Paesi: Austria, Belgio (comunità germanofona), Repubblica Ceca, Danimarca, Estonia, Finlandia, Francia, Italia, Lettonia, Lussemburgo, Norvegia, Spagna e Svezia;
- Gli alunni che effettueranno la mobilità devono aver compiuto 14 anni al momento della partenza.

Finanziamento erogato:

Il sostegno finanziario verrà erogato alla scuola di provenienza degli alunni, che diviene responsabile della gestione e della distribuzione dei fondi. Il sostegno consentirà di coprire i seguenti costi:

- costi organizzativi sostenuti dalla scuola di provenienza;
- costi sostenuti dalla scuola di provenienza per la preparazione linguistica di ogni alunno;
- costi organizzativi sostenuti dalla scuola ospitante, compresi i costi per il tutorato;
- costi di viaggio dell'alunno;
- indennità mensile per l'alunno per le spese effettuate nel paese ospitante.

L'ammontare delle sovvenzioni concesse, nonché la durata del progetto varieranno a seconda dei Paesi e delle scuole che organizzano la mobilità.

Lo stanziamento globale messo a disposizione del bando è di €2.600.000.

Presentazione della domanda:

Le candidature devono essere presentate dalla scuola di provenienza all'Agenzia nazionale del proprio Paese, utilizzando i formulari di candidatura forniti dall'Agenzia stessa (per quanto riguarda l'Italia, l'Agenzia nazionale li renderà disponibili a breve).

Contatti:

Agenzia nazionale LLP Italia - Agenzia scuola AS Helpdesk telefonico - Mobilità individuale alunni

Laura Nava: Tel. 055 2380 326
Laura Natali: Tel. 055 2380 326
E-mail: alunnicomenius@inidre.it
Web: sezione dedicata alla Mobilità individuale degli alunni

25
La politica sociale dell'UE: analisi di un percorso e valutazione delle prospettive

Tratto dal convegno alla Camera dei Deputati organizzato da Marco Ricceri segretario generale dell'istituto Eurispes, Roma; docente di Storia dell'integrazione europea, Link Campus-University of Malta, Roma.

1) L'Europa sociale: grandi rischi e preoccupazione

Al Vertice Europeo di Lisbona del 23-24 marzo 2000, nell'esaminare la situazione sociale europea, si è dovuto riconoscere ufficialmente che il livello di povertà esistente nell'ambito dell'Unione Europea "è inaccettabile". Anche il tasso di disoccupazione è stato ritenuto troppo elevato, come ancora troppo eccessive sono risultate le discriminazioni fra uomo e donna nel mondo del lavoro e le varie forme di emarginazione economica e sociale. In pratica, la verifica compiuta a Lisbona ha messo in luce la necessità di promuovere con urgenza una vera svolta nella politica sociale europea e di agire in termini decisamente diversi dal passato. È da queste valutazioni sulla gravità delle carenze dell'integrazione sociale che è scaturito, proprio a Lisbona, l'importante progetto riformista dal titolo *Modernizzare il modello sociale europeo con investimenti in risorse umane e la costruzione di un welfare state attivo*. Il vertice del Consiglio Europeo di Lisbona rappresenta, a ben vedere, il punto di arrivo di un processo di presa di coscienza sull'importanza della politica sociale per l'unificazione e lo sviluppo della nuova Europa, un processo che aveva già fatto registrare alcuni significativi passi in avanti nel corso degli anni Settanta, ma che solo al vertice di Amsterdam del 1977 – in cui si è proceduto alla revisione del Trattato di Maastricht del 1992 sull'Unione Europea – ha compiuto degli avanzamenti di rilievo. Ma il vertice di Lisbona, muovendosi sulla linea degli impegni indicati ad Amsterdam, rappresenta anche un punto di partenza per la costruzione di una vera e propria politica sociale, con quegli elementi di originalità, di autonomia, di rilevanza riconosciuta che non ha mai avuto nei periodi precedenti. Sono tutti elementi che si ritrovano in uno strumento di lavoro ben preciso, l' "Agenda per la politica sociale" approvata dal Consiglio Europeo di Nizza, il 7-8 dicembre 2000, che contiene indicazioni programmatiche fino al 2005, e in una serie di documenti e decisioni importanti che si sono succedute fino a tutto l'anno 2002. È da sottolineare il fatto che in base agli impegni assunti nei vertici suddetti, la Corte, a causa della gravità e complessità dei problemi, è tenuta a riferire annualmente in apposite relazioni al Consiglio, al Parlamento Europeo, al Comitato Economico e Sociale e al Comitato delle Regioni, sullo stato di evoluzione della situazione sociale europea e sui provvedimenti assunti in materia. Sia l'Agenda per la politica sociale, sia queste relazioni periodiche sono ormai il punto di riferimento fondamentale per ogni decisione ed opinione in merito. In una delle Comunicazioni, quella del 19 febbraio 2002 intitolata *Quadro di valutazione dei progressi compiuti nell'attuazione dell'agenda per la politica sociale*, accanto agli elementi che fanno comprendere bene la filosofia e il tipo di modello sociale che si intende costruire, sono pubblicati numerosi dati giudizi da cui emergere un quadro di grande precarietà e preoccupazione per la tenuta dell'intero sistema. La disoccupazione è sempre la preoccupazione maggiore. "Nel 2000 – si legge testualmente – la crescita dell'occupazione è stata la più forte dell'ultimo decennio. Si sono creati quasi 3 milioni di posti di lavoro, il che ha portato il tasso di occupazione al 63, 2% – 1% in più rispetto al 1999 – che però è ancora inferiore di quasi 4% all'obiettivo intermedio di Stoccolma e di 7% rispetto all'obiettivo di Stoccolma di 50% nel 2010; significativi divari di genere: 18% in termini di tassi di occupazione e 14% in termini di retribuzione; elevati livelli di disoccupazione: circa 8% della forza lavoro e 3,6% di questi interessano disoccupati di lunga durata e 16% giovani; le differenze regionali in materia di occupazione e disoccupazione rimangono molto elevate". "Il fatto è", aggiunge il documento, che "per il prossimo futuro, tenendo conto delle più contenute previsioni per il 2001 e il 2002, l'economia dell'UE non dovrebbe presentare lo stesso contesto foriero di posti di lavoro che faccia sperare in un miglioramento sul fronte dell'occupazione". Ma accanto al dramma sociale ed economico della disoccupazione, vi sono anche quelli legati alla povertà e all'esclusione sociale che secondo la Commissione, "continuano ad essere fenomeni diffusi nell'Unione Europea" anche se la loro entità e natura variano significativamente tra gli Stati membri. Innanzitutto vi è, nell'ambito dell'unione, una disparità assai accentuata nella ripartizione dei redditi. Secondi i dati forniti dal Panel europeo delle famiglie, che presenta degli indicatori strutturali a sostegno della relazione annuale della Commissione, "il rapporto tra la fascia del 20% dei redditi più alti sulla scala della ripartizione dei redditi rispetto alla fascia del 20% dei redditi più bassi è di 5,7 per l'UE. Nel suo insieme, una cifra che cela grandi differenze tra gli Stati membri". "Particolare preoccupazione – aggiunge il documento della Commissione – suscita la porzione ancora elevata dei giovani a basso reddito. Circa il 18% della popolazione, ovvero più di 60 milioni di persone, sono esposte al rischio della povertà, in quanto vivono al disotto di una soglia fissata al 60% del reddito mediano nazionale equivalente". "Se non fosse – continua ancora la Commissione – per i trasferimenti sociali – pensioni escluse – 26% della popolazione UE vivrebbe in condizioni di povertà, rispetto all'attuale 18%. Questo è un esempio specifico che illustra l'impatto che l'assenza di una politica sociale avrebbe sulla società europea. Inoltre, allorché si esaminano la povertà e l'esclusione sociale, una attenzione particolare va dedicata alla situazione delle persone che vivono con basso reddito per un periodo prolungato di tempo. 9%, vale a dire circa 30 milioni di persone sono a rischio persistente di povertà, con una variazione tra gli Stati membri che va dal 3 al 15%". Sullo sfondo, fra tante questioni di rilievo, emerge, infine, la crescente preoccupazione per la sostenibilità economica di altri due elementi fondamentali della politica sociale, il sistema pensionistico e l'assistenza sanitaria. "I progressi – afferma la Commissione – nel campo della riforma dei sistemi previdenziali [...] appaiono spesso insufficienti [...] l'interazione tra i sistemi fiscali e previdenziali necessita di maggiore attenzione...".

"La prima questione" – aggiunge il documento – "riguarda i sistemi pensionistici [...] un ambito in cui una modernizzazione dei sistemi è resa urgente dall'invecchiamento della popolazione e dall'impatto che esso avrà sul tasso di previdenza degli anziani. Se non si prendono misure – in particolare volte ad accrescere la partecipazione al mondo del lavoro, a consolidare le finanze pubbliche e ad adattare i sistemi di protezione sociale – in futuro le pensioni possono diventare insostenibili sul piano finanziario [...] Anche se la riforma dei regimi pensionistici è responsabilità degli Stati membri, la cooperazione a livello dell'Unione Europea si è intensificata". L'obiettivo strategico del piano di modernizzazione in questo settore, conclude la Commissione, è per "regimi pensionistici sostenibili". A questo scopo è necessario "mantenere una adeguata erogazione di pensioni e la solidarietà nei sistemi pensionistici [...] assicurare la sostenibilità tramite un elevato livello di occupazione, una sana gestione delle finanze pubbliche e appropriate riforme delle pensioni [...] modernizzare i sistemi pensionistici per tener conto delle mutate esigenze della società e delle singole persone". Come emerge con chiarezza da questo e da altri documenti e iniziative promosse di recente dalla Commissione, in poco più di due anni dalle decisioni del Consiglio Europeo di Lisbona, si è ormai entrati realmente nel merito delle problematiche aperte della politica sociale e dei programmi innovativi che comporta la scelta di procedere con determinazione in questo settore. Si tratta di un'autentica novità perché è difficile riscontrare delle proposte altrettanto organiche nelle iniziative in materia di politica sociale intraprese dagli organismi comunitari nei decenni precedenti. È per questa ragione che si può prendere il triennio 1997-2000, cioè si può assumere il periodo che va dal vertice di Amsterdam sulla revisione del trattato dell'Unione Europea al vertice di Lisbona che avvia un preciso programma nel settore sociale, come il periodo in cui è maturata una svolta ben precisa e individuabile. Ci sono, dunque, nella politica sociale europea, un "prima" e un "dopo" che occorre analizzare attentamente se si vuol comprendere il senso di un percorso che ha un arco temporale di mezzo secolo e, soprattutto, se si vogliono aver chiari i termini delle scelte e delle prospettive che i recenti vertici europei hanno inteso aprire per lo sviluppo futuro.

2) La politica sociale nel Trattato istitutivo della Comunità Economica Europea

Ispirato alle teorie ed alle posizioni politiche dei funzionalisti di cui, a titolo di esempio, si citano soltanto i nomi di Robert Schuman e di Jean Monnet, il Trattato di Roma del 25 marzo 1957 istitutivo della CEE. Si è posto un obiettivo ben preciso: costituire una Comunità economica e promuovere l'organizzazione di un Mercato comune. Tutto ciò non come fine a se stesso, ma come un obiettivo intermedio rispetto agli obiettivi più generali ed ultimi del progresso economico e civile dei popoli europei, l'integrazione dei loro sistemi, il rafforzamento delle condizioni di pace, la costruzione di una unità istituzionale e politica rappresentata da uno Stato europeo, vera e propria casa comune di tutti i cittadini. Tanto l'obiettivo intermedio della Comunità economica quanto l'obiettivo ultimo dello Stato europeo avrebbero dovuto essere conseguiti con gradualità, tenuto conto della difficoltà e complessità di ricostruire formule di solida collaborazione in un continente lacerato da secolari conflitti ed uscito disastrato dalla II guerra mondiale di cui era stato la causa. A questo riguardo sono emblematiche le parole di Robert Schuman, nella famosa dichiarazione del 1950, quando aveva affermato: "L'Europa non si farà d'un tratto né in una costruzione globale [...] L'Europa si farà attraverso realizzazioni concrete, creando soprattutto una solidarietà di fatto". Con riferimento alla iniziativa della CECA, che sarebbe nata l'anno successivo, aggiungeva che con questa istituzione si sarebbe avuto "la creazione di basi comuni di sviluppo economico, prima tappa della Federazione europea. Così si realizzerà semplicemente e rapidamente [...] la fusione di interessi indispensabile alla creazione di una Comunità Europea e si introdurrà il fermento di una comunità più larga e più profonda tra i Paesi a lungo opposti da sanguinose divisioni". Il punto di partenza è dunque ben delimitato: si tratta di operare nel settore dello sviluppo economico e della produzione. Questo vale per la Comunità Economica Europea – CEE, come vale anche per le altre due Comunità istituite in quegli anni: la Comunità Europea del Carbone e dell'Acciaio – CECA, del 1951, e la Comunità Europea dell'Energia Atomica – CEEA/EURATOM, del 1957. In particolare la CEE, nel cui ambito l'organismo della Commissione assume funzioni soprattutto esecutive e di vigilanza, avrebbe dovuto promuovere il coordinamento delle politiche economiche, attuando il miglioramento costante delle condizioni di vita e di occupazione dei popoli degli Stati membri; mentre il mercato comune, strumento principale di questo sviluppo economico, avrebbe dovuto garantire la libera circolazione delle merci, delle persone, dei servizi e dei capitali. Riguardo alle persone, va subito osservato che il diritto alla libera circolazione come del resto la parità di trattamento, erano attribuiti e circoscritti solo alle persone economicamente attive. Questa breve puntualizzazione serve ad introdurre la riflessione più ampia sulla politica sociale europea così come è stata intesa e vissuta nei primi decenni della vicenda comunitaria. In effetti, questo è il primo elemento restrittivo da sottolineare, la politica sociale ha avuto, fin dal trattato istitutivo, degli importanti ed espliciti riconoscimenti della sua funzione fondamentale per l'avvio ed il rafforzamento del processo di integrazione; ma questo riconoscimento non è andato al di là di limiti ben precisi, nel senso che alla politica sociale è stato sempre assegnato un carattere residuale, rispetto all'importanza primaria riconosciuta alle altre azioni e programmi. Questa condizione di secondarietà è legata sostanzialmente al fatto che l'asse portante della politica comunitaria – come si è visto – e l'obiettivo centrale e strategico sancito nel trattato istitutivo e perseguito fin dal formarsi della Comunità, sono stati l'organizzazione di un mercato di scambio e l'integrazione dei sistemi economici e produttivi – non, dunque, le politiche sociali – finalizzate entrambe alla costruzione di un sistema unitario ed omogeneo, secondo una filosofia ed un modello di ispirazione liberista. In conseguenza di questa impostazione, gli obiettivi della crescita sociale sono stati perseguiti in termini di supporto ai fini di migliorare il funzionamento del mercato comune, ovvero come una ricaduta degli effetti positivi prodotti dalla costruzione e dal rafforzamento del mercato stesso. Molto chiaro, a questo riguardo, è l'art. 117 del trattato laddove, richiamando la questione specifica del miglioramento delle condizioni di vita e di lavoro della manodopera europea, afferma, in termini anche un po' fideistici e deterministici, che questo miglioramento potrà scaturire soltanto da un funzionamento liberistico del mercato comune. Nell'avviare la costruzione del mercato europeo i Paesi firmatari del trattato – paesi caratterizzati da storie e condizioni sociali molto diverse tra loro – si rendevano conto che gli equilibri sociali non sono mai né statitici né definitivi, ma costituiscono solo un momento del processo evolutivo; esprimevano, quindi, il convincimento che tale costruzione avrebbe portato con sé, come conseguenza inevitabile, un avvicinamento dei rispettivi sistemi sociali, nel senso di una loro sempre maggiore omogeneità, anche come semplice conseguenza del confronto e dei condizionamenti imposti dall'integrazione economica. Un ulteriore elemento restrittivo delle possibilità di intervento della politica sociale emerge dall'art. 100 del trattato sulle iniziative di riavvicinamento delle legislazioni dei Paesi membri. È l'articolo che prevede, sul piano generale, il ricorso all'unanimità per "le direttive volte al ravvicinamento delle disposizioni legislative, regolamentari ed amministrative degli Stati membri che abbiano un'incidenza diretta sulla instaurazione e sul funzionamento del mercato comune". Si tratta di una condizione, quella del vuoto unanime, che per tanti anni ha reso particolarmente difficile introdurre norme vincolanti per tutti gli Stati aderenti in materia, appunto, di mercato unico; ma che, questo il punto da sottolineare, è stata estesa fin da subito anche a settori diversi e non previsti dal trattato, fra i quali avrebbe potuto rientrare il settore della politica sociale. Infatti, afferma l'art. 225 del trattato, anche per quelle azioni di riavvicinamento delle disposizioni legislative, amministrative e regolamentari dei singoli Stati membri che rendessero necessarie in materie non contemplate espressamente dal trattato stesso, il Consiglio è autorizzato a prendere le decisioni del caso ma solo "deliberando all'unanimità, su proposta della Commissione e dopo aver consultato il Parlamento Europeo".

Un ultimo, decisivo elemento di restrizione dell'ambito di azione della politica sociale si riscontra nel fatto che i Paesi firmatari del Trattato di Roma, al Titolo III, parte III, dedicato alla "Politica sociale", non trasferirono alla nuova Comunità Economica Europea alcuna competenza in materia sociale, la quale fu invece mantenuta di competenza pressoché esclusiva dei singoli Stati firmatari. L'articolo 117 auspica che siano i singoli Stati a perseguire l'obiettivo del progresso sociale per mezzo del "riavvicinamento delle disposizioni legislative, regolamentari ed amministrative" delle singole legislazioni. In questo modo l'accordo tra i Paesi sottoscrittori del trattato evitava di mettere in discussione sia gli equilibri sociali a cui i singoli Paesi erano pervenuti, sia i loro sistemi legislativi. Alla Commissione, invece, secondo il dispositivo dell'art. 118, sulle questioni sociali di ordine fondamentale come occupazione, sicurezza sociale, diritto sindacale e contrattazione collettiva, è affidato il compito principale di "promuovere una stretta collaborazione fra gli Stati membri". Ovviamente, nel momento in cui si esclude la possibilità di una normativa europea su tali materie, questa collaborazione non avrebbe potuto esprimersi altro che per mezzo di consultazioni, commissioni di studio, pareri non vincolanti. In tal modo l'art. 118 del trattato si è tradotto in una dichiarazione di intenzioni che ha confermato l'orientamento a favore di una armonizzazione sociale operata soprattutto dal "mercato" e dal suo "funzionamento". Né avrebbe potuto essere diversamente dato il carattere programmatico delle norme richiamate. Sta di fatto, che fino agli anni Settanta, la CEE non ha fatto registrare un vero e incisivo impegno nella politica sociale. Al di là delle affermazioni di principio, tale politica, nella sua accezione organica, è rimasta prevalentemente sulla carta, anche se sono da registrare delle eccezioni di grande rilievo, sempre circoscritte a favore dei lavoratori attivi, fra cui si segnalano, a titolo di esempio, il coordinamento delle pensioni per i lavoratori emigranti, tutelati dal diritto della libertà di circolazione in ambito comunitario, e, su un altro versante, le iniziative del Fondo Sociale Europeo istituito nel 1960. Si tratta di uno strumento importante che interviene in un ambito ben delimitato, cioè a favore di quei lavoratori che sono colpiti o minacciati dalla perdita del posto di lavoro. In questi casi il Fondo rimborsa la metà delle spese effettuate dei Paesi membri per i programmi di riqualificazione professionale. Da rilevare che nei primi undici anni di attività (1960-1971) il Fondo è intervenuto per la riqualificazione di un numero davvero consistente di lavoratori, pari a 1,6 milioni di unità.

Riformato, rinnovato e potenziato finanziariamente nel 1972, nel corso degli anni Settanta il Fondo ha esteso i suoi interventi anche a favore dei lavoratori migranti e dei minorati. Da segnalare anche il regolamento della CEE n. 1408/71) preso a seguito delle decisioni del vertice europeo di Laeken del 1971, sul coordinamento dei sistemi di sicurezza sociale (per questo ordine di impegni e di iniziative, Laeken è considerato a ragione un primo segnale di cambiamento nella politica sociale europea. Al riguardo, però, si devono tener presenti anche i grandi cambiamenti che nello stesso periodo caratterizzano in tutta Europa il contesto politico e sociale, con i grandi fermenti della contestazione studentesca e sindacale che spingono i governi ad una maggiore considerazione delle problematiche sociali). Ma senza nulla togliere al merito di queste ed altre iniziative, ciò che preme sottolineare è il fatto che la politica della CEE. Più che delle persone in quanto tali, come presupporrebbe una corretta impostazione della politica sociale, ha sempre guardato alle persone in quanto prestatori di lavoro e che le misure di armonizzazione e sostegno sociale sono state finalizzate essenzialmente alla regolamentazione del mercato interno ed alle condizioni della competitività fra le imprese ed i diversi sistemi produttivi. Su questo stato di cose incide anche la debolezza del ruolo che le parti sociali svolgono a livello europeo: infatti è solo nel 1973 che si registra, ad esempio, la fondazione della Confederazione Europea dei Sindacati – CES, a cui aderiscono anche sindacati di Paesi che non fanno parte della Comunità. Questa situazione si è protratta a lungo e si è resa ancora più complessa e difficile per l'incidenza di due importanti avvenimenti: l'allargamento del numero dei Paesi membri della Comunità e l'affermarsi dei processi di internazionalizzazione nello sviluppo economico-produttivo. L'ampliarsi del numero dei Paesi membri aventi un livello di sviluppo assai differenziato (nel 1973 entrano a far parte della Comunità la Gran Bretagna, la Danimarca e l'Irlanda; nel 1981 entra la Grecia; nel 1986 entrano Spagna e Portogallo; per completezza si ricordano gli ingressi nella Comunità di Austria, Finlandia e Svezia, avvenuti nel 1995, con il quale si completa l'assetto attuale dell'Europa a 15) ha costituito un ulteriore vincolo non solo al realizzarsi delle politiche sociali più avanzate, ma anche alla stessa applicazione delle disposizioni legislative, amministrative e regolamentari in materia all'interno dei paesi stessi. In aggiunta, l'affermarsi col tempo di vasti processi di internazionalizzazione dell'economia ha reso evidente che le maggiori possibilità di fronteggiare le nuove forme di concorrenza e di costruire delle nuove e più adeguate prospettive di sviluppo richiedeva agli Stati ed agli operatori di cercare di introdurre in primo luogo nei rispettivi sistemi, attraverso forme di deregulation, degli elementi crescenti di flessibilità della forza lavoro. Da qui la resistenza da parte dei diversi Paesi, avanzati e meno avanzati, e da parte delle categorie produttive, ad una armonizzazione verso l'alto della legislazione sociale e dei regimi del welfare, una resistenza che negli anni si è rivelata pressoché insormontabile. In particolare, i Paesi ad economia più arretrata hanno temuto di dover pagare un rapido avanzamento sul piano della tutela sociale con una diminuita competitività delle loro strutture economico-produttive, mentre i Paesi più avanzati hanno temuto che un allineamento verso l'alto facesse loro perdere posizioni nei confronti di Stati Uniti e Giappone. La cautela con cui, per tanti anni, la Comunità si è mossa su questa materia è quindi indicativa del fatto che i Paesi membri hanno da sempre preferito la politica sociale, in quanto subordinata alla politica economica, mantenesse il suo centro di iniziativa e di sanzione legislativa nei Parlamenti nazionali, anziché orientarsi verso una politica ed un diritto sociale europeo vincolante per tutti gli Stati aderenti alla Comunità. Operando senza dubbio in coerenza con l'impostazione del Trattato istitutivo della CEE, gli Stati membri hanno voluto evitare in ogni caso l'adozione di politiche e di un sistema giuridico che non avrebbe mai consentito – o quantomeno avrebbe reso assai più complesso, se non improbabile – di realizzare, quando lo si ritenesse necessario, le forme di deregulation necessarie per fronteggiare di volta in volta la nuova realtà competitiva dei mercati.

A questo riguardo, è emblematica la vicenda della Carta Sociale Europea.

3) La " Carta Sociale Europea" del Consiglio d'Europa

Il documento – che sarà richiamato nel Trattato Europeo di Amsterdam del 1997, il quale modifica ed integra il precedente Trattato di Maastricht del 1992, istitutivo dell'Unione Europea – è approvato il 18 ottobre 1961 a Torino per iniziativa del Consiglio d'Europa, l'organismo internazionale costituito il 5 maggio 1949 dai principali dieci Stati dell'Europa occidentale, soprattutto per la spinta politica dei movimenti federalisti che si erano riuniti in un congresso internazionale svoltosi all'Aja nel 1948 sotto la presidenza di Wiston Churchill. Il documento della Carta Sociale Europea viene comunemente fatto rientrare, a ragione, nel novero degli impegni solenni assunti nell'Europa occidentale per la protezione dei diritti dell'Uomo. In questo senso il documento integra il percorso avviato con la Convenzione per la Difesa dei Diritti dell'Uomo e delle Libertà fondamentali, firmata a Roma il 4 novembre 1950 e il Protocollo aggiuntivo firmato a Parigi il 20 marzo 1952. Già durante la preparazione e l'elaborazione della Convenzione dei Diritti dell'uomo si precisò che un'altra Convenzione si sarebbe resa necessaria con riferimento specifico ai diritti sociali ed economici; solamente si ritenne di dover rinviare la loro tutela ad una fase successiva. Tuttavia, fu quasi immediatamente dopo la firma della convenzione di Roma che i Ministri degli esteri, riuniti in un apposito Comitato dei ministri a Strasburgo, riconobbero la necessità di integrare il documento sui diritti umani e sulle libertà fondamentali, procedendo alla stipulazione di una seconda Convenzione che trattasse esclusivamente dei diritti economici e sociali. Si manifestò così la volontà di dar vita ad una Carta sociale, che servisse ai Paesi della civiltà occidentale quale documento-guida contenente i principi e le direttive per quella che avrebbe dovuto essere l'azione degli Stati atta a garantire il godimento dei diritti sociali senza distinzione di razza, di colore, di religione, di opinione pubblica, di nazionalità e condizione sociale. Detta volontà rispondeva a due impegni fondamentali del Consiglio d'Europa, che la carta sociale avrebbe dovuto contribuire a raggiungere: da una parte, salvaguardare e promuovere il rispetto e l'applicazione dei principi che costituiscono un patrimonio comune della civiltà occidentale; dall'altra, favorire il progresso economico e sociale.

La ratio che dettava la necessità di una Convenzione sui diritti sociali, risiedeva nella comune convinzione che la nozione stessa dei Diritti dell'Uomo, a seguito di una lunga evoluzione, si era progressivamente sviluppata tanto da costituire non più un lontano ideale ma una realtà ben precisa e riconosciuta, rispetto al quale il problema aperto era solo quello della concreta attuazione. Inoltre, se il contenuto stesso di tale nozione non era mutato, esso però si era arricchito di nuovi contenuti. Quando tutte le aspirazioni dei popoli e tutti gli sforzi di coloro che volevano soddisfare si indirizzarono verso i diritti civili e politici, il successo stesso di tale impresa rivelò che essa sarebbe risultata incompleta e che questi diritti fondamentali avrebbero perduto una gran parte del loro valore, se non fossero stati applicati ed esercitati in un ambiente economico e sociale che fosse tale da assicurare loro un reale, concreto significato. Fu così che i diritti sociali apparvero agli ideatori e ai firmatari della Carta Sociale Europea come una premessa necessaria per l'acquisizione di una vera libertà, libertà che per il lavoratore e la sua famiglia rischierebbe di risultare come una parola vuota se non fosse ancorata a condizioni minime di vita materiale e di sviluppo sociale. Circa la sua struttura, la Carta si articola in un Preambolo, cinque Parti e un Allegato. Nel Preambolo viene fatto riferimento alle finalità del Consiglio d'Europa ed in particolare alla difesa e allo sviluppo dei Diritti dell'Uomo e delle libertà fondamentali, nonché dall'impegno degli Stati "di fare in comune tutti gli sforzi per migliorare il livello di vita e per promuovere il benessere di tutte le categorie, delle loro popolazioni, tanto rurali, quanto urbane, mediante adeguate istituzioni e realizzazioni". Delle cinque Parti, le più importanti sono, in effetti, la prima e la seconda che, rispettivamente, affermano i principi ed i diritti riconosciuti alle persone in campo economico e sociale e fissano i lineamenti dell'azione che gli Stati membri si impegnano a svolgere per assicurare l'effettivo esercizio di tali diritti. Nella Prima parte della Carta si afferma esplicitamente che ciascun Stato contraente si impegna a considerare tale parte come una dichiarazione che determina gli obiettivi di cui si dovrà perseguire la realizzazione con ogni mezzo utile. Nella seconda Parte è enunciato tutto il sistema dei diritti economici e sociali fondamentali con una accezione molto ampia e esaustiva, che riassume in pratica le conquiste dello Stato sociale in Europa. La terza Parte riguarda gli impegni concreti degli Stati firmatari. In essa si afferma, in particolare, che in base all'impegno assunto, ciascun Stato membro sottoscrittore del documento si considera obbligato "a seguire almeno cinque dei sette articoli seguenti della Parte II della Carta che esso sceglierà, a condizione che il numero totale degli articoli e di paragrafi numerati che la vincolano non sia inferiore a dieci articoli o a 45 paragrafi numerati". In pratica è riconosciuta ad ogni Stato la facoltà di accettare anche solo parzialmente gli obblighi conseguenti agli impegni assunti con la firma della Carta, data la complessità della loro realizzazione. Le parti IV e V della Carta trattano della ratifica e dell'entrata in vigore dello strumento internazionale, nonché della sua applicazione e dei controlli relativi. Nell'Allegato viene, infine, determinata la sfera di applicazione soggettiva della Carta e si pongono alcune norme interpretative. È prevalentemente programmatica (cioè lasciano un ampio margine di discrezionalità agli Stati contraenti, riguardo alla loro attuazione). Pertanto la firma del documento non ha comportato, circa la sua applicazione, un automatico adattamento degli ordinamenti nazionali ai nuovi obblighi internazionali, adattamento per il quale occorre sempre l'assunzione di una normativa nazionale ad hoc.

Nel 1978 a Strasburgo, l'Assemblea Parlamentare del Consiglio di Europa, che l'anno precedente aveva fatto verificare lo stato di attuazione della Carta sociale riscontrando numerose inadempienze, approvava la Raccomandazione n.839, recependosi alle conclusioni di un vasto dibattito svoltosi in seno agli organi preposti al controllo dell'attuazione della carta, sia alle istanze di aggiornamento della Carta stessa mosse da più parti. Nella raccomandazione era contenuto l'invito al Comitato dei Ministri a prendere in considerazione alcune proposte di revisione della Carta, sia attraverso l'adattamento e l'applicazione di alcune norme, sia mediante l'inserimento di nuovi diritti. La Raccomandazione n. 839 del 1978 veniva a costituire, in tal modo, lo stimolo decisivo per la successiva azione di merito da parte del Comitato dei ministri, che dava mandato al comitato direttivo Affari Sociali di formulare delle proposte di modifica-integrazione della Carta, proponendo di completare la lista dei diritti garantiti dalla Carta Sociale e di estendere la portata di alcune disposizioni, di introdurre alcuni diritti economici e sociali nella Convenzione Europea dei Diritti dell'uomo in vista di un'estensione del meccanismo di controllo dell'applicazione di tali diritti. Come primo atto, il Comitato suddetto proponeva l'approvazione di un protocollo con l'inserimento nella Carta Sociale dei seguenti nuovi diritti:

a) diritto alla parità di opportunità e di trattamento in materia di occupazione e professione senza discriminazione di sesso;
b) diritto all'informazione e alla consultazione (secondo la proposta di direttiva CEE del 1980 con riferimento alle imprese a struttura complessa o transnazionali);
c) diritto di partecipare alla determinazione a al miglioramento delle condizioni di lavoro e dell'ambiente di lavoro e di vita;
d) diritto degli anziani alla tutela sociale.

In merito alla revisione e all'integrazione della carta Sociale del Consiglio d'Europa, è importante sottolineare alcuni aspetti di questo processo che alla verifica risultano come fortemente negativi o, all'opposto, come fortemente positivi. Innanzitutto c'è il fatto che il processo di revisione muova dalla constatazione fatta nel corso degli anni Settanta che nella maggior parte degli Stati Europei firmatari, il sistema dei diritti sociali, così ben enunciato ed articolato, risulta in gran parte ancora inattuato, cioè non ha dato luogo a legislazioni nazionali conseguenti. In secondo luogo vi è il fatto che il processo di revisione della carta, firmata nel 1961, è un processo che si sviluppa nel corso degli anni Ottanta; vale a dire a circa 20-30 anni di distanza dalla sua approvazione e questa lunga durata fa ben comprendere la difficoltà che hanno gli stati nel definire i termini e, soprattutto, le condizioni applicative di un'adeguata politica sociale. Infine, anche l'integrazione dei quattro nuovi diritti sopra richiamati, risulta più rispondente alla visione economicista della politica sociale imperante nella Comunità Europea che ad un orientamento nuovo in cui si riconosca il valore autonomo ed originale della politica sociale. Non corrisponde, invece, a questa visione comunitaria, ristretta e subalterna della politica sociale, né ai risultati limitati dell'aggiornamento della carta stessa, il contenuto del dibattito che nel Consiglio di Europa ha accompagnato tale processo. Un dibattito nel quale ci si richiama alla celebre affermazione di Jean Monnet secondo cui, facendo l'Europa, "non coalizziamo gli Stati, ma uniamo degli uomini", e nel quale risuonano con frequenza questi concetti: "questi uomini e queste donne vanno considerati non solo come fattori di produzione economicamente intesi", ma come cittadini coinvolti nella costruzione di una struttura che è "ben più di una semplice struttura di cooperazione internazionale: una vera e propria comunità di azione e di uomini". "Uno degli obiettivi fondamentali sui quali è nato il Consiglio di Europa" – è stata un'altra affermazione ricorrente – all'idea del progresso nella giustizia sociale; la coscienza di una democrazia pluralista in cui i diritti umani e le politiche sociali dovessero garantire le libertà e l'affermazione della piena partecipazione di ogni uomo alla vita della società. È da queste idee che scaturisce un'impostazione diametralmente opposta a quella della CEE. Per il Consiglio di Europa "il processo di integrazione politica dell'Europa" – vede – "l'obiettivo sociale come un fine e lo sviluppo economico come un mezzo, necessario, ma non sufficiente per garantire la giustizia sociale e quindi la democrazia". (Vedi gli atti relativi: Colloquio di Granada del dicembre 1987 in occasione del 25° anniversario della firma della Carta Sociale Europea; Colloqui di Utrecht del 25 aprile 1988 promosso come momento di dialogo tra parlamentari nazionali, Parlamento Europeo, Comunità Europea, Governi, Forze Sociali ed economiche; Audizione Parlamentare della Commissione per le Questioni sociali del Consiglio di Europa, il 19 ottobre 1989 a Siracusa).

4) La Politica Sociale nell'Atto Unico

Durante tutto il corso degli anni '80, le iniziative per la revisione e l'aggiornamento della Carta Sociale Europea si intrecciano con le nuove iniziative in materia di politica sociale varate nello stesso periodo dalla Comunità Europea. In particolare si intrecciano con le iniziative che portano la Comunità ad una riforma dei trattati istitutivi con l'Atto Unico del 1987 e con le iniziative per l'approvazione di un analogo documento alla Carta Sociale che sancisca principi, diritti, e linee guida per l'azione comunitaria in questo settore: "La Carta Comunitaria dei Diritti Sociali Fondamentali dei lavoratori" del 19 dicembre 1989.

L'analisi di questi due atti consente di mettere in luce i limiti entro cui si muove la Comunità riguardo alla politica sociale, la prudenza con cui vengono introdotte novità significative ma anche la fedeltà all'impostazione originaria. La realtà è che per quanto si abbia presente la gravità delle questioni sociali e si comprenda bene la necessità e il valore di una politica sociale autonoma, la comunità non si discosta minimamente dall'impostazione dettata dal trattato istitutivo di Roma: la politica sociale, per quanto strumento di grande rilievo, è confermata nel suo ruolo di funzionalità, secondarietà, subalternità rispetto alle esigenze primarie delle politiche economiche e produttive ed alle esigenze della costruzione e miglior funzionamento del mercato unico. Di conseguenza, l'ambito in cui essa interviene è soprattutto quello del mondo del lavoro e dei prestatori d'opera. Le stesse interpretazioni restrittive di alcune innovazioni introdotte nell'Atto Unico e le variazioni che sono introdotte via via nello stesso titolo della Carta sociale, sono due esempi che illustrano un percorso pieno di difficoltà. Si tratta di un percorso che iniziato in termini fortemente innovativi rispetto al passato e proiettato verso la costruzione di politiche e misure che investano l'insieme dei cittadini europei, finisce poi per limitarsi ad operare principalmente solo a favore di un ben preciso corpo sociale: i lavoratori, cioè, in pratica, solo a favore dei cittadini economicamente attivi.

Durante gli anni Ottanta, la Comunità è di fronte a due esigenze principali ben precise: da un lato, affrontare con decisione gli squilibri regionali; dall'altro, dare un impulso deciso al completamento del mercato unico. Troppo vaste e profonde risultano, con riferimento alla prima esigenza, le disparità fra le regioni avanzate e regioni arretrate; troppo ampie sono nell'ambito della Comunità le zone di arretratezza, a nord e a sud, a est e ad ovest. A questo riguardo opera, fin dal 1975, un nuovo strumento finanziario, il Fondo Europeo di Sviluppo Regionale – FESR che ha affiancato gli altri Fondi ed in particolare le iniziative del Fondo Sociale Europeo. La valutazione delle autorità comunitarie è che questi profondi squilibri regionali ostacolino fortemente lo stesso avvio del mercato unico, dal momento che sono causa di rigidità, distorsioni, ritardi, debole adesione e partecipazione. È in questo quadro che matura l'iniziativa della Commissione destinata a sboccare nel Libro Bianco "Programma del mercato unico" del 1985. È il più ambizioso programma comunitario per stimolare l'offerta, così viene definito dai commentatori, un programma che prevede l'attuazione di centinaia di misure rimaste per lungo tempo inapplicate, anche se le maggiori disposizioni entreranno in vigore solo negli anni 1994-1995. Ma è con l'atto unico del 1987 che si compie un decisivo passo in avanti nel senso che la questione della coesione economica e sociale viene riconosciuta e assunta come uno dei fattori indispensabili dell'integrazione europea e assunta al rango di politica comunitaria. Da rilevare che la politica di coesione opera secondo le direttrici:

a) la prima attribuisce agli Stati membri il compito di perseguire, sia singolarmente che attraverso il coordinamento delle proprie politiche economiche, l'obiettivo della riduzione del divario tra i livelli di sviluppo delle regioni e del ritardo delle regioni meno sviluppate;
b) la seconda mira a perseguire lo stesso obiettivo attraverso specifici strumenti finanziari a carattere redistributivo: il Fondo Europeo di Sviluppo Regionale – FESR, il Fondo Sociale Europeo – FSE (che incentra la sua azione principalmente nella formazione professionale e negli aiuti alla occupazione), il Fondo Europeo Agricolo di Orientamento e Garanzia – FEA OG, lo Strumento Finanziario di Orientamento della Pesca – SFOP, il Fondo di Coesione. Accanto a questi strumenti, che erogano finanziamenti a fondo perduto, la Comunità utilizza, per perseguire il riequilibrio territoriale, anche la Banca Europea di Investimenti – BEI che interviene principalmente attraverso la concessione di prestiti e garanzie.

Riguardo alla politica sociale vera e propria, l'Atto Unico compie alcuni passi in avanti significativi ma non tali da consentire di registrare novità sostanziali. Sul piano interpretativo, l'art.100 A è considerato come il nuovo quadro di riferimento per le politiche sociali. Esso, al 1° paragrafo, in deroga dell'art. 100 (che fissa le direttive volte al riavvicinamento delle legislazioni nazionali) e in funzione della realizzazione degli obiettivi dell'art. 8 A (creazione di uno spazio senza frontiere per merci, persone, servizi e capitali) prevede che il Consiglio "deliberando a maggioranza qualificata [...] adotta le misure relative al riavvicinamento delle disposizioni legislative, regolamentari ed amministrative degli Stati membri che hanno per oggetto l'instaurazione ed il funzionamento del mercato interno". Il 2° paragrafo precisa però che questa norma non si applica alla libera circolazione delle persone e alle disposizioni relative ai diritti e agli interessi dei lavoratori dipendenti. Il 3° paragrafo, infine, chiarisce che la Commissione "nelle sue proposte, di cui al paragrafo 1 in materia di sanità, sicurezza, protezione dei consumatori, si basa su di un livello di protezione elevato". In sostanza la lettura dell'art. 100 A non offre indicazioni probanti sulla convinzione, nei Paesi membri, della necessità di operare una svolta in materia di politiche sociali. L'unica norma di efficienza diretta è costituita dall'art. 118 A che allarga la competenza comunitaria in tema di sicurezza e salute dei lavoratori, impegnando gli Stati membri al miglioramento in particolare dell'ambiente di lavoro e stabilendo che, per contribuire alla realizzazione di questo obiettivo, le direttive siano prese "deliberando a maggioranza qualificata su proposta della Commissione in collaborazione con il Parlamento Europeo e previa consultazione del Comitato Economico e Sociale". L'Atto Unico, dunque, anche se limitatamente a questo ambito assai specifico della politica sociale, introduce tre novità significative: la scelta dello strumento giuridico della direttiva come principale strumento di intervento, la possibilità di decisioni prese a maggioranza ed il ruolo attivo del Parlamento Europeo nel processo decisionale comunitario, anche se questo riconoscimento, assai importante sul piano formale, determina una capacità molto limitata di incidere realmente sulle scelte comunitarie. Va ricordato, inoltre, che le disposizioni dell'art. 118 A hanno dato luogo a significative divergenze interpretative su un punto importante come la definizione di "ambiente di lavoro". Infatti, mentre il testo limita l'area di intervento della norma comunitaria alla "sicurezza e alla salute" dei lavoratori, il Parlamento Europeo ne ha dato subito una interpretazione estensiva (relazione del deputato Salisch del 1988) non escludendo che l'Atto Unico possa ammettere interventi anche in altri settori collegati, come ad esempio, i ritmi, gli orari, le condizioni generali del lavoro. Al riguardo va tenuto conto che la circospezione con cui si muovono i Paesi membri è dovuta all'accresciuta eterogeneità prodottasi nella Comunità con il passaggio da sei a dodici Paesi membri, per l'ingresso di Gran Bretagna, Irlanda, Grecia, Spagna, Portogallo e Danimarca; ha influito inoltre il timore di incidere sugli equilibri economico-finanziari delle piccole e medie imprese, come si riscontra nel 3° capoverso dell'art. 118 A il quale prescrive che "le direttive eviteranno di imporre vincoli amministrativi, finanziari e giuridici di natura tale da ostacolare la creazione e lo sviluppo di piccole e medie imprese". Pur con tutti i suoi limiti si può comunque affermare che l'Atto unico nel suo complesso sembra riflettere come un clima diverso e più favorevole per l'avvio di una politica sociale Europea. In esso si ravvisa una intenzione di uscire dal chiuso delle concezioni neo-liberiste e, in una situazione generale segnata da un buon sviluppo economico, di riprendere in maniera più incisiva la strada dell'integrazione sociale europea, come condizione per realizzare adeguati livelli di competizione necessari per operare in un mercato in cui avanza un forte processo di internazionalizzazione dell'economia. Ci si rende conto, al tempo stesso, che tutto ciò che richiede una più forte coesione sociale all'interno della Comunità per coinvolgere il mondo del lavoro in una sfida che ha come posta il ruolo dell'Europa nel consenso mondiale. L'impostazione data dall'art. 118 A è significativa della volontà ma anche della grande prudenza con cui si intende procedere su questo terreno. Siamo di fronte ad una importante apertura ma che riguarda un segmento assai circoscritto e specifico. Rispetto al complesso della politica sociale, la Comunità conferma di voler procedere caso per caso ed è significativo il fatto, ad esempio, che la tematica della sicurezza sul lavoro sia stata isolata dal contesto generale delle materie indicate dall'art. 118 ed elevata a fine autonomo nella convinzione che essa costituisca una funzione dell'efficienza e della competitività di ciascuna impresa e quindi una condizione per lo sviluppo produttivo. In altri termini, la realizzazione del mercato unico in tempi definiti (l'obiettivo è fissato per il 31 dicembre 1992) ha reso impellente realizzare contestualmente precisi obiettivi di armonizzazione sociale. Trova quindi conferma, nell'impianto delle politiche sociali rivisitato dall'Atto Unico Europeo, la funzione strumentale e quindi residuale di quelle politiche. Il senso complessivo dell'Atto Unico riflette questo orientamento e le misure successive adottate sono coerenti con esso. Il problema è che, per quanto riguarda la materia sociale, non si registra in tali misure una tendenza dei sistemi e delle normative nazionali a realizzare forme di armonizzazione e di avvicinamento secondo uno schema di allineamento verso l'alto. Più precisamente, a questo riguardo, si registrano spinte contrastanti. Vi sono, infatti, alcuni paesi e organizzazioni politiche e sociali che premono per l'obiettivo di allineare verso l'alto le garanzie assicurate dalle legislazioni europee; ma vi sono anche, all'opposto, paesi e realtà associative che si sottraggono a questo impegno e perseguono nei fatti delle forme di dumping sociale con una azione mirata a mantenere livelli retributivi e di welfare più bassi al fine di ridurre i costi del lavoro ed affrontare in condizioni di maggior vantaggio le nuove condizioni di una più intensa competitività internazionale. Le verifiche degli anni successivi dimostreranno l'insufficienza degli automatismi di mercato ai fini dell'integrazione sociale europea. Al tempo stesso le politiche messe in atto dalla Comunità non risulteranno in grado di promuovere effettivamente forme di pianificazione nel progresso delle normative. Né l'Atto Unico, per quanto riguarda l'assunzione dell'impegno alla coesione sociale, oltre che economica, fra i nuovi obiettivi delle politiche comunitarie sia un passo avanti davvero importante, introduce elementi così innovativi da legittimare una svolta decisa delle politiche e del diritto sociale comunitario.

5) La "Carta comunitaria dei diritti sociali fondamentali dei lavoratori"

È nel Consiglio Europeo di Hannover (giugno 1988) e in un successivo documento di lavoro della Commissione – il cosiddetto rapporto Malin, dal nome del Commissario responsabile, adottato il 14 settembre 1988 – che le questioni aperte della dimensione sociale del mercato unico sono oggetto di particolare attenzione. Nei documenti sono indicate le linee d'azione e le iniziative normative da intraprendere nell'immediato futuro. Le direzioni fondamentali sono: completa realizzazione della libera circolazione delle persone (lavoratori dipendenti ed autonomi), con l'eliminazione dei residui ostacoli esistenti; armonizzazione sociale in vari campi (a favore delle donne, nei minorati ed in generale delle categorie più svantaggiate); misure volte a promuovere il miglioramento della sicurezza e della salute dei lavoratori; rilancio di un dialogo sociale e di una "carta sociale" per codificare i diritti sociali fondamentali dei lavoratori comunitari. Il documento è approvato dai Ministri degli affari sociali il 20 settembre 1988. Il parere del Comitato Economico e Sociale – CES viene espresso il 22 febbraio 1989 e si basa su quattro punti centrali riguardanti rispettivamente: a) la riaffermazione della competenza prevalentemente nazionale in materia di legislazione sociale; b) l'estensione dei diritti sociali fondamentali da tutelare, al di là dell'area dei rapporti di lavoro, fino a quella di consumo, dell'utenza dei servizi, etc.; c) la richiesta di intervento della legislazione comunitaria in materia di concorrenza sleale (dumping sociale) per ciò che riguarda il licenziamento ed il reclutamento abusivo di manodopera frontaliera atipica, il diritto all'informazione ed alla consultazione in caso di ristrutturazione e/o fusione di imprese, il rispetto della legislazione sociale e dei contratti collettivi nei pubblici appalti; d) l'adozione di strumenti e procedure previsti dal Trattato CEE e garanzia dei diritti sociali fondamentali. Bisogna aggiungere che il Comitato Economico e Sociale, insieme alle diverse confederazioni sindacali, accompagna l'espressione del parere con la richiesta di inserire la Carta Sociale Europea a pieno titolo nella normativa comunitaria sotto forma di una direttiva quadro con validità erga omnes. Nel maggio del 1989, dopo varie stesure, la Commissione adotta un "progetto preliminare" di una "Carta comunitaria dei diritti sociali fondamentali". Ma il fatto decisamente rilevante è che la Commissione, in vista della riunione dei Capi di Stato e di Governo prevista per l'8-9 dicembre a Strasburgo, deve prendere atto della impossibilità di un accordo per fare della Carta una vera e propria direttiva quadro e quindi è costretta a proporre di approvare il testo proposto sotto forma di "dichiarazione solenne". Anche il contenuto ed il titolo del documento sono modificati circoscrivendo le intenzioni e gli impegni ai soli lavoratori dipendenti, mentre il titolo diventa "Carta comunitaria dei diritti sociali fondamentali dei lavoratori". Con questa nuova intestazione praticamente si adegua il titolo del documento al suo contenuto reale. In effetti, a ben guardare con l'esperienza degli anni successivi, è come se con questo documento si concludesse un ciclo della politica comunitaria incentrato sulla creazione di un mercato unico, un documento nel quale sono espressi gli unici contenuti sociali possibili: quelli relativi ai diritti dei lavoratori dipendenti. La definizione di una Carta dei diritti sociali europei avrebbe implicato come l'apertura di un ciclo nuovo, quello che avrebbe dovuto portare verso un'Europa dei cittadini e quindi verso un arricchimento – a livello di organismi comunitari – della sua dimensione politica. La Carta Sociale Europea è frutto della mediazione fra tre orientamenti presenti nei Paesi membri: a) quella del Regno Unito, condiviso in larga misura dalla Danimarca, di opposizione alla Carta per timore degli effetti che essa avrebbe potuto avere sugli andamenti economici delle imprese, specialmente piccole e medie, e sulla riduzione della sfera della sovranità nazionale conseguente al suo recepimento; b) quello dei Paesi come la Germania e la

Francia, secondo i quali la Carta altro non deve essere se non una dichiarazione di principi, non vincolanti per gli Stati membri, incentrata sui lavoratori subordinati; c) quello dell'Italia, favorevole ad una più incisiva operatività giuridica della Carta e ad una maggiore pregnanza dei suoi contenuti. Da rilevare, infine, che nonostante gli sforzi di mediazione della Commissione, i cambiamenti apportati nel titolo e nei contenuti, al vertice di Strasburgo il Regno Unito non votò l'approvazione del documento. La Carta sociale è costituita da due titoli: *Diritti sociali fondamentali dei lavoratori* e *Attuazione della Carta.*

Dodici sono le aree di intervento indicate nel primo titolo. Esse sono: 1) Diritto alla libera circolazione dei lavoratori; 2) Occupazione e retribuzione; 3) Miglioramento delle condizioni di vita e di lavoro; 4) Diritto alla protezione sociale; 5) Diritto alla libertà di associazione e di contrattazione collettiva; 6) Diritto alla formazione professionale; 7) Parità di trattamento tra uomini e donne; 8) Diritto all'informazione, consultazione e partecipazione dei lavoratori alla vita delle imprese; 9) Diritto alla protezione sanitaria e alla sicurezza nell'ambiente di lavoro; 10) Protezione dell'infanzia e degli adolescenti (con riferimento alla durata del lavoro e all'istruzione); 11) Diritto delle persone anziane; 12) Diritto delle persone handicappate. Gli elementi di debolezza e di estrema vaghezza che caratterizzano la Carta sono significativi di quello che è stato chiamato il "deficit sociale" dell'Europa comunitaria sin dai trattati istitutivi della CEE. È a questo livello, infatti, che occorrerebbe intervenire se si vogliono eliminare i vincoli che non consentono di costruire un diritto sociale europeo, intendendo con ciò una piena competenza sovranazionale dell'Europa anche in campo sociale. In effetti, contrariamente a precedenti indicazioni, la Carta si presenta come una dichiarazione politica senza alcun valore giuridico, un documento redigendo il quale la Commissione, sottoposta ai più pesanti condizionamenti, alla fine non ha più perseguito l'obiettivo della armonizzazione bensì quello tradizionale della protezione di alcuni diritti e condizioni ritenute il minimo indispensabile per tutti i lavoratori. Significativi, a questo traguardo, i rilievi critici e le sollecitazioni espressi in alcuni atti del Parlamento Europeo, prima dell'approvazione del documento. In una risoluzione del 17 ottobre 1989 sul progetto della Carta successivamente approvato, il Parlamento deplora "l'indebolimento delle posizioni su numerosi punti del testo" e, ancor più, che la Carta "non si integri nel sistema giuridico della Comunità sotto forma di strumenti vincolanti". In una successiva risoluzione il Parlamento chiedeva di iscrivere nell'ordine del giorno della prossima Conferenza intergovernativa non solo la realizzazione dell'Unione Economica e Monetaria, ma anche una riforma del trattato che facesse progredire concretamente e rapidamente l'Europa sociale mediane l'estensione del voto a maggioranza qualificata in seno al Consiglio e la procedura di cooperazione legislativa del Parlamento per quanto concerne tutte le questioni attinenti alla politica sociale. Nello stesso anno 1989 in cui viene approvata la Carta, diventava, come si è visto, una dichiarazione solenne di impegni politici e programmatici ma senza alcuna facoltà di sanzione, la Commissione approvava un "Programma di azione sociale" per avviare l'attuazione concreta degli impegni previsti nella Carta distinguendo fra le iniziative che devono essere intraprese dalla Comunità e le iniziative che riguardano sia gli Stati membri sia le parti sociali, fissando a tale proposito il ruolo e la portata delle norme comunitarie, delle legislazioni nazionali e delle relazioni convenzionali. Le iniziative previste dal Programma sono contenute in tredici brevi capitoli che, ad esclusione del capitolo *Occupazione e mercato del lavoro* fanno puntuale riferimento alle dodici sezioni della Carta.

Nell'introduzione generale del programma, la Commissione afferma di aver limitato le sue proposte direttive e di regolamenti, in coerenza con l'applicazione del principio di sussidiarietà, ai casi in cui una legislazione comunitaria le sembrava necessaria per realizzare la dimensione sociale del mercato interno e, in modo più generale, per contribuire all'attuazione della coesione economica e sociale della Comunità. Si tratta, essenzialmente, prosegue la Commissione "di proposte concernenti la sicurezza sociale dei lavori migranti, la libera circolazione, le condizioni di lavoro, la formazione professionale e il miglioramento, in particolare dell'ambiente di lavoro per proteggere la sicurezza e la salute dei lavoratori". In altra sede la Commissione ma di azione, essa intende fissare una base di disposizioni definite "minime". Il 7 gennaio 1992 la Commissione presenta al Consiglio Europeo, al Parlamento Europeo ed al Comitato Economico e Sociale la prima relazione sui risultati dell'attuazione della Carta dei diritti e del Programma di azione e il bilancio è veramente deludente. In effetti la scelta di limitare al massimo l'adozione di regolamenti e di direttive, ha fatto sì che ci si sia affidati prevalentemente, per realizzare la dimensione sociale del mercato interno, raccomandazioni, risoluzioni e programmi. Malgrado ciò, pochissime delle proposte presentate sono state approvate dal Consiglio a causa delle resistenze e dei veti incrociati posti da diversi Paesi membri, dovuti sia alla difficoltà obiettiva di mutare gli ordinamenti interni in vigore, sia alla tendenza a mantenere l'integrità dei propri regimi sociali per il timore che si dia inizio ad un incontrollabile dissolvimento. In pratica, al 1992, risulta approvata solo la normativa riguardante la sicurezza e l'igiene del lavoro che può utilizzare come base giuridica l'art. 118 A del trattato (voto a maggioranza qualificata). Sono rimaste inattuate le altre direttive proposte: sul lavoro anticipo (part-time, lavoro temporale e lavoro interinale), sulla riorganizzazione degli orari di lavoro, sulla protezione sui luoghi di lavoro della donna in gravidanza e in puerperio). Nella stessa relazione della Commissione sono evidenti i segni della insoddisfazione per la pochezza dei risultati. Vi si legge infatti: "Quando, circa due anni dopo – l'approvazione della Carta – la Commissione presentò la serie delle proposte contemplate nel suo programma di lavoro per dare attuazione alla Carta e ispirate al rispetto del principio di sussidiarietà, il Consiglio dei Ministri non ha saputo rispondere alle attese delle parti interessate".

Ciò sembra alla Commissione tanto più contradditorio in quanto il Consiglio Europeo riunitosi a Lussemburgo il 28-29 giugno 1991 aveva preso atto che “ai progressi compiuti nella realizzazione del mercato interno non corrispondono progressi analoghi nel settore della politica sociale”, il che “pone in evidenza che la Comunità, gli Stati membri ed i partner sociali dovrebbero svolgere un ruolo nell’attuazione dei principi contenuti nella Carta sociale a seconda delle rispettive responsabilità”. Il Consiglio aveva chiesto espressamente che i valori avviati sul Programma di azione della Commissione per l’attuazione della Carta fossero “intensificati onde giungere rapidamente alle necessarie decisioni, nel rispetto della situazione e prassi proprie di ciascuno stato membro”. La Commissione faceva poi notare come lo scarto fra le attribuzioni previste dal trattato e gli ambiziosi obiettivi della Carta, nonché le nuove esigenze risultanti dalla realizzazione del mercato interno, l’avessero indotta a “proporre” una riscrittura del capitolo sociale del trattato “che prevedesse, tra l’altro, al fine di far avanzare di pari passo l’aspetto sociale e quello economico, l’estensione del voto a maggioranza qualificata a determinati settori, in particolare ad alcuni di quelli contemplati dalla Carta”.

6) Da Maastricht ad Amsterdam: passi avanti significativi

Maastricht (7 febbraio 1992) riconosce l’importanza delle questioni sociali e le assume nei propri documenti ma collocando le relative disposizioni non nel testo del trattato bensì in un “Protocollo sulla politica sociale” a cui fa seguito un “Accordo sulla politica sociale” siglato da tutti gli Stati membri della Comunità, ad eccezione della Gran Bretagna. Nel Protocollo i rappresentanti dei dodici Paesi, constatando che tutti gli Stati membri, ad eccezione del Regno Unito “desiderano proseguire sulla via tracciata dalla Carta sociale del 1989” autorizzano gli undici Stati “a fare ricorso alle istituzioni, alle procedure ed ai meccanismi del Trattato” allo scopo di prendere ed applicare, per quanto li riguarda, le decisioni necessarie a rendere effettivo il trattato stesso. Nel testo dell’Accordo le innovazioni più significative riguardano la possibilità del ricorso a decisioni a maggioranza qualificata, e non all’unanimità, previo parere del Comitato Economico e Sociale per le questioni che riguardano il miglioramento dell’ambiente e della sicurezza sul lavoro, le condizioni di lavoro, l’informazione e la consultazione dei lavoratori, la parità fra uomini e donne nel mondo del lavoro, l’integrazione delle persone escluse dal mercato del lavoro. Importante è, poi, il coinvolgimento delle parti sociali di cui viene promossa la consultazione. Da rilevare che la Commissione, al fine di un maggior sostegno a questo coinvolgimento, secondo l’art. 4, apre la possibilità di recepire e tradurre le relazioni convenzionali tra le parti sociali, vale a dire i contratti europei, in accordi ed atti comunitari, che in questo modo si trasformano in norme operanti negli Stati membri: in questo caso, su richiesta delle parti sociali e su proposta della Commissione, il consiglio può decidere, salvo alcune eccezioni, a maggioranza qualificata. Come si vede da queste disposizioni, il Trattato di Maastricht, che è conclusivo, ad esempio, per ciò che concerne l'Unione Economica e Monetaria, in quanto la sua realizzazione non comporta ulteriori decisioni di carattere istituzionale, per quanto riguarda la politica sociale prefigura solo dei modesti aggiustamenti, senza modificare peraltro l'impostazione filosofica e politica di fondo. Per la politica sociale continua a valere la sua funzionalità e subalternità ed altre politiche cui è riconosciuto un valore centrale e strategico. È l'impostazione che si ritrova in alcuni importanti documenti conseguenti come il Libro Bianco del 1993 su "Crescita, competitività e occupazione", la Comunicazione della Commissione del 1995 per l'avvio di un "Programma di azione sociale", il " Primo rapporto sulla coesione" pubblicato dalla Commissione nel 1996 sulla "Verifica degli effetti del Mercato unico", l'"Agenda 2000" con il piano di iniziative per il migliore utilizzo dei fondi strutturali approvati nel 1997. È, tuttavia, con il Trattato di Amsterdam del 2 ottobre 1997, con il quale si procede ad una modifica del precedente Trattato di Maastricht, che si propongono le premesse per la svolta che sarà segnata dal successivo vertice europeo di Lisbona del 23 marzo 2000 ai fini dell'avvio di una politica sociale per molti aspetti autonoma ed originale e comunque complessiva di tutte le problematiche ed organica. Il documento di Amsterdam richiama, innanzitutto, la necessità di un efficace coordinamento nell'ambito del Consiglio, delle politiche economiche, un coordinamento che gli Stati membri considerano un fattore "di interesse comune". In questo settore, con delibere prese a maggioranza, il Consiglio è tenuto ad approvare un progetto "di indirizzi di massima" (art. 99); il documento ribadisce, inoltre, (art. 125), l'importanza di strategie attive per l'occupazione, in particolare "a favore di una forza lavoro competente, qualificata, adattabile e di mercati del lavoro in grado di rispondere ai mutamenti economici". Anche l'occupazione è un settore che gli Stati membri considerano di "interesse comune" e per il quale sono tenuti a seguire gli "orientamenti" deliberati in sede di Consiglio (art. 128). In merito alla politica sociale il nuovo trattato assume, innanzitutto, (art. 136), come riferimenti fondamentali sia i diritti sanciti nella Carta Sociale Europea del Consiglio d'Europa, (un documento che, come si è visto, ha una portata ampia, omnicomprensiva delle questioni sociali), sia i diritti sanciti nella Carta comunitaria dei diritti sociali fondamentali dei lavoratori della Comunità Europea; quindi il trattato definisce gli obiettivi di questa politica che sono "la promozione dell'occupazione, il miglioramento delle condizioni di vita e di lavoro che consenta la parificazione – dei lavoratori – nel progresso, una protezione sociale adeguata, il dialogo sociale, lo sviluppo delle risorse umane atto a consentire un livello occupazionale elevato e la lotta contro l'emarginazione". In ordine a questi obiettivi tanto la Comunità che gli Stati membri sono tenuti ad adottare misure che "tengano conto della diversità delle prassi nazionali" e "delle necessità di mantenere la competitività dell'economia della

Comunità". Si tratta, come si vede, di due vincoli ben precisi che legano da subito la politica sociale alla politica economica. Ma è nel paragrafo successivo che la Comunità conferma la fiducia nella impostazione di sempre laddove afferma che l'evoluzione sociale "risulterà sia nel funzionamento del mercato comune, che favorirà l'armonizzazione dei sistemi sociali, sia dalle procedure previste dal presente trattato. L'art. 136 del trattato, sulla politica sociale, si presenta quindi con una serie di contrappesi; da un lato c'è l'assunzione di un ampio sistema di riferimento rappresentato dal richiamo al valore delle due Carte sociali sui diritti fondamentali; ma, dall'altro, c'è l'atto di fiducia nel valore del mercato come mezzo di promozione del progresso sociale. Nei successivi articoli si procede con la stessa prudenza e con lo stesso sistema di contrappesi. Mentre, ad esempio, nel comma 2 dello stesso articolo 137, sulle procedure per gli interventi in campo sociale, si dispone, sempre con un meccanismo molto prudenziale, che il Consiglio "può adottare mediante direttive le prescrizioni minime applicabili progressivamente, tenendo conto delle condizioni e delle normative tecniche esistenti in ciascuno Stato membro". Il trattato, insomma, non prescrive per la politica sociale quelle procedure di coordinamento europeo delle politiche nazionali che è prescritto invece per le politiche economiche ed occupazionali; conferma la fiducia nel ruolo anche sociale del mercato; ribadisce, in sostanza, la competenza primaria degli Stati membri in tale materia; continua a concentrare l'impegno prevalente sui cittadini economicamente attivi o quantomeno potenzialmente tali. Ma sta di fatto che l'assunzione nel trattato del sistema dei principi e dei diritti sanciti dalle due Carte sociali pone le basi per una possibile modifica della impostazione di sempre.

7) La politica sociale e la svolta del vertice di Lisbona

Il vertice ha un titolo ben preciso: "Modernizzare il modello sociale europeo con investimenti in risorse umane e la costruzione di un welfare sociale attivo". A Lisbona, innanzitutto, viene approvato un nuovo metodo di lavoro, il cosiddetto "metodo aperto di coordinamento" (MOC) per conciliare la convergenza degli obiettivi europei con la diversità degli strumenti e delle tradizioni di ciascun Paese. Il metodo rappresenta una via intermedia tra la cooperazione fra gli Stati e le regole comuni a livello UE. Esso assicura la compatibilità delle politiche degli Stati (non produrre effetti negativi sugli altri soggetti), la loro coerenza (impegna a perseguire una dimensione supplementare di accrescimento e di mutuo rafforzamento delle politiche nazionali), e/o la loro convergenza (impegno a rispettare il trattato e a valutare tali politiche alla luce dei risultati reali conseguiti). I riferimenti a cui è tenuta l'applicazione del metodo di lavoro adottato sono i grandi orientamenti della politica economica comunitaria ed i termini prescrittivi del patto di stabilità. Il metodo, secondo la Commissione, "permettere di diffondere le pratiche migliori e di assicurare una più grande convergenza riguardo ai principali obiettivi della UE. È concepito per aiutare gli Stati membri a sviluppare progressivamente le loro politiche". Il metodo prevede i seguenti passaggi: a) l'Unione definisce, innanzitutto, le direttrici delle politiche e degli interventi, comprese le scadenze temporali, per realizzare gli obiettivi a breve, medio e lungo termine fissati per gli Stati; b) definisce, quindi, gli indicatori quantitativi e qualitativi ed i criteri di valutazione in rapporto alle migliori performances mondiali, da adattare ai bisogni dei singoli Stati; c) traduce le direttrici europee in politiche nazionali e regionali, fissa gli obiettivi specifici e adotta misure che tengano conto delle diversità nazionali e locali; d) procede periodicamente ad una valutazione e ad un esame dei risultati che permetterà a ciascuno di prendere le proprie conclusioni. L'approccio è completamente decentralizzato, secondo il principio della sussidiarietà, nel senso che l'Unione si propone di operare insieme agli Stati membri, alle comunità regionali e locali, ai partner sociali, alla società civile. La Commissione, infine, elabora un metodo per la valutazione delle pratiche migliori in materia di gestione dei cambiamenti, in modo coordinato con gli utilizzatori e i prestatori, le imprese, i partner sociali, le ONG. Il fatto importante, ai fini della nostra riflessione, è che a Lisbona si è stabilito di estendere l'applicazione di questo metodo – che in pratica è di lavoro comune, di interscambio di valutazioni e risultati e di mutuo sostegno – alle problematiche della esclusione sociale e della protezione sociale. Si è aperta, quindi, per questo settore, la possibilità di mantenere la competenza primaria degli stati ma nello stesso tempo di affiancare alle politiche nazionali e locali un ruolo attivo delle autorità comunitarie. Questo fatto, ad esempio, può aiutare molto gli stati a procedere nel miglioramento delle politiche sociali e nel loro coordinamento senza trovarsi di fronte ai problemi complessi che potrebbe comportare l'attuazione tout-court di una direttiva di importanti forme di coordinamento che precedano l'adozione di misure comunitarie legislative. Un altro passaggio decisivo per l'avvio di una nuova politica sociale Europea riguarda il tema specifico del vertice, vale a dire la valutazione di quello che viene definito come "modello sociale europeo". È dalle considerazioni intorno alle caratteristiche di questo modello – oltre, ovviamente, alla presa d'atto dei ritardi e degli squilibri che contraddistinguono in maniera grave la situazione europea nel suo complesso – che i successivi vertici, in particolare quello di Barcellona del 15 marzo 2002, e le successive iniziative della Commissione, che gli indirizzi, le politiche, le azioni arriveranno a comprendere tutto l'arco degli interventi che definiscono una politica sociale; dagli interventi per le persone economicamente attive, o potenzialmente tali, alle persone che a titolo più diverso sono estranee ai fatti produttivi. In tal modo i temi della politica sociale si allargheranno, ad esempio, dalle problematiche riguardanti in senso lato il mondo del lavoro alle problematiche protezioni sociali che hanno contribuito a definire i termini del progresso civile europeo. A questo avanzamento della politica sociale contribuisce anche, in modo determinante, l'approvazione della Carta dei diritti fondamentali dell'Unione Europea, avvenuta al vertice di Nizza del 7 dicembre 2000, soprattutto per quanto riguarda due aspetti essenziali: l'inserimento dei diritti sociali, che sono definiti anche come i nuovi diritti, a fianco dei tradizionali diritti civili e politici e il riconoscimento della cittadinanza europea. A ragione è stato comunemente dichiarato che con la Carta dei diritti si è aperto il passaggio dall'Europa dei cittadini e si è riconosciuto il legame che unisce questo documento con la dichiarazione del ministro degli esteri francese Schuman del 9 maggio 1950. Un legame segnato da tanti passaggi intermedi di grande significato dei quali, a titolo meramente esemplificativo, si ricordano il rapporto di L. Tyndemans su *L'Europa dei cittadini* del 1975, l'elezione diretta del Parlamento Europeo del 1979 e l'introduzione della cittadinanza europea con il Trattato di Maastricht del 1992. È, in effetti, da quel momento che è iniziato un processo nuovo perché è da allora che i cittadini dell'Unione non sono più considerati in quanto soggetti economicamente attivi, ma anche in quanto soggetti politici che partecipano consapevolmente al processo di integrazione sulla base del riconoscimento di ben precisi diritti di libertà, di giustizia, di democrazia a sostegno dei quali il successivo Trattato di Amsterdam del 1997 ha introdotto precise disposizioni di carattere sanzionatorio in caso di violazioni gravi.

8) Verso un modello sociale europeo: quale modello, per quale Europa?

A tale riguardo va sottolineato che la questione della cittadinanza è fondamentale non solo, come è ovvio, per i nuovi assetti istituzionali e politici della nuova Europa, ma anche per l'evoluzione della politica sociale europea e la definizione del modello sociale comunitario. In questo caso il richiamo va fatto a tutta l'evoluzione storica dello Stato sociale che ha caratterizzato le moderne democrazie occidentali perché è proprio alla cittadinanza in quanto tale che tutti i paesi occidentali, nella fase più recente e attuale, è stato collegato il sistema omnicomprensivo della protezione sociale e ciò a prescindere dal grado di attività o meno del cittadino stesso. La maggioranza degli studiosi è concorde nel riconoscere che lo stato sociale è nato tra la fine dell'Ottocento e gli inizi del Novecento, quando si sono sostituite le cosiddette leggi sui poveri a carattere assistenziale, spesso localistico, discrezionale, il più delle volte considerate come vere e proprie eccezioni alle ferree leggi della politica economica, con l'introduzione dell'assicurazione sociale e obbligatoria dei lavoratori. Una assicurazione che inizialmente copriva solo gli infortuni sul lavoro ma che gradualmente fu estesa alla malattia, all'invalidità, alla disoccupazione, alla vecchiaia. Pagando tale assicurazione, in pratica, i lavoratori aiutavano se stessi mentre lo Stato veniva a trovarsi con una base di risorse tale da consentire l'attuazione di vari programmi di assistenza necessari anche a fronteggiare le avversità economiche.

Nel periodo fra gli anni '30 e '50 si registra il passaggio dall'assicurazione dei lavoratori ad uno strumento di tutela di più ampia portata: l'assicurazione sociale. Con essa, non solo si ampliava il novero dei rischi da coprire ma si includevano nel sistema protettivo dei segmenti molto più estesi della popolazione, anche se non attiva. Si pensi al caso degli assegni familiari la cui titolarità spetta al capofamiglia lavoratore mentre le prestazioni sono erogate in base al numero dei familiari non attivi. Ma soprattutto in questo periodo, specie dopo la crisi del 1929, maturò un diffuso convincimento sul valore positivo della politica sociale come meccanismo di un risarcimento in base ai contributi versati, sono maturati politiche ed interventi a favore di una protezione sociale sempre più generalizzata fino alla scelta di garantire a tutti i cittadini una protezione minima in base ai bisogni. Era nato lo Stato della sicurezza sociale che ebbe nel rapporto Beveridge del 1942 una delle più compiute elaborazioni. Due i riferimenti essenziali, dunque: protezione per tutti i cittadini, a prescindere dall'attività lavorativa, e minimo nazionale riconosciuto e ritenuto indispensabile per una vita dignitosa, garantito a prescindere dal versamento di contributi assicurativi. È nel secondo dopoguerra che si è progressivamente passati, nel mondo occidentale, al cosiddetto Stato di benessere – Welfare State nel quale, in coincidenza con uno sviluppo economico senza precedenti, la sicurezza sociale si è estesa a tutto il complesso dei servizi e benefici che garantiscono al cittadino moderno una vita dignitosa, nel senso ampio della sicurezza e del benessere; dai servizi socio-sanitari, assistenziali, educativi, per citare i più importanti, fino ai consumi calmierati o gratuiti. Questa generalità protettiva si è abbinata con la generalità dei beneficiari, cioè tutti i cittadini, spesso senza distinguere nemmeno fra ricchi e poveri. Quello che conta sottolineare è che nello Stato sociale moderno il punto di riferimento delle erogazioni pubbliche è diventato lo status di cittadino, non più lo status di lavoratore. È al cittadino, in quanto tale che gli interventi pubblici mirano ad assicurare una eguaglianza di status, vale a dire un certo livello minimo di reddito, di consumi, stile di vita, prestigio, premessa per la costruzione di un'eguaglianza di opportunità. Anche la modalità relative alla copertura finanziaria delle erogazioni cambiano nel senso che rispetto ad erogazioni fornite in base ai contributi versati (sistema della capitalizzazione) finiscono per prevalere le erogazioni fornite in base alle entrate correnti, procurate con interventi fiscali ad hoc gravanti su tutta la collettività (sistema della ripartizione). Sul piano politico questa forma di Stato assistenziale finisce per assumere un ruolo centrale e a sovrapporsi, ad esempio, al ruolo della famiglia e dell'economia del mercato.

Negli ultimi tempi, sul finire del secolo XX, questo modello di stato sociale è entrato in crisi in tutto il mondo occidentale e sono tuttora in corso le iniziative dei governi per vasti progetti di riforma e di riorganizzazione (ad esempio con la privatizzazione, parziale o no, di certi servizi pubblici), la cui attuazione ed i cui esiti sono ancora da verificare. La difficile sostenibilità economica è stata indicata spesso come la causa principale del deterioramento di questo modello; ma anche la graduale trasformazione dell'etica della solidarietà in etica neocorporativa, spesso deresponsabilizzata, particolaristica, individualista, ha influito notevolmente sulla crisi dello stato sociale moderno e di quella che è stata denunciata come la sua ingovernabilità.

In ogni caso, pur nella ricerca di nuovi assetti ed articolazioni del modello Stato sociale e di organizzare al meglio il passaggio da Welfare State verso quella che viene individuata come la Welfare Society, comprese le esperienze più spinte di riduzione del ruolo dello Stato nella protezione sociale, nessun governo è arrivato al punto da rimettere in discussione i due riferimenti essenziali di questa forma di conquista di civiltà; vale a dire, la omnicomprensività del sistema dei servizi di protezione e la universalità dei destinatari che continuano ad essere i cittadini in quanto tali. La vicenda comunitaria in questo ambito si intreccia, alla fine del XX secolo, con questa evoluzione perseguita dai singoli governi, secondo orientamenti politici e sociali molto diversificati fra loro. Ma con l'inizio del XXI secolo, in modo specifico con i vertici di Lisbona e di Nizza e l'approvazione dell'Agenda Sociale Europea, espressione che significativamente appare e viene sempre più precisandosi nei documenti ufficiali della Comunità. Nella periodica comunicazione per valutare i progressi compiuti per l'attuazione dell'agenda per la politica sociale, presentata dalla Commissione il 19 febbraio 2002, si legge una interpretazione della politica sociale del tutto innovativa rispetto a quanto era accaduto nei decenni passati ed anche solo a quanto affermato nella prima analoga comunicazione del 28 giugno 2000, laddove si dichiara espressamente che "uno dei principi guida della nuova Agenda per la politica sociale sarà quello di rafforzare il ruolo della politica sociale quale fattore produttivo". In effetti, nella comunicazione pubblicata solo due anni più tardi la Commissione arriva a cancellare in parte la subalternità e funzionalità della politica sociale rispetto alla primarietà riconosciuta alla politica economica. La Comunità, infatti, con lo strumento dell'agenda, si legge nel documento del 2002, persegue l'obiettivo di "consolidare la politica sociale intesa non solo come fattore produttivo, bensì anche quale fattore di solidarietà e di equità sociale". Ed ancora: "La pietra angolare dell'agenda" sta in una "interazione dinamica e sinergica tra gli aspetti dell'economia, dell'occupazione e della politica sociale". Con i vertici di Lisbona e di Nizza, insomma, si può affermare che è iniziato il cammino del riconoscimento che è poi base essenziale per la costruzione di un modello sociale europeo. I termini di questa evoluzione si precisano ancora di più e meglio nei documenti successivi della Comunità nei quali si comincia a riconoscere, dopo tanti anni, il valore di una protezione sociale omnicomprensiva. In sostanza, non ci si limita più a definire degli impegni per misure funzionali esclusivamente al mondo del lavoro e al sistema produttivo, ma a valutare ed intervenire sulle questioni aperte che riguardano la generalità del sistema di protezione sociale. In tal modo si aprono i capitoli delle politiche fiscali, dei redditi minimi garantiti, della previdenza e dell'assistenza, dei sistemi assicurativi, dei servizi sociali e sanitari. Si cominciano a leggere anche le prime, significative definizioni di quello che potrebbe diventare un modello sociale europeo con caratteri di originalità. Ad esempio, nel documento conclusivo approvato al Consiglio Europeo di Barcellona del 15-16 marzo 2002 si legge che: "Il modello sociale europeo si basa sui buoni risultati economici, elevato livello di protezione sociale, istruzione e dialogo sociale. Uno stato sociale dinamico dovrebbe incoraggiare la gente a lavorare, poiché un'occupazione offre la migliore garanzia contro l'esclusione sociale". Da questa premessa derivano degli impegni per iniziative precise nei seguenti ambiti: "un maggior coinvolgimento dei lavoratori nei cambiamenti che li riguardano" e, quindi, il rafforzamento del dialogo sociale; "il miglioramento degli aspetti qualitativi del lavoro", con riferimento alla salute ed alla sicurezza; l'intensificazione della lotta alla povertà ed all'esclusione sociale; "la riforma dei sistemi pensionistici per garantire che essi siano finanziariamente sostenibili e consentano i loro obiettivi sociali", dando in tal modo una risposta positiva alla sfida dell'invecchiamento della popolazione; il miglioramento "dell'accessibilità, della qualità e della sostenibilità finanziaria" dei servizi sanitari e dei servizi di assistenza agli anziani. Per inciso, molto significativo è anche il richiamo finale del Consiglio Europeo di Barcellona che su queste ed altre iniziative strategiche "esorta" il Consiglio e la Commissione a focalizzare l'attenzione "sull'attuazione anziché sull'elaborazione degli orientamenti". Da questi orientamenti generali e da questo ordine di impegni delle Comunità cominciano ad emergere i lineamenti di un modello sociale europeo, che deve senz'altro tenere presente la diversità delle situazioni e delle tradizioni dei singoli stati membri, nonché degli Stati che si apprestano ad entrare nella Comunità in vista del programmato e prossimo allargamento, come, per altro verso, deve assolutamente tener conto delle esigenze della sua sostenibilità economica. Tuttavia appare sempre più chiaro che non può comunque risultare come un modello il quale, con atti che sarebbero indicativi di un arretramento di civiltà, rinuncia e restringe la base essenziale degli elementi che contribuiscono a definirlo come tale. Ci si riferisce, con ciò, al riconoscimento del valore dei principi della solidarietà ed equità, al riconoscimento dell'autonomia ed originalità della politica sociale, alla generalità del sistema di protezione sociale, alla universalità dei cittadini destinatari. In effetti, con una impostazione culturale e politica ben diversa da quella seguita nei primi cinquant'anni della vita comunitaria. Si tratta, obiettivamente, di una evoluzione appena cominciata, ma sulla quale incidono, in termini positivi, i prossimi appuntamenti istituzionali e politici, a cominciare dalla definizione della Carta Costituzionale Europea e dal progressivo arricchimento dei contenuti della cittadinanza europea – la vera sfida per colmare il deficit di democrazia che caratterizza la situazione attuale e per procedere speditamente nella costruzione della nuova Europa – ricordando, con ciò, che è proprio sullo status di cittadino che in tutte le democrazie occidentali si è costruito lo stato sociale moderno.

26
La politica europea dell'energia: il problema delle reti

Premessa

La disponibilità di energia a sostegno dei processi economici, a buon mercato e senza eccessivi vincoli, è necessaria per assicurare ad ogni nazione adeguate prospettive di sviluppo ed un livello conveniente di qualità della vita ai cittadini.

Questa condizione non può essere data per scontata per l'Europa se si guarda ad un futuro anche prossimo.

Lo sfruttamento a scala mondiale delle fonti primarie convenzionali si mantiene infatti intenso, nonostante l'attuale crisi, sotto la spinta della domanda in espansione nei Paesi emergenti che rincorrono il modello delle nazioni più progredite, e rimane inalterato il clima teso e di contrapposizione che caratterizza i rapporti tra i Paesi produttori ed i Paesi consumatori protagonisti dello sviluppo mondiale; sono inoltre da attendersi, nei prossimi anni, ulteriori conferme della tendenza al deterioramento irreversibile del clima del Pianeta, assieme a segnali più netti di scarsità delle risorse primarie tradizionali.

L'Europa, già attualmente non autosufficiente, si trova esposta alle incertezze ed ai rischi di questo scenario, e tra le nazioni europee l'Italia, dipendente in misura elevata dalle importazioni di gas, è in una posizione particolarmente critica sia per l'economicità che per la sicurezza dei suoi rifornimenti.

L'esigenza di una risposta agli interrogativi evocati da queste constatazioni ha suggerito al Cnel ed al Movimento Europeo di organizzare il convegno: *La politica europea dell'energia – Il problema delle reti*, di cui si presentano gli Atti, come occasione di discussioni ed approfondimenti sul futuro energetico dell'Europa.

Nello svolgimento dei lavori di preparazione del convegno, iniziati già nel febbraio del 2008, si è auspicato che le nazioni europee – come prima risposta alle esigenze del momento – acquisiscano innanzi tutto la capacità di parlare con "una sola voce" ai Paesi produttori di gas da cui dipendono per gli approvvigionamenti, e che provvedano inoltre ad attivare in tempi brevi una gestione unitaria delle reti e delle infrastrutture energetiche, assieme ad iniziative congiunte per rendere conveniente ed esteso l'uso delle fonti rinnovabili.

Il convegno ha richiesto una laboriosa preparazione, organizzata presso la

Commissione V del Cnel con la collaborazione del CIME (Consiglio Italiano del Movimento Europeo), che ha ravvisato nella "cooperazione rafforzata" lo strumento più appropriato per sviluppare le iniziative europee in grado di rispondere efficacemente alla sfida energetica, sia a breve che a medio-lungo termine.

Il documento di orientamento agli interventi del convegno è stato messo a punto, come "position paper" ispirato dai lavori di preparazione, sotto la guida dello stesso Presidente del Cnel, prof. Antonio Marzano, che ha direttamente coinvolto le parti sociali, le significative componenti delle Istituzioni, i principali operatori nazionali ed autorevoli esperti della materia.

Il convegno, aperto il 19 novembre 2008 presso il Cnel dal suo Presidente, prof. Antonio Marzano, con la relazione introduttiva del Ministro per lo Sviluppo Economico on. Claudio Scajola, ha registrato una successione di autorevoli contributi che hanno confermato le principali indicazioni emerse nella fase di preparazione, come messo in evidenza dalla relazione conclusiva dell'on. Valerio Zanone, Presidente del CIME. In particolare, dalla lettura degli Atti risultano evidenti le difficoltà che l'Unione Europea incontra, operando nel quadro delle regole del Trattato, per mettere a punto e praticare una linea politica univoca in grado di affrontare le criticità che si prospettano sulla sicurezza degli approvvigionamenti energetici, sul funzionamento del mercato interno e sulle misure atte a garantire uno sviluppo eco-sostenibile.

Da questo, il suggerimento espresso nello schema di osservazioni e proposte, in discussione all'Assemblea del Cnel del 26 febbraio 2009 di proseguire, assieme al Movimento Europeo ed avendo coinvolto il Consiglio Economico e Sociale Europeo (CESE), gli approfondimenti e le discussioni sul tema dell'energia, iniziati nello scorso anno, per individuare gli argomenti che più si prestino a specifici accordi di "cooperazione rafforzata" anche con un numero limitato di nazioni proponenti. Le indicazioni emergenti da questo "tavolo di lavoro" agli interlocutori istituzionali del Cnel potrebbero essere poi riportati alle appropriate sedi europee per contribuire alla formulazione ed attivazione di una efficace politica energetica, che favorisca parimenti il progresso della coesione comunitaria. Sembra appropriato l'accostamento di questa proposta alle vicende che hanno portato alla moneta unica europea: l'euro fu frutto di una cooperazione rafforzata, dimostra tutto il suo valore nella difficile situazione economica che il mondo oggi sta attraversando.

La tentazione ancora presente nelle stesse nazioni che formano la Comunità Europea di proteggere "in primis" i propri interessi può essere sconfitta solo dibattendo nella società civile le idee e le proposte capaci di accrescere il valore della Comunità nel suo insieme. È questo un compito che Cnel e CIME considerano prioritario, da svolgere nelle appropriate sedi per contribuire alla scelta di un percorso che consenta all'Europa di affrontare con fiducia il proprio futuro con il supporto delle fonti energetiche che le consentano una crescita sostenibile. Il modello di sviluppo da traguardare, da pensare certamente in termini nuovi, dovrà prestarsi ad essere proposto come riferimento nel lungo termine anche a scala globale, senza richiedere arretramenti rispetto ai principali valori di qualità della vita che si considerano acquisiti.

Vincenzo Gervasio Raffaele Vanni
Consigliere del Cnel Presidenza del CIME *Roma, febbraio 2009*

Antonio Marzano
Presidente del Cnel

I lavori di preparazione di questa giornata avevano portato alla stesura del documento:

La politica europea dell'energia – Il problema delle reti, completato e distribuito nello scorso mese di luglio per illustrare la posizione del gruppo di esperti del Cnel e del Movimento Europeo a tutte le personalità – rappresentanti di istituzioni, di organizzazioni del lavoro e delle imprese e di operatori del settore energetico – che sono state invitate, ed oggi sono qui presenti per fornire il loro contributo su una materia così importante.

In quel documento l'energia viene presentata come la posta più rilevante di una partita mondiale dominato da pochi "players": ad esempio grandi nazioni come Stati Uniti, Russia, Cina, India; sistemi di nazioni come l'Europa; aggregati di nazioni, come il gruppo dei Paesi OPEC.

Nessuno dei "players" appare sufficientemente dotato di quel mix bilanciato di risorse naturali, capitale umano, asset finanziari. Tecnologici ed infrastrutturali, tale da garantire al proprio territorio una capacità autonoma di sviluppo, alimentabile da un flusso energetico sufficientemente stabile, e sostenibile in un orizzonte a medio e lungo termine.

Ognuno dei "protagonisti" si trova infatti ad essere per qualche aspetto tributario nei confronti di altri impegnati nella stessa partita: ad esempio gli stessi Stati Uniti, per non parlare dell'Europa, non sono autosufficienti in fatto di risorse primarie, e gli stati OPEC – che ne sono abbondantemente provvisti – certamente non dispongono delle potenzialità e degli asset tecnologici richiesti per uno sviluppo autonomo delle necessarie infrastrutture energetiche.

In questa situazione il quadro dei rapporti internazionali tra i principali "players" è condizionato, in misura rilevante, da esigenze ed obiettivi di politica energetica: con un tale presupposto la politica energetica è oggi di fatto politica estera, come si sostiene nel documento introduttivo predisposto per questo incontro, in cui si auspica che l'Europa – dipendente dalla Russia e dai Paesi del Nord Africa per le indispensabili forniture di gas – sappia costruire una capacità di confronto e di interazione "ad una voce sola" con i soggetti internazionali che oggi dispongono delle materie prime attuando un primo passo, certamente necessario ed urgente: l'integrazione e la gestione unitaria delle reti energetiche nazionali.

Per realizzare in tempi brevi il progetto di integrazione lo stesso documento propone la "cooperazione rafforzata", strumento previsto a pieno titolo dal Trattato Europeo, che affida l'iniziativa ad un gruppo significativo di Paesi promotori: l'introduzione della moneta unica, in particolare, è stata ottenuta attraverso un processo di cooperazione rafforzata.

Il documento introduttivo è stato messo a punto e distribuito nello scorso mese di luglio, prima degli eventi che hanno messo in evidenza la fragilità del sistema finanziario internazionale, l'inizio di una fase di recessione delle economie occidentali e la crisi del modello stesso di mercato che nell'ultimo decennio ha consentito uno sviluppo mondiale a ritmi mai prima registrati.

Nel momento attuale gli aspetti critici di fondo riconducibili all'energia – in particolare per la sicurezza e continuità degli approvvigionamenti e per la sostenibilità dei suoi usi a fronte di una domanda globale, che manterrà verosimilmente un trend di crescita nonostante le recessioni in atto – non si sono certamente attenuati: si aggiungono, semmai nuovi elementi di incertezza nel breve termine circa le dinamiche imprevedibili dei processi di riassestamento delle economie e la conseguente riconfigurazione delle posizioni di forza dei diversi players internazionali: sempre nel breve termine si potranno avere ripercussioni di questi fenomeni sul mercato dei prodotti energetici con probabile andamento oscillante dei prezzi.

La nuova situazione richiede a maggior ragione che l'Europa sia in condizione di parlare "con una voce sola" sulla base di una propria politica energetica, e che il nucleo delle nazioni più motivate si faccia carico di organizzare ed attuare in tempi brevi quanto necessario a costituire un sistema unitario di infrastrutture energetiche, non limitato al trasporto ed alla distribuzione del gas, ma esteso alla logistica dell'approvvigionamento del petrolio, e collegato a valle al sistema delle centrali e ad una rete unitaria per il trasporto e la distribuzione dell'energia elettrica.

Si tratta certamente di un disegno molto ambizioso, ma il raggiungimento di questo obiettivo sarebbe un passo essenziale per il rafforzamento dell'Europa come soggetto politico di primo livello sulla scena internazionale e per lo sviluppo della sua influenza, in particolare nei confronti dei Paesi dell'area del Mediterraneo.

Gli strumenti della cooperazione rafforzata, che presuppongono un nucleo di nazioni particolarmente attive e coinvolte, potranno essere utilizzati in vista di altri traguardi di politica energetica a più lungo termine: sarà essenziale per l'Europa portare un proprio contributo in risposta alle sfide poste dai limiti del modello di sviluppo basato sull'uso delle fonti primarie a noi note, date le modifiche già rilevabili al clima del Pianeta, ed a fronte, un domani, alla scarsità delle risorse primarie energetiche finora note ed utilizzate.

L'entità degli sforzi e la complessità dell'intreccio di azioni richieste per ottenere risultati di valore su questo versante non si conciliano con una politica che si limiti a delegare alle singole nazioni compiti ed obiettivi in materia di ricerca ed innovazione, ma richiedono piuttosto di organizzare su una scala più ampia un'adeguata capacità progettuale, esecutiva e di controllo, con la predisposizione delle necessarie risorse.

Un cammino del genere è già stato percorso negli ultimi decenni dall'Europa, come può testimoniare la vicenda del CERN, che rappresenta oggi una delle punte più avanzate per le ricerche sulla fisica delle particelle: il CERN, originariamente costituito in base ad un trattato che coinvolgeva le nazioni più motivate, rappresenta certamente il risultato di una cooperazione rafforzata.

Si può quindi immaginare un cammino simile per raggiungere gli obiettivi altrettanto ambiziosi di ricerca e sviluppo di nuove soluzioni energetiche che oggi si presentano come ineludibili, e per immaginare, progettare ed attivare le organizzazioni altrettanto complesse che risulteranno necessarie.

Claudio Scajola
Ministro dello sviluppo economico

Desidero congratularmi con il CNEL e il CIME per aver dedicato questo interessante Convegno ad un tema di rilevanza strategica per lo sviluppo economico del nostro Paese e dell'Europa.

La politica energetica costituisce uno dei pilastri su cui si fonda il processo di integrazione europea. Era alla base del trattato del 1951 con cui è stata istituita la CECA e di quello del 1957 che ha dato vita all'EURATOM.

Oggi i profondi cambiamenti economici e geopolitici intervenuti rendono la definizione di una strategia comune per un'energia sostenibile, competitiva e sicura una priorità assoluta per la Nuova Europa a 25.

La preoccupante crisi economico-finanziaria che stiamo attraversando, l'emergere delle nuove potenze economiche, la complessità della competizione globale impongono un'accelerazione del processo di formazione di un mercato interno dell'energia che ci consenta di meglio affrontare le tre principali sfide con cui siamo chiamati a misurarci: la sostenibilità ambientale, la sicurezza nell'approvvigionamento, la competitività del sistema produttivo.

I margini di manovra non sono ampi.

Attualmente oltre il 50% dell'energia utilizzata al mondo viene ricavata dall'impiego di petrolio e gas. I Paesi maggiormente industrializzati sono detentori di una frazione minima di riserve e dipendono nelle loro importazioni da un numero ristretto di fornitori. I soli Paesi OPEC possiedono circa l'80% delle riserve petrolifere mondiali, che per il 64% sono concentrate nel Medio Oriente. Nel mercato del gas la situazione è analoga: l'Europa, che consuma il 20% del gas mondiale, detiene soltanto il 2% delle riserve. Tre Paesi (la Russia, l'Iran e il Qatar) possiedono da soli più del 60% delle riserve accertate mondiali.

La conseguenza è che l'Europa dipende dall'estero per il 50% del proprio fabbisogno di energia, una percentuale che è destinata a salire ulteriormente (fino al 65%) nell'arco dei due prossimi decenni.

I rischi economici e politici di questa situazione sono evidenti: i Paesi produttori, spesso caratterizzati da un elevato tasso di instabilità, hanno mostrato in più occasioni di voler usare le loro risorse per fini politici contribuendo ad alimentare tensioni sui mercati e sui livelli dei prezzi.

In questo contesto, l'Italia si trova in una situazione più difficile di altri Paesi europei a causa di tre fattori: l'elevata dipendenza dalle importazioni di energia, oggi pari all'85% e destinate a raggiungere il 95% nel 2020 se non saranno adottate misure correttive; la maggiore incidenza del trasporto su strada, frutto delle annose carenze infrastrutturali del nostro Paese; gli squilibri del mix di generazione elettrica, caratterizzato dall'impiego prevalente del gas naturale, dalla totale assenza del nucleare, dal modesto ricorso al carbone e da una quota di rinnovabili in flessione.

Negli altri Paesi europei il mix è radicalmente diverso: carbone, nucleare e rinnovabili costituiscono le fonti prevalenti di generazione, con evidenti vantaggi in termini di sicurezza degli approvvigionamenti, indipendenza dall'estero, tutela dell'ambiente, costi dell'elettricità, con prezzi inferiori del 30% rispetto ai nostri.

Simili squilibri rendono problematico e oneroso anche il rispetto dei vincoli europei in materia di riduzione delle emissioni di gas serra e di sostegno alle fonti rinnovabili.

Si stima che l'attuazione nel nostro Paese del pacchetto "Clima-energia" comporti oneri aggiuntivi compresi tra i 15 e i 20 miliardi di euro annui fino al 2020, per un totale di almeno 180 miliardi di euro!

Il Governo condivide gli obiettivi generali del pacchetto "Clima-energia" e la volontà di concludere l'iter per la sua adozione entro la fine della legislatura europea, ma ritiene necessari interventi correttivi, diretti a renderne più flessibile l'applicazione e ad attenuarne i pesanti riflessi economici, difficilmente sostenibili a fronte dell'attuale grave situazione di crisi finanziaria ed economica.

Presidente Marzano,
in uno scenario così complesso sarebbe velleitario pretendere di affrontare la questione energetica al di fuori di strategie condivise a livello transnazionale.

Per questo motivo l'Europa e la creazione di un mercato interno dell'energia possono svolgere un ruolo di grande rilevanza.

La strategia energetica nazionale che intendiamo definire nel 2009 terrà conto delle scelte compiute a livello europeo stabilendo obiettivi, priorità e linee di intervento.

Tre sono le aree nelle quali l'azione del Governo può conseguire i maggiori risultati: la creazione di reti e corridoi energetici; la diversificazione delle fonti di approvvigionamento; la promozione dell'efficienza energetica anche attraverso lo sviluppo delle fonti rinnovabili e il rilancio del nucleare.

Il primo obiettivo che intendiamo raggiungere è il potenziamento e l'ammodernamento delle reti energetiche nazionali. Con il disegno di legge "Sviluppo" – che dopo l'approvazione della Camera è ora all'esame del Senato – introduciamo semplificazioni procedurali per l'autorizzazione alla costruzione di elettrodotti, rigassificatori e gasdotti.

Occorre procedere rapidamente: nel 2007 l'energia elettrica importata ha registrato un incremento del 5% e ben 11 regioni su 20 hanno evidenziato un deficit di produzione.

Basterebbero queste cifre per comprendere la necessità di disporre di una rete elettrica moderna, efficiente, capillarmente diffusa sul territorio e interconnessa con l'estero.

Invece ancora troppe sono le strozzature e le carenze della nostra rete elettrica le cui inefficienze aumentano il costo dell'elettricità.

Analoghe carenze strutturali riguardano le reti di trasporto del gas, che devono essere potenziate, dotate di adeguate capacità di stoccaggio, connesse ai rigassificatori di nuova realizzazione ed alle reti estere.

L'Italia per la sua posizione geografica può svolgere il ruolo di approvvigionatore di gas dal Nord Africa e dalla regione del Mar Caspio, divenendo una piattaforma di transito e di scambio ed uno snodo logistico per il mercato del gas euromediterraneo.

In linea con questi obiettivi, il Governo si è già attivato, promuovendo accordi internazionali per l'interconnessione Italia-Grecia-Turchia, che potrà costituire l'accesso alle risorse di gas delle regioni del Caspio.

Lo scorso agosto abbiamo inserito nella rete nazionale il gasdotto GALSI, *per l'importazione dall'Algeria, attraverso la Sardegna, di 8 miliardi di metri cubi, pari a circa il 10% dell'attuale fabbisogno nazionale.*

Un ulteriore 10% sarà assicurato dal rigassificatore di Rovigo, inaugurato lo scorso mese di settembre e destinato a divenire operativo nel 2009.

Sul fronte delle interconnessioni elettriche, abbiamo di recente autorizzato una linea diretta di collegamento con l'Albania, che si aggiunge ad altre iniziative avviate con Montenegro e Tunisia.

La nostra seconda direttrice di intervento ha per oggetto la diversificazione delle fonti di energia.

In questa prospettiva, abbiamo riaperto la strada agli impianti nucleari, gli unici che consentono di produrre energia su larga scala, a costi competitivi tendenzialmente stabili e senza emissione di gas ad effetto serra.

Anche in questo settore l'Unione Europea può svolgere un ruolo molto importante, promuovendo standard di sicurezza uniformi per tutti i Paesi membri e sostenendo collaborazioni scientifiche, tecnologiche ed industriali nelle varie fasi della filiera nucleare.

Con simili interventi, la produzione di energia nucleare – che attualmente rappresenta circa un terzo dei consumi di elettricità e copre circa il 15% del fabbisogno di energia in Europa – potrebbe svilupparsi in un contesto di stabilità e affidabilità e contare su un maggiore consenso da parte delle popolazioni interessate. Ma per soddisfare il crescente fabbisogno di energia della nostra economia non si può prescindere dal contributo delle fonti rinnovabili, per le quali intendiamo promuovere una decisa azione di sostegno. Le misure sinora adottate hanno prodotto un consistente aumento della potenza installata (+14% nel solo 2007), che tuttavia non si è tradotto in una proporzionale crescita della relativa produzione energetica.

Il Governo intende invertire questa tendenza, con l'obiettivo di innalzare fino al 25% la quota di produzione elettrica da fonti rinnovabili. Per raggiungere questo risultato non si può fare affidamento solo sull'attuale sistema di sostegno alla produzione, ma è necessario anche promuovere la realizzazione di impianti sempre più innovativi ed efficienti.

Questa esigenza potrà essere soddisfatta grazie alla nostra stessa linea di azione, che ha per oggetto una decisa promozione dell'efficienza e del risparmio energetico.

Ci attendiamo che un positivo impulso in questo senso sarà impresso dal secondo bando di "Industria 2015", attualmente nelle sue fasi conclusive, che destina 200 milioni di euro a progetti innovativi nel settore dell'efficienza energetica.

Ma importanti opportunità sono offerte anche dall'Unione Europea. Con il Piano operativo interregionale sulle fonti rinnovabili ed il risparmio energetico sono messi a disposizione di questi settori ulteriori 2 miliardi di euro fino al 2015.

Signore e signori, le scelte di politica energetica coinvolgono questioni di rilevanza globale, ma allo stesso tempo producono effetti immediati e diretti sulle singole economie nazionali e sulla nostra vita quotidiana.

Il ruolo che l'Europa è chiamata a svolgere nel settore dell'energia è, pertanto, estremamente delicato: deve conciliare gli interessi dei diversi Stati membri con quelli dell'Unione nel suo complesso, le esigenze delle imprese con quelle dei consumatori.

La politica energetica europea deve essere il frutto di una sintesi dei diversi interessi coinvolti, fedele ai principi fondamentali sui quali si è storicamente costruito il processo di integrazione europea: la promozione di uno sviluppo economico equilibrato tra tutti gli Stati membri ed il rispetto delle regole del libero mercato.

Continuando ad applicare coerentemente questi principi, potremo affrontare con fiducia la difficile congiuntura che stiamo attraversando e realizzare finalmente un mercato europeo dell'energia integrato ed efficiente, in grado di rispondere efficacemente alle necessità del mondo produttivo ed alle aspettative dei cittadini europei.

Dario Velo
Vicepresidente del CIME

La fine del ciclo di sviluppo fondato sulla globalizzazione: una crisi che offre nuove opportunità.

La grande depressione negli anni '30 ha segnato una svolta profonda a livello sociale, economico e internazionale. Per uscire dalla crisi, Roosevelt ha rinnovato la tradizione liberale, riformato il welfare, modernizzato la Costituzione statunitense, trasformato i rapporti fra Stato e mercato; su questa base gli Stati Uniti hanno assunto un ruolo internazionale di importanza crescente. La crisi, in tal modo, si è rivelata una occasione ricca di opportunità. Alcuni aspetti della grande depressione presentano punti di contatto con la situazione oggi esistente, tali da restituire attualità alle soluzioni allora adottate. Non è certo possibile reiterare *sic et simpliciter* le soluzioni allora messe a punto; si tratta di comprendere la lezione del passato per trarre gli insegnamenti ancor validi. Ciò vale in primo luogo per i punti su cui allora si è fatto leva.

Due punti qualificanti del New Deal offrono spunti di riflessione per intervenire sulla crisi attuale. In primo luogo, la modificazione dei rapporti fra Stato e mercato varata da Roosevelt per porre rimedio ai fallimenti di quest'ultimo. In secondo luogo, gli investimenti pubblici per rilanciare lo sviluppo. Essi di per sé valgono a modificare il ruolo dello Stato, ponendolo al centro di una strategia di sviluppo.

Nell'ordine liberale classico, definitosi nel XIX secolo, Stato e mercato erano nettamente distinti. Il mercato è il luogo della libertà economica, all'interno di un ordine istituzionale statuale che tutela l'interesse generale ma non interferisce con l'attività economica. Questo ordine è modificato dal New Deal, che assegna allo Stato il ruolo di garante del funzionamento del mercato. Per riportare ordine nel mercato in crisi crea nuove authorities, riduce il potere degli stockholder e rinnova la governance delle imprese, imponendo regole e controlli; le autorità federali assumono un ruolo economico rilanciando gli investimenti e le grandi opere pubbliche, anche con la creazione di imprese federali, a capitale pubblico.

Il New Deal afferma un nuovo equilibrio fra Stato mercato e all'interno di queste istituzioni; in questo modo esso garantirà stabilità e progresso per un lunghissimo periodo di tempo. Questo modello si diffonderà in seguito dagli Stati Uniti al mondo intero.

La crisi della globalizzazione che oggi stiamo vivendo può essere interpretata in primo luogo come crisi di un mercato senza regole, costruito dal liberismo nell'illusione che il mercato potesse garantire autonomamente le funzioni svolte dalle istituzioni pubbliche nell'ordine liberale. Il liberismo ha costruito un mercato mondiale senza istituzioni in grado di garantire lo sviluppo equilibrato. Le forze di mercato hanno privilegiato la ricerca dei profitti a breve; gli investimenti a lungo termine hanno perso diritto di cittadinanza in tale ordine, rimasti orfani delle autorità pubbliche che li garantivano nel tradizionale ordine liberale.

La crisi pone il problema di un nuovo New Deal, modernizzato rispetto all'esperienza degli anni Trenta ma con pari intento di ristabilire un ordine evolutivo fra istituzioni pubbliche e mercato. Una volta ancora la crisi porta con sé nuove opportunità.

Dall'Unione Monetaria all'Unione Economica Europea

Il piano Werner prevedeva la fondazione dell'Unione economico-monetaria. L'Unione monetaria è stata realizzata e ha consentito un progresso storico del processo di integrazione. L'Unione economica coincide con il New Deal oggi necessario all'Europa per superare la crisi internazionale e per garantire uno sviluppo solido ed equilibrato alla nostra economia. Il Trattato di Lisbona in fase di ratifica può essere concepito come l'aspetto giuridico necessario per consentire la realizzazione dell'Unione economica e compiere ulteriori passi in avanti nel processo di integrazione. L'approvazione del trattato darà all'Europa un ordine costituzionale analogo a quello esistente negli Stati Uniti, fondato su quattro istituzioni: un Senato (il Consiglio, rappresentativo degli Stati membri); una Camera bassa (il Parlamento, rappresentativo del popolo europeo); un Esecutivo (la Commissione Europea) ed una Corte Costituzionale (la Corte di Giustizia Europea).

Su questa base, la cooperazione rafforzata, già regolamentata dal Trattato di Nizza, può consentire di avanzare verso l'Unione economica, abbreviando il tempo necessario affinché le istituzioni europee raggiungano una piena capacità di agire. La cooperazione rafforzata consente, nel quadro democratico garantito dalle istituzioni, di sviluppare politiche europee, a partire dalla iniziativa di un nucleo di Paesi disposti a svolgere il ruolo di avanguardia nci confronti dei restanti Paesi membri. La cooperazione rafforzata fa sì che nessuno Stato abbia la possibilità di bloccare con il proprio veto progetti sostenuti dall'avanguardia europea e controllati dalle istituzioni per assicurare la corrispondenza all'interesse generale. Se questo orientamento è corretto, si tratta allora di comprendere quali istituzioni e quali contenuti deve avere l'Unione economica nelle condizioni attuali per avere la valenza di un nuovo New Deal.

I due aspetti, istituzioni e contenuti, sono le facce di un'unica medaglia.

L'Unione economica per svilupparsi deve acquistare poteri effettivi e competenze definite per dare risposta ai problemi più gravi che si pongono oggi all'Europa: l'energia, la difesa, il welfare.

Consolidare il governo europeo di queste tre aree di per sé può garantire maggiore stabilità al mercato. Dalla capacità di governare queste aree strategiche dipendono lo sviluppo, la modernizzazione, la giustizia e la sicurezza dell'Europa e la sua capacità di contribuire ad un ordine internazionale stabile ed equilibrato.

La politica energetica europea e il problema delle reti

La crisi della politica energetica realizzata in questo dopoguerra impone all'Europa il varo di una propria politica energetica che dia ordine ai rapporti dell'Europa con i paesi produttori e che sostenga i necessari investimenti. La politica energetica è il cuore di una politica industriale, di ricerca e di sviluppo per l'Europa. Gli esperti della Commissione Europea hanno calcolato che l'investimento necessario in campo energetico da oggi al 2020 sarà per il complesso dei Paesi membri dell'Unione Europea nell'ordine di un milione di miliardi di Euro. Questo investimento tiene conto della necessità di sviluppare il risparmio energetico, le energie alternative, le infrastrutture; ciò che ha più rilevanza in questa sede, la dimensione dell'investimento, dimostra di per sé che il varo di una politica energetica così concepita sia problema di dimensione europea e sia occasione per rilanciare lo sviluppo. L'energia pone in discussione la società che vogliamo costruire per le prossime generazioni.

I rapporti con i paesi produttori possono essere stabili e con orizzonte lontano solo a condizione di realizzare accordi che definiscano il contributo che l'Europa può dare allo sviluppo di questi paesi. Ciò vale tanto più per i rapporti fra l'Europa e i paesi ad essa più prossimi, in primis Russia e paesi mediterranei. La politica energetica europea ha implicazioni importanti per la politica estera e la politica di sicurezza europee.

In questo quadro, il primo obiettivo che può essere perseguito a livello europeo è la creazione di una rete integrata di gasdotti. L'investimento in questa infrastruttura avrebbe il duplice significato di avviare una politica energetica europea e di realizzare investimenti europei in grado di sostenere lo sviluppo economico. La creazione di una rete europea pone il problema del suo controllo; l'organizzazione di una authority europea con il potere di governare tale rete nel rispetto delle regole di mercato è la risposta ineludibile a questa esigenza.

La BCE è nata per fronteggiare il caos monetario e impedire la conseguente frantumazione del mercato comune. Un'authority europea dell'energia, con poteri corrispondenti a quelli della BCE, è necessaria a fronte della crisi del vecchio ordine energetico mondiale per mantenere unita l'economia europea.

L'investimento necessario per sviluppare in modo integrato la rete di gasdotti a livello europeo è realistico e al tempo stesso di dimensioni tali da costituire uno strumento di sostegno dello sviluppo economico. La tabella di seguito riportata illustra i progetti di ampliamento di corridoi di approvvigionamento via gasdotto oggi elaborati o già in via di realizzazione. L'investimento totale è dell'ordine di 24 miliardi di euro. L'integrazione fra queste reti necessita ulteriori investimenti, che incrementano ma non modificano l'ordine di grandezza dell'investimento previsto.

Questi dati debbono essere messi a confronto con i progetti dicostituzione di terminali per l'importazione di gas liquido nei paesi europei. La seconda tabella di seguito riportata indica come l'investimento ancora necessario per portare a termine la realizzazione di tutti i progetti ad oggi pianificati sia relativamente contenuto; a tale costo va anche in questo caso aggiungo l'investimento necessario per mettere in rete integrata le importazioni di GNL.

Tabella 1.
Evoluzione dei principali dati strutturali del settore del gas naturale in Europa 2010-2030

	2010	2020	2030
Domanda EU	650	766	815
Generazione elettrica	222	299	317
Industria	121	134	147
Servizi	65	70	77
Usi domestici	176	194	199
Produzione interna	266	202	163
Importazioni	385	565	652
Capacità di importazione	466	715	758
Gasdotto	346	508	508
GNL	120	207	250

Fonte: elaborazione su dati della Commissione Europea – Direzione Generale per l'Energia e i Trasporti e dell'Observatoire Méditerranéen de l'Energie

Questi dati sono provvisori; essi già consentono di fornire una indicazione strategica di importanza fondamentale. Si veda la tabella che sintetizza l'evoluzione dei principali dati strutturali del settore del gas in Europa nel periodo 2010-2030. Con un investimento significativo ma facilmente finanziabile l'Europa può dotarsi di una capacità di importazione da paesi differenti in grado di superare il fabbisogno.

L'eccedenza di capacità di trasporto del gas su una rete integrata europea porrebbe l'Europa nella condizione di superare le tensioni imputabili alla interruzione di forniture da parte di un qualsiasi paese fornitore. L'unità del mercato europea sarebbe garantita. Il potere contrattuale europeo ne risulterebbe fortemente aumentato. Gli effetti sul mercato mondiale sarebbero di importanza strategica.

Per raggiungere questo obiettivo debbono essere superati più ostacoli. Il più grave è costituito dal fatto che nessuna impresa privata europea del settore ha interesse a investire per conseguire una sovra-capacità di importazione e trasporto, nell'interesse generale europeo: non spetta alle società private farsi carico di un onere chiaramente pubblico. Altrettanto vale per i singoli paesi europei.

L'interesse generale europeo può essere perseguito solo a condizione che una istituzione europea ne sopporti l'onere. La creazione di un'authority europea dell'energia dotata di poteri adeguati può rispondere a questa esigenza. Oggi le authority nel settore dell'energia tutelano la concorrenza e controllano i prezzi a favore dei consumatori. In altri settori, le tariffe sono fissate tenendo conto degli investimenti di interesse generale realizzati dai gestori; sia sufficiente pensare alle autostrade, ove questa pratica è consolidata.

L'authority europea può essere messa nelle condizioni di orientare e sostenere gli investimenti di interesse generale, anche gestendo i prezzi sotto il proprio controllo.

Questa prospettiva costituisce una garanzia che gli investimenti programmati si realizzino, attivando un circuito virtuoso di crescita stabile che dal settore energetico si estenderebbe a tutto il sistema economico.

Sabine Urban *Lece*
Il bisogno di una Politica Europea dell'Energia (PEE)

In lingua francese, "il bisogno di" esprime contemporaneamente un'esigenza ed un desiderio. In termini meno affettivi e più politici, si potrebbe evocare i concetti di "necessità" e di "volontà".

Ad ogni modo, è attorno a questa nozione di "bisogno di" che vorrei imperniare le mie osservazioni riguardanti al tempo stesso una realtà europea di dipendenza energetica e una preoccupazione di controllo delle risorse energetiche. Il problema posto può in vari modi declinarsi attorno a tre interrogativi:

1) In cosa si fonda una Politica Europea dell'Energia (PEE)?

2) L'attuale situazione (2008) è soddisfacente?
3) In quali condizioni questa PEE è perfettibile?

Simili interrogativi lasciano intendere che per le risorse energetiche – per loro natura strategiche – un equilibrio fra offerta e domanda, a breve, medio e lungo termine, non potrebbe probabilmente esser raggiunto in condizioni accettabili sul piano socio-economico attraverso il semplice meccanismo spontaneo dei processi di scambio di un'economia di mercato. La gestione dell'energia deve infatti integrare una gran quantità di variabili, tecnologiche, economiche, demografiche, finanziarie, diplomatiche… che necessitano pertanto una riflessione ed una azione "politica". Uno dei problemi che si pone immediatamente è quello relativo al livello dell'intervento politico (quale territorio? quale sovranità? quale governance internazionale?). Tali dati preliminari (complessità ed interazione di più variabili, esitazioni circa il campo di intervento e la governance politica) sono sottostanti a qualsiasi problematica ed a qualsiasi ricerca di soluzioni relative ad una Politica Energetica Europea.

Una Politica Europea dell'Energia ha un suo fondamento?

A prima vista, la domanda può apparire sorprendente per via della gran vulnerabilità globale dell'Europa in materia energetica (certo con delle varianti a seconda del paese poiché diverse sono le situazioni nazionali: i Paesi Bassi hanno del gas, il Regno Unito del petrolio, la Francia dell'energia nucleare, ecc.).

Tale vulnerabilità dovrebbe attivare un riflesso di buonsenso, espresso nell'adagio "l'unione fa la forza", sia in materia di potere di contrattazione che in materia di ricerca di soluzioni (messa in comune di risorse per l'innovazione, la limitazione degli sprechi, l'ottimizzazione delle allocazioni).

La vulnerabilità è legata all'importanza dei bisogni energetici, largamente eccedenti le risorse naturali attualmente disponibili in Europa (petrolio, gas, uranio), all'ineludibile esaurimento delle riserve di idrocarburi (nel mare del Nord, ad esempio), alla aleatoria sicurezza del trasporto marittimo degli stessi, alla preponderanza del Medio Oriente e della Russia negli approvvigionamenti europei nonché alla conflittualità estesasi su scala planetaria per il controllo delle risorse energetiche. Di fronte a questa conflittualità mondiale, esplicita od occulta, i paesi europei, frammentati in vari Stati sovrani, gelosi della loro sovranità, non pesano granché. Dei paesi emergenti (certuni grandi per la loro massa di oltre 1 miliardo di abitanti, o grandi per l'importanza dei loro fondi "sovrani", o potenti per l'importanza delle loro riserve naturali) stanno acquisendo un potere immenso. In Europa, le reazioni a questo nuovo dato di fatto sembrano ancora fortemente contrassegnate dal peso del passato e dal ruolo in esso svolto dalla maggior parte degli Stati-nazione. Simile attaccamento allo Stato può comprendersi e spiegarsi al contempo con reazioni psico-sociologiche di identità nazionale, e con ragioni tecnologiche di controllo di una filiera industriale (sovente sostenuto da decisioni politiche nazionali, come la filiera nucleare in Francia dove si vede che il Colbertismo del XVII secolo non è morto). Dalla Seconda Guerra Mondiale in poi, gli enti pubblici, nonché le aziende controllate attraverso capitali pubblici, hanno saputo garantire la sicurezza degli approvvigionamenti, una politica di ricerca e sviluppo radicalmente innovativa, una fitta rete distributiva, un'attenta manutenzione, un accurato servizio all'utenza qualunque sia il tipo di clientela, e prezzi competitivi. Il servizio pubblico reso tiene conto delle implicazioni sociali e delle prospettive a lungo termine dell'offerta e della domanda. La politica energetica è stata condotta in modo convincente in Francia, benché questo non sia l'unico esempio emblematico in materia. È evidente che l'interesse generale viene efficacemente assicurato allorquando aziende private e pubbliche fanno convergere su di esso le loro strategie, come lo conferma un recente rapporto delle Nazioni Unite (UN, Economic and Social Affairs, Public Enterprises: Unresolved Challenges and New Opportunities, New York, 2008). Tale combinazione di forze è essenziale per condurre quei cambiamenti strutturali necessari, ma finanziariamente e tecnicamente rischiosi, bisognosi pertanto di sostegni e controlli efficaci. Si pensi al riguardo all'energia nucleare o all'energia mareomotrice, o ancora ad altre tecnologie di sviluppo sostenibile quali la geotermia profonda o l'energia solare. Le incertezze scientifiche o tecnologiche, abbinate a rischi spesso considerevoli, giustificano il fatto che le iniziative private poggino su sostegni pubblici (nazionali o regionali).

Qualsiasi decisione strategica in materia energetica non può essere presa in base a contingenze di breve periodo, tenendo conto solo di una parte dei dati e degli obiettivi, e in contesti geopolitici mal coordinati. L'economia di mercato funziona (in linea di massima in modo anonimo) essenzialmente nell'immediato o nel breve termine; il fattore tempo è preso in considerazione soprattutto allo scopo di limitare il rischio di momentanei scambisti o per facilitare operazioni speculative di natura finanziaria. Essendo l'energia un bene altamente strategico (coinvolgente la sicurezza ed il benessere delle popolazioni su di un lungo periodo), e riguardante pure le future generazioni (quindi degli attori non ancora attivi), una sua gestione interamente basata sul mercato può essere ritenuta non valida.

Pertanto, lo Stato, in quanto autorità pubblica riconosciuta ed accettata, ha potuto svolgere (in Europa a partire della fine della Seconda Guerra Mondiale) il ruolo comunemente accetto di organo decisore e di arbitro. L'accettazione di tale ruolo è oggi dibattuta (salvo in periodo di crisi in cui tutti gli attori sono portati ad implorare l'aiuto dello Stato!) per vari motivi, fra i quali la complessità della vita socio-economica (non facilmente gestibile dal centro), la globalizzazione (che ha conosciuto una forte accelerazione da venti anni a questa parte) e la creazione di grandi entità "regionali", quali l'Unione Europea, esitante fra l'essere un'organizzazione intergovernativa o sovranazionale, o più semplicemente un raggruppamento di attori economici. Si è andata fortemente affermando a partire della fine del XX secolo una visione mercantilistica della vita sociale, con privatizzazione dei profitti e socializzazione delle perdite, ed un'ideologia neoliberale sfrenata ha trovato applicazione in maniera incontrollata.

Gli Stati sono essi stessi divenuti attori del mercato (in concorrenza fra loro su segmenti quali la fiscalità, la flessibilità del mercato del lavoro, il Welfare State, ecc.) A tale titolo, gli Stati non nascondono il loro atteggiamento egocentrico, come ebbe modo di dire senza ipocrisia Margaret Thatcher, allora primo ministro del Regno Unito, con la formula, rimasta celebre, *I want my money back*, espressione che nel 2008 potrebbe essere messa in bocca a molti governanti europei.

La crisi istituzionale scaturita dal "No" francese, olandese, irlandese – fra l'altro, forse – non fa che confermare un vero e proprio disamore dei cittadini europei nei confronti di una politica burocratica che non è né statale né sovranazionale, ma che è in ogni modo compresa e vissuta male. Burocrati e politici hanno in questo caso una pesante responsabilità, come tale percepita dai cittadini che ne contestano la credibilità. La fiducia, tanto importante nell'esercizio dei rapporti sociali ed interpersonali, ne esce intaccata. Le decisioni del tipo *top down*, malamente illustrate, spesso attuate con maldestra arroganza, non "passano". L'Europa è varia e gli europei esigono il rispetto di questa varietà secondo uno spirito veramente democratico che non colgono nel termine un pò misterioso di "sussidiarietà", ben radicato nella testa dei tedeschi, ma non altrettanto in quella di altri popoli. Spetta ai rappresentanti eletti ed alle istituzioni stimolare il "desiderio" di Europa. Simile intervento dovrebbe fondarsi su di un'ampia politica di comunicazione e informazione.

A fronte di questa realtà inconfutabile, che fare? Cosa proporre? Il campo è aperto ad iniziative di qualsiasi ordine, *bottom up* (che partono dalla base) e *top down* (calate dall'alto). Vero è che il presente si costruisce su basi accettate con convinzione dalla maggioranza dei cittadini (almeno in democrazia).

Le politiche energetiche condotte oggi in Europa portano ad una situazione soddisfacente?

In generale, una politica può essere apprezzata, da un lato per gli obiettivi che si prefigge, dall'altro per i conseguimenti che ottiene.Quanto ad obiettivi, le poste in gioco e le velleità sono piuttosto chiaramente espresse dalle istanze europee, e sembrano scaturire da un consenso emergente. I dibattiti in corso pongono l'accento su tre aspetti fondamentali:

- assicurare la sicurezza energetica attraverso la produzione endogena di risorse energetiche, l'accesso a risorse esterne, la relativa sicurezza dei canali logistici di approvvigionamento;

– condurre una politica energetica secondo l'idea di uno "sviluppo sostenibile", rispettoso delle risorse ambientali e delle condizioni di vita delle future generazioni;
– garantire un approvvigionamento e dei prezzi energetici "competitivi", senza mettere in pericolo il futuro delle imprese (creatrici di valore, nel senso ampio del termine, superando il concetto di *shareholders' value*) e degli spazi territoriali europei.

Le priorità sopra esposte difficilmente sono contestabili nella loro essenza; esse corrispondono a sfide incontrovertibili. L'Europa è povera di risorse energetiche proprie, mentre è bulimica nei suoi consumi energetici. Politicamente, l'Europa non domina più il mondo e non è più in grado di controllare i suoi approvvigionamenti energetici, essendo mondiale ed aspra la concorrenza in questo campo. I fenomeni relativi ai cambiamenti climatici, studiati ormai in modo scientifico, lanciano un allarme sulle emissioni di gas ad effetto serra, sulle emissioni, quindi, di CO2 essenzialmente legate al consumo di energia di origine fossile. La concorrenza in tutti i campi della vita socio-economica è certo stimolante, ma anche devastante al di là di una certa soglia, e fortemente falsata dai potenti giochi di lobbying, per definizione molto lontani dall'interesse generale.

Circa il conseguimento di una politica energetica europea, i risultati appaiono molto modesti e legati ad ambizioni nazionali ancora ampiamente dominanti nel settore energetico. Senza dubbio si può ragionevolmente ritenere che la crisi molteplice (finanziaria, economica e sociale) e globale che attualmente viviamo dimostrerà che la cooperazione fra gli attori macro-economici si impone nell'attuale contesto. La solidarietà subita per gli effetti negativi della crisi può generare una positiva solidarietà attiva.

L'iniziale progetto comunitario riconosceva l'importanza di una politica europea comune, visto che il Trattato istitutivo della Comunità Europea del Carbone e dell'Acciaio (CECA) del 1951 precorre il Trattato di Roma del 1958. All'epoca il carbone costituiva la base dei consumi energetici europei. Il comune controllo delle risorse energetiche era visto come fonte di pace fra gli Stati membri. Impossibile la guerra senza un controllo energetico. Eppure, il Trattato CECA perse la sua importanza man mano che gli idrocarburi sostituirono il carbone; svuotato di ogni sostanza, non venne rinnovato nel 2002.

Contemporaneo del Trattato di Roma, il Trattato istitutivo della Comunità Europea per l'Energia Atomica (EURATOM), firmato a Roma il 25 marzo 1957, era originariamente molto ambizioso, in quanto inteso ad organizzare la nuova filiera elettronucleare. Varie ragioni possono spiegare un semi-fallimento collettivo. L'energia nucleare verrà alla fine sviluppata separatamente solo in alcuni Stati membri, e su basi prettamente nazionali. Il contesto nazionale persiste e l'attività nucleare continua nel 2008 ad essere poco consensuale.

A seguito della marginalizzazione della CECA e dell'EURATOM, l'Europa si trova oggi di fronte all'assenza di basi giuridiche specifiche, come analizzato dal Rapporto Montesquieu (marzo 2006, Parigi, Senato). Finora, le misure comunitarie prese in campo energetico sono state adottate in base alla "clausola di flessibilità" generale prevista dall'art. 308 del Trattato di Roma, con decisioni necessariamente prese all'unanimità.

Il progetto di trattato per una Costituzione dell'Europa intendeva per contro consolidare la base giuridica di una politica europea dell'energia (art.1-14 specificante i campi di competenza suddivisi tra l'Unione e gli Stati membri). Attualmente, e fino a nuovo ordine, occorrerà accontentarsi delle possibilità offerte dal Trattato di Nizza, quelle sulla cooperazione rafforzata, suscettibili di segnare un'utile tappa. In assenza di volontà politica, a dominare è il mercato.

Bisogna superare questo stato di cose. Il mercato non ha una sua visione politica o un senso del bene comune. Il credo politico non può riassumersi in una formula del tipo "occorre liberalizzare la domanda (contro i monopoli imposti ai consumatori nei vari paesi) e stimolare la concorrenza sul lato dell'offerta". Le direttive in materia di elettricità e gas ne sono un esempio. Di fatto, i mercati restano ampiamente monopolistici e compartimentati. Le asimmetrie a livello di apertura dei mercati incidono sul funzionamento del mercato interno. Fin qui, la liberalizzazione del gas e dell'elettricità ha soprattutto accelerato la concentrazione del settore nelle mani di alcuni grandi gruppi, che continuano peraltro ad intascare i dividendi provenienti da economie esterne essenzialmente nazionali.

In definitiva, si può sottolineare che l'energia non è davvero oggetto di un approccio globale a livello europeo. Direttive tecniche parziali e frammentate così come uno sforzo di ricerca ancora modesto non costituiscono l'ossatura di una PEE; questa rimane allo stato embrionale, malgrado degli slanci di consapevolezza espressi da tre Libri Verdi: nel novembre 2000 sulla sicurezza degli approvvigionamenti, nel giugno 2005 sull'efficacia energetica (ovvero "Come consumare meglio con meno"), e nel marzo 2006 sulla PEE. In quest'ultimo Libro Verde, la Commissione si propone di completare il mercato interno dell'energia, di far adottare una "road map" per le energie rinnovabili e le tecnologie ad alto rendimento energetico, e sottolinea la necessità di una politica energetica estera comune (che consentirebbe all'UE di esprimersi con una sola voce sulla scena internazionale).

Restano da individuare le modalità per acquisire credibilità!

In quali condizioni è possibile far progredire una vera politica energetica europea?

È indubbio che questa PEE non potrà essere attuata dal mattino alla sera, ma si può sin d'ora stimolarne la realizzazione procedendo per tappe. Le tappe possono essere organizzate:

- vuoi per tipo di prodotto (gas, petrolio, carbone, energia nucleare, energie rinnovabili) immaginando quindi delle politiche comuni o coordinate settoriali;
- vuoi procedendo in modo frammentato, immaginando delle politiche comuni o coordinate fra alcuni paesi che si candidano volontari, che sono motivati e pronti ad aprire nuove vie;
- vuoi attuando delle politiche funzionali o operative comuni, quali dei programmi di R e S per nuove energie, l'investimento in reti di distribuzione condivise o la formazione di competenze umane adeguate.

Per l'Europa, due sono i principali problemi che si pongono in materia di politica energetica: quello della credibilità e quello dell'efficienza.

Il problema della credibilità è legato a quello delle istituzioni e della governance europea.

In questo campo, l'Europa segna il passo, non solo dopo il No irlandese. Ricordiamo, a mò di esempio, che l'ultimo Libro Verde pubblicato dalla Commissione Europea porta la data dell'8 marzo 2006. Già il 24 marzo 2006, la riunione dei Capi di Stato e di governo fornisce una risposta molto ambivalente: da un lato, i suddetti Capi approvano le proposte della Commissione, ma dall'altro molti paesi confermano la posizione assunta secondo cui l'UE non deve interferire nella loro sovranità nazionale, specie per quanto concerne la scelta del loro "bouquet energetico" (subordinato alle diverse risorse dei paesi nonché ai vantaggi e svantaggi attribuiti alle diverse fonti di energia a fronte della sicurezza degli approvvigionamenti o della lotta contro il riscaldamento climatico).

Pertanto, si interviene con un accordo solo in ambiti molto circoscritti (una comune strategia contemplata per gestire situazioni di crisi "in uno spirito di solidarietà"; la promozione di mercati regionali per il gas e l'elettricità in seno all'UE; lo sviluppo di interconnessioni elettriche per conseguire "almeno il 10% della capacità produttiva degli Stati membri"; l'intenzione di aumentare al 15% l'incidenza delle energie rinnovabili e all'8% quella dei biocarburanti da qui al 2015). L'idea di un unico regolatore energetico europeo è stata giudicata prematura, quindi respinta. Non è dunque una "politica" energetica europea a profilarsi, bensì, eventualmente, un processo di "coordinamento" delle politiche energetiche nazionali.

"Coordinare elementi sparsi fra 28 nazioni senza una comune visione strategica lascia perplessi. Dove può allora collocarsi una politica comune di interesse generale?".

L'attuale Europa istituzionale dimostra di riconoscere che occorrerebbe agire uniti, ma di non saperlo fare. L'armonizzazione fiscale non procede, come pure l'armonizzazione sociale, la politica industriale, ecc. A forza di flirtare col minimo comun denominatore per decidere, il governo europeo, privo di una leadership convincente, alimenta l'euroscetticismo. Il disaccordo fra "élites" e popolazione è ormai flagrante. Occorre porvi rimedio. Bisogna che anche l'Europa rilanci lo slogan vincente del neo eletto presidente americano, Barack Obama, "Yes, we can!".

Hubert Védrine, ex ministro degli Affari Esteri francese, ha con fermezza reagito al languore di alcuni responsabili politici e burocrati europei che si accontentano di declinare una sorta di liturgia per iniziati (Le Monde, 20 giugno 2008, p. 21). Non si può non approvare quanto dice. "È urgente evitare nuovi marchingegni istituzionali europei e mobilitare l'Unione sull'essenziale". Precisa il suo pensiero col ritenere che: *"L'Unione (Europea) ha bisogno di agire e avviare nuove politiche. Come? Occorrerà fare una chiara distinzione fra integrazione (i popoli si fondono e si affidano all'Europa) e costruzione (i popoli mettono in comune la loro volontà di agire insieme). L'integrazione è stata a lungo prospettata come l'unica via legittima, ma non è più percorribile in futuro: non appena ne hanno l'opportunità, i popoli votano contro. In compenso, non vi è opposizione alle politiche comuni ed ai progetti. E tragico? [...] Non sono le inadeguatezze del trattato ad impedire l'adozione di una politica energetica comune, bensì i disaccordi di fondo sulla Russia, il nucleare, la separazione fra produzione e distribuzione [...] Ciò che occorre è l'affermazione da parte dei Ventisette di una forte volontà comune su di una priorità: la salvaguardia degli interessi degli Europei rispetto alla globalizzazione, facendo dell'*UE *un polo regolatore nei confronti della globalizzazione selvaggia. Il che può significare: politica comune per l'energia, l'ambiente, la ricerca; proposte di regolazione finanziaria e di riforma delle istituzioni internazionali (nuove proposte per l'Organizzazione Mondiale del Commercio, il Fondo Monetario Internazionale, l'Organizzazione per la Cooperazione e lo Sviluppo, ecc.); strategia a lungo termine nei confronti dei paesi emergenti, ecc. Ciò va spiegato e deve vedersi. Il momento è adatto: ovunque, anche negli Stati Uniti, vi è un'accettazione nuova, quasi un desiderio di regole. Tutto può e deve essere intrapreso senza attendere un trattato migliore.*

La parola chiave è "costruzione": tentiamo di costruire insieme, in Europa, un comune progetto di politica energetica, con chi ha la volontà di operare assieme. Ciò va affermato con forza e deve avere visibilità. La realtà sociale è un costruire: esige volontà, entusiasmo, spiegazioni, comunicazione, mobilitazione. Dal momento che gli obiettivi sono precisi, tutto diventa prontamente fattibile e credibile.

La logica del muoversi, dell'impegnarsi paga, a condizione di dar prova di talento didattico e di forza di convinzione. La maggioranza dei cittadini europei è oggi sensibilizzata al ruolo dell'energia, al suo prezzo, alla riduzione degli sprechi. È aperta a progetti che mobilitino.

È questa caratteristica che occorre imprimere alla PEE.

Dal momento in cui vi è volontà politica e credibilità, l'efficienza del progetto è faccenda che spetta ai "tecnici", inglobando nel termine ricercatori, scienziati, ingegneri, uomini di finanza, psicosociologi, organizzatori, comunicatori, ecc., tutti abituati a risolvere problemi dando prova di immaginazione e metodo (dal momento che hanno un preciso mandato!).

Già esistono piccoli esempi organizzativi od operativi, ancora assai poco noti, quali:

- l'European Energy Network, il cui scopo è di rafforzare la cooperazione tra i suoi membri (23 paesi) nel campo dell'efficienza energetica e delle fonti di energie rinnovabili;
- Energie Cities, associazione di autorità locali per una politica energetica sostenibile (21 paesi europei membri), che intende sviluppare iniziative e scambi di esperienze, trasferimenti di know-how e il montaggio di progetti (locali) comuni;
- Business Europe (accordo firmato quest'anno a Parigi);
- l'istituzione di Certificati bianchi (in particolare, in Italia e nel Regno Unito) con l'obbligo di realizzare risparmi energetici imposto dai pubblici poteri a fornitori e distributori di energia.

L'auspicato instaurarsi di una partnership strategica con la Russia rimanda, peraltro, ad un'altra dimensione del problema, al contempo economica e politica, ed evidenzia il ruolo delle grandi aziende internazionali. Gazprom è divenuta una grande impresa internazionale "autonoma", ma è e rimarrà uno strumento cruciale di potenza al servizio della Russia (vedasi Géopolitique, Rivista trimestrale dell'Istituto internazionale di Geopolitica, marzo 2008, dedicata alla Russia). Rispetto alla Russia, ricca di risorse energetiche, i paesi dell'Unione Europea quali la Germania, la Francia, la Gran Bretagna, la Polonia, i Paesi baltici, agiscono in modo molto personale, ognuno per sé. L'Europa non ne esce vincente.

Più in generale, nel campo energetico, grandi aziende europee quali EDF, GDF-Suez, AREVA, Alstom, Siemens, ENEL, RWE, ed altri ancora, svolgono un ruolo di primordine, ma si tratta di un'economia di mercato addossata ai poteri politici nazionali. In campo finanziario, la Banca Europea d'Investimento (BEI) svolge un ruolo (ancora modesto) di coordinazione, ma finalmente molte possibilità progettuali si profilano. La presidente di AREVA, Anne Lauvergeon, richiama al riguardo "un'adeguata razionalità collettiva".

In futuro, una delle sfide consisterà nel preservare la diversità delle strutture organizzative, e più in particolare la flessibilità creativa della periferia, accanto ad una certa autorità coordinatrice al centro.

L'Europa non è un monolite né ha vocazione a divenirlo. Per contro, nuovi partenariati Aziende-Istituzioni finanziarie-Pubblici poteri possono inaugurare un "nuovo capitalismo", da molti auspicato, inteso a combinare interessi individuali e rispetto delle esigenze collettive del vivere in società. Dei precisi progetti politici europei contribuirebbero a dare un senso a questo concetto.

Virgilio Dastoli
Direttore dell'Ufficio Rappresentanza della CE

Vorrei fare i miei complimenti a questa iniziativa del CNEL, del CIME e della LECE su un tema così importante a poche settimane dal Consiglio Europeo dell'11-12 dicembre che, fra i vari temi, affronterà anche quello dell'energia e del cambiamento climatico.

È un'occasione per la quale sia la Commissione che la Presidenza francese del Consiglio Europeo insistono affinché si arrivi a un accordo definitivo, sul quale si sta negoziando soprattutto fra il Parlamento Europeo e il Consiglio dei Ministri.

Il Presidente Barroso e il Presidente Sarkozy hanno entrambi insistito sulla necessità e sull'urgenza di un accordo e non sul suo eventuale rinvio che sarebbe drammatico per gli interessi dell'Unione Europea.

Cercherò di essere relativamente breve approfondendo la parte che riguarda il tema del Convegno – *il problema delle reti* –, esprimendo già all'inizio il mio consenso sugli elementi essenziali del Documento che è stato preparato dal CNEL e dal CIME. In particolare, mi sembra molto interessante l'idea di utilizzare uno strumento che ancora non è mai stato utilizzato tecnicamente.

Abbiamo esperienze che hanno ispirato la "*Cooperazione Rafforzata*", ma né l'Euro né Schengen hanno ispirato questo strumento che è previsto in maniera più precisa e più efficace nel Trattato di Lisbona.

Speriamo tutti che il Trattato di Lisbona possa entrare in vigore il più rapidamente possibile in modo tale che anche questo strumento possa diventare operativo.

Nel Trattato di Lisbona c'è anche un articolo che fa riferimento alla *solidarietà* in materia energetica: tutti sappiamo quanto abbiamo bisogno di questo strumento scritto e descritto nel Trattato di Lisbona, e il Consiglio Europeo sarà chiamato a prendere queste decisioni. L'Unione Europea lavora in questa prospettiva in una situazione di ampio consenso.

Il Parlamento Europeo ha espresso, attraverso la sua Commissione Ambiente, un sostegno forte alle decisioni che erano state prese dal Consiglio Europeo, quelle che vanno sotto il nome di *"20-20-20"*.

Anzi, la Commissione Ambiente ha ulteriormente rafforzato e irrigidito le proposte fatte dalla Commissione Europea.

Devo dire che, sia nell'ultimo sondaggio fatto sul tema del cambiamento climatico, sia attraverso espressioni di vari ambienti importanti in Europa, c'è un sostegno forte a questa prospettiva.

L'ultimo consenso è venuto il 5 novembre dalla riunione a Parigi del *BusinessEurope* che raccoglie tutte le organizzazioni confindustriali esistenti in Europa.

BusinessEurope in una dichiarazione dice che continua a supportare l'obiettivo dell'Europa del 2020 sui cambiamenti climatici, annoverando il cambiamento climatico come una delle maggiori sfide del nostro tempo mediante la riduzione delle emissioni di gas da parte dell'industria.

Questa decisione del *BusinessEurope* è stata poi presentata dalla stampa italiana e dai media in maniera leggermente diversa rispetto all'Accordo siglato a Parigi.

Noi andiamo avanti in questa direzione.

Riteniamo che il trittico – 1) risparmio energetico, 2) aumento delle fonti rinnovabili alternative e 3) efficienza energetica nella scadenza del 2020 – sia essenziale e urgente. È da anni che si lavora in questa direzione, non soltanto attraverso il Protocollo di Kyoto.

Ci sono degli Stati che hanno agito soprattutto nella direzione della riduzione delle emissioni gassose nell'aria. Se vedete i dati, dal 1990 al 2005, mediamente, i paesi membri dell'Unione Europea (e in particolare non è marginale ricordarlo "i *nuovi* paesi") hanno agito per ridurre le loro emissioni gassose nell'aria. Purtroppo l'Italia, in questi 15 anni, si è mossa in controtendenza, nel senso che l'insieme delle emissioni gassose in Italia è aumentato tra il 1990 e il 2005, il che rende il negoziato e i possibili accordi di alleanze – all'interno dei 28 – più complicati. Ad esempio, i paesi della nuova Europa hanno interesse che si prenda come punto di riferimento il 1990, avendo loro diminuito le emissioni gassose fra il 1990 e il 2005; l'Italia invece – che le ha aumentate – ha interesse che si prenda come riferimento il 2005 essendo per l'Italia più facile evidentemente ridurre le sue emissioni gassose da qui al 2020 e rapportandosi quindi al 2005!

Come voi sapete, su questa questione c'è stata una discussione fra la Commissione Europea e il Governo italiano.

La Commissione Europea basa il suo giudizio su un rapporto nel quale vengono indicati alcuni scenari, il peggiore dei quali è quello in base al quale i paesi membri non rispettino gli obiettivi che sono stati indicati. Evidentemente, se questo dovesse avvenire, i costi che dovranno essere pagati dai paesi che si mettessero in controtendenza rispetto alla *mission* dell'Unione Europea sarebbero più elevati.

Nello stesso documento della Commissione ci sono altri scenari, il migliore dei quali è quello in base al quale i calcoli e i costi sarebbero pagati in una situazione in cui gli Stati dovessero appunto rispettare gli obiettivi indicati dall'Unione Europea.

Allora, se questi sono i dati riportati nel Rapporto presentato dalla Commissione Europea, secondo i calcoli della Commissione stessa il costo per l'Italia sarebbe non dell'1,14% del PIL ma dello 0,66% del PIL, con un costo in euro di circa 8 miliardi all'anno; quindi una valutazione diversa rispetto a quella che è stata fatta dal governo italiano.

Questo lo volevo precisare perché è proprio uno degli elementi su cui si è aperta la discussione fra la Commissione Europea e il governo italiano.

Speriamo e contiamo sul fatto che al Consiglio Europeo di dicembre si possa raggiungere un accordo politico fra i Capi di Stato e di Governo che tenga conto del risultato negoziale fra il Parlamento Europeo e il Consiglio Europeo poiché per alcune di queste materie si agisce nell'ambito della procedura di co-decisione.

Viviamo in Europa in una situazione analoga a quella di un condominio con 28 appartamenti. Normalmente in un palazzo con 28 appartamenti c'è un amministratore del condominio che negozia (a nome dei 28 condomini) con una società che fornisce al condominio l'energia per il riscaldamento di tutto il palazzo.

Naturalmente, negoziando l'amministratore a nome dei 28, il prezzo che egli ottiene dalla società che fornisce energia per il riscaldamento è un prezzo inferiore rispetto alla possibilità invece che ciascun condomino negozi con società diverse per ottenere l'energia per il riscaldamento.

L'Europa è proprio questo. Noi siamo 28 condomini e ognuno negozia per conto proprio.

Certo, i 28 condomini autorizzano il povero Andris Piebalgs *(Commissario Europeo per l'Energia)* a girare per l'Europa a nome dell'Unione Europea.

Andris Piebalgs è andato recentemente in Turchia, in Azerbaigian e in Russia negoziando nell'interesse – non della Commissione – ma dell'Unione Europea nel suo insieme.

Dopo di che, quando Piebalgs parte, arrivano nelle stesse capitali i rappresentanti dei singoli paesi in una situazione in cui ciascuno negozia per conto proprio! Voi vi rendete conto della situazione di schizofrenia e di debolezza in cui si trova l'Unione Europea.

In un recente articolo apparso su *Die Zeit* che si intitola *L'Europa guarda nel vuoto* – che vi consiglio di leggere perché questo genere di articoli non si legge sulla stampa italiana – noi vantiamo questa situazione.

E, se noi siamo in questa situazione, è evidente che non andremo da nessuna parte: continueremo ad essere dipendenti da chi ha il monopolio della vendita del gas, come la Russia e l'Algeria ad esempio, in una situazione anche abbastanza complicata.

Abbiamo avviato una procedura di liberalizzazione, nel mercato interno, mentre all'esterno abbiamo una situazione in cui non ci sono soltanto delle soluzioni di monopolio, ma addirittura di Monopolio di Stato come quelle in Russia e in Algeria.

Fra l'altro, come voi forse saprete, i russi hanno cominciato a negoziare con gli algerini a formare un unico *pacchetto*. Quindi, da una parte c'è l'Algeria, dall'altra c'è la Russia e, se noi non acceleriamo i nostri negoziati con i russi e con gli algerini, ci troveremo chiusi in una tenaglia fra Russia e Algeria.

È necessaria una politica energetica comune, tuttavia non semplice, specialmente nella situazione in cui ciascuno ritiene di dover fare per conto proprio.

È abbastanza stravagante fra l'altro il fatto che la Comunità Europea sia nata avendo come primo obiettivo quello dell'energia. Allora l'energia era proveniente dal carbone. La politica energetica tuttavia fino ad ora non è mai stata inscritta come competenza nei trattati. Lo sarà in parte nel Trattato di Lisbona. Ci troviamo in una situazione in cui purtroppo la Commissione Europea ha competenza per quanto riguarda il mercato interno, ma non ha competenze per quanto riguarda la politica estera, sapendo noi tutti quanto la politica energetica sia ormai diventata una componente essenziale della politica estera. Quindi, se le due cose non vengono viste insieme, non arriveremo da nessuna parte!

La Commissione Europea ha presentato il 13 novembre il Secondo Pacchetto di revisione della strategia energetica, dopo il Primo Pacchetto, che tiene conto di tutti gli obiettivi che sono stati indicati e che vi ho ricordato prima.

L'Unione Europea la possiamo paragonare a un tenore lirico.

Ora bisogna vedere le qualità di questo tenore. Voi sapete che una delle *pipeline* principali sulle quali l'Unione Europea intende investire si chiama *Nabucco*. È un Progetto che dovrebbe percorrere 3.300 chilometri, cioè un percorso considerevolmente lungo. Il tenore dell'Unione Europea rischia di concludere il suo canto con "*una stecca*" se non riusciremo ad avere una politica energetica comune.

In questo quadro, il 13 novembre la Commissione Europea ha presentato delle sue proposte.

Vi invito a leggere la nuova revisione che è stata fatta e che contiene cinque obiettivi essenziali:

1) realizzare delle infrastrutture – o almeno lavorare ancora di più – investendo e rafforzando quelle che riguardano sia le infrastrutture interne, perché noi abbiamo il problema di mettere "*a rete*" i nostri sistemi tra i nostri paesi, sia le infrastrutture che riguardano le nostre relazioni con i paesi terzi;
2) sfruttare le risorse energetiche interne, cioè investire molto di più nelle energie rinnovabili e alternative per le quali non dipendiamo dall'estero;
3) maggiore spazio alla solidarietà, compresi i meccanismi di crisi anche per le scorte petrolifere, dopo l'esperienza che abbiamo fatto due anni fa quando c'è stata la crisi fra la Russia e l'Ucraina;
4) migliore efficienza energetica, che evidentemente è essenziale;
5) maggiori rapporti fra "politica energetica" e "relazioni internazionali".

Questo è il Pacchetto delle proposte presentate dalla Commissione, conformi del resto agli orientamenti adottati più volte dal Consiglio Europeo.

In questo quadro, troviamo il nuovo Libro Verde della Commissione per quanto riguarda le reti.

Dal punto di vista interno, per quanto riguarda le reti lavoriamo secondo tre elementi essenziali: a) l'interconnessione, b) l'inter-operabilità e c) lo sviluppo delle reti trans-europee per il trasporto di gas ed elettricità.

Lavoriamo evidentemente nel quadro delle misure adottate dalla Commissione per la realizzazione del Mercato Interno, nell'ambito delle quali si inseriva la proposta della Commissione di separare i gestori dai produttori (quello che in inglese viene definito *unbundling*).

La Commissione ritiene che il sistema dell'*unbundling* sarebbe stata una buona cosa. Come voi sapete, il Consiglio dei Ministri ha raggiunto un compromesso nel quale si mantiene il principio della *separazione* della gestione dalla produzione, ma si accetta ANCHE il principio secondo cui il proprietario potrebbe essere lo stesso, salvo accettare l'obbligo che, all'interno della stessa sua società, ci sia una separazione tra la *gestione* e la *produzione*.

È un compromesso a mezza strada, secondo noi, con rischi evidenti, non avendo accettato la proposta della Commissione dell'*unbundling* sostenuta dal Parlamento Europeo.

Sul Libro Verde sulle reti, come la Commissione fa ormai da tempo, abbiamo avviato una consultazione che scadrà il 31 marzo del 2009. Il testo del CNEL e del Movimento Europeo può già essere in qualche modo una risposta alla consultazione avviata dalla Commissione.

Nel Libro Verde ci sono alcuni progetti prioritari indicati per rafforzare la nostra sicurezza:

il piano di interconnessione Baltico;
i nuovi operatori di gas del Sud;
il *Progetto* LNG, cioè il gas naturale liquefatto;
l'Anello Mediterraneo;
il trasporto fra Nord e Sud, con particolare riferimento alle società di garantire la sicurezza dell'approvvigionamento nei paesi dell'Europa Centrale e Sud-orientale; e il sistema nel Mare del Nord.

Accanto a questi progetti, una cosa che non è citata nel Libro Verde è che noi dobbiamo garantire, non soltanto il trasporto nelle reti tra il Nord e il Sud, ma in futuro anche la possibilità di un trasporto fra l'Ovest e l'Est. Qualche volta ci possono essere delle crisi in cui l'Ovest dovrebbe cercare di rafforzare il suo sistema di solidarietà con l'Est. Da qui l'importanza dell'Articolo del Trattato di Lisbona che prevede il *principio della solidarietà*, il cui carattere vincolante non è poi così forte.

In questo Libro Verde della Commissione, presentiamo all'opinione pubblica una serie di domande sulle quali ci attendiamo che ci vengano date delle risposte, in modo tale da consentire alla Commissione l'anno prossimo – una volta terminata la consultazione – di proporre delle misure che consentano di rafforzare il sistema a rete della Commissione.

Domande contenute nel Libro Verde della Commissione Europea:

Quali barriere esistono perché tutto quello di cui ha bisogno l'Europa non sia realizzato?

Sulla base del principio della sussidiarietà, cosa occorre fare a livello nazionale, regionale e locale?

Cosa deve esser fatto invece a livello europeo?

Che cosa giustifica eventualmente l'intervento dell'Unione Europea?

La risposta a questa ultima domanda ci permetterà di fare delle proposte che effettivamente inglobino il principio di sussidiarietà, il quale indica che deve intervenire l'Unione Europea e che non devono intervenire gli Stati nazionali.

Quale attività importanti devono essere previste dall'Unione Europea?

In particolare, ad esempio, se l'Unione Europea deve anche facilitare la creazione di infrastrutture non soltanto al suo interno ma anche tra l'Unione e i paesi terzi, tenendo conto che purtroppo le risorse finanziarie dell'Unione sono le limitate. Anche le nostre capacità di intervento per gli investimenti, in particolare per la costruzione di nuove *pipeline*, sono limitate.

E qui apro una parentesi a titolo personale: bisognerebbe rilanciare l'idea che fu di Spinelli, poi di Delors e più recentemente di Tremonti, di poter emettere gli Eurobond che consentano di fare investimenti laddove il bilancio comunitario pecca o difetta.

In particolare occorrono interventi per quanto riguarda l'efficienza dell'impatto della rete interna dell'Unione Europea. Se questa rete deve essere estesa anche al petrolio, alle nuove reti per il CO_2, al biogas e altre forme.

Ultima domanda: quali sono le altre priorità di cui si debba dotare l'Unione Europea, in particolare per quanto riguarda la capacità di intervento dello strumento di solidarietà?

Tutte queste sono le domande contenute nel Libro Verde della Commissione, di cui vi consiglio la lettura, perché a partire da queste abbiamo avviato la consultazione che si concluderà il 31 marzo.

E da questa consultazione pensiamo che l'Unione Europea possa intervenire per aiutare gli interessi dell'Unione stessa.

Voi capite da tutto questo e da tutto quello che l'Unione Europea e la Commissione hanno fatto finora che l'Unione non è un intralcio burocratico (come qualcuno dice), ma ha un valore aggiunto per consentire ai nostri paesi di difendere meglio e in maniera più efficace i loro interessi strategici.

In questo quadro si colloca la strategia dell'Unione per quanto riguarda la politica energetica.

Speriamo di non concludere questo canto con una stecca, ma speriamo invece di lavorare in una logica di condominio nel quale gli interessi comuni vengono gestiti in comune e vengono rappresentati da un solo interlocutore e non da 28 interlocutori che *"cantano con uno stile un po' cacofonico!"*.

Edgardo Maria Iozia
VicePresidente della Sezione TEN del CESE

Consentitemi di ringraziare il Presidente Prof. Antonio Marzano, Presidente del CNEL, per il cortese invito rivoltomi a parteciparea questo convegno, ma anche i due "registi" di questa iniziativa, i due cari amici Raffaele Vanni, decano del CNEL, che conosco da sempre e Vincenzo Gervasio, con il quale ho avuto il piacere di lavorare insieme a Bruxelles, in una esperienza molto positiva sul tema dell'efficienza energetica.

Un tema che ritorna prepotentemente sulla scena dopo le due comunicazioni appena rilasciate dalla Commissione Europea, il 2° SEER, il secondo riesame strategico delle politiche energetiche europee e dall'OECD-IEA con il World Energy Outlook 2008.

Il titolo della Comunicazione della Commissione è emblematico: "Un piano d'azione europeo per la sicurezza, la solidarietà e l'efficienza in campo energetico".

Il pacchetto di proposte prevede come priorità principale la realizzazione delle direttive per combattere il cambiamento climatico, gli obiettivi 20-20-20, di riduzione delle emissioni, di quota di rinnovabili, di efficienza energetica. Il Consiglio e il Parlamento nelle prossime settimane saranno chiamati ad approvarlo, insieme al terzo pacchetto energia e gas, che tante discussioni ha provocato in particolare sulla separazione della proprietà delle reti di distribuzione nella filiera del gas, ma in alcuni Paesi anche di quella elettrica. A Bruxelles la battaglia è stata durissima, ma dalle informazioni che disponiamo l'accordo viene dato per vicino, anche se sembra con un compromesso che separa solo le attività ma non la proprietà.

Questo convegno, credo sia il primo in assoluto programmato a ridosso della Comunicazione, apre la strada ad un dibattito che si farà sempre più stringente: come realizzare gli obiettivi europei, in particolare per quello che riguarda la sicurezza dell'approvvigionamento, le relazioni internazionali, le infrastrutture dei corridoi TEN-E?

Come coniugare interessi vitali nazionali, che hanno visto moltiplicarsi il bilateralismo tra Paesi produttori e imprese acquirenti, con la necessità di una politica più forte, più incisiva che si potrebbe realizzare se l'Unione Europea parlasse con una sola voce? Come garantire la gestione di possibili crisi nella fornitura di gas senza un coordinamento per le scelte logistiche relative all'ampliamento delle riserve strategiche, alla costruzione di terminal per il Gas Liquefatto Naturale e dei relativi gassificatori? Come realizzare le interconnessioni e la gestione di contratti a lungo termine con i produttori e con le autorità dei paesi di transito?

Che cosa manca perché questo si realizzi? L'Unione ha le idee chiare e si rende conto che l'insieme delle politiche di lotta al cambiamento climatico, di sicurezza di approvvigionamento mantenendo la competitività economica per il sistema produttivo europeo non sono realizzabili senza un grande e coordinato sforzo comune. Si può dire altrettanto degli Stati Membri? Forse se ne rendono conto anche loro, ma nell'Europa di oggi prevale l'egoismo nazionale sulla solidarietà, contano gli interessi di bottega, la salvaguardia dei piccoli o grandi monopoli che fanno il loro mestiere: cercano di sfruttare la loro rendita di posizione per quanto più tempo possibile. È ovvio che non si può chiedere a nessuno di sacrificare i propri interessi nazionali. C'è però una tendenza paneuropea ad identificare quelli di bottega con quelli nazionali. Su questo l'Europa è unita!

L'Unione Europea rilancia con più convinzione rispetto al passato il tema dell'efficienza energetica. L'aggiornamento della direttiva 2002/91 nota con l'acronimo EPBD (Energy Performance Building Directive), che oltre a ricomprendere tutti gli immobili nel suo ambito (finora il 72% ne era escluso) rafforza il ruolo dei certificatori e degli ispettori; la valutazione del Piano d'Azione sull'Efficienza Energetica che sarà realizzata nel 2009 e per la quale il CESE si attende misure più stringenti di quelle facoltative previste dalla 2006/32. A differenza delle nuove direttive in materia energetica la direttiva sull'efficienza energetica pone degli obiettivi non obbligatori. Se uno stato membro non realizza gli obiettivi non succede proprio nulla. Con Ulpiano "nullum crimen, nulla poena sine praevia lege poenali" e i nostri Stati Membri si sono ben guardati dal fare il loro dovere, cioè rispettare i loro impegni.

Quali le linee di azione individuate dalla Commissione nel 2° SEER?

- Infrastrutture e diversificazione dei fornitori
- Relazioni esterne nel campo energetico
- Riserve di petrolio e gas e meccanismi per affrontare le crisi
- Efficienza Energetica
- Miglior uso delle risorse interne

Mi soffermerò sui primi tre punti.

Infrastrutture e diversificazione dei fornitori.

Bruciano ancora l'arroganza e le difficoltà che alcuni Stati Membri hanno dovuto subire dai fornitori russi di Gazprom, compagnia posseduta al 50.002% dal governo russo e che nel 2007 capitalizzava 329.563 milioni di dollari (la terza compagnia energetica mondiale in termini di capitalizzazione, secondo quanto afferma il Presidente del Comitato di direzione, Alexei Miller Boscovich, subito dopo PetroChina (China) e ExxonMobil (USA).

La domanda di gas continua a crescere. È prevedibile, se la Germania dovesse confermare la fuoriuscita dal nucleare, che una quota parte della sua produzione elettrica sia generata utilizzando il Gas Naturale. Si tratta di sostituire la generazione di 167.27 TWh, pari al 26% della produzione totale (2006). Significherebbe almeno raddoppiare le importazioni passando da 3.400.000 TJ a circa 7 milioni TJ, nel caso di utilizzo parziale del Gas.

La Cancelliera Merkel, nonostante le proteste della Polonia, perché è stata esclusa dal passaggio, dei Paesi baltici, dell'Ucraina e della Bielorussia, con un accordo bi-partisan con il predecessore Schroeder (casualmente Presidente del Comitato di Sorveglianza della North-European Gas Pipeline (NEGP)), ha confermato che dal 2011 il gasdotto rifornirà direttamente la Germania. Esso unirà Vyborg, nella baia russa di Portovaya a Greifswald, nella parte orientale della Germania. Lungo 1200 km, con un diametro di 1.219 mm pomperà, a 210 atmosfere, 27,5 miliardi di m3. Il progetto prevede di raddoppiare la capacità a 55 miliardi di m3. Il trattato riconosce all'art. 174, c.4 sia la possibilità di stipulare accordi comunitari con paesi terzi, a norma dell'art. 300, sia "la competenza degli Stati membri a negoziare nelle sedi internazionali e a concludere accordi internazionali". È perfettamente legittimo pertanto che ciò avvenga. Il CESE lo scorso anno si pronunciava così: "È evidente che quanto maggiore sarà il coordinamento delle politiche, tanto più grande sarà la capacità negoziale dell'Unione. Il Comitato auspica che il Parlamento Europeo, il Consiglio e la Commissione prendano in esame, se del caso, l'eventualità di modificare i Trattati nel senso di conferire alla rappresentanza unitaria dell'Unione nei confronti dei partner esterni più poteri di quanto essa, allo stato, possa effettivamente esercitare". La strada della modifica dei trattati è irta di tante spine!!!

Un altro tema molto discusso è lo sviluppo del nucleare. Il CESE ai primi di dicembre voterà un parere sul tema dei finanziamenti all'industria nucleare. Sarebbe interessante poter esaminare congiuntamente tra il CESE e il CNEL questo tema che il Governo italiano ha dichiarato voler rilanciare e che l'opposizione non rifiuta in linea di principio.

Relazioni esterne nel campo energetico.

Visto l'esempio appena discusso è problematico assumere che stiamo per assistere ad un grande cambiamento nelle politiche dell'UE. Il messaggio della Commissione è chiaro e ragionevole.

L'interdipendenza attraverso lo sviluppo del mercato interno dell'interoperabilità, dell'armonizzazione delle specifiche tecniche per la trasmissione di energia, la collaborazione sempre più stringente delle Autorità di garanzia del mercato e dei consumatori, la stessa costituzione dell'Agenzia Europea, sono proposte ed iniziative che vanno nella stessa direzione. La Commissione ha lasciato intendere che è disponibile ad autorizzare l'utilizzo di risorse comunitarie per sostenere gli ingenti investimenti nel campo delle infrastrutture e dei modi di trasporto, compresi i gasdotti. Questo è l'argomento principe che può convincere alcuni Stati Membri a sostenere le iniziative comunitarie.

Il CESE più volte ha auspicato che l'Europa potesse parlare con una sola voce, ma, per ora, la battaglia è persa.

Riserve di petrolio e gas e meccanismi per affrontare la crisi

La volatilità dei mercati dei combustibili fossili, che segnano la rottura di ogni schema previsionale, salvo la considerazione che la crisi finanziaria ha costretto la speculazione a ritirarsi in fretta dal mercato, dopo i guasti provocati sull'energia, sulle commodities, cereali compresi e sta al coperto, aspettando che passi la bufera e tutte queste chiacchiere sul mercato da regolamentare, sull'etica, sui compensi stratosferici, sulla mancanza di trasparenza.

La debolezza dell'Europa è strutturale. Occorrerebbe un nuovo Trattato EURATOM dell'energia e dei cambiamenti climatici. La cessione di parte della sovranità nazionale in materia di strategie energetiche, da conferire ad una autorità sovraordinata per poter conseguire gli ambiziosi obiettivi della sicurezza dell'approvvigionamento, della forza negoziale verso Paesi non particolarmente amici, del mantenimento di prezzi ragionevoli per garantire la competitività dell'economia europea, ma anche prezzi sostenibili per il consumatore finale.

"Una politica energetica europea deve essere sostenibile per tutte le fasce sociali, senza creare disparità di trattamento nell'accesso ai servizi offerti dalle imprese erogatrici di energia", ha sostenuto il CESE, garantendo i consumatori vulnerabili. Per far questo occorre mettere insieme le risorse, scegliere politiche energetiche integrate, rafforzare le reti transeuropee di trasmissione dell'elettricità e del gas.

La tesi di questo convegno è: può essere la cooperazione rafforzata lo strumento idoneo?

Da un punto di vista di legittimità giuridica certamente sì. Il Trattato di Amsterdam, così come modificato successivamente da quello di Nizza, che ha semplificato molto il meccanismo istituzionale, ha identificato la possibilità di costituire "noccioli duri" di Paesi disponibili a impegnarsi per un processo più spinto di integrazione europea. Schengen è l'esempio più evidente di "Cooperazione rafforzata", ma anche la PESC nel campo della difesa comune è un altro chiaro esempio.

L'energia non è di esclusiva competenza dell'Unione e della Comunità Europea, rientra negli obiettivi generali di integrazione e di coesione delle politiche economiche e in questo caso, come nel caso delle reti, contribuisce alla realizzazione degli obiettivi. Condizione per realizzarsi è che sia evidente e palese l'impossibilità di raggiungere gli stessi obiettivi attraverso gli strumenti normali dei trattati.

Il problema politico risiede in questa condizione. Tutti i presenti sanno che gli interessi in gioco sono tali che sarà fatto tutto il possibile per evitare che si possano ammettere fughe in avanti ad un nucleo di Paesi insofferenti ad accettare il mantenimento dello statu quo. Sarà facile argomentare che le politiche delle reti, degli acquisti comuni attraverso accordi multilaterali sono impegni comunitari e che la Commissione ha pieno mandato per realizzarli... La comunicazione recentissima sulle realizzazioni 2002-2006 del programma TEN-E, dopo la Comunicazione del gennaio 2007 sul Piano di Interconnessioni Prioritarie, presenta una serie di dati estremamente interessanti. In particolare che le politiche comunitarie giocano un ruolo straordinariamente importante per lo sviluppo della generazione, trasmissione e distribuzione dell'energia elettrica e per la diffusione del Gas Naturale sia per usi industriali che civili.

107 miliardi di euro nei 5 anni sono una misura estremamente importante. Questi fondi sono stati destinati al co-finanziamento di studi di fattibilità ad uno stadio molto precoce, quando i rischi di investimento sono molto alti per la percentuale di abbandoni dei progetti da parte dei proponenti. Per quanto riguarda il finanziamento alle infrastrutture, esso è stato garantito dai fondi strutturali che nel periodo 2000/2006 sono intervenuti per oltre 293 miliardi di euro in aree Obiettivo 1 e in 26 miliardi di euro in quello relative ad Obiettivo 2.

Questo il recente quadro di intervento delle risorse comunitarie, cui si devono aggiungere oltre 3 Miliardi di euro forniti da titoli emessi dalla BEI al servizio di infrastrutture energetiche di interesse europeo.

Mi sembra che dal punto di vista quantitativo le risorse messe a disposizione dall'Unione siano rilevanti, ma quello che ancora manca è la intrinseca coerenza tra programmi comuni e fatti. Le reti, nonostante gli ingenti finanziamenti, sono tuttora inadeguate a interconnettere efficacemente i diversi sistemi energetici, che vivono in una sorta di innaturale isolamento. Quando si spinge un po' avanti la interconnessione e la dipendenza, però possono capitare fatti sgradevoli come il black-out del 28 settembre 2003 che colpì il nostro Paese, salvo Capri e la Sardegna... se non si creano procedure e sistemi integrati di soccorso, in caso di incidenti.

Una cooperazione rafforzata per l'energia è una suggestione forte, vale la pena indagare di più!

Termino il mio intervento da Consigliere del Cese e vorrei, in qualità di componente il Consiglio nazionale del CIME in rappresentanza della UIL, testimoniare il nostro impegno e la nostra convinta adesione agli ideali dei nostri padri pellegrini. La sede più prestigiosa di Bruxelles del Parlamento Europeo è intitolata al nostro Spinelli.

Ho conosciuto da giovane uno degli esiliati di Ventotene che sottoscrissero il manifesto, Giorgio Braccialarghe, un amico repubblicano, ricordarlo qui con tanti amici del MFE, per me è un privilegio. *Nelle spire di Urlavento* il suo libro sul confino a Ventotene Giorgio scrive: "*Dovrebbe essere un dovere rammentare ai giovani che se essi possono elevare le loro proteste, in nome d'una società migliore, si è perché i Rossi, i Roberto, i Bauer, i Fancello non abdicarono mai alla loro dignità di uomini liberi*". Bisognerebbe ricordarlo ai nostri ragazzi! A Ventotene, nell'"isola di elezione" come la chiamava Spinelli, si aggirava il sogno dell'Europa ancora non realizzato: grazie a persone che non dimenticano... il sogno continua!

Tullio Fanelli
Commissario AEEG

Credo che questo momento di riflessione sia particolarmente tempestivo per due ragioni.

La prima ragione è perché serve una riflessione dal punto di vista energetico su quello che sta succedendo nell'economia mondiale.

In questo condivido molto quello che ha detto prima il Presidente Marzano.

Oggi noi siamo a verificare un crollo dei mercati energetici a seguito di una recessione. Pochi si sono resi conto dell'effetto opposto, ovvero che è la recessione che è stata determinata in larga parte dall'eccessivo rialzo dei prezzi dei prodotti energetici.

Molti analisti affermano che questa recessione è stata originata dai mutui *subprime,* cioè dal fatto che la gente negli Stati Uniti non pagava più i mutui; ma non occorre chiedersi *perché* non li pagavano più questi mutui?

E la risposta, banale, è che purtroppo su alcune economie l'impatto sul reddito disponibile dei prezzi energetici era diventato insostenibile. Negli Stati Uniti l'incremento dei prezzi energetici era tale da incidere per *la sola componente di importazione* (e si potrebbe discutere dal punto di vista economico se limitare l'analisi alla sola importazione) per il 4% in più sul PIL americano.

Io credo che di fronte a numeri di tale ordine di grandezza sia normale dedurre che erano variazioni non sopportabili da un'economia come quella americana, e che quindi qualcuno cominciasse a non pagare i mutui.

Spero che questo tipo di analisi, fatta con il doveroso dettaglio, sia ripresa nelle sedi opportune perché forse può contribuire a far comprendere di più la necessità di assumere decisioni rilevanti nel settore energetico, ed evitare di *curare solo i sintomi* della malattia, cioè gli aspetti finanziari.

Credo che oggi siamo di fronte anche a un'altra novità – recentissima questa perché risale appena a sei giorni fa – cioè quella della presentazione di un ulteriore Pacchetto da parte della Commissione Europea, il "*Second Strategic Review*".

Devo dire la verità che io stesso mi aspettavo qualcosa di più e di meglio, ma, in ogni caso, qualche elemento di reale novità lo apporta.

Tutti sappiamo che il primo Pacchetto è poi sfociato in quello che noi oggi chiamiamo banalmente il "20-20-20", e su cui non apro la parentesi perché sarebbe troppo lunga, ma nutro serie perplessità di approccio complessivo più che di numeri.

Mi limito ad una battuta: credo che sia un approccio costruito in un mondo "*ante-WTO*", cioè in un mondo in cui ciascuna area geografica, come il Mercato Unico Europeo, viveva sostanzialmente isolata dal punto di vista commerciale.

Oggi siamo in un mondo in cui gli scambi di prodotti a livello mondiale sono oramai parte rilevante dell'economia: ritenere l'Europa un insieme chiuso sul quale applicare regole del tipo *cap and trade*, senza tener conto delle conseguenze sugli interscambi commerciali, credo sia sbagliato dal punto di vista metodologico.

Quindi, non critico né i numeri né l'approccio unilaterale, ma critico proprio la metodologia.

Questo secondo Pacchetto fa nuove proposte che riguardano naturalmente la valorizzazione delle risorse interne, lo sviluppo degli stoccaggi-gas, ma – e qui c'è la *prima delusione* – senza immaginare che si sviluppi un sistema di obblighi, come esiste già per il petrolio dal punto di vista della sicurezza. Cioè, dire che dobbiamo sviluppare gli stoccaggi ma *non dare* la prospettiva di una regola che *obblighi l'Europa* a detenere un certo quantitativo di stoccaggio-gas e *obblighi soggetti anche* al mutuo soccorso, credo che sia ancora un passo troppo piccolo.

C'è naturalmente anche un'ipotesi di revisione della Direttiva di Tassazione Energetica, e questo è un passo avanti rispetto al "20- 20-20", ma appare ancora poco sviluppata.

C'è la proposta di includere paesi strategici quali l'Ucraina, la Moldavia e la Turchia nella comunità energetica. Noi stessi, come Autorità, facciamo un grosso sforzo per mantenere contatti con questi paesi. In Turchia abbiamo terminato un gemellaggio; in Ucraina stiamo facendo un gemellaggio per l'energia elettrica e adesso ne cominciano un altro – sempre in ambito TACIS – per il gas. Sono cose da fare per coinvolgere nel contesto economico comunitario questi paesi che sono assolutamente strategici.

Ma poi arriva *la seconda delusione*, laddove in sostanza si fa l'ipotesi di migliorare i rapporti con la Russia. È un approccio che considero vecchio e cercherò più avanti di spiegare il perché. Non basta semplicemente appellarsi al "cerchiamo di essere amici, cerchiamo di rafforzare i rapporti bilaterali, eccetera".

Infine c'è anche il riferimento al famoso Anello Mediterraneo, cosa molto importante a mio giudizio in una ottica di lungo termine.

Vengono individuate anche specifiche opere strategiche nel Libro Verde sulle reti energetiche, fra cui naturalmente quelle di collegamento col Caspio e quelle con il Baltico.

Alla fine però quello che si deduce da tutto questo è che ancora non sia maturata una strategia vera e propria che individui obiettivi e, soprattutto, strumenti cui affidarsi. Manca in sostanza una scelta chiara nell'individuazione di strumenti di una tipologia che a mio giudizio non può che essere una tipologia di mercato.

In questo io credo che la mancanza di chiarezza su questo tema sia il vero ostacolo al progresso sui singoli argomenti. Se manca una linea-guida in termini di qualificazione della tipologia di strumenti, è difficile che sui singoli punti si trovi poi un accordo per realizzare davvero le strumentazioni e i provvedimenti.

Perché io dico *"lo strumento deve essere il mercato"*? Perché l'alternativa è che l'idea di un mercato europeo – mercato unico – venga abbandonata e che si ritorni a delegare l'energia alla *politica estera*. Bene, questa di affidare l'energia ad accordi politici è certamente un'opzione, ma allora per favore "abbandoniamo" anche la presunzione di utilizzare sul mercato interno soggetti che non siano altrettanto politici. Altrimenti, se vogliamo continuare – perché questa era l'idea dell'Europa – ad avere un mercato interno dell'energia, fondato su soggetti privati che investano e che, attraverso gli strumenti della concorrenza, realizzino anche gli obiettivi della sicurezza, allora bisogna rafforzare – con delle regole – questa visione e questa strategia.

Ritengo che un primo chiarimento che serve è quello di distinguere, all'interno della parola *"mercato"*, i mercati non regolati da quelli regolati. Devo dire la verità che oggi su questo si ricomincia a parlare ma avendo come oggetto la *parte finanziaria*.

Altrettanto sforzo ritengo che vada fatto anche con riferimento alla *parte energetica*. Immaginare oggi che il mercato possa fare davvero da solo, senza regole, a mio giudizio è sbagliato (come era sbagliato anche ieri) perché, alla fine, i fallimenti arrivano se le regole non sono chiare.

I mercati regolati naturalmente si distinguono dagli OTC semplicemente perché c'è una *"controparte centrale"*. È questa la vera differenza tra un mercato regolato e un mercato non regolato: la presenza della controparte centrale, cioè un soggetto che compra dai venditori, e vende agli acquirenti, ma si assume *lui* la responsabilità del contratto sia rispetto al venditore che al compratore.

Un intermediatore che, a seconda di chi è, può aggiungere o non aggiungere rilevanza alle contrattazioni.

Mi spiego: molti mercati regolati – del tutto privati – semplicemente si basano su garanzie di tipo finanziario. È la stessa cosa di quando si compra in borsa: in realtà in borsa non si compra da chi vende, ma si compra da una controparte centrale che, a sua volta, acquisisce e compra da un venditore.

Tanto più è autorevole questo soggetto, la controparte centrale, e tanto più le transazioni sono *certe*, indipendentemente dalle garanzie.

In Italia ad esempio il mercato elettrico lo abbiamo costruito così: c'è un soggetto pubblico – che si chiama GME (*Gestore del Mercato Elettrico)* – che è un intermediario. Un produttore elettrico non vende direttamente al cliente: vende a questo mercato e questo mercato è il posto dove qualcun altro compra.

L'autorevolezza, in questo caso di GME – che è soggetto pubblico – è componente centrale del buon funzionamento perché una cosa è tradire un contratto con un privato, altra cosa è tradire un contratto con un soggetto pubblico rilevante.

Vado al dunque. L'Europa dovrebbe fare altrettanto. Oggi, come giustamente riportato nell'analisi, il problema è che abbiamo, nel settore energetico, Stati – la Russia con Gazprom e l'Algeria con Sonatrach – che trattano con società europee, ovvero Stati a fronte di SpA. Le SpA stipulano contratti e poi magari, dopo qualche anno, lo Stato dice loro che vuole ricontrattare. Lo vuole fare perché le condizioni sono cambiate.

E il prezzo sale. È successo dappertutto. Questo squilibrio di rapporti che esiste tra soggetti acquirenti e soggetti venditori va corretto, non come si fa oggi attraverso rapporti bilaterali tra governi, non a mio giudizio attraverso un'Europa che tramite i suoi rappresentanti cerca di migliorare i rapporti con la Russia... non è questo che serve.

Serve creare un *mercato regolato,* quindi una controparte centrale europea. L'importante è che sia una controparte rappresentativa – economicamente e politicamente – dell'Europa o di una parte dell'Europa.

In questo condivido molto un approccio del tipo "*cominciamo a metterci insieme noi che lo vogliamo fare*".

Se c'è questa controparte – e si crea un mercato regolato – la Russia il contratto non lo fa con Brambilla SpA, ma lo fa con la *Controparte centrale europea*, alla quale è un po' più difficile magari dopo due anni dire "*scusa ma voglio ricontrattare*", al di là delle garanzie finanziarie che sottendono il rapporto perché coinvolge direttamente un'istituzione europea. E quindi riguarda tutti gli Stati.

Questa controparte centrale naturalmente sarà quella che, nell'ambito di assolute regole di mercato, può approvvigionare l'Europa o i paesi che vorranno concorrere.

Questo meccanismo, che non è niente di strano perché è il normale funzionamento di un mercato regolato, a mio giudizio è lo strumento che dovrebbe essere preso a base, non solo per cercare di risolvere la questione del gas, ma potrebbe essere anche uno strumento assai efficace per il petrolio laddove, a differenza del gas, oggi si è in un mondo completamente *spot,* in cui non esiste un contratto di lungo termine e, conseguentemente, non sussistono i mezzi e gli strumenti per finanziare nuovi investimenti nel petrolio che normalmente coinvolgono il lungo termine.

Al mondo oggi non esiste uno strumento finanziario che vada oltre i dieci anni nel petrolio. Questa è una cosa che si sa poco. Se andate sul NIMEX, in America o sull'ICE a Londra o a Singapore e persino sugli OTC, non troverete uno strumento oltre i dieci anni. E un investimento petrolifero non è finanziabile con questi strumenti; bisognerebbe, anche in questo caso, creare un mercato regolato di lungo termine.

Ritengo che queste siano le cose che dovrebbero essere fatte dall'Europa, o almeno da una parte dell'Europa. Bisogna naturalmente superare le gelosie, la tendenza a cercare di risolvere i problemi in casa propria da parte di ciascuno Stato, cosa storicamente difficile e quindi non sono ottimista.

Ma se non si agisce oggi sarà poi ben magra consolazione, fra dieci anni, verificare che cosa è successo. Adesso i prezzi sono bassi perché c'è la recessione e poi, quando ne usciremo, cominceranno a crescere e arriverà un'altra recessione!

Credo che per sfuggire a questo classico *loop*, a queste onde che caratterizzano tutti i mercati *non regolati*, occorra *regolare*.

Questo appello lo vedo già in quello che il CNEL ha proposto.

Mi sento di condividerlo totalmente e, come Autorità, faremo il possibile per cercare di contribuire a una condivisione ancora più generale.

Paolo Carcassi
in Rappresentanza delle OO.SS dei lavoratori

Questa iniziativa importantissima del CNEL e gli autorevoli interventi che si sono succeduti questa mattina sollecitano riflessioni sulla strategia energetica del Paese, rese più complesse dalla crisi finanziaria del mondo intero che sta producendo ripercussioni gravissime anche sulla situazione economica e produttiva, non solo degli USA da cui è partita, ma anche dell'Europa e in essa dell'Italia.

Per tanto tempo nel nostro Paese non c'è stata la percezione di un problema energetico.

Per anni abbiamo avuto tutta l'energia di cui avevamo bisogno ed a prezzi accessibili, per di più il sistema idroelettrico ha costituito per il nostro sistema nel periodo della ricostruzione post-bellica, quelle che oggi il nucleare rappresenta per tante economie europee.

Lo shock petrolifero e l'aumento incontrollabile del prezzo del barile, sino ad 150 dollari di pochi mesi fa, hanno reso evidente il problema di uno squilibrio che già esisteva da anni ma che veniva celato dalle condizioni favorevoli dell'energia.

La verità è che nel nostro Paese è sempre mancata una coerente e previdente politica energetica, che cercasse di indirizzare le scelte e non si limitasse ad assecondare impulsi emozionali o logiche basate su impostazioni liberistiche che, a ben vedere, poi non si sono mai realizzate.

Da qui deriva in un mondo che ormai gioca le ambizioni di potenza sul terreno energetico, la nostra debolezza sia sul piano della monofonte di energia, il gas, sia sul piano di approvvigionamenti ormai totalmente dipendenti da chi può appunto chiudere automaticamente, in qualsiasi momento, il rubinetto del suddetto gas.

Oggi viviamo una fase di crisi economica generale e la domanda che ci si pone è se questa crisi migliora e peggiora la situazione energetica del nostro Paese.

Se è infatti vero che può calare il consumo complessivo di energia (anche se la sua rigidità è nota) e che comunque i costi sono drasticamente calati, con un miglioramento per la produzione, resta evidente in modo negativo il "delta" di costo che l'energia presenta per il nostro Paese, deprimendo la competitività delle nostre imprese, che la crisi rende più accesa, e quindi la possibilità di ripresa della nostra produzione.

In questo caso, ma rientrerò più avanti su questo tema, relativamente alle reti, un allineamento ed una integrazione con l'Europa potrebbe per noi essere fondamentale, un vero toccasana che avrebbe ripercussioni positive su tutto il sistema.

Quindi, su quali linee è indispensabile muoverci in particolare in questa fase di crisi economica mondiale e nazionale?

Anzitutto sulla linea della "sobrietà" se si può usare un termine che rischia di essere desueto a livello comportamentale e di educazione, che in campo energetico significa il privilegio del risparmio e della efficienza energetica.

Ciò deve rappresentare la prima vera fonte di energia per il nostro Paese, atteso il fatto che noi più che utilizzare sprechiamo energia.

Come UIL abbiamo tenuto proprio ieri un convegno che aveva al proprio centro gli effetti positivi del risparmio energetico in edilizia e le ripercussioni positive dei motori ad alta efficienza nell'industria.

Ciò non solo sul piano del rispetto dell'ambiente ma soprattutto come volano produttivo importantissimo e come fonte di occupazione di rilevanza assolutamente significativa. E questa sensibilità non è solo nostra ma è comune anche alle altre OO.SS., all'intero Sindacato Confederale.

Del resto la parte più qualificata dell'impresa ha imbarcato questa strada con risultati che sono sotto gli occhi di tutti che non sono solo economici ma che introducono un modo più qualificato di fare produzione che aumentano il tasso di responsabilità, ma anche di professionalità e di coinvolgimento dei lavoratori.

Due sollecitazioni ci pare emergano di conseguenza.

Incentivare anzitutto l'efficienza ed il risparmio energetico come vero fattore produttivo, indirizzando in questo senso anche il sostegno che nella attuale fase di recessione sarà indispensabile dare all'industria.

Chiarisco meglio, non so se ad esempio verrà individuato un aiuto all'impresa automobilistica, ma se tale aiuto vi sarà non sia concesso in modo indiscriminato al rinnovo del parco rotabile ma sia invece mirato alle auto a bassa emissione e ai sistemi di propulsione, per sviluppare nuove filiere produttive con un effetto virtuoso ancora amplificato.

La seconda sollecitazione riguarda la Pubblica Amministrazione ed è riferita all'utilità di un piano di acquisti che abbiano nell'efficienza energetica il loro tratto distintivo, abbinata al rispetto all'ambiente. In questo quadro una iniziativa strategica di lungo periodo indirizzata alla riqualificazione degli edifici pubblici avrebbe risultati anche in questo caso, non solo di riduzione dei consumi, ma anche di sostegno forte ad un comparto produttivo, quello edilizio trainante, privilegiando gli aspetti di qualità.

La seconda linea non può che essere quella del riequilibrio della fonte.

Ma non solo, anche del riequilibrio "nelle" fonti. Se infatti il gas dovrà continuare ad essere l'elemento predominante nella produzione di energia vanno privilegiate quelle forme di approvvigionamento che attenuino il monopolio oggi detenuto da Algeria e Russia nei nostri confronti.

Questo aspetto ci pare troppo sottovalutato dal nostro Governo, forse per l'influenza dei maggiori players nazionali nel comparto che hanno con questi Paesi stretti rapporti che tuttavia non possono mettere a pregiudizio le esigenze strategiche del Paese.

La dotazione di un sistema adeguato di rigassificatori va spinta con decisione per motivi di alternativa e di costo, cercando soluzioni adeguate al problema fondamentale che è quello delle procedure di autorizzazioni che costituiscono un impedimento quasi insormontabile nel nostro Paese.

Vanno assicurate tutte le garanzie sul piano ambientale e di coinvolgimento delle collettività ma non è possibile che i tempi per la realizzazione di un'opera sfiorino dieci anni come nel caso dell'ultimo recentemente realizzato.

Ciò vale per i rigassificatori, ma anche per le fonti rinnovabili che vedono negli ostacoli burocratici un formidabile deterrente al loro sviluppo.

La crescita delle rinnovabili è, nell'ambito del riequilibrio delle fonti, assolutamente indispensabile per il nostro Paese.

Per fortuna i dati sono positivi, grazie alle misure di agevolazioni poste in essere negli ultimi anni, occorre proseguire e accelerare gli interventi ed in questo senso mi pare non condivisibile l'atteggiamento assunto dal nostro Governo in relazione al noto pacchetto che si sta discutendo in sede europea del 20-20-20.

Continuiamo a comportarci in modo autoreferenziale, in sostanza scoordinati da una discussione più ampia e da un quadro europeo che ha regole che noi non abbiamo appieno fatte nostre e di fronte alle quali reagiamo in modo sbagliato.

Se è vero che l'Europa è un condominio, come ha rilevato un intervento di questa mattina, ci sono, come rileva anche l'esperienza di tutti noi, condomini che guidano le riunioni che sono particolarmente attivi e determinano le decisioni, ed altri che seguono passivamente, salvo protestare o votare contro tutti gli altri.

Mi pare che noi apparteniamo a questa ultima fattispecie ed abbiamo sottovalutato questi problemi che vanno invece ripresi in una logica di multilateralità, cercando di assumere un ruolo che d'altra parte potrebbe vederci in molti elementi in una posizione non arretrata.

Il nostro Paese ha infatti situazioni di eccellenza che vanno sottolineate: ad esempio per il rendimento delle centrali termoelettriche, per la efficienza del parco circolante delle auto, nell'indicatore di intensità energetica complessiva ma soprattutto nelle emissioni di gas serra pro-capite, secondo fra le grandi potenze europee alla sola Francia, che ha però uno sviluppo notevolissimo del nucleare.

Sulla base di questi elementi è giusto chiedere che vengano adottati parametri più rispondenti alle reale situazione dei fatti che non penalizzino le nostre imprese, ma non in un'ottica di rallentamento o di opposizione a un processo di risparmio e di riequilibrio delle fonti che ci deve vedere invece in prima fila, perché può costituire una grande opportunità per il nostro sistema produttivo e per l'intero Paese.

Una logica di confronto con gli altri paesi del Continente e di integrazione nell'ambito di una politica europea che deve essere affermata anche sui temi della "governance" del sistema e delle infrastrutture dell'energia e, quindi, sul problema delle reti.

Noi riteniamo che nel comparto dell'Energia, ma non solo in questo, ci sia bisogno di più Europa.

D'altra parte se ragionassimo come area vasta, cioè nell'ambito territoriale dell'intera Europa senza confini interni, in una logica totalmente interconnessa, il mix di fonti che risulterebbe sarebbe complessivamente molto più equilibrato, registrando una già significativa presenza di nucleare e di rinnovabili, di cui noi potremmo assicurare la nostra quota di gas in un'ottica di differenziazione.

Ma è ovvio che oggi non è così, perché non solo non esiste un'area unica ed interconnessa, ma anzi le differenze sono molto marcate e le asimmetrie molto rilevanti.

Ma è necessario mettere in piedi una politica generale che si muova verso questo obiettivo, quello di definire un mercato unico dell'energia in Europa con regole che siano comuni e con una gestione delle reti che abbia una organizzazione condivisa, omogenea ed integrata.

Sulle tematiche contenute nel Terzo Pacchetto Energia, proposto dalla Commissione Europa nei mercati dell'energia elettrica e del gas, le Confederazioni CGIL, CISL, UIL hanno elaborato un documento che esprime la loro posizione comune e che mi esime quindi in questa sede dal trattare le tematiche in esso contenute.

Il documento preliminare di cui trattiamo oggi, elaborato dal CNEL e dal CIME indica linee largamente condivisibili e prospetta una soluzione, quella della "Cooperazione rafforzata" già prevista dal Trattato Europeo che potrebbe costituire un primo passo per superare da parte delle Nazioni europee più motivate l'attuale stato di pluralità e gestione separata delle infrastrutture energetiche.

Sono convinto che tutte le strade vadano tentate e tutti i percorsi possibili intrapresi per riuscire a superare la grave situazione di fronte alla quale siamo, ma non posso non evidenziare un dubbio che mi pare non peregrino.

Siamo convinti che il nostro Paese, l'Italia, voglia far parte di questo gruppo di Nazioni più motivate che intraprendono una iniziativa così importante sul piano dell'impegno e della qualità, ma che significa anche cedere parte della propria autonomia per entrare a far parte di un sistema più ampio, organizzato e coeso.

Se così fosse saremmo davvero davanti ad un fatto significativo che innoverebbe un atteggiamento sin qui miope e non previdente adottato dall'Italia, da tutti i Governi succedutesi, sulle tematiche energetiche e che ci ha portato alla situazione in cui oggi ci troviamo.

Una strategia sull'Energia, la definizione di una pianificazione a lungo termine, adottate con il coinvolgimento di tutte le realtà interessate, principalmente le Parti Sociali, ma poi perseguita con coerenza mi sembra oggi assolutamente indispensabile.

Sarà uno dei metri su cui si misurerà l'impegno e la responsabilità di tutti, principalmente delle Istituzioni e del Governo, ma anche di Associazioni di imprese e di Sindacati per dare al paese ed ai suoi cittadini una nuova politica energetica che dia sicurezza, rispetto dell'ambiente, economicità, coesione economica sociale e territoriale.

Giuseppe Lignana
in rappresentanza di Confindustria

Il problema delle reti energetiche europee è fondamentale per lo sviluppo economico dell'Europa e va esaminato sotto tre aspetti:

- sicurezza del servizio elettrico e gas;
- corretto dimensionamento con una certa ridondanza atta a creare un vero mercato europeo dell'energia (elettrica e gas);
- aumentare la capacità negoziale europea verso i fornitori esteri.

Lo sviluppo di efficienti reti europee per l'energia elettrica ed il gas potrebbe assicurare un maggiore livello di sicurezza, garantendo una maggiore disponibilità della fonte primaria. Inoltre una reale integrazione delle reti dell'elettricità e del gas, consentirebbe di eliminare le congestioni a livello nazionale e di *cross border*, permetterebbe un reale libero scambio dell'energia nonché la nascita di mercati efficienti essenziali per garantire la competitività delle imprese europee.

Un mercato dell'energia intergrato a livello europeo avrebbe anche una maggiore forza negoziale con i paesi fornitori. Proprio per tali motivi la libera circolazione dell'energia avrebbe dovuto precedere la libera circolazione delle merci.

Se le reti energetiche europee devono rispondere a questi fondamentali criteri, un progetto europeo di rafforzamento delle reti, in questo momento di grave crisi economica, potrebbe avere un impatto rapido sull'attività economica/industriale e successivamente un impatto importante sulla competitività europea al momento della ripresa. Il progetto potrebbe inoltre non gravare sui debiti pubblici nazionali.

La politica energetica Europea

Il 23 gennaio 2008 la Commissione Europea ha adottato il "terzo pacchetto energia" che contiene consistenti proposte di revisione delle norme sul mercato interno dell'energia elettrica ed il gas e sulla promozione delle fonti rinnovabili.

1.1. Mercato Interno

La priorità basilare per la realizzazione di un mercato dell'energia integrato a livello europeo è l'armonizzazione del grado di liberalizzazione dei mercati nazionali e dei framework regolatori nazionali. L'armonizzazione del grado di apertura dei mercati è necessaria a superare gli elevati livelli di concentrazione del mercato tuttora presenti in alcuni Paesi mentre l'armonizzazione dei framework regolatori nazionali è tesa a consentire a tutti gli operatori di competere ad armi pari, al fine di evitare che alcuni operatori, a dispetto di altri, mantengano condizioni favorevoli sul fronte interno e possano sfruttare tale vantaggio competitivo per l'espansione in mercati limitrofi.

Le asimmetrie tra i Paesi europei riguardano, inoltre, l'*unbundling* del TSO e i poteri delle autorità di regolazione.

Unbundling

Ad oggi sono stati proposti tre modelli di gestione delle reti energetiche:

- Separazione proprietaria - (*ownership unbundling* – OU);
- Gestore di sistema indipendente - (*Independent System Operator* – ISO);
- Gestore di trasporto indipendente - (*Independent Transport Operator* – ITO).

In particolare:

- la Commissione ha proposto due modelli (OU e ISO) per energia elettrica e gas;
- il Parlamento è orientato ad adottare un modello (OU) per energia elettrica e due modelli (OU e ITO) per gas;
- il Consiglio è aperto alla soluzione che prevede tre modelli (OU, ISO e ITO) per energia elettrica e gas.

Secondo Confindustria solo la separazione proprietaria delle reti di trasporto dell'energia dagli operatori, infatti, garantisce l'indipendenza e l'imparzialità del TSO evitando possibili discriminazioni e barriere all'ingresso di nuovi operatori.

Il modello ISO presenta tuttavia forti problematiche in termini di coordinamento tra il proprietario delle reti e l'ISO che necessitano di complesse regole di governance. In particolare sono critici i temi di sviluppo e manutenzione delle reti e di definizione dei ruoli e delle responsabilità nell'attività operativa, con riflessi negativi in termini di adeguatezza degli investimenti e di sicurezza del sistema.

Nel caso di adozione del modello ISO, di conseguenza, si dovrebbe prevederne esplicitamente il carattere transitorio (2-3 anni) al fine di gestire un percorso graduale che porti inderogabilmente verso una soluzione definitiva di *ownership unbundling*.

È altresì importante sottolineare, ai fini della disciplina dell'*unbundling*, le specificità del settore gas rispetto a quello elettrico, considerando che il primo è soggetto all'evoluzione di problematiche internazionali con forti connotazioni geopolitiche, come già evidenziato dal Parlamento Europeo nel rapporto Vidal Quadras.

Autorità nazionali

La Commissione Europea ha proposto:

- di rafforzare l'indipendenza dei regolatori nazionali e i loro poteri;
- di istituire un'Agenzia UE dei regolatori con funzioni consultive (salvo decisioni per infrastrutture transfrontaliere) attribuendo invece un ruolo importante alla futura Rete Europea dei Gestori di Sistemi (ENTSO).

Gli emendamenti del Parlamento Europeo intendono:

- ampliare ulteriormente i poteri delle Autorità nazionali;
- rafforzare significativamente i poteri decisionali dell'Agenzia.

La posizione del Consiglio Europeo:

- in larga misura, conferma le proposte della Commissione sulle Autorità nazionali ma offre la facoltà agli Stati membri di attribuire ad autorità diverse (ad es. ministeri) i compiti di vigilanza;
- rafforza i poteri dell'Agenzia lasciando però le decisioni finali alla Commissione.

Confindustria ritiene condivisibile la proposta del terzo pacchetto relativamente all'armonizzazione dei poteri delle autorità di regolazione nazionali e soprattutto alla garanzia della loro indipendenza.

Tali caratteristiche sono infatti fondamentali per la realizzazione di un mercato competitivo e libero da condizionamenti di altra natura.

In generale si ritiene che l'istituzione di organismi di coordinamento delle attività dei TSO e delle autorità di regolazione nazionali siano positivi per l'effettiva integrazione del mercato interno dell'energia, poiché possono realizzare un'effettiva armonizzazione delle regole.

Un ENTSO molto forte comporta tuttavia il rischio che esso sia, di fatto, controllato da nazioni che finora hanno realizzato una liberalizzazione solo formale ma si troverebbero ad incidere sulle regole di un Paese aperto alla concorrenza come l'Italia con l'obiettivo di favorire i propri campioni nazionali.

1.2. Efficienza energetica

Confindustria ritiene che la promozione dell'efficienza energetica rappresenta una scelta strategica che consente di ridurre i consumi di fonti primarie, l'impatto ambientale e al contempo di diminuire i costi per le aziende e per il sistema.

L'efficienza energetica non deve essere dunque considerata un vincolo o un onere aggiuntivo, ma un'opportunità per i fornitori di tecnologie e più in generale per il sistema Paese e per le sue industrie.

A tal proposito Confindustria nel 2006 ha istituito una task force ad hoc sull'efficienza energetica articolata in diversi gruppi di lavoro per i vari settori interessati. Il risultato di questo complesso lavoro è stato sintetizzato in un documento, contenete le proposte per il Piano Nazionale di Efficienza Energetica già presentato al Ministero dello Sviluppo Economico.

1.3. Fonti Rinnovabili

Confindustria riconosce l'importanza della proposta di Direttiva per la promozione delle fonti energetiche rinnovabili sia per quanto riguarda il contributo che questo potrà dare alla lotta contro il cambiamento climatico, che in termini di approvvigionamento energetico.

Tuttavia, Confindustria critica la decisione di ripartire tra gli Stati membri l'obiettivo europeo del 20% per le energie rinnovabili al 2020 sulla base di criteri che non considerano il potenziale reale e tecnico di sviluppo delle energie rinnovabili ma piuttosto la ricchezza nazionale (PIL pro capite). Questa scelta politica avrà inevitabilmente un effetto pesante a livello di impatto sui prezzi finali dell'energia e spetterà ai decisori politici comunicarne e spiegarne la portata ai consumatori finali.

Il target di produzione di energia rinnovabile fissato per l'Italia, appare eccessivamente ambizioso e difficilmente realizzabile.

Si tratta infatti di un valore molto superiore alle stime del Governo italiano, secondo il quale l'Italia potrebbe raggiungere appena un potenziale massimo teorico del 14% nel 2020, di cui 104 TWh attribuiti al settore elettrico. Oltretutto la stima del Governo è più elevata rispetto alle valutazioni degli operatori del settore, confermate da istituti indipendenti specializzati, che valutano il potenziale massimo effettivo di produzione di energia elettrica da fonti rinnovabili nel 2020 ancora minore, intorno ai 90 TWh.

La definizione di un obiettivo slegato dal potenziale effettivo del Paese rischia di innescare livelli di incentivazione enormi, che graverebbero soprattutto sul sistema industriale del nostro Paese a danno della competitività internazionale.

Per il solo settore elettrico, il raggiungimento del potenziale massimo teorico indicato dal Governo italiano (104 TWh) avrebbe, nel 2020, un costo di circa 9 miliardi di euro all'anno, circa il triplo rispetto al costo di incentivazione nel 2006. Si stima un incremento del costo medio dell'energia elettrica consumata di 25 euro/MWh.

Ciò determinerebbe un preoccupante incremento della bolletta elettrica che andrebbe a penalizzare le industrie manifatturiere ad alta intensità energetica le quali, operando sui mercati internazionali, ne risentirebbero in termini di perdita di competitività.

Inoltre appare utile ricordare che, nell'esame dei costi delle fonti rinnovabili, è necessario distinguere tra quelle a carattere continuo (es. biomasse, fonti idrauliche) e quelle discontinue (es. Fotovoltaico ed eolico). Per queste ultime dobbiamo considerare infatti anche il costo di accumulo o il costo di impianti sostitutivi per poter ottenere un valore medio accettabile in funzione della curva dei consumi orari nazionali.

È inoltre fondamentale che vengano promosse, in sede europea, adeguate misure volte a garantire la maggiore flessibilità possibile per agevolare un avvicinamento all'obiettivo a costi sostenibili, attraverso:

- l'eliminazione dei limiti imposti al trading delle garanzie d'origine, che rappresenta uno strumento fondamentale per raggiungere l'obiettivo italiano. In particolare è necessario:
- eliminare gli attuali vincoli al trasferimento delle garanzie d'origine tra persone, quali l'autorizzazione preliminare allo scambio da parte degli Stati membri e la possibilità di partecipare al trading solo per gli impianti entrati in servizio in seguito all'entrata in vigore della proposta di direttiva;
- rimuovere l'attuale vincolo per l'operatore di annullare le garanzie d'origine prodotte dallo stesso impianto sempre presso lo stesso organo competente, che legando l'operatore ad una scelta nel lungo termine limiterebbe lo sviluppo efficiente del mercato dell'energia;
- estendere la possibilità per gli Stati membri di utilizzare garanzie d'origine provenienti da paesi terzi anche quando non riconducibili a flussi fisici di energia (trading virtuale). In questo caso, si potrebbe prevedere un limite non superiore al 50% della differenza tra l'obiettivo settoriale ed il risultato ottenuto nel 2005, rispettando così il principio della supplementarietà.

Rafforzamento della proposta della Commissione per superare gli ostacoli locali e amministrativi, poiché rappresentano uno dei principali problemi allo sviluppo delle fonti rinnovabili. A tal proposito, sarebbe fondamentale una sostanziale semplificazione dei procedimenti amministrativi, introducendo nella Direttiva il criterio del silenzio-assenso e lo sportello unico per le autorizzazioni.

Reintrodurre l'efficienza energetica tra le variabili attraverso cui raggiungere l'obiettivo di riduzione del 20% di gas serra.

Il mercato del gas naturale

Il mercato del gas naturale presenta una pluralità di criticità strutturali a livello nazionale ed internazionale. Le prime sono riconducibili a:

- carenza delle infrastrutture che impedisce la disponibilità in eccesso di materia prima necessario per lo sviluppo concorrenziale del mercato. Tale situazione comporta anche che i prezzi del gas, in Italia, sono più alti che nel resto di Europa;
- mancanza di elasticità nello stoccaggio. Lo stoccaggio oggi modula la fornitura per gli utenti civili ma dovrebbe essere messo a disposizione anche degli utenti industriali per garantire loro maggiore flessibilità di approvvigionamento.

I problemi internazionali si identificano in un delicato assetto geopolitico dovuto alla concentrazione della materia prima in paesi extra UE, che rende l'Italia particolarmente vulnerabile sotto il profilo della sicurezza degli approvvigionamenti.

Infrastrutture

Al fine di creare un vero e proprio mercato del gas si ritengono necessari i seguenti interventi:

- potenziamenti dei gasdotti internazionali e correlate efficienti procedure di allocazione della capacità aggiuntiva;
- procedure autorizzative più celeri e snelle per la realizzazione di nuovi terminali di rigassificazione di gas naturale liquefatto (GNL);
- ulteriori misure a favore di nuovi investimenti in attività di esplorazione, ricerca e sfruttamento in sicurezza dei giacimenti delle riserve nazionali, in particolare intervenendo ad eliminare la complessità dei processi autorizzativi e affidando il ruolo centrale e di coordinamento allo Stato;
- procedure autorizzative più celeri per gli sviluppi delle nuove capacità di stoccaggio, incluse quelle derivanti dalle tecniche di esercizio in sovra-pressione.

Confindustria ha denunciato la fragilità e l'inadeguatezza del sistema energetico italiano in parte inadeguato a gestire la sfida della competizione sui mercati internazionali. A fronte di previsioni di forte crescita dei consumi elettrici (+40%nei prossimi 15 anni), l'Italia si trova ad affrontare una situazione di estrema vulnerabilità, rispetto alla maggior parte degli altri paesi europei.

Per questo motivo Confindustria ritiene essenziale puntare sui nuovi investimenti per rafforzare la struttura energetica del paese.

Sul fronte dell'energia elettrica negli ultimi anni, si è registrato un forte aumento della capacità produttiva del parco delle centrali termoelettriche, che però, se da un lato ci ha messo al riparo dal rischio black out, dall'altro ha fatto emergere nuove problematiche connesse a:

– congestioni della Rete di Trasmissione Nazionale;
– eccessiva dipendenza dal gas naturale.

Con riferimento all'eccessiva dipendenza dal gas naturale si deve evidenziare che la gran parte degli impianti realizzati nel settore termoelettrico sono nuove centrali a ciclo combinato alimentate a metano, che contribuiscono ad accrescere la dipendenza del nostro sistema energetico dai pochi paesi produttori. Confindustria ritiene importante ribilanciare il mix delle fonti di produzione utilizzato per la generazione elettrica, valutando e sostenendo l'introduzione di nuove tecnologie alternative e complementari al gas, quali ad esempio il carbone pulito, con minori preoccupazioni di approvvigionamento visto che il mercato mondiale di approvvigionamento del carbone non pone rischi di carenza della materia prima. Questo peraltro ci avvicinerebbe ai Paesi della UE dove come è noto, la produzione di energia elettrica utilizzando gas è ampiamente "bilanciata" da carbone e nucleare.

Appare comunque indispensabile la tempestiva realizzazione di nuove infrastrutture strategiche. I potenziamenti delle infrastrutture gas costituiscono infatti l'intervento strutturale più urgente da apportare al nostro sistema energetico attraverso i potenziamenti dei gasdotti e i nuovi terminali di rigassificazione, ma bisogna procedere anche ad un rapido "sbottigliamento" dei metanodotti d'importazione internazionale, con particolare riferimento ai collegamenti con l'Algeria e la Russia, per assicurare una disponibilità di gas sufficientemente flessibile rispetto alle variazioni della domanda.

È necessario inoltre cogliere l'opportunità di trasformare l'Italia in un *hub* del gas internazionale sfruttando le sua posizione strategica nel bacino del Mediterraneo. Tale strategia consentirebbe di rafforzare l'inserimento del mercato italiano del gas nel mercato europeo.

Stoccaggio

Per ragioni strategiche ed economiche in Europa è necessario un consistente aumento delle capacità di stoccaggio.

In Italia ci sarebbero ampie possibilità tecniche utilizzando giacimenti esauriti. Ciò potrebbe rendere possibile da un lato poter utilizzare gli stoccaggi per l'industria e dall'altro creare un *hub* europeo.

Inoltre si ritiene necessaria una regolazione atta a rendere più flessibile e dinamico l'utilizzo dello stoccaggio sia per le esigenze del mercato civile sia per quelle dei settori industriali sia anche per esigenze di tipo commerciale. Inoltre sarebbero necessari:

– maggiori e più innovativi incentivi per la creazione di nuovi siti di stoccaggio;
– un perfezionamento dei meccanismi di allocazione della capacità di stoccaggio;
– l'utilizzo da parte dell'Autorità di modalità ragionevoli e non stringenti per verificare il corretto utilizzo dello stoccaggio assegnato agli operatori.

Claudio Cappellini
Tavolo Interconfederale Energetico

Il pacchetto di proposte legislative in materia di energia presentato dalla Commissione Europea lo scorso anno, nel quale rientrano anche numerose proposte sulle reti energetiche, ha come obiettivi principali la creazione di un reale mercato dell'energia a tutela dei consumatori, la sicurezza degli approvvigionamenti ed il sostegno degli obiettivi europei di efficienza e risparmio energetico.

Un passo fondamentale per la realizzazione di tali obiettivi è la promozione del Mercato Unico Europeo dell'energia, e l'elaborazione di una strategia comune e condivisa da tutti gli Stati Membri che consenta all'UE di avere maggior forza negoziale a livello internazionale.

Nell'ottica di una maggiore integrazione dei mercati, per far sì che concretamente il mercato energetico possa presentare caratteristiche di unicità e uniformità, le Confederazioni delle PMI sono fortemente convinte del ruolo delle infrastrutture di trasporto delle commodities elettricità e gas.

A tal riguardo, il sistema energetico Europeo necessita ancora di notevoli interventi sia in termini di investimenti per lo sviluppo delle infrastrutture, che di regole uniformi da applicare nei singoli Paesi al fine di garantire la sicurezza e l'economicità del servizio, e agevolare la diversificazione delle fonti.

La scarsa dotazione infrastrutturale del sistema energetico, inclusa la presenza di reti assolutamente non idonee a garantire efficienza del sistema, rappresenta un forte ostacolo allo sviluppo del mercato. Una visione strategica e complessiva del settore, anche in considerazione dell'esigenza di accrescere la sicurezza del sistema e la sua sostenibilità, impone al nostro Paese, e all'Unione Europea in generale, uno sforzo considerevole in termini di investimenti.

Particolarmente critico in Italia è il settore del gas, in cui, oltre alla scarsa contendibilità del mercato nazionale, si registra un ostacolo maggiore derivante dalla saturazione dei canali di accesso della materia prima in conseguenza di una produzione nazionale di gas pressoché in declino.

Il contesto europeo, in cui su un piano puramente giuridico ha avuto luogo il completamento del processo di liberalizzazione del mercato interno dell'energia, vede nei fatti ancora, in Italia come in molti altri Stati Membri, la presenza di pochi operatori dominanti sia nel mercato elettrico che in quello del gas; tale situazione è dovuta, tra l'altro, anche alla presenza di infrastrutture energetiche fortemente inadeguate, che ostacolano da un lato l'accesso al settore da parte di nuovi operatori, e dall'altro una reale concorrenza alle imprese che operano nel mercato.

La strategia europea in materia di infrastrutture dovrebbe favorire innanzi tutto una reale concorrenza tra le imprese, garantendo l'accessibilità delle reti di trasporto a tutti gli operatori. Riteniamo a tal proposito che, tra le recenti proposte della Commissione Europea possa giocare un ruolo fondamentale quella della separazione proprietaria effettiva (c.d. *unbundling*) tra le attività di produzione/vendita e quelle di trasporto.

L'esperienza di molti Stati ha infatti dimostrato che la semplice separazione contabile non è stata in grado di evitare situazioni di posizione dominante per quegli operatori che svolgono attività in regime di libera concorrenza (produzione e vendita) detenendo contestualmente monopoli tecnici quali la gestione delle reti di distribuzione; tale situazione ha in molti casi ostacolato il realizzarsi dei benefici, in termini di minor costo e maggiore qualità del servizio, di cui i consumatori di energia avrebbero dovuto beneficiare a seguito della liberalizzazione del mercato, determinando contestualmente una condizione fortemente penalizzante per le PMI che operano, in una condizione di evidente debolezza, nelle attività in libera concorrenza.

Nel Mercato del gas inoltre manca ancora la terzietà della gestione della rete nazionale dei gasdotti e del sistema degli stoccaggi.

Il principio dell'*unbundling* rappresenta un passo fondamentale per scardinare le condizioni di monopolio dei principali operatori energetici, a danno dei consumatori finali che hanno visto sfumare le opportunità che erano state prospettate con l'avvio del processo di liberalizzazione del mercato.

Nel contempo risulta necessario creare maggiore trasparenza e facilità di accesso nei mercati, superando le asimmetrie informativa tra le parti coinvolte nella filiera, e tra essi e i consumatori finali.

Di grande interesse per le PMI è anche l'aspetto di sostegno alla generazione distribuita e dell'efficienza energetica, collegato al delicato sviluppo dell'integrazione tra sistema energetico e compatibilità ambientali.

Siamo convinti che tali obiettivi debbano essere perseguiti mediante l'evoluzione dal modello classico dell'utilizzo delle reti per una produzione controllata e centralizzata ad un modello allargato basato su reti intelligenti (*cd smart grid*) in grado di promuovere forme diffuse di autoproduzione di energia.

A tal proposito la proposta di direttiva del Parlamento Europeo e del Consiglio sulla promozione dell'uso dell'energia da fonti rinnovabili, quella già emanata ma non attuata dal nostro Paese sulla cogenerazione, costituiscono tappe importanti del processo di avanzamento della liberalizzazione del mercato energetico finalizzato anche all'immissione sul mercato e alla commercializzazione di energia sostenibile autoprodotta da Stati membri dell'UE e non più importata.

È necessario sostenere lo sviluppo delle unità di microgenerazione per la trasformazione delle risorse energetiche in energia elettrica e calore, determinando chiaramente le priorità per l'accesso ai regimi di aiuti nazionali. Simili unità meritano particolare attenzione in quanto, contrariamente agli impianti industriali, consentono di evitare il trasporto su medie e lunghe distanze e possono in tal modo contribuire a un migliore bilancio energetico-ambientale.

Anche le potenzialità del settore agricolo possono apportare un contributo rilevante al raggiungimento degli obiettivi europei; in particolare nella produzione di biogas in cui possono entrare convenientemente in gioco biomasse vegetali appositamente coltivate allo scopo.

Ne deriva l'utilità di potenziare e di razionalizzare i sistemi che sfruttano processi di co-digestione anaerobica di biomasse di varia natura (biomasse di origine zootecnica e agroindustriale, fanghi di depurazione e frazioni organiche derivanti da raccolte differenziate secco/umido dei rifiuti urbani), come, ad esempio, incomincia a succedere negli impianti centralizzati operativi nel nostro Paese.

Affinché ciò avvenga, è necessario però che la realizzazione di impianti di biogas, l'allacciamento alla rete elettrica nazionale e l'utilizzazione delle varie matrici sottostiano a procedure autorizzative più chiare e percorribili di quelle attualmente in vigore. Occorre favorire anche l'utilizzo del biogas per autotrazione e immissione nella rete di distribuzione del metano; ciò dovrebbe essere incentivato in particolare nelle regioni dove la rete dei metanodotti è capillarmente diffusa ed è già esteso l'uso del metano per autotrazione.

Risulta necessario pertanto da un lato un accesso prioritario alla rete elettrica a favore dell'elettricità prodotta da fonti rinnovabili e cogenerative, dall'altro, la trasparenza delle norme attinenti all'assunzione e alla ripartizione dei costi degli adeguamenti tecnici necessari all'integrazione dei nuovi fornitori sulla scorta di criteri obiettivi e non discriminatori.

Concludendo, le imprese, in particolare le PMI, credono nelle opportunità di un corretto funzionamento dei mercati energetici, non solo in quanto ciò potrebbe comportare vantaggi economici (minor prezzo) e maggiore qualità del servizio, ma anche in quanto condizione fondamentale anche per il conseguimento degli obiettivi di efficienza energetica posti recentemente a livello europeo.

Riteniamo, quindi, che il potenziamento di una politica di sviluppo delle reti a livello Europeo potrà sostenere gli Stati membri nell'eventualità di una minaccia per la sicurezza dell'approvvigionamento di energia e nello sviluppo sostenibile del settore, stimolando l'efficienza energetica ed un mercato concorrenziale che assicuri che anche imprese di piccola e media dimensione, ad esempio quelle che investono nelle fonti d'energia rinnovabili, abbiano accesso al mercato dell'energia.

Umberto Quadrino
Amministratore Delegato di EDISON

Il problema delle reti energetiche rappresenta oggi uno dei temi chiave in discussione a livello europeo. In particolare gli aspetti più delicati riguardano l'effettiva separazione delle reti di trasporto e distribuzione, nonché l'individuazione dei nuovi investimenti necessari a garantirne un adeguato sviluppo.

Negli ultimi dieci anni il contesto di riferimento è profondamente mutato: gran parte dei paesi occidentali hanno avviato un percorso di crescente liberalizzazione della domanda energetica mentre, al contrario, i paesi produttori non hanno liberalizzato l'offerta di energia. Tutti i tentativi verso la liberalizzazione sono sostanzialmente rientrati. Esemplare il caso della Russia dove il processo di liberalizzazione si è interrotto con il riaccentramento della gestione delle fonti energetiche nella compagnia di stato Gazprom. Ciò dimostra come i Paesi produttori vogliono mantenere uno stretto controllo sulle proprie risorse energetiche.

Anche nei paesi occidentali, sino all'avvio del percorso di liberalizzazione del settore energetico, vigeva una situazione di monopolio (ndr: forma di mercato in cui mentre l'offerta è frammentata in un numero indefinito di operatori, la domanda è concentrata in un unico operatore) in cui per ogni paese vi era un solo compratore e un solo produttore di energia elettrica e gas.

In Italia, ad esempio, l'ENI si occupava di approvvigionare il Paese di gas ed ENEL di produrre energia elettrica. Oltre a ciò i due enti energetici garantivano la programmazione degli interventi necessari per implementare le infrastrutture del Paese, definendo così in modo sostanziale il Piano Energetico Nazionale.

Oggi questo sistema fa parte del passato. In Italia, così come nei differenti paesi europei, il mercato è liberalizzato e, almeno teoricamente, tutti gli operatori si confrontano in modo paritario. La liberalizzazione del mercato però, oltre a portare indubbi vantaggi, ha reso la gestione del sistema energetico più complessa.

Esemplare a questo riguardo quanto avvenuto negli ultimi tre inverni in Italia. Il Paese ha infatti dovuto affrontare una emergenza energetica drammatica causata da condizioni climatiche straordinarie che hanno fatto crescere la domanda di gas in modo eccedente la capacità di approvvigionamento del Paese. Eppure, fino a quel momento, erano in molti a sostenere la tesi di un eccesso di offerta di gas rispetto alla domanda.

In questo caso non si è tenuto nella giusta considerazione il fatto che in Italia si stava realizzando il più imponente programma europeo di efficientamento del parco produttivo attraverso la realizzazione di nuove centrali alimentate a gas. Nonostante tale processo si sia sviluppato in un periodo di circa un decennio, il Paese non ha saputo adeguare in tempo la propria capacità di importazione per sostenere la crescente domanda di gas proveniente dal settore produttivo. Questo rappresenta un esempio del come liberalizzare un settore nevralgico come l'energia, possa rendere fragile il sistema.

Consapevole della centralità del tema dell'energia, l'Unione Europea e i paesi membri si stanno confrontando per poter dare vita ad un sistema in grado di garantire nel medio e lungo periodo l'adeguato approvvigionamento energetico.

Le Authority perseguono questo obiettivo, attraverso un potenziamento dei poteri di controllo a livello di singola nazione mentre, a livello europeo si adoperano per un maggior coordinamento delle scelte dei Paesi membri. Ma le misure in vigore non sono ancora sufficienti per garantire al sistema la necessaria solidità ed efficienza.

L'ipotesi che oggi viene proposta con maggior vigore è quella di dare vita ad un unico ente compratore europeo. La costituzione di un centro di acquisto del fabbisogno energetico a livello europeo, dovrebbe incrementare la capacità negoziale dei paesi compratori nei confronti dei monopolisti venditori che oggi godono di una posizione di superiorità a livello contrattuale.

Tale disegno si scontra però con l'attuale scenario normativo e di mercato. Un ritorno anche parziale verso la definizione di un soggetto monopolista o anche solo coordinatore degli acquisti, richiederebbe un ripensamento radicale del sistema energetico, oggi difficilmente percorribile.

Tuttavia, il contesto politico ed economico internazionale impone all'Unione Europea delle scelte prospettiche di medio e lungo periodo che richiedono un miglior coordinamento fra i paesi membri.

Nei prossimi anni infatti, l'Europa dovrà garantirsi l'adeguato approvvigionamento di gas per far fronte alle proprie necessità in uno scenario molto complesso in cui, da una parte, aumenta esponenzialmente la domanda di energia a livello globale, soprattutto nell'area asiatica e, dall'altra, diminuiscono progressivamente le riserve di gas del nord Europa.

Nel mondo la domanda di energia cresce a ritmi elevati: oltre 1 miliardo e 600 mila persone non dispongono di energia elettrica.

Paesi come Cina ed India hanno un potenziale di domanda elevatissimo, che si sta trasformando sempre più rapidamente in domanda effettiva.

Al 2020 si prevede che i giacimenti di gas e petrolio nella UE, prevalentemente situati nell'area del Mare del Nord, vedranno ridurre la propria produzione di oltre 100 miliardi di metri cubi l'anno.

Contestualmente la domanda di energia dovrebbe crescere ad un ritmo costante intorno al 2% all'anno, in linea con quanto accaduto nell'ultimo ventennio. Questo significa un incremento della domanda di gas in Europa di ulteriori 100 miliardi di metri cubi rispetto ad oggi.

Nonostante l'attuale crisi economica stia facendo rallentare in modo sensibile la domanda di energia, questi elementi sono i più rappresentativi per una valutazione di medio-lungo periodo del fabbisogno energetico dell'Europa.

Per queste ragioni le fonti di approvvigionamento e la composizione del mix produttivo sono – e rimarranno – i principali temi di politica energetica dell'UE e degli stati membri.

Da parte sua l'Italia sta sviluppando diverse iniziative sul fronte delle infrastrutture. Edison ha recentemente ultimato la realizzazione di un rigassificatore off-shore a Rovigo che a partire dal 2009, con l'importazione di 8 miliardi di metri cubi di gas, contribuirà al 10% del fabbisogno nazionale. Oltre a ciò il potenziamento dei collegamenti con Russia ed Algeria renderanno disponibili ulteriori 12 miliardi di metri cubi di gas. Per l'Italia questo significa un aumento di oltre il 25% della propria capacità di importazione negli ultimi 24 mesi.

Il tema delle infrastrutture va però inserito nel più ampio contesto del Programma energetico dell'Unione Europea. In particolare tale programma ha fissato per i paesi membri dell'UE i seguenti obiettivi da conseguire entro il 2020: ridurre del 20% il consumo energetico previsto; aumentare al 20% la quota delle energie rinnovabili nel consumo energetico totale; ridurre di almeno il 20% le emissioni di gas a effetto serra; realizzare un mercato interno dell'energia che apporti benefici reali e tangibili ai privati e alle imprese; migliorare l'integrazione della politica energetica dell'UE con altre politiche, come l'agricoltura e il commercio; intensificare la collaborazione a livello internazionale.

Questo significa che l'UE ha deciso di perseguire una politica energetica molto attenta ai temi dell'ambiente e della sostenibilità. Questo comporterà per i paesi membri, l'adozione di misure atte sia al miglioramento dell'efficienza energetica sia ad un radicale mutamento dell'attuale mix produttivo soprattutto attraverso lo sviluppo delle fonti di energia rinnovabile.

Uno studio commissionato dal precedente Governo – il più completo oggi disponibile – aveva posto come obiettivo di massima per l'Italia il raggiungimento dell'8% di risparmio energetico al 2020. Un target che, seppur lontano dagli obiettivi del Programma UE, sembra comunque essere troppo ambizioso.

Per conseguire l'8% di miglioramento del risparmio energetico sarebbe necessario varare una nuova legislazione in materia, accompagnata da un piano importante di incentivi economici per i privati e per le imprese, con ritorni comunque difficilmente quantificabili.

L'8% riguarda infatti la percentuale di riduzione della domanda di energia nel 2020 (al lordo della crescita della domanda) nel caso in cui ogni cittadino ed ogni imprenditore realizzasse tutte le misure di risparmio energetico percorribili.

Un discorso analogo vale anche per il mix energetico. Se l'orizzonte è il 2020, non è ipotizzabile modificare sostanzialmente l'attuale mix, neppure se si avviasse fin da subito un piano di sviluppo del nucleare. Se l'Italia varasse un programma nucleare in grado di ottenere un consenso unanime di tutte le parti, la prima centrale non sarebbe operativa prima del 2019.

Da oggi al 2020 il nucleare non si può considerare un fattore di cambiamento del nostro mix energetico. Lo sarà soltanto per il decennio 2020-2030, se fin da subito saremo in grado di fare delle scelte in questa direzione. Nel breve periodo l'unica strada percorribile riguarda le fonti rinnovabili. Il loro contributo – sempre secondo le stime dello studio commissionato dal precedente Governo – è stimato intorno al 17% della produzione elettrica complessiva.

Ma anche in questo caso bisogna fare delle considerazioni obbiettive sulle effettive potenzialità di sviluppo: l'eolico ha una capacità complessiva di 1.500

ore di vento utile all'anno per la produzione mentre il solare è fortemente penalizzato dalla scarsezza di superfici disponibili.

Le biomasse, quali il legno, l'olio di soia o di palma, sono oggi quasi del tutto assenti nel nostro Paese. I coltivatori non garantiscono una fornitura di lungo periodo, riservandosi di rinnovare i contratti di anno in anno e l'alternativa di verticalizzarsi, avendo delle piantagioni di proprietà nei paesi produttori come l'Indonesia, non è economicamente e ragionevolmente percorribile. L'utilizzo invece della cosiddetta filiera corta – cioè delle biomasse provenienti dall'eccesso di produzione agricola oppure dalla potatura degli alberi o dalla pulitura dei boschi – porterebbe delle quantità troppo modeste.

Anche l'obiettivo del 17% di produzione elettrica proveniente da fonti rinnovabili, resta quindi molto lontano. Questo significa che al 2020 il mix energetico non potrà essere modificato in misura sostanziale. Per conseguire l'obiettivo del contenimento di emissioni di CO2 entro il 2020, l'unica strada è quella del miglioramento dell'attuale mix produttivo, attraverso lo sviluppo delle centrali a ciclo combinato e la marginalizzazione degli impianti alimentati a carbone, che emettono il doppio di CO2 rispetto ai primi.

L'Europa avrà ancora bisogno di gas ed in misura crescente nei prossimi decenni, nonostante l'attuale scenario di crisi. Oggi l'importazione dell'Europa è di 220 miliardi di metri cubi di gas. Al 2020 il fabbisogno crescerà almeno di ulteriori 150 miliardi di metri cubi, con la necessità di raddoppiare l'intero sistema infrastrutturale di importazione di gas verso il Vecchio Continente.

Per garantire all'Europa la copertura del proprio fabbisogno di gas, è indispensabile quindi individuare nel breve gli investimenti necessari da effettuare in nuove infrastrutture, definendo nel contempo contratti di fornitura a lungo termine con i Paesi produttori.

Questo è il principale problema di politica energetica che l'Europa deve affrontare con determinazione ed in tempi brevi, attraverso il consenso di tutti gli stati membri. Lo scenario internazionale impone infatti scelte rapide.

Basti pensare, ad esempio, alla vicenda riguardante l'aggiudicazione dei 12 miliardi di metri cubi di gas annui provenienti dall'Azerbaijan, oggi al centro di una contesa internazionale che vede impegnate le diplomazie di gran parte dei paesi Europei e del centro Asia.

Uno dei principali soggetti coinvolti in questa vicenda è la Russia che gioca un ruolo centrale in questa zona geografica, in seconda battuta, troviamo la Turchia che naturalmente ha un grosso interesse nel costruirsi un buon livello di indipendenza di approvvigionamento.

La stessa necessità che sente l'Europa che è in gara con 2 progetti: l'ITGI e il Nabucco.

L'ITGI promosso da Edison e dall'ente petrolifero greco prevede la realizzazione di un gasdotto lungo lo stretto di Otranto, in grado di collegare la Grecia con l'Italia, attraverso cui far transitare il gas proveniente dall'Azerbaijan, bypassando la Russia. Tale infrastruttura richiederebbe investimenti contenuti e tempi di realizzazione molto brevi. Il Nabucco prevede la realizzazione di una nuova infrastruttura che, partendo dal Mar del Caspio, attraverserebbe Turchia, Bulgaria, Romania, Ungheria, Austria, Polonia per giungere infine nel cuore dell'Europa. La nuova infrastruttura, che si estenderebbe per circa 4.000 km, per essere sostenibile, richiederebbe una disponibilità di almeno 30 miliardi di metri cubi di gas annui.

Ancora una volta, questa vicenda dimostra che, al di là della definizione della proprietà delle reti, la principale priorità dell'Europa è quella di dotarsi di nuove infrastrutture e di garantirsi l'accesso alle fonti, attraverso la stipula di contratti di lungo periodo.

Luigi Paganetto
*Presidente dell'*ENEA

Ho ascoltato con molto interesse quello che diceva Quadrino.

Trovo che lui abbia certamente ragione quando dice che il tema vero sia quello dell'approvvigionamento. Nello specifico riguarda il gas perché è evidente che tutte le proiezioni che si fanno a livello internazionale in merito ai comportamenti portano a questo.

Anche il Ministro questa mattina ci ricordava che il tema delle fonti fossili è un dato acclarato e accertato.

Fermo restando questo punto che mi pare indubitabile, voglio fare una riflessione per la parte di competenza di ENEA, e cioè richiamare l'attenzione sul fatto che, pure in questo scenario, conta in che misura si faranno "innovazione e ricerca".

Dico questo perché è evidente che, se parliamo dell'espansione della domanda – e lo ricordava Quadrino – noi abbiamo un'espansione non facilissima da prevedere oggi, in questo momento di crisi, ma certamente l'espansione ci sarà.

Allo stesso tempo però è chiaro che questa espansione potrà essere contenuta da scelte in materia di efficienza perché, per la stessa quantità di "*power*" che si ottiene, occorre minore combustibile utilizzato quando l'efficienza cresce.

Sembra quasi che ci sia una contraddizione tra una crescita della domanda – che per coloro che sono produttori di energia viene vista con ovvia simpatia – e un'esigenza, viceversa, di contenere i consumi, che può affievolire la nostra dipendenza dai produttori di gas.

Sotto questo aspetto credo che conti molto la quantità di investimenti e di attività di ricerca che faremo perché, se è vero come è vero, che se noi pensiamo a misure di efficienza energetica – a tecnologia data – la riduzione dei consumi sarà relativamente modesta; se pensiamo invece a un intervento con tecnologia innovativa, probabilmente quelle stesse condizioni cambiano, cioè si riesce a fare un maggiore contenimento dei consumi oltre che della CO2.

L'esempio che in questo momento può essere rilevante è dire che l'efficienza energetica realizzata con nuova tecnologia può essere tonificante del sistema in un momento in cui la crisi chiede interventi che consentano di fare – dentro al sistema economico – qualche operazione che produca moltiplicazione degli effetti.

Ed è chiaro che se noi, ad esempio, immaginiamo che si mettano insieme i produttori di materiali, gli utilizzatori e diamo loro tecnologie come quelle dei "film sottili", e ancora, se aggiungiamo a questi una capacità di rendere gli interventi accettabili sul piano del paesaggio urbano o del paesaggio extra-urbano, vedremmo espandere molto la domanda di utilizzo di tecnologie.

Questo è il punto focale.

Non credo a tecnologie che si impongano, di per sé.

Credo a tecnologie che diventano funzionali alla capacità di far crescere la domanda che include quelle tecnologie. Cioè, non possiamo aspettarci che di per sé il fotovoltaico possa crescere, anche perché è una tecnologia che deve svilupparsi e ha certamente da fare passi in avanti, ma possiamo immaginare che sia più facile utilizzarla perché diventa più *friendly* rispetto all'impiego nell'edilizia.

Può essere certamente inopportuno riempire i nostri tetti di pannelli fotovoltaici e può essere molto più opportuno fare come in Australia, dove producono frontespizi con i film sottili di un millimetro sulle pareti che sono prefabbricate e che, essendo prefabbricate, consentono di costruire, con tecnologia innovativa, edifici che possono godere del vantaggio di consumare meno energia in questa maniera.

Naturalmente questo significa mettere insieme tanti attori sul mercato che normalmente operano in maniera diversa ma che possono lavorare insieme.

Potrei fare molti di questi esempi, sia per quanto riguarda il settore "civile" – che si fa o che si riferisce alle nuove costruzioni – sia per quanto riguarda il "civile esistente", che è molto importante in termini di consistenza, nonché altri settori dove si può fare tantissimo se si mette in moto un meccanismo che fa crescere la domanda di "rinnovabili integrate" dentro il sistema produttivo.

Questo è un aspetto fondamentale perché se cominciamo a ragionare in questi termini, avremo una politica efficace ed efficiente perché, piuttosto, la politica non sarà soltanto diretta ad incentivare la tecnologia, ma diretta ad incentivare il processo attraverso il quale le cose si integrano e producono risultati. È così che l'efficienza cresce.

Ecco perché partivo dall'idea che l'efficienza si deve valutare, non in termini soltanto di risparmio (perché allora non parliamo di efficienza), ma anche di capacità di introdurre tecnologia dentro i processi produttivi e dentro i processi di utilizzazione della realtà nel civile, nel sistema industriale e nel terziario che possono assorbirli.

Tutto ciò ha influenza sul modo in cui noi organizziamo le nostre reti energetiche, che poi risentono, anche queste, (e arriviamo al tema più specifico del convegno) delle innovazioni che è possibile realizzare.

Non dimentichiamoci che nel momento stesso in cui abbiamo liberalizzato il sistema di produzione dell'energia, nel momento stesso in cui abbiamo visto quale sia l'impatto dei processi di globalizzazione, è chiaro che si sono modificati anche i sistemi di gestione delle reti. Non è possibile gestire delle reti senza un contenuto forte di intelligenza.

In altre parole, non basta fare un gasdotto, ma bisogna fare in modo che insieme si producano sistemi di regolazione compatibili con l'interconnessione e con le capacità nostre di far funzionare in maniera più efficiente le stesse interconnessioni. Dobbiamo anche fare in modo che questi sistemi siano abbastanza flessibili da consentirci di ottenere un'efficienza maggiore dalla rete.

Oggi, con i sistemi di intelligenza artificiale e con l'informatica, è possibile gestire reti che sono estremamente più flessibili, estremamente più capaci e in grado di funzionare meglio.

C'è da tener conto di un investimento che consente di ridurre l'impegno che si deve realizzare nella costruzione di reti, se quelle reti funzioneranno in maniera tale da dare un rendimento maggiore.

Credo che questo sia un punto che spesso viene messo in minore evidenza rispetto alla questione dell'approvvigionamento, ma in effetti è un punto centrale. Ritengo che ogni volta che si parla di energia si tende a parlare di una "mezza mela". La mezza mela è quella del modo di produrre l'energia, del modo di utilizzarla ma non delle tecnologie che poi portano ad effetti sul sistema economico.

Non dimentichiamoci che quelle tecnologie sono frutto di attività di impresa, le quali saranno più o meno capaci di fare il loro mestiere, e lo faranno in maniera più competitiva se nel settore in cui operano – cioè quello dell'energia – saranno capaci di rendere disponibili tecnologie più avanzate.

E questo vale anche per le reti, vale per i sistemi flessibili che gestiscono le reti. Le reti, tanto più sono integrate in Europa (oltre che in Italia) e più esigono sistemi di controllo e di gestione che, essendo affidati ad operatori diversi, esigono anche una capacità di interconnessione che se non è intelligente, finisce per non essere capace di sortire l'effetto che vuole ottenere.

Da questo tuttavia nasce anche una capacità di impresa di essere presente nel settore delle reti che potrebbe diventare strategica, cioè la capacità di produrre innovazione in questo ambito. Tanto più questo è vero che abbiamo potuto constatare, negli episodi di disservizio che sono capitati, che ci sono le interdipendenze tra le reti.

Esse sono decisive, determinanti e importanti.

Questo ci porta a dire che, in caso di un disservizio – blackout elettrico o telefonico – c'è un rapporto tra rete di distribuzione di energia e telecomunicazioni, quindi tra il servizio reso dalla rete di telecomunicazione e il servizio reso dalla rete elettrica.

Le reti insomma si influenzano reciprocamente. E questo è tanto più vero se tocchiamo il discorso delle energie rinnovabili, che io metterei comunque dentro al tema "reti".

Stamattina abbiamo parlato molto del Nord Europa e delle reti che si realizzano da e verso le fonti di rifornimento di energia, ma c'è qualche progetto in cui si stabilisce che, ad esempio, nella parte del Nord Africa si impianti un sistema di produzione di energia solare. Lì ci sono quegli spazi che giustamente Quadrino ricordava essere necessari, ci sono le condizioni di insolazione, ci sono gli interessi degli attori per realizzare questo.

I francesi stanno concentrando molto la loro attenzione su questa ipotesi perché un sistema di produzione di energia che sia interconnesso con il sistema europeo – ma che produca energia a livello di queste zone e crei, attraverso il solare, una energia che in questo senso è rinnovabile – potrebbe determinare esigenze anche diverse da quelle che abbiamo esaminato nelle reti europee.

Non sarebbero più i tubi che camminano, ma sarebbero le reti elettriche interconnesse in maniera intelligente.

Aggiungo che se questo è vero – e sempre di tecnologia parliamo – c'è un'altra ragione che lega l'aspetto di interconnessione tra aree a livello locale, e cioè il discorso importante dell'energia a "generazione distribuita", con investimenti consistenti in Gran Bretagna e in Italia con l'ENEL.

"Generazione distribuita" significa dal locale verso il sistema delle reti. E allora ritorna il tema che ricordava Quadrino delle biomasse che sono difficili da utilizzare perché le biomasse per essere considerate convenienti hanno un raggio di azione di circa 50 chilometri.

È certamente vero che produrre energia in locale con utilizzo da parte degli utenti a livello locale produce una conseguenza importante sul piano delle tecnologie. Perché? Perché è possibile – attraverso la generazione distribuita ottenere per prima cosa rendimenti decisamente interessanti. Nel calcolo si vede che l'efficienza cresce in presenza di generazione distribuita, cioè una generazione che consente di fare la produzione di energia a livello locale e di immetterla sulla rete. Ma per far questo, ovviamente la rete deve essere adatta.

Non è possibile che la rete riceva o ceda energia se non ci sono condizioni acconce.

Il conto energia è certamente l'inizio di questa strada, ma c'è molto ancora da fare.

Una larga parte di generazione distribuita nel mondo si può e si deve fare attraverso sistemi tradizionali, quindi gas naturale e i famosi sistemi co-generativi, ma il fatto di farlo a livello locale può produrre un'efficienza maggiore perché consente di realizzare una tecnologia particolare, cioè l'accumulo e la potenzialità di usare presso gli utenti in prospettiva celle combustibili per fare lo stoccaggio di energia laddove non la si usi.

E questo cambierebbe il modello di consumo. Certo siamo ancora distanti da questo, ma credo che, anche senza immaginare il ricorso alle celle combustibili per l'accumulazione di energia, ci sia un vantaggio indubbio nel servire con generazione distribuita zone difficili da raggiungere o possano avere un vantaggio dall'accesso a forme di consumo e distribuzione di energia, gestita attraverso le "*smart grids*" in locale.

Tutto questo ci porta a dire che, anche in questo caso, conta molto la tecnologia e l'innovazione che mettiamo nel sistema delle reti.

Io credo che questo sia un punto importante su cui vorrei che ci fosse più attenzione perché credo che, attraverso questi sistemi e non solo quest'ultimo ma anche quelli che ho ricordato prima, si possa fare molto in materia di "reti, efficienza e risultati complessivi" dell'uso dell'energia.

Domenico Dispenza
Direttore Generale di ENI Gas & Power

Il tema delle reti del gas e dei connessi investimenti è diventato primario nella discussione sulla politica energetica, sia a livello nazionale, sia soprattutto a livello europeo.

Pochi dati europei sono sufficienti a mostrare la centralità di questo tema: 110 milioni di clienti con una quota di mercato sul totale dell'energia primaria del 24%.

Tutte le stime di trend mostrano due caratteristiche comuni:

- una aspettativa di forte crescita della domanda del gas: si stima una quota maggiore del 30% del totale dell'energia primaria entro il 2030;
- un significativo aumento della dipendenza da gas naturale extra UE: circa l'80% del totale della domanda europea nel 2030 sarà coperta da importazioni da paesi non UE.

È del tutto evidente, già da questi dati basilari, che tale scenario implica investimenti *upstream* e *downstream* valutabili nell'ordine delle centinaia di miliardi di euro; investimenti che si dovranno realizzare in un mercato sempre più globale e in una situazione di congiuntura economico finanziaria internazionale sicuramente non favorevole.

Preliminarmente si deve riaffermare che la stabilità e la certezza del contesto normativo regolatorio ed istituzionale sono prerequisiti indispensabili per l'ordinato sviluppo del settore.

In quest'ottica non si può non rilevare come, di fronte al ben noto scenario richiamato sopra, alcuni messaggi derivanti dalla recente pubblicazione della "*Strategic Energy Review*" (SEER) rischiano di essere seriamente fuorvianti per il mercato. In particolare:

- da un lato il SEER, in coerenza con lo scenario presentato, incoraggia gli ope-

ratori del mercato a procedere con gli investimenti per garantire le forniture di gas;
- dall'altro lato il SEER presenta uno scenario di significativo declino della domanda di gas al 2020 (declino superiore al 30%).

Questo è un esempio di messaggio contraddittorio che può causare, senza rapidi e credibili chiarimenti, serie conseguenze sui processi di investimento.

Gli obiettivi di armonizzazione e semplificazione dichiarati come prioritari dalla Commissione nell'ambito del processo di ridefinizione del contesto normativo e regolatorio dell'industria del gas e dell'elettricità (il cosiddetto III Pacchetto energia) sono assolutamente condivisibili.

Di seguito si analizzeranno i principali nodi strategici della politica energetica nei prossimi anni con riferimento alle reti.

1. Quale contesto normativo e regolatorio per i nuovi investimenti nelle reti

I processi di liberalizzazione dei mercati energetici implicano la necessità di bilanciare due esigenze:
- procedure di mercato per supportare gli ingenti investimenti necessari in nuova capacità di trasporto;
- garanzia di effettiva realizzazione degli investimenti necessari.

In quest'ottica è necessario individuare ed istituzionalizzare attraverso procedure aperte comunitarie (*open season*) ad ogni operatore interessato che determino contemporaneamente:
- la domanda di nuova capacità di trasporto (market assessment);
- la disponibilità di ogni operatore interessato (venditori, traders, trasportatori, ma anche istituti finanziari o altri soggetti economici) a supportare economicamente e finanziariamente i necessari investimenti.

Ciò può avvenire attraverso la sottoscrizione, contestualmente alla richiesta di nuova capacità, di impegni economici e finanziari atti a sostenere i costi dell'investimento.

Questo approccio, allocando il rischio dei nuovi investimenti sugli imprenditori e non sui clienti finali (industriali e civili), è coerente con il processo di liberalizzazione dei mercati energetici europei.

Qualsiasi altro approccio implica:
- la determinazione in via amministrativa delle effettive necessità di nuovi investimenti;
- un obbligo di investimento in capo a qualche specifico soggetto (in particolare i trasportatori).

Questo approccio non è condivisibile, in:
- il *market assessment*, sganciato da una effettiva disponibilità a pagare, diviene assolutamente non significativo;
- il rischio dell'investimento (ed in particolare del sottoutilizzo della capacità

così determinata) viene allocato sui clienti finali (famiglie ed industrie). A fronte dell'obbligo ad investire, il rischio dell'investimento sarebbe infatti inevitabilmente scaricato sul consumatore finale attraverso aggiustamenti tariffari.

L'elemento chiave per la realizzazione di nuovi investimenti in coerenza con la procedura di mercato sopra descritta è l'esenzione dal TPA ex art. 22 della direttiva 2003/55. Questo strumento permette un bilanciamento fra:

– la realizzazione effettiva dell'investimento: gli investitori sarebbero infatti garantiti nella possibilità dell'utilizzo commerciale dell'infrastruttura (esenzione dal TPA);
– le esigenze di liquidità del mercato: attraverso l'esenzione parziale, quote della nuova capacità verrebbero allocate a terzi operatori in coerenza con le disposizioni regolatorie vigenti.

L'esenzione dal TPA è uno strumento fondamentale per i nuovi investimenti. Su questo nodo fondamentale dobbiamo segnalare due criticità:

– qualsiasi indebolimento o ulteriore complicazione nell'utilizzo di questo strumento risulterebbe, sicuramente in via generale, ma inevitabilmente nella attuale congiuntura, in pesanti rischi di sottoinvestimento;
– il mercato rilevante da analizzare per la decisione di esenzione deve essere quello europeo. Un approccio nazionale alla procedura di esenzione (in particolare nel contesto attuale di estrema asimmetria regolatoria fra i diversi paesi UE) non può supportare efficacemente i necessari nuovi investimenti.

2. *Unbundling, terzietà e investimenti in reti europee: una soluzione di sintesi l'European Transmission System Operator* (ETSO)

La centralità del tema degli investimenti è alla base dell'argomento che ha pressoché monopolizzato la discussione del III Pacchetto energia: l'*unbundling*.

Infatti in un contesto europeo di accesso regolato al trasporto di gas, l'*unbundling* è garanzia di terzietà e trasparenza non tanto nella gestione ordinaria (garantita dalla regolazione), quanto, soprattutto, nei processi di investimento.

Sono ben note le due alternative configgenti che hanno polarizzato gli schieramenti e la discussione a livello europeo:

– l'*unbundling* proprietario (*Ownership unbundling* - OU);
– l'*unbundling* "effettivo" tradotto nel modello *Independent Transmission Operator* (ITO).

"Sopravvive" anche un terzo modello (l'*Indepent System Operator*) che in questa discussione può essere del tutto assimilato all'OU.

Nell'ambito di questa discussione si deve rilevare che l'OU proposto implica forti rischi di indebolimento dell'industria del gas europeo nei confronti dei fornitori extra UE, senza aggiungere nulla di significativo in tema di trasparenza.

L'indebolimento dell'industria europea del gas, in caso di OU, andrebbe molto al di là dell'ovvio danno economico e finanziario derivante da una vendita forzata, fino a limitare il *know how* e la conoscenza tecnologica che un soggetto integrato mantiene a fronte dei fornitori extra UE in massima parte integrati e controllati dagli Stati di appartenenza.

La separazione giuridica e funzionale fra trasporto e vendita unitamente a alla regolazione delle tariffe e dell'accesso assicurano trasparenza sia nella gestione ordinaria, sia nei processi di investimenti in nuova capacità.

Nonostante questo, tenuto conto della discussione europea, riteniamo che sia giunto il momento per un passaggio ulteriore e di sintesi rispetto alle opzioni in campo. Tale sintesi è un modello volto alla creazione di un singolo European Transmission System Operator (ETSO). In particolare per arrivare a questo obiettivo si possono prevedere due passaggi:

- introduzione di incentivi istituzionali – ad esempio esenzione dell'OU – alle imprese integrate e agli operatori del trasporto affinché conferiscano le attività legate al trasporto – con la sola esclusione della proprietà – ad un soggetto giuridico terzo: ETSO. Questo soggetto diverrebbe sia la controparte contrattuale degli operatori, sia il gestore del processo di investimento sopra descritto;
- al fine di garantire un reale *unbundling* e tutelare una effettiva terzietà.

ETSO dovrebbe essere controllato congiuntamente dai trasportatori conferenti in proporzione agli asset conferiti; per ulteriore garanzia si può determinare che nessun operatore del trasporto possa singolarmente esercitare il controllo sull'ETSO.

Il modello dell'ETSO presenta chiari punti positivi così sintetizzabili:

- garantisce un analogo livello di indipendenza e terzietà del modello OU (l'ETSO non sarebbe controllato da nessuna società verticalmente integrata); il processo di costituzione eviterebbe all'ETSO i rischi connessi con la via nazionale dell'OU;
- è un incentivo alla effettiva armonizzazione dei contesti regolatori nazionali;
- rafforza la spinta alla creazione di un Mercato Unico Europeo;
- limita i rischi di indebolimento della industria europea del gas rispetto ai fornitori extra UE;
- è un incentivo ai nuovi investimenti per un mercato europeo del gas naturale.

Tenuto conto di quanto sopra è importante sottolineare quanto affermato dalla stessa Commissione UE nel recente Green Paper: secondo la Commissione la proposta di ETSO è da considerarsi una "*forward-looking initiative which could also improve the integration of assets and management, building progressively an independent company to manage a unified gas transport network throughout the EU. A progressive unification of networks, provided that it is organized in a manner compatible with competition law, would enhance incentives for gas companies to invest in new network projects*".

Un adeguato contesto regolatorio che accompagni questo processo dovrà prevedere:

– la creazione di una Agenzia di regolazione europea (sul modello della proposta ACER) dotata di effettivi poteri di armonizzazione.
  In particolare a questa agenzia dovrà essere affidata la regolazione delle attività regolate della filiera che abbiano impatto sopranazionale e i processi di esenzione;
– la chiara definizione delle competenze delle diverse autorità (nazionali, europee, settoriali, antitrust), evitando fenomeni di "concorrenza" regolatoria che creano incertezza e vanno in ultima analisi a discapito degli operatori e dei clienti finali;
– la chiara identificazione delle parti della filiera sottoposte a regolazione e delle attività liberalizzate. Si ritiene in particolare che l'attività di vendita debba essere oggetto di piena liberalizzazione; le previsioni circa tariffe di vendita regolate devono essere superate.

Le tariffe di vendita regolate nel presente contesto di liberalizzazione dovrebbero permanere solo quale strumento di tutela per i soggetti socialmente svantaggiati ("*vulnerable customers*"), in ogni caso minimizzando le distorsioni al mercato.

Valerio Zanone
Presidente del CIME

Spero di interpretare il pensiero del presidente di turno Vittorio Fini, segnalando la continuità fra i lavori del mattino e quelli del pomeriggio.

Ad esempio, nella relazione di stamane il commissario dell'Authority aveva sollevato una serie di osservazioni circa l'effettivo conseguimento degli standard per il controllo del cambiamento climatico; gli interventi del pomeriggio (Lignana, Quadrino, da ultimo Paganetto) hanno fornito elementi per rispondere alle questioni che Fanelli aveva lasciato sospese.

Ora è tempo di raccogliere e utilizzare i risultati di tutto il convegno.

Gli atti, comprese le comunicazioni scritte dei presidenti dell'ENEL e dell'ENI, saranno raccolti e integrati in un documento di sintesi redatto di concerto fra il CNEL ed il Movimento europeo. Poi, come prevedono le regole del Consiglio Nazionale dell'economia e del lavoro, l'assemblea sarà chiamata a convalidare il documento di sintesi con il proprio voto; ed egualmente farà il consiglio italiano del Movimento Europeo. Ho fiducia che ciò possa farsi in tempi ragionevolmente brevi, in modo che il governo possa ricevere le nostre conclusioni in tempo utile per il prossimo semestre del Consiglio Europeo che ha collocato la questione energetica in cima alla lista delle priorità.

Vorremmo anche che le nostre conclusioni fossero ricevute ed utilizzate dalle commissioni parlamentari competenti in materia.

Serve la speculazione, nel senso non finanziario ma einaudiano del termine; Einaudi intendeva la speculazione nel senso proprio, di attitudine a guardare più in là, capacità di guardare lontano. È quanto si propone di fare l'Osservatorio sulla Politica Energetica della Fondazione Einaudi, qui rappresentata dal vice-presidente Franco Chiarenza.

Ringrazio quanti hanno reso possibile questa giornata utilmente spesa, ed in particolare l'amico Raffaele Vanni ed il dr. Gervasio.

Va precisato che queste pagine non sono redatte da un "insider", membro di un'organizzazione o commissione europea responsabile in materia, bensì da un "outsider" che ha lavorato su materiale pubblicamente disponibile.

Dopo l'annuncio dell'assegnazione del ***premio Nobel per la pace 2012, il presidente Barroso*** *ha rilasciato la seguente dichiarazione:*

"Signore e signori,
ammetto che questa mattina, al risveglio, non avrei mai immaginato che sarebbe stato un giorno così bello.
Con grande emozione ho appreso che l'Unione Europea è stata insignita del Premio Nobel per la pace 2012. Ricevere dal Comitato per il Nobel il riconoscimento per la pace è un grande onore per l'Unione Europea, così come è certamente un grande onore per 500 milioni di cittadini europei, per gli Stati membri e per le istituzioni europee.
Il premio è il giusto riconoscimento per un progetto unico portato avanti dall'Europa per il bene dei propri cittadini e del mondo intero.
Non dobbiamo dimenticare che il progetto europeo è nato dall'unione di nazioni che uscivano dalle rovine e dalla devastazione della Seconda guerra mondiale, riunite in un progetto di pace basato su istituzioni sovranazionali che rappresentavano un interesse europeo comune.
L'Unione Europea – sin da quando si chiamava Comunità Europea – ha riunificato paesi separati dalla guerra fredda basandosi su valori quali la dignità umana, la libertà, la democrazia, la giustizia, lo Stato di diritto e il rispetto dei diritti umani.
Grazie al suo potere di trasformazione l'Unione Europea è riuscita, partendo da sei paesi, a riunificare quasi l'intero continente europeo. I valori della libertà, della democrazia, della giustizia, dello Stato di diritto e del rispetto dei diritti umani sono i valori ai quali aspira il mondo intero. Si tratta dei valori che l'Unione Europea promuove affinché il mondo diventi un posto migliore per tutti. Siamo orgogliosi di essere l'entità che, su scala mondiale, fornisce assistenza allo sviluppo e aiuti umanitari in misura maggiore, e di essere all'avanguardia negli sforzi compiuti a livello globale per proteggere il pianeta tramite la lotta ai cambiamenti climatici e la promozione del bene pubblico.

L'odierno riconoscimento da parte del Comitato per il Nobel dimostra che in questi tempi difficili l'Unione Europea continua ad essere una fonte d'ispirazione per paesi e popoli di tutto il mondo e che la comunità internazionale ha bisogno di un'Unione Europea forte.
Il Comitato per il Nobel e la comunità internazionale mandano un messaggio molto importante all'Europa: l'Unione Europea è qualcosa di molto prezioso, che dobbiamo proteggere per il bene degli europei e del mondo intero".

27
I rapporti di cooperazione Europa-Russia

Tratti dal Convegno
Camera dei Deputati, Sala del Mappamondo
Roma, 20 gennaio 2011

1. Tesi numero uno: la mentalità politica russa è cosi differente da quella europea da rendere difficile, se non impossibile, la comprensione reciproca. È vero o falso?

Direi che il problema esiste anche se va scomparendo. In ogni modo esso merita una spiegazione.

Premessa importante: la Russia è un grande paese. Anzi, il più grande del mondo. Come territorio, intendo dire.

Peccato però che siamo un po' troppo spostati al Nord.

Un contadino russo comincia a lavorare la terra là dove un *farmer* americano smette.

E il riscaldamento globale che potrebbe portarci sollievo, a condizione però che al suo arrivo saremo riusciti a mantenere intatta l'integrità territoriale.

Avremo così a disposizione la rotta marittima dell'estremo Nord con un notevole accorciamento delle distanze tra l'Europa e l'Asia.

E per giunta senza pirati.

Vediamo ora come siamo arrivati a questa grandezza che ha così condizionato la nostra storia e con essa anche il modo di ragionare.

I nostri antenati, che dovevano vivere in mezzo a tribù selvagge, avevano capito subito, come gli antichi romani molti secoli prima, che la miglior difesa stava nello spostare più in là possibile le proprie frontiere.

Per secoli, dopo essersi liberata dal giogo mongolo, la Russia non fece altro che estendere i propri confini. Ci fermarono l'Oceano Pacifico ad Oriente e le montagne Pamir al Sud.

Lo facemmo quasi senza accorgercene.

Nel 1868 l'ambasciatore inglese visitò il Cancelliere *Alessandro Gorciakov* (un nome famoso nella diplomazia russa: più a lungo di lui al vertice di essa vi è stato solo il Ministro Gromyko). Si lamentava il bravo britannico del fatto che l'esercito russo nell'Asia centrale si era impossessato della città di Samarcanda. Gorciakov rispose, con molta probabilità sinceramente: *noi non lo volevamo, ne siamo profondamente spiacenti e non intendiamo affatto tenere Samarcanda all'infinito*. La tenemmo fino al 1991, cioè fino alla dissoluzione dell'Unione Sovietica.

Un altro esponente russo molto noto, il Primo Ministro *Serghei Witte* assicurava lo zar *Nicola II*: *Dalle sponde del Pacifico e dalle vette hymalaiane la Russia sarà padrona non solo degli affari asiatici ma anche di quelli europei.*

Verso la fine della propria vita *Gorciakov* capì e disse apertamente che *l'allargamento del territorio equivale all'allargamento della debolezza*.

Ciò che non avevano capito nè *Stalin* nè *Molotov* quando riconquistavano i territori perduti nel 1917. Infatti li perdemmo di nuovo quasi tutti e molti altri in più nel 1991 ritrovandoci in un batter d'occhio nei confini del XVI secolo.

Abbiamo perso anche la meta della popolazione, adesso siamo 2,3% di quella mondiale.

La nostra geografia è la nostra sorte.

Le lunghissime frontiere che raramente erano pacifiche richiedevano tanti soldi per difenderle ma non davano un senso di sicurezza quanto piutosto di vulnerabilità. Da quì al sentirsi circondati e assediati è un passo.

Risorse e uomini per mettere a frutto enormi spazi, per lo più poco ospitali, non erano mai sufficenti. Così il metodo estensivo per secoli prevaleva su quello intensivo.

Al nord del fiume Amur, che ci separa dalla Cina nell'Estremo Oriente, vivono sì e no sette millioni di abitanti e sono in diminuzione; al sud del fiume, cento millioni e sono in aumento.

In tutta la parte asiatica russa, dalle montagne Urali al Pacifico, vivono 25 milioni di persone.

Le secolari conquiste risultarono nella formazione di uno Stato multi, ma multinazionale.

All'inizio del ventesimo secolo i russi rappresentavano solo il 44% di tutta la popolazione. Oggi – 80%.

A differenza della Francia o della Gran Bretagna con le loro terre d'oltremare, l'impero russo si estendeva su un unico immenso territorio dove tutto si era mescolato e rimescolato.

Tanto più dolorosa è stata la rottura dell'Unione Sovietica in stati nazionali, i confini di molti dei quali erano stati del tutto arbitrariarmente tracciati da *Stalin*, come quelli per esempio dell'Abkhasia e dell'Ossetia.

Oggi, dopo quasi vent'anni, le ripercussioni della rottura sono ancora molto sensibili, basta guardare al Caucaso.

La nostra lunga marcia era diretta dall'Europa all'Asia, non viceversa. Mi ricordo che il presidente *Ciampi* una volta osservò che russi avevano portato alle terre asiatiche la civiltà europea.

Ma siccome incontravamo sia all'Est che al Sud popolazioni semiselvagge nasceva il senso di una certa supermazia.

La chiesa ortodossa russa si è sforzata di presentare il popolo russo come popolo portatore di Dio, destinato a seguire una sua specifica strada, diversa da quella di altri popoli.

Sui Balcani nel secolo XIX noi combattevamo non solo per la liberazione dei fratelli slavi dai turchi, ma anche per la fede di Cristo.

Panslavismo e messianesimo sono stati determinanti per l'ingresso della Russia nella Prima Guerra mondiale. Da quì ha avuto inizio la catena dei nostri guai nel secolo passato.

La disastrosa sconfitta facilitò la non meno disastrosa impresa dei bolsceviki.

Pensate: un paese arretrato, quasi interamente contadino, dove la popolazione istruita si aggirava attorno 3-4%, fu sottoposto ad un gigantesco esperimento sulla base delle teorie marxiste lontane un mondo dalla realtà russa.

Per far riuscire questo esperimento bisognava *conquistare* la Russia, così si esprimeva *Lenin*. Uno dei suoi seguaci più vicini, *Zinoviev*, interpretava così questa affermazione: *Noi dobbiamo condurre sotto il potere sovietico 90-100 milioni di persone. Quanto ai restanti, non abbiamo niente da offrire; dovranno essere liquidati.*

Forse la peggiore eredità che la geografia e la storia hanno lasciato al paese è una salda convinzione che noi possiamo vivere solo sotto un regime autoritario.

Sentite cosa diceva l'imperatrice *Caterina II*: *Il sovrano deve essere autocratico perché nessuna forma di governo eccetto quella che concentri nella propria persona tutto il potere è compatibile con le dimensioni d'un stato così grande come il nostro. Qualsiasi altra forma di governo sarebbe non soltanto nociva ma addirittura distruttiva.*

Tutti i governanti sia prima dell'imperatrice che dopo di lei tenacemente coltivarono nella gente questa convinzione, liquidando nello stesso tempo, talvolta spietatamente, ogni eventuale minaccia al regime.

Così l'ordine nella mentalità russa e spesso eguale al potere forte, senza alternative.

Va detto anche che almeno per cinque secoli di seguito la Russia si è sentita una grande potenza. E alla grande potenza non piace quando altri insegnino come comportarsi. Il mantenimento di questo statuto per molti è più importante che le condizioni interne. E inoltre vi è la convinzione che per rimanere tale ci voglia un forte potere centralizzato.

Sulla mentalità imperiale si sono sovrapposti i settant'anni della costruzione del socialismo nell'interno del paese, sempre sotto la guida del solo partito, e la sua messianistica diffusione nel mondo.

Il modello socialista sovietico sostituì il modello capitalista russo, che era abbastanza efficiente negli anni precedenti la Prima Guerra Mondiale.

Ora stiamo effettuando un passaggio dal modello socialista a quello capitalista postsovietico che non si sa ancora se sarà molto efficiente.

Strada facendo abbiamo inserito delle correzioni anche in questo ultimo modello: durante la perestroika di *Gorbaciov* si parlava del socialismo trasformato ma in realtà si andava verso un capitalismo democratico. Dopo l'abbiamo cambiato per un capitalismo di stato burocratico e corrotto.

Tutte queste parabole hanno creato un fenomeno che *Michail Bulgakov*, forse il miglior scrittore russo del secolo scorso descrisse così: *Lo sfacelo non è nel paese, lo sfacelo è nelle teste.*

Sarebbe però sbagliato da parte degli europei fermarsi nella loro percezione dei russi sul livello dei nostri pregiudizi.

Molti di questi si riferiscono a situazioni storiche che sono passate.

La Russia non è più nè un impero nè un paese ideologicamente diverso dagli altri stati europei.

Siamo tutti nella grande barca dell'economia di mercato globale, aperta a tutti i venti.

È radicalmente cambiato l'ambiente informativo: ormai 1/3 dei russi, cioè circa 50 milioni di persone, usa Internet.

Così nel giudicarci bisognerebbe essere capaci di guardare al di là degli stereotipi e anche degli errori del regime.

2. Tesi numero due: la Russia non è l'Europa e mai diventerà tale. Il titolo stesso della conferenza lo conferma. È vero o falso?

La risposta dipende da che cosa si intende per Europa.

Se per Europa si intende geografia, storia o civiltà è difficile negare che la Russia ne sia parte indissolubile.

Ma l'Europa da imitare o meglio di cui scegliere le esperienze più riuscite è altro. È l'insieme dei valori democratici, delle dottrine politiche e dei risultati pratici raggiunti che pone l'Europa sul più alto gradino dello sviluppo umano.

Questo aveva in mente il poeta *Alessandro Pushkin*, quando duecento anni fa coniò forse la più felice formula per la nostra politica europea: *Entrare in Europa e rimanere Russia.*

Gli fà eco Feodor Dostoevsky: "Tutto cio che noi abbiamo di progresso, scienza, arte, di società civile e umana, tutto è venuto da lì (dall'Europa)".

I dirigenti russi oggi parlano della vocazione europea della Russia in termini fermi.

Forse siamo un'Europa di ieri o dell'altro ieri – la prima Università a Mosca fu fondata qualche secolo dopo quelle europee – ma sempre Europa.

Su queste basi, diciamo così ideologiche, in Russia ormai da tre secoli esiste una forte corrente favorevole all'avvicinamento con l'Europa.

Ma essa non è l'unica.

L'attuale ambiente politico russo è un miscuglio di diverse, talvolta opposte, tendenze. Ne abbiamo di tutti i colori.

Voi potete sentir dire che l'Europa (quella occidentale si intende) ha perso il suo slancio, viene spinta ai margini della politica internazionale, diventa una grande Svizzera: bisogna dunque lasciarla così com'è e orientarsi decisamente verso l'Asia.

Nel corso della storia l'Europa, in cui buona metà dell'intellighenzia si era formata sulla letteratura russa, non poteva non prendere atto del nostro essere europei. Ma vedeva anche la faccia asiatica della Russia – ricordate l'aquila a due teste – e così con una mano essa attirava la Russia, con l'altra la respingeva.

Lascio da parte le tante guerre, ivi comprese ambedue le mondiali, venute a noi dall'Ovest.

L'atteggiamento odierno dell'Europa verso la Russia è ancora ambiguo.

Lo si può giudicare dal tono perentorio che l'Unione Europea usa talvolta con la Russia la quale oggi tiene particolarmente ad essere trattata da pari a pari.

Bruxelles si è abituata a dettar legge ai paesi aspiranti che bussano disperatamente alle sue porte e così è tentata di usare una maniera dura anche nei confronti della Russia.

Una cosa che preoccupa di più è la mancanza di unità all'interno dell'Unione Europea.

Alcuni paesi, e spero che l'Italia sia tra questi, sono pronti ad una collaborazione veramente ampia con la Russia, non soltanto economica, ma anche politica.

Alcuni altri nel loro intimo ci considerano ancora un nemico, vedono una ragion d'essere della loro partecipazione alle alleanze occidentali nel contenimento della Russia.

Riconosco che questo problema è anche nostro. Siamo noi che dobbiamo convincere polacchi o baltici che non rappresentiamo una minaccia. È proprio quello che stiamo facendo adesso e non senza successo, si veda la Polonia.

Ma anche nell'Unione Europea dovrebbero avere una visione più realistica. Per il momento la politica verso la Russia si muove con la velocità dell'ultima nave nel convoglio, la più lenta, e così zoppica.

E come metterla con le divergenze di vedute sui valori o meglio la loro applicazione in pratica, sul sistema politico, sulla democrazia? Esse non possono essere trascurate, ma non dovrebbero fermare la collaborazione. Semplicemente perché ogni altra opzione è peggiore.

3. La domanda numero tre: è mai possibile che la Russia faccia parte dell'Unione Europea?

Qui la mia risposta ha due fonti.

Da un lato, il Ministro degli esteri *Sergei Lavrov* per il quale questa eventualità non viene considerata neanche teoricamente.

Dall'altro, più della metà delle risposte ad un recente sondaggio secondo le quali la Russia deve entrare nell'Unione Europea. Questa opinione è evidentemente influenzata dal desiderio di andare in Europa senza visti.

Mi è più simpatica la seconda opzione, ma quella del Ministro, è più ragionevole.

Una quindicina di anni fa sembrava che la Russia venisse sempre più integrata nell'Unione Europea e in generale nelle strutture occidentali.

Questo non si è avverato e in Russia un *refrain – nessuno ci aspetta in Europa* – è diventato costante.

Attualmente la Russia e l'Unione Europea costruiscono i loro rapporti come due entità che mantenendo l'indipendenza istituzionale cooperano e si penetrano a vicenda.

Realisticamente parlando questa sarà la strada in un futuro prevedibile.

Su tale strada la scelta secondo me è tra continuare il lento accumularsi del positivo nelle sfere economiche e sociali lasciando da parte la politica, oppure fare un balzo in avanti in questi campi allargando nello stesso tempo la cooperazione alla politica internazionale.

Vorrei sbagliare ma nell'Unione Europea prevalgono adesso i sostenitori della prima opzione, quella conservatrice.

Il fatto è che andiamo abbastanza bene in molte direzioni e ciò può indurre all'accondiscenza.

Infatti, più della metà del commercio estero russo ha come provenienza i 28 paesi dell'Unione Europea.

La Russia è il terzo partner commerciale dell'Unione Europea dopo gli USA e la Cina.

I maggiori investimenti nell'economia russa sono quelli europei.

La cooperazione è veramente vastissima: dai trasporti e dalle comunicazioni fino alla lotta contro criminalità organizzata, narcotraffico, immigrazione illegale e via dicendo.

C'è perfino la collaborazione fiscale. E qui possiamo veramente scambiarci dell'esperienze utili.

Cosiddetti dialoghi settoriali tra specialisti tecnici portano a risultati che spesso vengono ignorati dal largo pubblico.

Quanti sanno per esempio che la Russia ha lo *status* di membro associato dell'Unione Europea per quanto riguarda la cooperazione tecnico-scientifica?

O che il codice doganale russo ora in corso di riscrittura viene modificato secondo norme europee?

In linea di massima, dicono gli esperti, circa la metà delle leggi federali russe è vicina o molto vicina a quelle dell'Unione Europea o del Consiglio d'Europa.

Insomma potemmo ben godere della situazione così com'è, progredendo a piccoli passi.

4. La questione numero quattro: siamo pronti noi, la Russia e l'Europa, ad affrontare le scosse geopolitiche del XXI secolo?

Ho i miei dubbi.

I grossi mutamenti sulla scacchiera geopolitica testimoniano che sia la Russia che l'Europa stanno perdendo le proprie posizioni. Alcune cifre.

Secondo la Banca Mondiale, negli anni 1993-94 le economie dei tre paesi – Russia, Cina e India – erano pressappoco uguali.

Nel 2008 l'economia cinese risultava tre volte e mezza maggiore dell'economia russa; quella indiana una volta e mezza.

La crisi ha ulteriormente aumentato il nostro ritardo. Il miracolo economico russo è ancora lontano dal venire.

Quanto all'Unione Europea, la sua parte nell'economia mondiale è scesa dall'inizio del secolo dal 25 al 21%. Oggi è eguale al peso specifico dei paesi in via di sviluppo.

Le sfide non sono solo economiche.

Cinque anni or sono parlai con *Egor Gaidar*, ex-primo ministro e forse il russo piu intelligente che abbia mai incontrato. Purtroppo è scomparso molto giovane. Già allora lui diceva che i tempi dei cambiamenti rapidi sono molto pericolosi. Ricordava la strepitosa entrata sull'arena internazionale a cavallo tra due secoli della Germania.

Di recente ho visto le affermazioni di un politologo americano che ripeteva alla lettera le parole di *Gaidar*: c'erano volute due guerre mondiali per risolvere la questione tedesca.

Il perno dello sviluppo geopolitico sta grosso modo nella discesa degli Stati Uniti e nell'ascesa della Cina.

Questo, assieme ad altre peripezie, promette un periodo di instabilità, direi, di disordine geopolitico. Durerà finchè non si ristabilirà un equilibrio nuovo.

È chiaramente nell'interesse di tutti che questa turbolenza passi il più presto possibile e senza grandi perdite.

Ci sono molti presupposti oggettivi perché ciò avvenga, non ultima l'interconnessione delle economie americana e cinese.

C'è però una vecchia massima: *Nessun fattore economico in sè può dare automaticamente soluzione ai problemi politici.*

Mi preoccupa la forte tendenza negli Stati Uniti a reagire male ai cambiamenti internazionali. L'abbiamo visto durante la recente campagna elettorale terminata con la massiccia vittoria repubblicana.

La Cina da parte sua pare che cambi la prudenza di *Deng Tsiao Peng* in qualcosa di più impetuoso e perfino arrogante. Il Giappone ha avuto possibilità di convincersene.

Mi hanno impressionato alcuni articoli di ex-militari cinesi. Non rappresentano un'opinione ufficiale ma come *ballon d'essay* fanno riflettere.

Gli argomenti sono questi: i cinesi nel passato sono sempre stati offesi dalle grandi potenze, Russia inclusa; il maggior problema della Cina è la mancanza di materie prime; l'esercito dev'esser pronto a difendere gli interessi cinesi in qualsiasi regione del mondo; la Cina serve tutto il mondo con i propri prodotti e dunque il mondo deve ricambiarla.

Vi cito una frase autentica: *A giudicare dai risultati pratici ottenuti da diverse civiltà, i cinesi sono molto più efficienti degli ebrei; spetta ai cinesi dunque la distribuzione delle materie prime mondiali.*

5. Così sorge la questione numero cinque: possono la Russia e l'Unione Europea diventare *partner* strategici?

Sulla carta siamo tali già da tempo. Ma tra il dire ed il fare c'è di mezzo il mare.

Quanto alla Russia, ritengo che essa abbia tutto l'interesse a stare insieme con l'Europa, specialmente nei tempi incerti.

L'Europa di oggi può offrire alla Russia il meglio di quanto – per così dire – c'è sul mercato nei diversi campi.

E onestamente, ne abbiamo bisogno.

È noto che i risultati raggiunti dal mio paese nel primo decennio di questo secolo sono impressionanti: il debito esterno statale si è ridotto da 160 miliardi a 40, cioè 2,5% del PIL; il salario medio è cresciuto da 50 a 700 dollari, il PIL pro capite da 1400 fino a 11000 dollari.

A Mosca però non si nascondono i gravi problemi sociali, economici, demografici che sta attraversando il paese.

Una triste illustrazione: in Europa un giovane di 18 anni ha 90% di probabilità di vivere fino alla pensione, in Russia solo 50%.

Il paese continua a perdere soldi, cervelli e, peggio di tutto, belle donne.

In questa aula però è più logico chiedere non che cosa l'Europa può dare alla Russia, bensì che cosa la Russia può dare all'Europa.

Per me, molto.

In primo luogo, può assicurare la tranquillità al nostro continente e non soltanto quella militare, che per molti versi abbiamo, ma anche economica, ecologica, migratoria.

Lo facciamo già, sia unilateralmente che in cooperazione con Paesi europei.

La Russia può portare l'Europa al Pacifico, dandole una profondità strategica sia sul piano puramente pratico, come trasporto aereo e ferroviario, sia su quello necessario per farla diventare uno dei *leader* mondiali.

Così faremo a meno dell'espressione: *Europe is a payer, but not a player.*

Infatti, l'Unione Europea fornisce il 55% di tutto l'aiuto mondiale a più di 160 paesi e organizzazioni internazionali, ma nello stesso tempo non si sente un giocatore globale.

Possiamo prestare agli europei quel modo di pensare in grande al quale non siamo ancora disabituati e che gli europei stanno un po' dimenticando, assorti come sono nei loro affari domestici e intracomunitari.

Nessuno poi ha cancellato la complementarità delle nostre economie.

Alcune risorse russe, all'infuori di quelle arcinote, stanno assumendo un'importanza crescente.

Per esempio le foreste vergini: ne abbiamo un quarto del totale mondiale.

I boschi russi sono polmoni verdi dell'Europa, sarebbe bene prenderne cura insieme.

L'acqua dolce. La Russia possiede il 20% della riserva di acqua del mondo intero. Il solo lago Baikal ne contiene una quantità enorme. Anche qui servirebbe una premura europea.

Spazi terrestri russi per il momento non sfruttati potranno essere utili in un futuro non molto lontano. Alcuni imprenditori europei l'hanno già capito.

In questo modo le debolezze geografiche a cui accenava *Gorciakov* possono essere trasformate in un guadagno produttivo e politico comune.

Neanche la vile moneta va traslasciata. La Russia si è impegnata a sostenere l'euro. Qui l'interesse europeo e quello nostro sono veramente non da poco: le riserve valutarie russe sono per il 40% in euro.

Nel quadro generale manca un dettaglio: l'Unione Europea deve decidere se vuole formarsi in cooperazione con la Russia, come uno dei centri di potenza mondiali.

Supponiamo che la risposta sia positiva.

6. Allora passo alla parte propositiva del mio discorso: che cosa dovrebbero fare, noi due, Russia e Europa.

L'ostacolo principale a diventare veri *partner* strategici è la diffidenza reciproca. Ma essa non può essere superata virtualmente. Va vinta nel corso del lavoro comune.

Le direzioni principali di questo lavoro sono note da anni. È la volonta politica di dare una spinta che occorre.

Un particolare accento metterei sulle forniture energetiche russe – gas, petrolio, carbone – ai paesi europei, esse sono e ancora per molto tempo rimarrano l'aspetto piu importante dei nostri legami.

Oggi come oggi il nostro Gazprom ha contratti a lunga scadenza, talvolta fino al 2030, con 28 paesi europei. Per il 30% e rotti il gas consumato in Europa è russo.

Ho parlato con un mio ex-collega diplomatico, lui è adesso un alto funzionario del Gazprom. Quel gigante ha i suoi difetti ma loro sono fieri di non esser mai venuti meno agli obblighi contrattuali, neanche durante le guerre del gas con Ucraina.

Quando ho chiesto che cosa noi vogliamo dai nostri partner europei, la risposta era: sopratutto la prevedibilità.

In Europa le regole di gioco si cambiano troppo spesso e senza le previe consultazioni con noi.

Adesso il segnale che riceviamo è questo: l'Europa è impegnata nella ricerca delle fonti d'energia rinnovabili, si cresce parallelmente l'energoefficienza.

Così, cari signori russi, il nostro fabbisogno degli idrocarburi calerà. Ne siate pronti.

In queste condizioni uno deve pensare due volte prima di investire nel gas e nel petrolio.

E per garantire le forniture nel 2015-17 investimenti ci vogliono oggi. E se i calcoli odierni risuteranno, come dire, troppo ottimisici?

Insomma, al dialogo energetico che l'UE e la Russia fanno ormai da dieci anni e che è diventato di routine devono entrare problemi di sostanza e di prospettiva.

Bisogna tempestivamente trovare un consenso tra produttori (noi) e consumatori (europei).

Un grosso risultato dell'anno appena concluso è stato il nullaosta dato dall'Unione Europea all'ingresso russo nella WTO.

Ciò definitivamente spiana la strada alla nostra entrata in quest'organizzazione.

Si apre così la prospettiva di una zona di libero scambio, in futuro uno spazio economico europeo comune, da Brest in Normandia fino a Vladivostok. Esso potrebbe reggere il paragone con le economie di Stati Uniti o Cina, specialmente se incorporerà libero movimento dei capitali, servizi e lavoratori.

L'idea è di creare spazi comuni anche in altri campi, ed i primi approcci vanno discussi nell'ambito delle quattro cosiddette *roads maps*: dialogo politico e sicurezza esterna; libertà, sicurezza e giustizia; economia; scienza, istruzione e cultura.

Lungo queste linee è in corso la preparazione del Nuovo accordo di base.

L'accordo principale tra la Russia e l'UE, cosidetto Nuovo accordo di base, è in corso di preparazione dal 2005.

Il lavoro su di esso fu bloccato dal novembre 2006 al gennaio 2008 dalla Polonia che era scontenta delle limitazioni russe della carne polacca.

Appena la Polonia tolse il suo divieto esso è stato reintrodotto dalla Commissione Europea per la guerra in Ossetia.

Possiamo vivere anche senza l'accordo, ma il metodo di punire la Russia è poco produttivo.

Due parole sul tema che a noi è particolarmente caro.

La Russia da tempo insiste sull'abolizione reciproca dei visti con l'Unione

Europea. Siamo pronti a farlo da domani, e i nostri *partner* lo sanno. Finora non abbiamo avuto molto successo, anche se alcuni paesi, prima di tutto quelli col turismo sviluppato, inclusa l'Italia, ci appoggiano. Si è scelta la strada di agevolazioni per determinate categori; il che va probabilmente bene per le *élites* ma non per la gente comune.

Così c'è una doppia ingiustizia: per tutti i russi nel confronto con altre nazionalità, e all'interno dei russi tra le diverse categorie.

Paradossalmente, per parlare della libertà di movimento, dobbiamo tornare cento anni indietro. Infatti, prima del 1914 i russi non avevano bisogno di visti per viaggiare in Europa.

Da due anni or sono la nostra agenda si è accresciuta di un capitolo veramente grosso: la modernizzazione della Russia.

La crisi economica mondiale ha colpito duramente anche il mio paese. A stento usciamo dai postumi della crisi. Se tutto va bene risaliremo al livello antecrisi nel corso dell'anno corrente.

La crisi ha fatto vedere tutta la pericolosità di un'economia fondata maggiormente sulle materie grezze. Esse costituiscono l'80% delle esportazioni russe.

Si è capito che senza una decisa modernizzazione rischiamo di essere in eterno un appendice di materie prime non soltanto per Europa ma anche per la Cina.

E se vogliamo sul serio la modernizzazione dobbiamo esser consapevoli che questa è impossibile senza l'Europa e l'Occidente in generale.

Adesso si cerca di creare le condizioni migliori per il lavoro intellettuale. È penoso dover riconoscere che durante gli anni della nuova Russia, cioè dal 1991, circa 3 milioni di scienzati hanno lasciato il paese. Alcuni sono diventati premi Nobel.

È tuttavia positivo che molti siano pronti a cooperare pur rimanendo all'estero.

Più importante è che si sia determinata una svolta tangibile nella politica estera russa verso gli Stati Uniti e verso l'Unione Europea. Si ritiene che il 2010 sia stato l'anno in cui la Russia ha definitivamente abbandonato le sue ambizioni imperiali.

Lo *slogan* oggi è: alleanza per la modernizzazione.

Modernizzare il paese, attuare le riforme di struttura che sono affogate nel petrolio è per noi necessità vitale. Ma anche l'Europa non ha nulla da perdere se partecipa attivamente alla reindustrializzazione della Russia sulla base di alte tecnologie.

I russi sono noti per esser buoni inventori, gli europei aggiungono a ciò l'arte di trovare successo commerciale. Basta saper riunire i due talenti.

Due *summit* russo-europei dell'anno scorso si sono espressi a favore delle vie pratiche per la modernizzazione, cito: *delle nostre economie e delle nostre so-cietà*.

La Commissione Europea definisce insieme con noi le condizioni per i *business* nazionali e questi ultimi realizzano i progetti pratici.

Uno di essi è il Fondo Europeo degli Investimenti Diretti. Lo sta creando una grossa corporazione di stato "Rosnano" con a capo *Anatoly Chubais*, forse uno dei più bravi *manager* russi, in *partnership* con Unicredit. Lo scopo: attirare le tecnologie innovative dall'Europa occidentale alla Russia.

Una politica internazionale comune per la Russia e l'Unione Europea può cominciare con un miglioramento decisivo della situazione sul nostro continente. Per fortuna, recenti sviluppi vanno proprio in questa direzione.

La Russia e la NATO non si considerano più nemici anche se ad ogni buon fine tengono pronti piani di preparazione militare. *Wikileaks* ha raccontato qualche cosa del genere.

Il progetto decisivo per le sorti della cooperazione in Europa è una difesa antimissilistica comune.

Se fallisce questo, se la Russia rimarrà fuori dalla difesa antimissilistica americana o da quella americano-europea, tutti i nostri timori, falsi o reali, di rimanere alla mercè degli USA potranno avere come conseguenza una nuova corsa agli armamenti.

Io mi auguro veramente che tale progetto vada in porto, le condizioni per riuscire ci sono.

Nel frattempo puliamo il campo europeo da ogni residuo della guerra fredda.

È evidente che un grande conflitto sul nostro continente è fuori della realtà.

Se non fosse così i francesi non ci avrebbero venduta una, anzi due portaerei. Oppure non faremmo produzione congiunta di blindati "Lince" tra lo stabilmento Kamaz, in Repubblica Tartara, e l'Iveco della Fiat.

Mi domando, perché perdere tempo in faticose trattative multilaterali volte ad eliminare gli avanzi bellici? Lo si può fare con decisioni unilaterali o in un'altra maniera sbrigativa.

Per il momento la formula per la sicurezza europea puo esser espressa così: la NATO + (più) l'UE (meno) – la Russia.

Noi siamo fuori della famosa camera dei bottoni dove si prendono le decisioni strategiche.

Una parola chiave per cambiare questo stato di cose: *più coordinamento*. Coordinare con la Russia le politiche economiche, estere e difensive, usando gli appositi organi della NATO e dell'Unione Europea. E poi mano a mano accrescere sfere del consenso con la Russia.

Lo scopo sarebbe quello di arrivare finalmente ad uno spazio omogeneo di sicurezza.

Dicendolo, "tocco ferro". molto, se non tutto, dipenderà dallo sviluppo interno della Russia e da come andranno le cose nell'Unione Europea.

Sia voi che noi abbiamo dei problemi formidabili anche se di natura diversa.

È sintomatico però che negli ambienti politologici moscoviti si accarezzi l'idea di una grande Europa oppure di un'unione tra la Russia e l'Unione Europea, fatta su base di comuni spazi economici, sociali, umani, militari etc.

Oggi questa idea sembra fantasmagorica ma si colloca bene nell'ambito delle sfide del nostro tempo, quando l'asse della politica mondiale si sposta verso l'Asia, quando si presentano sempre più minacciosi i problemi globali, quando urge la necessità di trovare un accomodamento con il mondo musulmano.

Per rispondere meglio alle sfide esterne – e l'elenco di esse è quasi al 100% lo stesso per la Russia, l'Europa e l'America – è altamente consigliabile cominciare a rafforzare le strutture della casa comune.

Dal canto mio da tempo accarezzo l' idea di una riconciliazione definitiva tra Russia ed Europa. Risultati parziali ne abbiamo già: la riconciliazione tra Francia e Germania, tra Russia e Germania, ottimi rapporti bilaterali con quasi tutti i Paesi europei, Italia in prima fila.

Si può pensare come una tale riconciliazione possa essere formalizzata. Un'opzione: il trattato sulla sicurezza collettiva paneuropea, proposto dal Presidente russo *Medvedev*.

Segnerà il ritorno a pieno titolo della Russia nel concerto europeo.

Chissà, forse dopo si potrà pensare anche ad un governo mondiale, visto che il mondo è diventato globale, ma non la sua *governance*. I problemi arrivano ma noi non li regoliamo. Anche da questo punto di vista è bene che la Russia e l'Europa uniscano gli sforzi.

E non dimentichiamo poi che tra il cattolicesimo e la religione ortodossa le divergenze non sembrano fatali.

Può darsi che verso il primo millennio dello scisma si riuscirà a superarle.

28
L'Europa in pillole: discorsi sull'Europa

Dichiarazione Schuman 3 maggio 1950

La pace mondiale non potrà essere salvaguardata se non con sforzi creativi, proporzionali ai pericoli che la minacciano.

Il contributo che un'Europa organizzata e vitale può apportare alla civiltà è indispensabile per il mantenimento di relazioni pacifiche. La Francia, facendosi da oltre vent'anni antesignana di un'Europa unita, ha sempre avuto per obiettivo essenziale di servire la pace. L'Europa non è stata fatta: abbiamo avuto la guerra.

L'Europa non potrà farsi in una sola volta, né sarà costruita tutta insieme; essa sorgerà da realizzazioni concrete che creino anzitutto una solidarietà di fatto. L'unione delle nazioni esige l'eliminazione del contrasto secolare tra la Francia e la Germania: l'azione intrapresa deve concernere in prima linea la Francia e la Germania.

A tal fine, il governo francese propone di concentrare immediatamente l'azione su un punto limitato ma decisivo.

Il governo francese propone di mettere l'insieme della produzione franco-tedesca di carbone e di acciaio sotto una comune Alta Autorità, nel quadro di un'organizzazione alla quale possono aderire gli altri paesi europei.

La fusione della produzioni di carbone e di acciaio assicurerà subito la costituzione di basi comuni per lo sviluppo economico, prima tappa della Federazione europea, e cambierà il destino di queste regioni che per lungo tempo si sono dedicate alla fabbricazione di strumenti bellici di cui più costantemente sono state le vittime.

La solidarietà di produzione in tal modo realizzata farà sì che una qualsiasi guerra tra la Francia e la Germania diventi non solo impensabile, ma materialmente impossibile. La creazione di questa potente unità di produzione, aperta a tutti i paesi che vorranno aderirvi e intesa a fornire a tutti i paesi in essa riuniti gli elementi di base della produzione industriale a condizioni uguali, getterà le fondamenta reali della loro unificazione economica.

Questa produzione sarà offerta al mondo intero senza distinzione né esclusione per contribuire al rialzo del livello di vita e al progresso delle opere di pace. Se potrà contare su un rafforzamento dei mezzi, l'Europa sarà in grado di proseguire nella realizzazione di uno dei suoi compiti essenziali: lo sviluppo del continente africano. Sarà così effettuata, rapidamente e con mezzi semplici, la fusione di interessi neces-

sari all'instaurazione di una comunità economica e si introdurrà il fermento di una comunità più profonda tra paesi lungamente contrapposti da sanguinose scissioni.

Questa proposta, mettendo in comune le produzioni di base e istituendo una nuova Alta Autorità, le cui decisioni saranno vincolanti per la Francia, la Germania e i paesi che vi aderiranno, costituirà il primo nucleo concreto di una Federazione europea indispensabile al mantenimento della pace. Per giungere alla realizzazione degli obiettivi così definiti, il governo francese è pronto ad iniziare dei negoziati sulle basi seguenti.

Il compito affidato alla comune Alta Autorità sarà di assicurare entro i termini più brevi: l'ammodernamento della produzione e il miglioramento della sua qualità; la fornitura, a condizioni uguali, del carbone e dell'acciaio sul mercato francese e sul mercato tedesco nonché su quelli dei paese aderenti; lo sviluppo dell'esportazione comune verso gli altri paesi; l'uguagliamento verso l'alto delle condizioni di vita della manodopera di queste industrie.

Per conseguire tali obiettivi, partendo dalle condizioni molto dissimili in cui attualmente si trovano le produzioni dei paesi aderenti, occorrerà mettere in vigore, a titolo transitorio, alcune disposizioni che comportano l'applicazione di un piano di produzione e di investimento, l'istituzione di meccanismi di perequazione dei prezzi e la creazione di un fondo di riconversione che faciliti la razionalizzazione della produzione. La circolazione del carbone e dell'acciaio tra i paesi aderenti sarà immediatamente esentata da qualsiasi dazio doganale e non potrà essere colpita da tariffe di trasporto differenziali. Ne risulteranno gradualmente le condizioni che assicureranno automaticamente la ripartizione più razionale della produzione al più alto livello di produttività.

Contrariamente ad un cartello internazionale, che tende alla ripartizione e allo sfruttamento dei mercati nazionali mediante pratiche restrittive e il mantenimento di profitti elevati, l'organizzazione progettata assicurerà la fusione dei mercati e l'espansione della produzione.

I principi e gli impegni essenziali sopra definiti saranno oggetto di un trattato firmato tra gli stati e sottoposto alla ratifica dei parlamenti. I negoziati indispensabili per precisare le misure d'applicazione si svolgeranno con l'assistenza di un arbitro designato di comune accordo: costui sarà incaricato di verificare che gli accordi siano conformi ai principi e, in caso di contrasto irriducibile, fisserà la soluzione che sarà adottata.

L'Alta Autorità comune, incaricata del funzionamento dell'intero regime, sarà composta di personalità indipendenti designate su base paritaria dai governi; un presidente sarà scelto di comune accordo dai governi; le sue decisioni saranno esecutive in Francia, Germania e negli altri paesi aderenti. Disposizioni appropriate assicureranno i necessari mezzi di ricorso contro le decisioni dell'Alta Au-torità.

*Un rappresentante delle Nazioni Unite presso detta autorità sarà incaricato di preparare due volte l'anno una relazione pubblica per l'*ONU*, nelle quale renderà* *conto del funzionamento del nuovo organismo, in particolare per quanto riguarda la salvaguardia dei suoi fini pacifici.*

L'istituzione dell'Alta Autorità non pregiudica in nulla il regime di proprietà delle imprese. Nell'esercizio del suo compito, l'Alta Autorità comune terrà conto dei poteri conferiti all'autorità internazionale della Ruhr e degli obblighi di qualsiasi natura imposti alla Germania, finché tali obblighi sussisteranno.

Winston Churchill: Discorso tenuto presso l'Università di Zurigo il 19 settembre 1946

«Vorrei parlarvi oggi della tragedia dell'Europa. Questo nobile continente, comprendente nel suo insieme le regioni più eque e colte della terra, che gode di un clima temperato e uniforme, è la dimora di tutte le razze originarie del mondo occidentale. È la fonte della fede e dell'etica cristiane. È l'origine della maggior parte della cultura, delle arti, della filosofia e della scienza dei tempi antichi come dei moderni. Se l'Europa un giorno si unisse per condividere questa eredità comune, non ci sarebbero limiti alla felicità, alla prosperità e alla gloria di cui godrebbero i suoi tre o quattrocento milioni di abitanti. Invece proprio dall'Europa è esplosa quella serie di spaventosi conflitti nazionalistici, originati dalle nazioni teutoniche, che abbiamo visto proprio in questo ventesimo secolo e durante la nostra generazione, demolire la pace e guastare le speranze di tutto il genere umano. E qual è la condizione in cui l'Europa è stata ridotta? Alcuni degli Stati più piccoli hanno sì avuto una buona ripresa, ma in vaste regioni grandi masse tremanti di esseri umani tormentati, affamati, angosciati e smarriti guardano atterriti le rovine delle loro città e delle loro case, e scrutano il buio orizzonte per timore dell'avvicinarsi di un nuovo pericolo, tirannia o terrore. […]Eppure esiste lo stesso un rimedio che, se venisse generalmente e spontaneamente adottato, trasformerebbe come per miracolo l'intera scena, e renderebbe in pochi anni l'intera Europa, o gran parte di essa, libera e felice com'è la Svizzera oggi. Qual è questo rimedio sovrano? Esso consiste nella ricostruzione della famiglia europea, o quanto più di essa è possibile, e nel dotarla di una struttura nella quale possa dimorare in pace, sicurezza e libertà. Dobbiamo costruire una sorta di Stati Uniti d'Europa. […]Noi britannici abbiamo il nostro Commonwealth di Nazioni. Esso non indebolisce, al contrario rafforza, l'organizzazione mondiale. Ne costituisce infatti il principale sostegno. E perché non dovrebbe esistere un raggruppamento europeo che potrebbe dare un senso di più ampio patriottismo e di comune cittadinanza ai popoli smarriti di questo turbolento e potente continente? E perché non dovrebbe occupare il posto che gli spetta con altri grandi raggruppamenti, e contribuire a modellare i futuri destini dell'umanità? […]Vi dirò ora qualcosa che vi sorprenderà. Il primo passo verso la ricostituzione della famiglia europea deve essere un'associazione tra la Francia e la Germania. Solo in questo modo la Francia può nuovamente raggiungere il primato morale in

*Europa. Non vi può essere rinascita dell'Europa senza una Francia spiritualmente grande e una Germania spiritualmente grande. La struttura degli Stati Uniti d'Europa, se costruita bene e con lealtà, sarà tale da rendere la forza materiale di un singolo Stato meno importante. Le piccole nazioni avranno la stessa importanza di quelle grandi e conquisteranno onore con il loro contributo alla causa comune. Gli Stati e i principati della Germania, liberamente uniti tra loro per reciproca convenienza in un sistema federale, potranno avere ciascuno il proprio posto in seno agli Stati Uniti d'Europa. [...] Se dobbiamo creare gli Stati Uniti d'Europa, comunque li vogliamo chiamare e qualunque forma gli vogliamo dare, dobbiamo cominciare ora. [...] Il nostro obiettivo costante deve essere quello di costruire e potenziare la forza dell'*ONU*. Al di sotto e insieme con questo elemento mondiale dobbiamo ricreare la faglia europea in una struttura regionale che prenderà il nome, forse, di Stati Uniti d'Europa. Il primo passo consiste nel creare un Consiglio d'Europa. Se all'inizio non tutti gli Stati d'Europa saranno disposti o in grado di aderire all'Unione, dobbiamo comunque procedere unendo e combinando quelli che lo vorranno e quelli che lo potranno. [...] Di questa impresa urgente, la Francia e la Germania devono prendere insieme il comando. La Gran Bretagna, il Commonwealth britannico, la potente America, e, confido, la Russia Sovietica – poiché allora tutto andrebbe per il meglio – devono essere gli amici e i patrocinatori della nuova Europa e devono sostenere il suo diritto di vivere e prosperare. Per questo vi dico: facciamo sorgere l'Europa!».*

Winston Churchill,
Discorso tenuto presso l'Università di Zurigo il 19 settembre 1946,
in Churchill Commemoration 1996. Europe Fifty Years on: Constitutional,
Economic and Political Aspects, edited by Daniel Thürer and Colin Jennings,
Zürich, Europa Institut-Wilton Park, Schultess Polygraphischer Verlag, 1997

I diritti delle donne sono diritti umani
Mariagrazia Rossilli

Perché occorre parlare dei diritti delle donne come insieme di diritti particolari rispetto ai diritti umani in generale? Quando si parla di diritti umani in generale ci si riferisce ai diritti di uomini e donne. La necessità di riferirsi in particolare ai diritti delle donne come diritti specifici discende, oltre che dal riconoscimento della loro differenza inseparabile dal riconoscimento del loro diritto all'uguaglianza, anche da altri tipi di considerazioni. Va ricordato, infatti, che in passato, come ancora oggi in molte parti del mondo, alle donne non sono stati garantiti diritti uguali a quelli degli uomini. Le donne non potevano votare, non potevano (e, in molte parti del mondo, non possono) esercitare alcune professioni, erano (e, in molte parti del mondo, sono) in posizione subordinata rispetto al marito all'interno della famiglia, non avevano (e, in molte parti del mondo, non hanno) diritto alla proprietà della terra, all'eredità, ecc. Molte discriminazioni sono cadute in molti paesi, ma molte altre permangono sicché l'uguaglianza è ancora un obiettivo da conquistare, che si tratti di uguaglianza formale o di uguaglianza sostanziale come nei nostri paesi del Nord del mondo. La tutela dei diritti umani delle donne ha ricevuto un impulso significativo grazie agli strumenti internazionali e all'impegno profuso dalle Nazioni Unite nel loro riconoscimento e nell'elevamento dei relativi standard. A partire dalla Dichiarazione Universale dei diritti dell'Uomo del 1948 fino al recente Protocollo aggiuntivo alla Convenzione per l'eliminazione di tutte le forme di discriminazione contro le donne, i diritti delle donne sono stato oggetti di un lento processo di espansione e ridefinizione. Sia la Dichiarazione Universale del 1948 che i successivi patti attuativi sui diritti civili e politici e su quelli economici sociali e culturali, sancendo il divieto di discriminazione di sesso e l'uguaglianza di diritti individuali di uomini e donne, formulano i diritti in modo quanto più possibile neutro, sì che le violazioni possano essere parimenti perseguite nel caso che la vittima sia donna o uomo. Successivamente la Convenzione per l'eliminazione di tutte le forme di discriminazione contro le donne (Convention for the Elimination of all forms of Discrimination Against Women-Cedaw) approvata nel 1979 ha costituito la più estesa carta mondiale dei diritti delle donne e stabilito gli standard di uguaglianza a cui si riferiscono le donne del mondo. Identificando le discriminazioni più evidenti in tutte le principali aree di diritti civili economici sociali e politici, essa impegna gli Stati membri ad eliminarle e a promuovere, in aggiunta, l'uguaglianza di opportunità attraverso misure positive. Nonostante sia una delle Convenzioni più ratificate dagli Stati (179 ratifiche), le riserve, le inadempienze e le violazioni sono così generalizzate che s'è reso necessario aggiungervi un Protocollo opzionale, che, dalla sua entrata in vigore nel 2001, consente ad associazioni non governative e ad individui di denunciare le violazioni esistenti nei diversi stati alla apposita Commissione, la quale è, a sua volta, abilitata a condurre indagini sul caso e a formulare raccomandazioni al governo responsabile. Fino alla Conferenza di Vienna del 1993, i diritti umani garantiti dalla Dichiarazione Universale e dalle principali Convenzioni Onu sono stati, tuttavia, interpretati in modo tale che le violazioni dei diritti delle donne che avvengono in famiglia tra "privati" individui sono state rese invisibili e considerate come al di là della supervisione dello stato. A questo proposito ha scritto Charlotte Bunch (Executive Director of the Center for Women's Global Leadership): "Ovviamente i diritti umani delineati dalla Dichiarazione Universale sono intesi come applicati alle donne. Tuttavia, la tradizione, il pregiudizio, l'interesse sociale, economico e politico si sono combinati per escludere le donne dalla definizione prevalente della 'generalità' dei diritti umani, ed hanno relegato le donne a significanti di un interesse 'secondario' o 'specifico' all'interno del quadro. Tale marginalizzazione delle donne nel mondo dei diritti umani si è originata come riflesso dell'ineguaglianza di genere nel mondo ed ha un terribile impatto sulle vite delle donne. Essa ha contribuito a perpetuare, e financo a condonare, uno status subordi-

nato femminile". Una delle ragioni che ha marginalizzato le donne rispetto al meccanismo internazionale dei diritti umani e che ha indebolito la loro cittadinanza è la divisione "pubblico"/"privato". Poiché la sfera "pubblica" è considerata come il focus dell'interazione fra Stato e cittadini, l'abuso in tale relazione è stato considerato al centro della tutela dei diritti umani. Perciò, per quei cittadini – in maggioranza maschi – che predominano nei regni del "pubblico" la preoccupazione primaria si è rivolta agli abusi dei diritti civili e politici a cui essi sono più spesso vulnerabili, quali la violazione del diritto di parola, la detenzione arbitraria, la tortura durante la detenzione, l'esecuzione sommaria. Nel mentre le donne hanno potuto appellarsi alla macchina internazionale dei diritti umani quando si sono trovate in situazioni simili, alcune delle loro esperienze, specificatamente legate al genere hanno avuto scarsa visibilità all'interno della definizione prevalente di "abuso". Questo perché le donne sono tradizionalmente intese come legate alla sfera "privata", concernente la casa e la famiglia ed il cittadino "tipico" viene descritto come maschio: la nozione dominante di abuso dei diritti umani ha avuto implicitamente l'uomo come archetipo. Il genere è un fattore significativo nelle decisioni dei governi di intervenire in quella che si definisce la sfera "privata" allo scopo di perseguire le violazioni dei diritti umani. I governi hanno ignorato abusi perpetrati sul corpo delle donne da parte dei maschi della loro famiglia, come la violenza domestica o il confinamento o lo stupro coniugale, persino dove esistono leggi che proibiscono tali abusi. Le violazioni dei diritti umani delle donne compiute all'interno della famiglia, magari anche in nome della religione e della cultura, sono state occultate dalla santità della sfera cosiddetta "privata". Solo dall'approccio nuovo e dalla riconcettualizzazione operata nella Conferenza Mondiale sui Diritti Umani di Vienna (1993) che nella Dichiarazione conclusiva afferma esplicitamente, per la prima volta nella storia, che "i diritti umani delle donne e delle bambine sono un'inalienabile, integrale ed indivisibile parte dei diritti umani universali", scaturisce il riconoscimento delle forme specifiche di violenza contro le donne come violazione dei loro diritti umani. Dalla Dichiarazione della Conferenza di Vienna del 1993 e dalla Dichiarazione contro la violenza sulle donne, votata dall'Assemblea Generale delle Nazioni Unite in quello stesso anno, fino all'inclusione tra i crimini contro l'umanità, perseguibili della Corte Penale Internazionale (1998), delle violenze di massa e sistematiche, come lo stupro etnico, la gravidanza forzata, la tratta finalizzata allo sfruttamento sessuale, la lotta alla violenza contro le donne è diventata il terreno su cui sperimentare una nuova dimensione dei diritti umani. Sulla scia dell'affermazione della Dichiarazione di Vienna sull'indivisibilità dei diritti umani delle donne, il Programma d'azione della IV Conferenza Mondiale delle Donne di Pechino (1995) riconoscendo i diritti sessuali e riproduttivi delle donne come parte integrante dei loro diritti fondamentali, rappresenta un punto d'arrivo carico di potenzialità e promesse, purtroppo ampiamente tradite sia nella implementazione da parte di molti governi nazionali che negli stessi Programmi d'Azione approvati nelle successive Conferenze di Pechino+5 e Pechino+10. Nel corso degli anni '90, quindi, s'è venuta affermando l'idea che per la tutela dei diritti delle donne non è sufficiente il divieto di discriminazione di sesso e il riconoscimento dell'uguaglianza dei diritti, sanciti nella Dichiarazione Universale e nei successivi trattati, ma occorre anche garantire i diritti umani propri delle donne in quanto differenti nei loro corpi e nella loro soggettività e rileggere in una prospettiva di genere i diritti umani e le libertà fondamentali. L'idea dell'integrazione della prospettiva di genere (gender mainstreaming), mentre ha fatto parecchia strada all'interno delle politiche per lo sviluppo delle Nazioni Unite sì da sfruttare al meglio le risorse umane femminili a fini di crescita economica, stenta, tuttavia, ad affermarsi con altrettanta forza nell'ambito delle garanzie dei diritti umani. Su questo cambiamento di prospettiva continuano a lavorare esperte ed attiviste di organizzazioni femminili e femministe impegnate negli organismi internazionali e nel movimento internazionale per i diritti umani delle donne. Le pressioni politiche e le lotte di queste donne, che hanno prodotto l'approccio innovativo degli anni '90, rappresentano la punta di iceberg della diffusa mobilitazione e dei numerosi movimenti di donne che lottano per l'affermazione dei diritti umani nei diversi paesi. Riconcettualizzando la differenza di sesso-genere e liberandola da visioni essenzialiste e identitarie e sforzandosi, altresì, di affrontare le differenze tra le donne, questi movimenti hanno contribuito a far emergere nell'orizzonte politico internazionale una rinnovata visione di universalismo dei diritti che sfida anche la pretesa che i diritti umani delle donne possano essere limitati o sacrificati dal rispetto di pratiche religiose o di tradizioni culturali relative al ruolo femminile nella società. In opposizione alle forme di relativismo etico che, sulla base dell'essenzializzazione delle differenze culturali e della rivendicazione dei diritti culturali collettivi della comunità d'appartenenza, arriva a legittimare le più gravi violazioni dei diritti individuali delle donne e finanche le più orribili violenze sul loro corpo (mutilazioni genitali femminili), si sta facendo strada a livello internazionale una nozione di universalismo in grado di essere compatibile con alcune diversità culturali e religiose salvaguardando un comun denominatore basilare di diritti e libertà fondamentali. La formulazione dei diritti umani delle donne a partire sia dalla differenza del corpo femminile che dalla rilettura dei diritti umani universali attraverso la prospettiva di genere, lungi dall'obliterare la specificità di questa differenza, assimilandola a qualsiasi altra diversità culturale o sociale, rappresenta una via maestra per estendere e ripensare l'universalismo dei diritti. L'integrazione dei diritti delle donne nel sistema dei diritti umani opera, infatti, come fattore critico di decostruzione del modello maschile che ha improntato formulazione e interpretazione dei diritti, consentendo di rivisitare il rapporto tra uguaglianza e differenza e di recuperare per questa via universalismo giuridico e orizzonte della differenza di sesso-genere. Ad onta dei progressi, la strada per il rispetto dei diritti umani delle donne rimane ancora lunga e tutta in salita, non solo nei paesi meno sviluppati, ma anche nel cuore della civilissima Europa. Basti pensare alle violazioni dei diritti fondamentali delle donne che *avvengono in Europa, come le percentuali di donne che subiscono violenze domestiche nei paesi dell'*UE *(una su cinque nella media* UE*) drammaticamente ci ricordano. Benché tanto rimanga da fare perché il rispetto dei diritti umani divenga realtà nell'intero pianeta, l'elaborazione attraverso trattati internazionali di standard di diritti civili politici economici sociali e culturali ha fornito e fornisce alle donne del mondo strumenti e linguaggi per rivendicare anche a livello nazionale il soddisfacimento dei propri bisogni e, innanzitutto, il rispetto della propria dignità e libertà.*

Europa da leggere: *C'eravamo tanto amati*. Italia, Europa e poi?
Pier Virgilio Dastoli e Roberto Santaniello Università Bocconi Editore, 144 pp.

Europa sì, Europa no. Più Europa, meno Europa. L'Europa è morta: quasi quotidianamente, soprattutto con l'accentuarsi della crisi, i commenti si sprecano.

Mentre si affrontano importanti scadenze, il 2013 viene dichiarato Anno europeo dei cittadini e si celebra il ventennale dell'entrata in vigore del Trattato di Maastricht.

Abbiamo rivolto due domande a *Roberto Santaniello*, autore del volume con Pier Virigilio Dastoli.

Roberto Santaniello è stato direttore della Rappresentanza a Milano attualmente ricopre l'incarico di direttore delle Relazioni internazionali Comune di Milano.

1. C'eravamo tanto amati? Alla luce dei recenti sviluppi politici, Italia ed Europa si ameranno ancora?

C'eravamo tanto amati è un libro che esprime un forte sentimento di amore per l'Europa e non solo da parte degli autori. Al contrario di quanto si creda, gli italiani hanno un forte attaccamento agli ideali di unità europea, malgrado ciò che si legge sui giornali, sui social network o sui blog. L'elezione di Giorgio Napolitano conferma quanto l'Italia consideri importante l'Unione Europea e sono sicuro che tutte le forze politiche, anche quelle più scettiche o disincantate saranno conseguenti con questa scelta. Certo, occorre che le forze politiche e non solo si impegnino affinchè si affermi un'Europa diversa. Un'Europa che conviene all'Italia. Dunque, più aperta, più democratica, più attenta ai bisogni della gente, in una parola più solidale. Contrario del titolo, il nostro libro, è un forte richiamo al primo amore degli italiani, l'Europa. E il primo amore non si scorda mai.

2. Una governance politico-economica europea più coordinata avrebbe potuto modificare lo scenario della crisi mondiale?

In un periodo di relativa stabilità politica, quella che va dal fallimento della Costituzione Europea (ottobre 2004) alla firma del Trattato di Lisbona, leader europei avrebbero potuto mettere in campo strumenti adeguati per garantire non solo la stabilità delle finanze pubbliche, ma anche per sostenere la crescita. In buona sostanza, avrebbero potuto mettere in cantiere un autentico sistema di governo dell'economia che avrebbe potuto rispondere alle esigenze del rigore finanziario e alle necessità di sviluppo economico. Purtroppo i leader europei non hanno sfruttato questa occasione, e l'Europa si è trovata confrontata alle conseguenze della crisi finanziaria internazionale. Certo, l'Europa ha avuto un ruolo molto importante nel contribuire a stabilizzare la crisi mondiale, salvo poi non capire che la crisi l'avrebbe investita duramente con conseguenze drammatiche. Ed ora la brusca frenata dell'economia europea, preoccupa non poco i nostri partner mondiali perché un'Europa debole non fa bene a nessuno. Tutte le misure che sono state intraprese dal 2010 in poi vanno nella giusta direzione, ma occorre fare molto ma molto di più come suggerisce il libro. Cominciare dalla realizzazione delle quattro unioni: bancaria, di bilancio, fiscale, politica. Ma la questione chiave è una ed una soltanto. E la risposta della politica, della capacità dei dirigenti europei di darsi una struttura istituzionale, realmente democratica che sappia coniugare gli imperativi di bilancio, con politiche economiche che rendano nuovamente l'Europa un continente dinamico, innovativo e attento ai bisogni sociali dei suoi cittadini.

Omaggio al 28° Stato dell'Unione Europea: la Croazia

La **Croazia**, ufficialmente **Repubblica di Croazia** (*Republika Hrvatska*, in croato), è uno Stato dell'Europa centrale con una popolazione di 4.290.612 abitanti (censimento 2011), la sua capitale è Zagabria (Zagreb, 792.875 abitanti, censimento 2011). Dal 1° luglio 2013 sarà il 28-esimo Stato membro dell'Unione Europea.

Confina a nord con la Slovenia, a nord-est con l'Ungheria, ad est con la Serbia, a sud con la Bosnia ed Erzegovina e il Montenegro, mentre a ovest è affacciata al mare Adriatico. La superficie territoriale è di 56.542 km² mentre la superficie delle acque territoriali è pari a 31.067 km².

La Croazia è una repubblica semipresidenziale e la lingua ufficiale è il croato. La Regione Istriana, comprendente la maggior parte dell'Istria, adotta ufficialmente il bilinguismo (italiano e croato), ma la sua attuazione varia a livello comunale.

La Croazia fino al 1991 ha fatto parte della Jugoslavia, mentre tra il 1102 e il 1918 fu unita all'Impero austriaco.

La Croazia ha aderito alla NATO il 4 aprile 2009.

La bandiera dell'Unione Europea

Il campo azzurro della mia bandiera
racchiude dell'unione tante stelle
ed è una luce forte che mi arriva
perché ogni insieme è più di una sua parte.

Così la vedo sventolare ai venti
felice di donarsi a chi l'ammira,
dove gli sguardi dei giovani europei
in libertà racchiudono speranze.

Quanti linguaggi in una sola fede
e quanti intenti a sciogliere catene!
S'allunga la scala al tempo che resta
e noi a salire strappando i gradini.

Angelo Sagnelli

Indice

finito di stampare
nel mese di maggio 2014
da printì
per conto di graus editore
info@grauseditore.it
www.grauseditore.it